먹거리, 지구화
그리고 **지속가능성**

이 책은 2013년 정부(교육부)의 재원으로 한국연구재단의 지원을 받아
수행된 연구이다(NRF-2013S1A3A2055243).

Food, Globalization and Sustainability

피터 오스터비르·데이비드 A. 소넨펠드 지음 | 김철규 외 옮김

먹거리, 지구화 그리고 지속가능성

따비

2013년에 번역, 출간한《먹거리와 농업의 사회학》은 먹거리문제에 대한 보다 체계적인 이해를 원했던 국내 독자들에게 좋은 반응을 얻은 것으로 알고 있다. 이번에 번역, 출간하게 된《먹거리, 지구화 그리고 지속가능성》은 먹거리의 생산·유통·소비 문제에 대해 더 깊이 알고 싶어하는 잠재적인 '먹거리시민'들의 지적 욕구를 상당 부분 충족시켜줄 수 있을 것이다. 먹거리시민이라 함은 먹거리에 관심을 가지고, 지식이 있으며, 이를 바탕으로 성찰적으로 행동하는 주체들이다. 이 책이 독자들이 먹거리문제에 더 많이 알고, 체계적으로 생각함으로써 먹거리시민으로 성장하는 데 도움이 될 수 있기를 기대한다.

지난 50년 동안 한국사회는 도시와 산업 중심의 근대화를 경험했다. 이 과정에서 우리 사회를 지배한 것이 양적 성장, 개인의 성공, 과도한 경쟁, 그리고 물질적 가치이다. 이 과정에서 농업, 농촌, 농산물 같은 것들은 시대에 뒤지거나 부차적인 것으로 간주되었다. 또한 배려, 더불어 삶, 연대와 같은 공동체적 가치 역시 구시대적이고 비효율적으로 여겨지는 세상이 되었다. 하지만 이런 세상이 얼마나 사람을 힘들게 하고, 지속가능하지 않은 것인가가 점차 명백해지고 있다. 많은 지친 사람들이 냉소주의, 패배주의, 혹은 극우주의에 빠지기도 한다. 심지어는 자살이라는 극단적인 방식을 택하기도 한다. 답답한 세상에 과연 미래는 없는가? 대안은 없을까?

최근 빠르게 증가하고 있는 귀농·귀촌, 도시농업, 협동조합, 사회적 경제 등은 지금까지 우리 사회를 지배해온 경제 중심의 개발주의에 대한 대안을 찾기 위한 노력들이다. 20세기의 위대한 경제인류학자 칼 폴라니의 설명방식을 빌려 이야기하자면, 이러한 대안들은 자기조정적 '시장'에 의한 공동체, 문화, 환경의 파괴에 저항하는 '사회'의 자기보호적 활동들이다. 인간과 생명을 돈으로 환산하는 상품화에 대한 사회의 대안운동인 것이다. 따라서 지금, 현 시점에서 먹거리와 농업에 대해 관심을 갖는 것은 단순히 개인의 건강이나 입맛의 문제를 넘어선다. 공동체로서 우리의 웰빙과 자연의 보호, 그리고 한국사회의 지속가능성과 관련되는 문제인 것이다. 먹거리와 농업을 통해 우리 사회의 미래를 고민하고, 대안을 기획해야 한다. 이를 위해서는 우리가 먹는 것이 어떻게 생산되고, 유통되며, 소비되는가에 대한 보다 총체적이고 종합적인 이해가 필요하다. 정말로 더 잘 먹기 위해서는 지금 우리가 의존하고 있는 농식품체계의 특징과 문제점을 제대로 알아야 한다. 그래야 더 지속가능한 농식품체계를 만들 수 있으며, 더 살 만한 세상을 만들 수 있다.

이 책은 현대 먹거리의 특징과 변화들을 이해하고, 한국에서 지속가능한 농식품체계를 기획하는 데 많은 시사점을 가진다. 무엇보다 현재의 전지구적 변화와 관련된 이론적 논의와 경험적 연구들에 대해 체계적인 논의를 하고 있으며, 지구적 먹거리네트워크에 대한 다양한 시각들을 정리하고, 중요한 사례들을 소개하고 있다. 특히 유럽과 미국의 공정무역이나 로컬푸드 운동과 같은 소비자 중심의 시장 변화들에 대해 많은 지면을 할당하고 있는데, 그 함의에 대해 우리 사회가 함께 고민해야 한다. 한국인들의 일상생활에서 매우 중요한 자리를 차지하게 된 커피의 공정무역 사례는 커피를 통해 세계를 바라보는 데 도움을 준다. 이 책이 강조하고 있는 또 다른 중요한 문제가 기후변화다. 지구온난화가 먹거리공급의 지구화에 미치는 영향에 대한 여러 가지 설명들을 소개하고, 문제해결을 위한 전략들을 논의하고 있다. 이러한 논의를 기반으로 한국에서도 기후변화와 먹거리문제에 대한 토론이 심화될 필요가 있다. 또한 8장에서 깊이 논의되고 있는 수산업문제 역시 한국의 먹거리체계의 특징을 고려할 때, 관심을 가지고 읽을 만하다.

시대의 중요 화두인 지구화와 지속가능성을 축으로 먹거리에 관한 최신 논의까지 담고 있는 이 책은 먹거리에 관심이 많은 국내 독자들에게 생각할 거리들을 제공한다. 한국의 낮은 식량자급률, 긴 먹거리 이동거리, 과도하게 많은 1인당 농산물 수입량 등을 고려하면, 이 책의 유용성은 매우 크다. 더욱 심화되는 신자유주의적 시장 근본주의 속에서 지구화의 본질을 이해하고, 지속가능성 문제를 사회적 의제의 정면으로 부각시킬 과제를 우리에게 남긴다.

이 책의 중요성에도 불구하고 번역을 하며 아쉬움이 적지 않았다. 우선 이 책의 논의와 사례들이 미국과 유럽에 초점을 맞추고 있다는 점은 번역자들에게 부담이 된다. 현재 한국의 먹거리문제를 이해하는 데, 이 책의 논의는 분명히 시사하는 바가 적지 않다. 하지만 동시에 한국의 특수한 역사적 맥락과 내부적인 특성들 때문에 발생하는 다양한 먹거리문제와는 종종 거리가 있다는 점도 분명하다. 예컨대 한국에서 유행하고 있는 로컬푸드 운동은 국내의 독특한 사회적 맥락 속에서 시민사회보다는 중앙정부나 지방정부에 의해 주도되고 있다. 그 과정에서 보이는 한국 로컬푸드 운동의 특성과 한계는 이 책으로는 설명하기 어렵다. 결국

보편적인 현대 농식품체계의 특징을 기반으로 하되, 한국의 특수성을 반영하는 이론적 작업과 경험적 연구들이 국내 연구자들에 의해 더 적극적으로 이뤄져야 한다. 그 몫은 결국 우리를 포함한 한국 연구자들의 몫이다. 우리 자신의 분발이 요구되는 부분이다.

번역은 언제나 힘든 작업이다. 이 책의 번역 과정에서 특별히 수고를 해준 송인주 박사께 감사드린다. 이런저런 일 때문에 번역의 동력이 떨어졌을 때, 송 박사의 뒷심과 헌신이 없었다면 책이 나오기 어려웠을 것이다. 또한 책의 윤문 작업에서 큰 역할을 해준 고려대학교 박사과정 박동범 군에게도 고마움을 전한다. 번역자들이 몇 차례에 걸쳐 번역 회의를 하고, 용어 통일 및 표현방식에 대해 논의를 했다. 그럼에도 불구하고 발견되는 번역의 부정확함이나 오류는 전적으로 우리 역자들의 책임이다. 향후 더 깊은 논의를 통해 정리하고 바로 고치는 작업을 해나가겠다.

이 번역을 기획하고 작업을 함께 한 '먹거리와 지속가능성' SSK 연구단은 먹거리를 통해 세상을 바라보고, 후손들에게 더 좋은 세상을 만드는 일에 관심을 가지고 연구를 진행하고 있다. 우리는 먹거리가 단순히 입을 통해 뱃속에 들어가는 물질 이상의 의미를 지니고 있다고 생각한다. 먹거리는 농민과 소비자들을 연결해주는 관계망의 노드이자 더 지속가능한 세상을 만들기 위한 변화의 지렛대다. 그리고 지속가능한 세상을 만드는 일에 이 책이 조금이라도 도움이 되었으면 하는 바람이다.

2015년 6월
옮긴이들을 대표해 김철규

차례

1부 · 개념적 배경

2부 · 사례 연구

| 3부 · 미래 전망 |

9장 **지속가능한 먹거리공급을 위한 생산자의 역할**

글상자 차례

그림 차례

들어가며

먹거리는 인간의 삶에 필수적이다. 우리 모두는 먹어야 하므로, 먹거리는 모든 사람의 관심에서 최우선이어야 한다. 물론 건강한 음식이 풍부한 것을 당연히 여기는 많은 사람들에게는 그렇지 않다. 문제는 전세계 7명 중 1명, 즉 거의 10억 명의 사람들이 굶주리고 있으며, 과연 미래의 인구를 먹이기에 충분한 식량을 생산할 수 있을지에 대한 우려가 커지고 있다는 점이다.

이 글을 쓰고 있는 순간에도 유엔 식량농업기구FAO는 세계 먹거리가격의 폭등에 대해 경고하고 있다. 먹거리생산의 꾸준한 증가와 먹거리가격의 장기적인 하락이라는 경향이 반전되는 것으로 보인다. 2008년의 먹거리가격 폭등 이후 2011년에 새로운 최고치를 갱신할 것으로 보이며, 이는 세계 수억 인구의 먹거리보장food security 문제를 악화시킬 것이다. 미래의 먹거리공급은 이제 당연한 것으로 여길 수가 없는데, 많은 나라의 정부들은 먹거리정책을 너무 오랫동안 무시해왔다. 그들은 먹거리공급에 대해 자아도취에 빠져 있었으며, 그 문제에 대해 관여하는 것을 점점 더 주저하고 있다. 2011년 2월 《이코노미스트Economist》는 먹거리의 미래에 대한 특별보도를 했는데, 이에 따르면 세계는 먹거리체계food system의 위기에 직면해 있다. 기사를 쓴 필자들은 당면한 문제들뿐 아니라 구조적인 문제들 역시 지적하고 있다(*Economist*, 2011). 먹거리생산은 2050년까지 70% 증가되어야만, 중국이나 인도와 같은 국가들의 식습관 변화와 개발도상국들의 초거대 도시 팽창 등과 함께 90억으로 증가하는 세계인구를 먹일 수 있다.

필요한 만큼의 먹거리생산 증가는 과거보다 훨씬 어려운 상황에서 추진되어야 한다. 이제 미경작지는 줄어들고 있고, 수자원 역시 감소하고 있으며, 게다가 과거의 대책들, 예컨대 다수확 품종, 비료와 농약의 조합 같은 방법들이 더 이상 활용되기 어렵기 때문이다. 이런 문제들은 기후변화와 전지구적인 종다양성 감소 때문에 더욱 악화된다. 이제까지 열거한 사실들은 명백하게 대중의 관심의 중심에 먹거리를 두어야 한다는 점을 보여준다. 우리는 전지구적인 먹거리공급, 그것의 지속가능성, 그리고 그 미래에 대해 더 잘 알아야 한다. 이 책은 이런 목표를 달성하는 데 도움을 주기 위한 것이다. 이어지는 11장의 글에서 우리는 현대 먹거리공급이 지구화globalization의 맥락에서 어떻게 변화하고 있는지를 설명하고, 지속가능성의 심각성을 제기하며, 더 나아가 지속가능성을 높이기 위한 미래의 전망에 대해 논의한다.

이 책은 현대 먹거리공급에서의 근본적인 변화들과 그로 인한 새로운 도전들을 환경·사회과학적 시각에서 검토할 것이다. 이하에서는 이 책에 대해 간단하게 개관하고, 먹거리의 세계에 접근하는 우리의 시각에 대해 설명한 뒤, 각 장들을 간단히 소개할 것이다.

배경

먹거리의 세계는 급격하게 변하고 있다. 과거와 비교할 때 먹거리를 생산하고 가공하는 현재의 기술적 능력의 발전이 금방 눈에 띈다. 하지만 우리는 또한 이런 현대적 기술을 활용함으로써 나타나는 부정적인 결과에 대해서도 훨씬 많이 알고 있다. 또한 비록 국가 차원의 먹거리정책이 여전히 개발되고 실행되지만, 그 정책은 다른 나라의 정부들과 조율되는 일이 점점 늘어나고 있다. 세계무역기구WTO 같은 다자간 기구들의 국가에 대한 영향력이 증가하는 것도 알 수 있다. 심지어는 민간기업들이 먹거리정책에 큰 영향력을 행사하기도 한다. 지구화는 오늘날의 먹거리공급에서 진행되고 있는 근본적인 변화들에 큰 영향을 주었다. 지구화되는 세상에서 사람들의 삶은 특정한 지역 조건뿐 아니라 먼 곳에서 진행되는 변화에 의해서도 결정된다. 어떤 이들의 행동이 시간과 공간에 있어 멀리 떨어진 곳에 영향을 줄 수 있다. 지구화를 통해 오늘날의 먹거리는 국제적으로 교역되는 일이 점점 더 늘어나고, 세계적으로 생산과 소비의 형태를 바꾸며 많은 먹거리관습에 영향을 주고 있다. 농사와 농촌 동학에 의해 주도되었던 먹거리의 세계는 소비와 소매小賣의 동학에 의해 더 영향을 받게 되었다. 이런 변화들은 먹거리공급에 있어 지속가능성을 어떻게 제고시킬 것인지, 국제무역의 부정적인 사회적 결과를 어떻게 줄일 것인지, 그리고 지구적 시각에서 먹거리를 어떻게 조절할 것인지 등의 새로운 도전을 제기한다. 유엔인권위원회UN Human Rights Council 특별보고서에서 올리비에 드 슈터Olivier De Schutter가 언급한 바와 같이, 농업에 재투자하는 것은 먹거리에 대한 권리를 구체적으로 실현하는 데 있어 필수적이지만, 생태·먹거리·에너지 위기 속에서 가장 시급한 쟁점은 '얼마나how much'가 아니라 '어떻게how'이다(De Schutter, 2010, 1쪽).

이런 근본적인 전환과 도전들은 먹거리에 대한 전반적인 관심의 증대 그리고 특히 더 많은 연구를 필요로 한다. 더불어 우리가 관행적으로 분석에 사용하던 개념들을 재검토할 필요가 있다. 아마도 과거에는 적절했을 많은 개념들은 현재의 동학을 분석하는 데 더 이상 적합하지 않다. 현대의 먹거리공급을 이해하기 위해서는 다른 개념틀들이 필요하다. 그렇게 하지 않으면 새로 등장하는 문제들에 대응할 수 없기 때문이다. 이 책은 사회과학의 시각에서 먹거리공급을 분석하는 전통에서 출발하지만 또한 전통적인 개념틀의 적용가능성을 비판적으로 평가하기 위해 노력할 것이다. (먹거리) 사회과학의 전통에서 농사/영농은 오랫동안 관심의 초점이었다. 하지만 최근에는 이러한 초점이 가공, 분배, 소비 등에 관한 연구에 의해 보완되었다. 우리는 먹거리공급 전체를 분석하고, 그리하여 지구적 현대성이라는 조건에서 지속가능한 먹거리공급을 분석하는 더 통합적인 접근을 향한 이런 움직임에 기여하고자 한다. 우리는 먹거리 생산자와 소비자의 관계 변화 및 소매상들과 비정부기구 NGO들이 수행하는 중요한 역할에 대해 특별히 관심을 갖는다. 우리는 그런 분석에 먹거리공급에 관한 폭넓은 사회과학적 시각을 적용할 것이며, 적절한 곳에서는 인간의 행위를 더 잘 이해하기 위해 자연과학의 발견들을 활용할 것이다.

　이 책에서 우리는 지구적 시각에서 먹거리의 미래에 관한 본질적 논쟁에 기여하고자 한다. 우리 역시 자신의 배경과 경험에 의해 편견을 가지고 있기에, 세계의 모든 시각과 경험들을 다룰 수는 없다. 그럼에도 불구하고 서유럽과 미국뿐 아니라 아프리카와 아시아에서 진행된 다수의 사례들을 살펴보고자 했다. 이런 노력을 통해 지구화되고 있는 먹거리공급과 관련해 현재 진행되고 있는 논쟁과 변화들에 대해 균형 잡힌 개관을 시도했다.

개관

이 책은 3부로 구성되었으며, 서론과 결론에 해당되는 장을 하나씩 가지고 있다. 1부에서는 지구화가 현대 먹거리공급의 지속가능성과 어떻게 관련되는가를 분석하기 위한 몇 개의 중요한 개념적 도구들을 제시한다. 2부는 몇 개의 경험적 사례들을 통해 지구적 먹거리공급의 지속가능성 문제를 제기하려는 노력을 보여준다. 3부에서는 생산자, 소비자, 식품소매상 등이 세계 먹거리공급의 지속가능성을 높이기 위해 해야 할 역할에 대해 논의한다.

제1부: 개념적 배경

지구화, 지속가능성, 그리고 먹거리규제에 요구되는 변화가 제1부를 구성하는 세 개의 장에서 각각 다루는 주제다.

2장의 주제는 먹거리 생산과 소비의 지구화다. 이 장은 몇 개의 경험적 관찰로 시작되는데, 예를 들어 국제 먹거리교역량의 큰 증가, 지구화가 먹거리 생산과 소비의 조직에 미치는 지대한 영향, 그리고 그 규제에 있어 국민국가 정부의 역할 등에 대해 이야기한다. 이어서 이런 변화들을 잘 설명하기 위해 발전된 몇 개의 개념적 틀에 대해 검토한다. 지구적 상품사슬, 지구적 생산네트워크, 관습이론, 그리고 지구적 네트워크와 흐름 등이 제시되고 논의된다. 2장은 네트워크와 흐름의 틀에서 지구적인global 동학과 지역적local 동학을 엮어내는 것이 중요하다는 점을 강조함으로써 마무리된다. 이러한 개념적 틀은 지구적 동학과 지역적 동학 간에 갈등이 증가하고 있음을 드러내며, 지구화되는 먹거리공급의 지속가능성을 높이기 위해 왜 혁신적인 거버넌스가 필요한가를 보여준다.

이어지는 3장의 주제는 지속가능성인데, 이 장에서는 현대 농업이 환경문제의 주요 원인이라고 하는 많은 사람의 의견을 소개한다. 현대의 집약적 농업방식은 자연생태계와 건강에 직접적인 영향을 주며, 이런 사실은 이미 1960년대에 규명되었다. 그 이후 동물복지, 식품안전, 에너지 사용, 조경, 기후변화와 종다양성 등 여러 가지 먹거리 관련 환경문제들이 공적 논쟁에 등장했다. 오늘날 먹거리 생산 및 소비와 관련된 지속가능성에 대한 관심은 비재생자원(화석연료, 인산염/비료), 재생자원(태양, 풍력, 수력), 대기와 기후에 대한 영향(온실가스 방출), 토양비옥도와 토지 및 수질 관리, (농)생명다양성, 살충제 사용, 동물복지, 폐기물 처리, 경제적 관행과 환경정책 등과 관련된다. 이런 관심은 지속가능성에 대한 폭넓은 이해의 맥락에서 틀 지워지는데, 지속가능성과 관련된 다양한 정의들이 존재하기 때문에 가능한 전략에 대한 많은 혼란을 낳기도 한다. 지구화의 맥락 역시 지속가능성에 대한 이해를 변화시키며 현재의 먹거리 공급의 지속가능성을 높이기 위한 잠재적인 수단에 대한 새로운 논쟁을 유발한다.

이러한 결론은 4장의 출발점을 제공하는데, 4장은 지구적 네트워크 사회에서 먹거리에 관한 규제/조절에 관해 논한다. 전통적으로 먹거리에 대한 조절은 자국의 경제를 발전시키고 국민을 먹이기 위해 안전하고 충분한 양의 식량을 확보하려는 주권국가 정부들의 독자적인 결정에 의한 것이었다. 오늘날 이러한 권위체들은 여전히 주권적이지만, 정책 결정에 있어 그들의 자율성은 급격하게 쇠퇴하였다. 먹거리를 효율적으로 통제하는 정부의 능력은 감소했는데, 그 이유는 국제무역이 급증했기 때문이다. 정부들은 증가하는 수입먹거리라는 현상에 직면하고 있는데, 수입먹거리에 있어서는 사적 행위자들이 핵심적인 통제자다. 동시에 먹거리 공급을 관리해야 한다는 요구는 증가하고 있다. 그 이유는 먹거리의 지속가능성에 대한 대중의 관심이 높아지고 있기 때문이다. 그러한 관심은 인간과 자연의 건강에 미지의 결과를 낳는 혁신적인 기술들이 도입되면서 더욱 높아지고 있다.* 오늘날 소비자들은 먹거리의 질, 안전, 가격 등에 대해 관심을 가질 뿐 아니라 공급사슬의 모든 단계에서 나타나는 보건적, 사회적, 생태적, 동물복지적 영향에 대해 관심을 갖게 되었다. 따라서 지구적 현대성의 맥락에서 먹거리에 대한 관리는 예전과는 다르게 구성되어야 한다. 혁신적인 방식의 관리가 개발되었는데, 다자간 협정과 제도들, 민간 표준과 라벨링 및 인증제 등을 예로 들 수 있다. 이 장에서는 이러한 다양한 관리방식의 예와 그것들의 배역 및 영향에 대해 논의한다.

제2부: 사례 연구들

1부에서 소개된 개념적 시각을 바탕으로 2부에서는 지구화, 먹거리 그리고 지속가능성의 주요 차원과 동학에 관련된 네 개의 사례가 제시된다.

5장은 기후변화 사례를 소개하는데, 이는 오늘날 세계가 직면하고 있는 가장 시급한 지구적 환경문제 중 하나이며 지구적 먹거리공급과 깊이 관련되기 때문이다. 상승하는 기온과 해수면, 그리고 더욱 변덕스러워진 기후조건들은 수많은 사람들의 생계에 어려움을 주고, 미래의 먹거리공급을 위협할 것이다. 동시에 먹거리의 생산·가공·운송·소비 등은 지구온난화 문제의 주범이기도 하다. 이 장에서는 지구온난화와 먹거리

---

* 예를 들면, 2010년 독일 당국은 사료용 지방생산 기업이 동물 사료용 지방에 다이옥신으로 오염된 산업용 지방산을 섞었다는 사실을 발견했다. 이에 따라 달걀과 고기가 다이옥신에 오염되었으며, 1,100개의 농장이 폐쇄되었다. 여러 주 동안 독일 소비자들은 달걀 구입을 거부했다(EC, 2010, 2011).

공급 관계의 배경을 설명하고, 주요 지표와 측정도구들을 제시한다. 기후변화의 원인에 대한 세계의 합의는 점차 증가하고 있지만, 더 이상의 악화를 막기 위해 무엇을 해야 할지에 대해서는 여전히 많은 이견이 존재한다. 이 장에서 우리는 지구온난화와 먹거리공급 지구화의 관계에 대한 몇 개의 경쟁하는 입장과 거기에서 비롯되는 상이한 전략에 대해 검토할 것이다. 이는 기후변화가 먹거리생산에 미치는 영향을 완화시키기 위한 여러 전략들, 관리수단들, 그리고 거버넌스 구성 등에 대한 개관을 의미한다.

6장은 대안운동이 오늘날의 산업화된 먹거리공급에 대한 대응으로서 어떻게 지역적 먹거리·농업 네트워크를 활성화시키는가를 보여준다. 현대 먹거리에 대해 우려하는 사람들이 서로를 발견하면서 상이한 사회적 행위자들의 다양한 로컬푸드 관련 기획이 많이 만들어지고 있다. 지역경제를 활성화하고 자신들의 먹거리의 질과 지속가능성을 향상시키고 싶어하는 소규모 농가들, (도시) 소비자들, 지역(먹거리) 소매상들, 지역정부들과 사업적 결사체들business associations, 그리고 사회운동가들이 이런 기획에서 공통의 관심을 발견하고 있다. 서로 다른 사회적 행위자들이 지역적 농업 생산과 소비를 지원하고 대안적인 짧은 먹거리 공급사슬short food-supply chain을 만들어내기 위해 함께 노력하고 있다.

다음으로 7장에서는 지구적 현대성 속에서 먹거리 생산자들과 소비자들 간에 만들어지고 있는 혁신적인 네트워크의 예로서 공정무역에 대해 논의한다. 이미 70여 년의 역사를 가지고 있지만, 공정무역은 최근 25년 동안 개발도상국이 포함된 세계시장에서 무역을 조정하는 모범적인 대안으로 성장했다. 공정무역은 개발도상국의 소농 생산자들이 상품가격에서 차지하는 몫을 늘리고 세계시장에서 그들의 위치를 안정화시킴으로써, 소농들을 지원할 의도를 가지고 만들어졌다. 이 장에서는 공정무역의 형식적인 측면, 예컨대 라벨링labeling(표시제)이나 적절한 기관의 관여 등에 대해 소개한다. 국제 커피교역은 공정무역의 목표가 실현된 것이므로, 커피의 사례를 통해 공정무역이 어떻게 운영되며, 생산자와 소비자에게 주는 영향은 무엇인지를 보여줄 것이다. 또한 공정무역의 원리와 영향에 대한 주요 비판들에 대해서도 논의할 것이다. 이를 통해 생산자와 소비자 간의 혁신적 관계로서의 미래 전망을 평가하고, 공정무역이 보다 지속가능한 지구적 먹거리공급에 기여할 수 있을지에 대해서도 검토하겠다.

8장은 생선공급을 사례로 지속가능성과 관련된 현재의 문제에 포함된 전지구적 특성을 보여줄 것이다. 현대 수산업은 어류의 감소(혹은 심지어 멸절)에 직면해 있으며, 식량원으로서의 미래가 흔들리고 있다. 전지구적 수산업 사례는 현대 먹거리공급이 가지고 있는 동학, 지속가능성이 결코 무시될 수 없다는 것을 분명하게 보여준다. 생선공급은 전지구적 네트워크와 흐름에 배태되어 있으며, 대개 서로 멀리 떨어져서 움직이고 있는 민간기업, 비정부기구, 소매상을 포함한 다양한 행위자들을 포함하고 있다. 이 장에서 우리는 어업과 양식업을 포함한 전지구적 생선공급의 현황을 정리한다. 이러한 정리와 소개는 어업 관리와 양식업이 직면한 핵심적인 지속가능성 문제를 분석하기 위한 많은 배경적 지식을 제공할 것이다. 이러한 상황에서 국제적으로 조율된 강제적 규제는 복잡한 것으로 드러났는데, 관련된 정부들의 전원 동의를 필요로 하기 때문이다. 물론 이는 매우 어려운 일이다. 현 시점에서는 다양한 사적 거버넌스방식들이 도입되고 있으며, 우리는 해양보존협회Marine Stewardship Council, MSC를 혁신적인 인증방법이자 라벨링방식으로 그리고 소비자 지향적 환경정책 도구로 삼아 소비자 가이드를 제시한다. 그리고 이런 방안들이 지속가능성 및 관련된 이해당사자들의 역할을 어떻게 이해하고 있는지에 대해 논의한다.

제3부: 미래의 전망들

3부에서는 지구화되는 근대성의 맥락에서 먹거리의 지속가능성을 증진시키는 데 있어 생산자, 소매상 그리고 소비자들의 역할에 관한 장들을 통해 먹거리의 미래에 대해 검토한다.

9장은 1차 먹거리 생산자들, 즉 농민들의 변화하는 역할을 다룬다. 오늘날 농민은 자신들이 급격하게 변화하는 환경에서 살고 있음을 발견한다. 농민들은 다중적인 도전에 맞닥뜨리고 있는데, 예를 들면 자신의 농장의 미래와 자신 및 자신의 지역공동체를 어떻게 확보할 것인지, 그리고 더 나아가 어떻게 더 지속가능한 공급에 기여할 것인가 하는 것 등이다. 이러한 광범위한 도전들을 하나의 장에서 모두 다룰 수는 없으며, 따라서 우리는 농민들이 요구받는 수요demands에 대응해서 만들어내는 상이한 전략들에 초점을 맞춘다. 어떤 농민들은 환경적 영향을 줄이기 위한 수단으로 첨단기술에 관심을 가지는데 반해 다른 농민들은 자신의 생산방식을 지역공동체와 지역생태계에 배태시키려고 노력한다. 이 각각의 전략은 지구화의 결과 및 미래의 농업과 식량의 지속가능성에 관련해서 폭넓은 과학적 그리고 공공적 논쟁을 일으켰다. 농민들의 다양한 전략을 제시한 뒤에, 유전자조작, 로컬푸드 라벨 및 다기능주의, 그리고 유기농에 대해 검토할 것이다. 우리는 소농의 시각에 특별히 주목하는데, 그들이 선호하는 전략을 결정할 때 특정한 문제에 봉착할 것이기 때문이다.

다음 10장에서는 지구적 먹거리공급에 있어서 (미래의) 소매상의 역할에 대해 검토한다. 최근 들어 슈퍼마켓은 식품 판매와 구매의 핵심적인 공간이 되었으며, 이는 부유한 나라들뿐 아니라 점점 세계적인 현상이 되고 있다. 대부분의 식품판매에서 의무적 통과지점obligatory passage point[*]인 슈퍼마켓은 현재의 지구적 먹거리공급을 이해하는 데 필수적이다. 슈퍼마켓은 먹거리 공급사슬의 모든 단계, 즉 농사, 가공, 수송, 교역, 소비 등에 심대한 영향을 미치며, 따라서 그들은 식품사슬에서 중심적인 조정 기능자 역할을 담당하게 되었다. 이 장은 슈퍼마켓의 확산을 가져온 주요 사회적 변화들을 간단히 검토한다. 예를 들면 소득의 증가, 도시화, 여성의 노동시장 참여 증가, 서구문화를 모방하려는 욕망 등이다. 그리고 이어서 우리는 현대 먹거리공급에서 슈퍼마켓이 담당할 수 있는 다른 역할에 대해서도 분석한다. 이 분석은 다른 국가들에서의 슈퍼마켓 전략을 검토하는 출발점을 제공하며, 먹거리공급에서 지속가능성을 높이는 데 그들이 하는 주요 역할을, 정부를 포함한 다른 사회적 행위자들과의 비교를 통해 밝힐 수 있게 해줄 것이다.

3부의 마지막인 11장에서는 지속가능한 먹거리공급에 있어서 소비자들의 참여를 살펴본다. 오랫동안 소비자들은 지속가능한 먹거리공급을 위한 적절한 행위자로 간주되지 않았다. 소비자라는 존재는 대부분 신뢰할 수 없고 관리될 수 없다고 여겨졌기 때문이다. 하지만 먹거리의 미래에 관한 논쟁에서 소비자들의 역할이 상당히 중요했기 때문에 이러한 인상은 최근 몇 년 사이 변화하고 있다. 소비자들의 변화하는 위치를 평가하기 위해서는 그들의 행위의 복잡성을 잘 이해할 필요가 있다. 따라서 이 장은 소비자들과 소비자행위를 어떻게 분석할 것인가에 관한 사회과학 내에서의 적절한 개념적 논쟁을 검토한다. 이러한 논쟁에서 '소비

---

[*] 네트워크에서 의무적 통과지점(OPP)은 행위자들로 하여금 특정한 방식으로 행위하도록 수렴시키는 깔때기의 좁은 쪽으로 생각할 수 있다. 의무적 통과지점은 네트워크 형성과 행위 프로그램의 필요 요소이며, 네트워크 행위자들 간의 모든 상호작용을 중계한다. 따라서 의무적 통과지점은 관계망 내에서 상당한 권력을 행사할 수 있다. — 옮긴이

자행위에 관한 사회적 실천social-practices 시각'이 가장 큰 잠재력을 가지고 있다고 결론지었는데, 그 시각이 소비자로서 자신의 행위를 적극적으로 만들어가는 사람을 잘 이해하면서도 동시에 구조적인 시각을 융합시킬 수 있도록 하기 때문이다.

결론 장

이 책의 마지막 장인 12장은 지구적 먹거리 생산과 소비에서 진행되고 있는 중요한 변화들을 요약하고, 먹거리공급의 미래와 관련된 공공적·과학적 논쟁과 쟁점들의 일부를 검토한다. 또한 지구화와 지속가능성이 이러한 논쟁과 쟁점에 어떻게 녹아들고 있는지 등에 대해 논의한다. 먹거리정책과 기술이 사회적·환경적 동학에 어떻게 배태되는지에 대해 특별히 관심을 둘 것이다. 책 전체가 그러하듯 폭넓은 (환경적) 사회과학적 시각이 지구적 현대성 속에서, 다양한 사회적 행위자들이 특정한 역할을 담당하는 먹거리의 생산, 교역, 가공, 공급에 있어 지속가능성을 더높일 수 있는 경로를 규명하는 데 기여할 수 있는 바를 설명하려 했다.

나가며

현대적인 먹거리공급의 도전과, 그것이 가속화되는 지구화 및 그 필요성이 높아지는 지속가능성과 맺는 관계를 깊이 탐구해야만 하는 이유들이 많이 있다. 그중 가장 중요한 것은 많은 사람들에게 식량사정이 더악화될 가능성이 높다는 점이다. 요동치는 가격, 지지부진한 생산량, 인구 증가, 그리고 기후변화의 여파 등은 이러한 도전의 크기를 더욱 증가시킨다. 다가오는 세대의 모든 사람에게 영양가 있는 먹거리를 충분히 제공할 수 있는 방법을 찾는 것을 궁극적인 목표로, 이 책은 학생들과 학자들에게 당면한 주제에 대한 폭넓은 이해를 제공하고, 지구적 차원에서 더 지속가능하고 공정한 먹거리의 공급으로 나아갈 방법을 소개할 것이다.

개념적 배경

지구화,
먹거리 생산과 소비

이 장의 목표는
- 지구화의 개념을 소개하고
- 먹거리공급에 있어서의 지구화의 주요 경향들을 제시하고
- 지구화와 먹거리에 관련 가장 적합한 사회-과학적 시각들에 대해 논의하는 것이다.

들어가며

먹거리제품들의 국제교역은 여러 해 동안 증가해왔다. 비록 대부분의 먹거리는 각 국가 내에서 소비되긴 하지만, 지구화 과정은 먹거리생산의 조직과 지속가능성에 큰 영향을 미친다. 오늘날의 먹거리공급에 있어 지구화는 국민국가의 정부, 사적인 기업들(생산자, 교역상, 가공업자, 소매상 등)과 소비자들의 역할 변화에 상당한 영향을 준다.

이 장에서는 우선 이 지구화 과정에 대한 사실적 배경 몇 가지를 소개한 뒤, 농업과 먹거리공급에 관련된 이런 변화들을 잘 이해하기 위해 개발된 몇 개의 개념틀에 대한 검토를 진행할 것이다. 지구적 상품사슬global commodity chains, 지구적 생산네트워크global production networks, 관습

이론convention theory과 지구적 먹거리흐름global food flows에 관련된 개념들이 그것이다. 다음으로 전지구적 먹거리공급과 관련된 주요 논쟁, 특히 먹거리보장, 지속가능성 그리고 (지구적) 거버넌스 관련 논쟁들을 요약할 것이다.

이 장은 역동적으로 부상하는 지구적인 '흐름들의 공간space of flows'과 지역적인 '장소들의 공간space of places' 간의 갈등을 다루는 것의 중요성을 강조하면서 결론을 맺고자 한다. 왜냐하면 바로 이 지점에서 현대 먹거리공급과 관련된 환경문제의 원인이 발견되기 때문이다. 이러한 역동성을 잘 이해함으로써 그런 문제들의 배경을 분석할 수 있다. 또한 현재 존재하는 것보다 더 나은 해결책을 제공할 수 있는 혁신적인 거버넌스 조합을 포함하여, 앞으로 나아가기 위해 가능한 방안들을 밝힐 수도 있다. 이러한 쟁점들은 이 책의 다른 장에서 더 깊이 논의될 것이다.

지구화

지구화란 무엇인가

1970년대 이후 근대화 과정은 새로운 국면에 진입했다. 이때 국가들은, 예를 들면 복지국가와 같이 본질적으로 각 사회를 내부적으로 조직하는 데 초점을 맞추었던 데서 국제적인 발전을 더 명시적으로 고려하도록 강요받았다. 이 새로운 국면은 '가속화된 지구화'로 흔히 명명되는데, 국제적으로 활동하는 기업들이 지배력을 얻고 상품의 교환, 금융 그리고 정보 등이 전세계적 규모로 조직화되는 경향이 증가했다. 지구화는 지역 경제들, 사회들 그리고 문화들이 물질적 상품과 사람, 아이디어, 정보의 전세계적 교환네트워크에 의해 통합되는 진행 중인 과정이다

(Robbins et al., 2010).

어떤 이는 이를 더 심화된 동질화를 향한 과정으로 보기도 한다. 먹거리영역의 예로서 패스트푸드 매장의 전세계적인 확산을 들 수 있는데, 세계인은 단일한 음식문화의 일부가 된다(Ritzer, 1996). 다른 이들은 이런 주장을 논박하는데, 국가와 사람들 간의 차이는 지속되며 지구적인 현상을 지역적 맥락으로 전환시키는 과정에서 다양성의 증가가 나타난다는 입장을 견지한다(Counihan and Esterik, 1997; Watson and Caldwell, 2005). 그들은 지구화를 경제적 시각에서만 보는 것에서 벗어나 사회·문화적 역동성에 관심을 기울여야 한다고 지적한다. 이에 대한 추가적인 논의는 헬드 등(Held et al., 1999)과 몰(Mol, 2001)을 참조하라.

'지구적인'은 '지역적인'에 대한 단순한 반대말로 간주되어서는 안 된다. 왜냐하면 매시(Massey, 2004) 그리고 본과 퍼셀(Born and Purcell, 2006)이 강조했듯 '지역적인' 것과 '지구적인' 것은 분리된 두 개의 세계가 아니기 때문이다. 공간은 관계적으로 사유되어야 한다. 즉 '지구적 공간global space'은 '(지역적) 장소들local places'에 의해 구성되고 조정되는 관계, 연결망, 체현, 실천 등의 총합이지 분리된 공간적 영역이 아니다. 규모scale는 사회적이고 정치적으로 구성되는 특성을 지니며, 따라서 지구화는 상이한 규모 수준에서 상호 관련된 제도와 사회적 실천들이 광범위하게 전환되는 것을 의미한다. 즉 지구화는 단순히 사회적·경제적 삶의 규모가 상위로 이동한다거나 국제무역이 급속한 증가하는 것을 의미하지 않는다. 지구적인 것과 지역적인 것은 역동적인 관계들로, 풀기 어렵고 되돌릴 수 없게 묶여 있다. 지구적인 것과 지역적인 것 간의 연결은 얼마간은 유동적이며, 얼마간은 격렬하고, 얼마간은 사회적이고, 그리고 얼마간은 "떨어져 있다"(Beck, 1997).

그럼에도, 지구화의 개념 규정은 여전히 논쟁 중이라고 할 수 있다. 왜냐하면 어떤 개념화도 모든 적절한 경제적, 정치적, 사회적 그리고 문화적 차원을 포괄하는 것 같지 않기 때문이다. 지구화의 모든 차원 가운데 세계의 중심부가 나머지 지역에 대한 일방적인 지배를 증가시키는 과정이 되는 것을 방지하는 유연성과 역동성을 강조하는 것이 중요하다고 생각한다. 따라서 우리는 "전세계를 아우르는 사회적 관계의 강화로서 서로 떨어진 지역들을 연결하여, 지역에서 발생하는 일들이 멀리에서 일어나는 일에 영향을 받고 또 그 반대가 나타나는 현상"이라는 기든스(Giddens, 1990, 64쪽)의 개념을 가장 적절한 것으로 본다.

먹거리는 어떻게 지구화와 관련되는가

농업과 먹거리는 지구화가 선명하게 구현되는 사회의 한 영역을 구성한다. 왜냐하면 먹거리는 점점 더 전세계적인 역동성을 보여주는 방식으로 생산되고, 교역되며, 또한 소비되기 때문이다. 대량의 먹거리가 국제적으로 거래되었으며, 2009년 농업수출 총액은 1조 1690억 달러에 달했는데 이는 국제무역 총액의 9.6%에 해당한다(WTO, 2010). 농업무역은 경제위기와 자연재해로 인한 규칙적인 감소에도 불구하고 지난 수년간 상당히 증가해왔다(〈표 2.1〉 참고).

〈표 2.1〉 농산물 국제무역의 연간 변화 (1980~2009)

연도	연간 변화율(%)
1980~1985	-2
1985~1990	9
1990~1995	7
1995~2005	-1
2000~2009	9

출처: WTO(2010)

<표 2.2> 주요 농산물 수출 및 수입 국가들 (2008년, 상대적 비중)

국가	수출(%)	국가	수입(%)
미국	16	EU	18
EU	14	미국	12
브라질	7	중국	9
캐나다	6	일본	8
중국	5	러시아	4
아르헨티나	4	캐나다	3
인도네시아	4	한국	3
태국	3	멕시코	3
말레이시아	3	기타	42
호주	3		
러시아	3		
기타	33		

출처: RaboBank Nederland(2010)

그러나 국제적 농업무역의 증가는 다른 무역상품에 비하면 훨씬 완만한 것이었다. 1960년대 이전에 농업상품은 세계 무역상품 전체의 30% 이상을 차지했지만, 2000년대 초반에는 9% 이하로 떨어졌다(Anderson, 2010). 서구의 부유한 국가들과 중국이나 브라질 같은 신흥발전국들이 농업무역을 지배하고 있으며, 아프리카의 먹거리수출은 최근 들어 크게 감소하였다(〈표 2.2〉 참고).

농산물무역의 증가에도 불구하고, 대부분의 먹거리는 여전히 자국 내에서 소비되며 국제 먹거리교역이 총생산량에서 차지하는 비중은 여전히 작다. 〈표 2.3〉은 대부분의 농작물에서 총생산량의 12% 이하만 수출된다는 점을 보여준다. 이 수치는 차나 커피 등 열대작물에서는 월등히 커서 총생산량의 80% 이상이 수출된다.

국내 생산과 소비의 중요성을 보여주는 또 다른 예는 미국의 2005년

<표 2.3> 세계 먹거리 생산량과 무역량 (2009/2010, 100만 톤)

생산물	생산	무역	수출 비중(%)
밀	682.6	128.1	18.8
조곡	1125.2	114.7	10.2
쌀	455.6	30.8	6.8
카사바	251.0	28.2	11.2
설탕	156.7	53.3	34.0
고기	283.9	25.4	8.9
낙농품	698.8	43.5	6.2
생선	145.1	54.9	37.8

출처: FAO (2010a)

수입식품 비중(부피 기준)이 15%였다는 점인데, 1990년의 12%에 비해 증가하긴 했지만 여전히 85%는 미국 내에서 생산되고 있었다. 비록 먹거리수출이 세계 농업생산에서 적은 비중을 차지하고는 있지만, 먹거리 생산과 소비 조직은 전세계적으로 전환되고 있으며, 먹거리 관련 관행들은 그것에 의해 영향을 받고 있다. 신선 과일과 채소 무역의 증가는 한 예이다(<상자 2.1> 참고).

먹거리공급은 전세계적으로 점점 더 상호의존적으로 되고 있다. 먹거리의 소비, 생산, 마케팅 관행들은 지역의 시장조건들보다는 인구, 경제, 정치, 환경 등의 변화 같은 전지구적 힘에서 더 큰 영향을 받고 있다. 예를 들어 기아는 아직 지구에서 사라지지 않았다. 지역의 날씨와 기후위기 그리고 정치적 불안정은 지속되는 기아를 부분적으로 설명해준다. 하지만 특히 2008년 식량위기에는 지구적 뿌리가 있다. 호주의 흉년과 재고 감소에 더해, 선물시장에서의 투기와 농작물의 바이오연료 전환이 원인이 되었다.

또 다른 예는 변화하는 수요와 공급 상황에서 이윤을 얻으려는 대기업들에게 기회를 제공하는 자유무역체계를 만들려는 압력이다. 오늘날 몇 개의 대기업들이 전세계 먹거리 무역과 가공을 지배하고 있다 (Bonanno et al., 1994). 예를 들면 단지 10개의 회사가 세계 종자시장의 50%를 통제하며, 10대 회사가 세계 농약시장의 82%를 지배하고 있다. 세계 식품시장에서 상위 10대 기업들이 28%를 차지한다(Dalle Mulle and Ruppanner, 2010).

또한 오늘날의 먹거리규제food regulation는 국가적인 차원에서보다는 점차 지구적, 광역적regional, 그리고 지역적local 수준에서 더 많이 이뤄지고 있다. 유럽연합EU의 식품안전 조건들은 전세계에 영향을 주고 있으며 WTO에서 합의된 농업협정들은 153개 회원국 전체에 구속력을 지닌다. 농업과 먹거리정치에 있어서 개별 정부들의 전통적인 역할 역시 변화하고 있으며, 소비자뿐 아니라 생산자, 유통업자 그리고 가공업자 등에 의해 더 많이 결정되고 있다.

이런 변화들이 개발도상국들, 소농들 그리고 환경에 대해 미치는 차별적 영향에 대한 심층적인 분석이 요구된다. 이 목적을 위해 지구화와 먹거리에 관한 몇 개의 개념적 틀을 소개한 다음, 가장 적절하다고 생각

---

* http://comtrade.un.org(2011년 1월 24일 접속).

되는 것들에 대해 논의할 것이다.

먹거리의 지구화에 대한 핵심적인 개념틀

먹거리 생산과 소비의 정치경제학

정치경제학의 틀 내에서 연구하는 학자들은 정치와 경제의 역동적 관계 속에 자신의 분석을 위치시키며, 힘의 균형 변화를 관찰함으로써 농업과 식품산업의 지구화가 어떻게 진행되는가를 밝히려 한다(Busch and Juska, 1997; Bair, 2009). 그들은 현대 먹거리공급을 미국, 유럽, 일본 등의 '핵심부' 지역의 도매와 소비를 위한 농산품이 세계경제의 '주변부' 지역에서 생산되는 경제체계라고 본다. 동시에 가공식품들은 불공평한 조건에 핵심부 국가들에서 비핵심부 국가들로 수출된다. 마르크스K. Marx에 의해 개발된 아이디어와 세계 자본주의경제를 분석하기 위해 월러스틴(Wallerstein, 1974)이 제안한 수정된 이론틀을 활용해서 이 정치경제학자들은 자본주의적 농업의 산업화와 전환, 초국적 식품·농기업들의 권력 증대, 그리고 농식품체계의 전지구적 통합에 대해 설명한다. 그들은 이 과정이 16~17세기 식민지시대 이후 존재해온 장기적인 역사적 경향이라고 본다.

프리드먼(Friedmann, 1995, 18쪽)은 다음과 같이 주장한다. "세계는 여러 세기 동안 전지구적인 규모로 혼란에 빠지고 통합되어왔으며, 사람, 식물, 관습 등이 여러 차례에 걸쳐 재배치되고 재형성되었다." 프리드먼은 아시아의 향신료 추출을 지적한다. 즉 유럽인들이 지구의 대부분을 정복하고, 유럽에서의 삶의 산업적 전환과정에서 도시들과 공장에 집중되었던 노동자들을 자극하고, 달래고, 보상하기 위해 설탕, 커피, 코코아,

차, 아편 등을 생산하려고 노동자들을 농장이나 플랜테이션의 강제노동에 끌어들였다.

프리드먼과 다른 학자들은 현대 농업과 먹거리생산을 일국적 시각에서 분석하는 것은 부적절하며, 전지구적 시각이 필요하다고 주장한다. 19세기 이후 미국, 호주, 뉴질랜드를 포함한 예전의 정착지 국가들은 한편으로 자신들의 산업 부문을 발전시키면서, 산업화되고 있던 유럽 국가들의 노동자들에게 먹거리를 제공했다. 이 학자들은 이러한 농식품의 복합체를 '식량체제food regime'라고 명명하였는데, 이는 "먹거리 생산과 소비의 국제관계를 축적과 연결시켜, 1870년대 이후 자본주의적 전환의 시기를 구별 짓는다"(Friedmann and McMichael, 1989, 95쪽).

그들은 두 개의 주요한 식량체제를 제시한다. 제1차 식량체제는 1870년부터 1914년까지 전개되었으며, 두 번째 것은 1945년 이후 제2차 세계대전 종전 후에 발전했다. 제1차 식량체제에서 "정착지 농업은 밀이나 고기 같은 주요식품 수출을 담당했는데, 핵심적인 임금식품wage foods*들은 먹거리생산 비용을 줄여 산업적 이윤을 보장했고 국제이주를 통해 유럽 농촌으로부터 잉여노동을 빨아들였다(Friedmann and McMichael, 1989, 111쪽). 제2차 식량체제에서 농업은 산업자본과 현대 국가체계에 더 밀접하게 연결되었다. 국가에 의한 조절이 높은 임금과 값싼(표준화된) 먹거리상품의 대량소비에 기반한 새롭고 본질적으로 국

---

* 식량체제론자들은 자본주의 발전을 위해서는 임금노동자들에게 제공할 값싸고 영양가 있는 먹거리가 중요했던 것으로 본다. 유럽의 자본주의가 급속하게 발전했던 시기에는 미국이나 호주와 같은 주변부 지역에서 유럽 중심부의 노동자들에게 값싼 밀과 육류를 공급했는데, 이것들이 바로 임금식품이다. 20세기 제2차 세계대전 이후에는 후발 산업국가들에서도 노동자들이 빠르게 증가했다. 이들의 식량문제는 국내적으로는 녹색혁명을 통한 생산된 주곡류와 미국으로부터 수입된 밀을 통해 해결되었다. 예컨대, 한국의 경우 미국의 식량원조로 수입이 시작된 밀을 활용한 라면이나 소면 등이 노동자들의 값싼 임금식품의 역할을 했다고 볼 수 있다. ─ 옮긴이

가 단위 축적의 기반이 되었다.

하지만 1970~80년대 초국적 기업들의 성장은 지배적인 구조화의 힘이 국가로부터 사적인 (국제)자본으로 옮겨가는 것을 의미했다. 따라서 어떤 연구자들은 1980년대 이후 제3차 식량체제로의 전환이 진행됐다고 지적하기도 한다. 제2차 식량체제는 과잉생산 때문에 위기에 빠졌으며, 이는 수출시장에서의 가격 불안정성과 경쟁의 증가로 이어졌다. 유럽연합과 미국 농업생산의 잉여는 먹거리 부문에서 신자유주의의 정치를 초래했다.

표준화되고 값싼 대량생산형 먹거리의 시대는 지나가고 힘의 균형은 먹거리 공급사슬의 생산 쪽에서 수매 및 소비 쪽으로 이동했다. 새롭게 등장한 소위 '탈산업주의'로 불리기도 하는 제3차 식량체제는 시장에서 구입할 수 있는 먹거리의 다양성 및 유연성 증가라는 특징을 가진다. 3차 식량체제는 또 국민국가가 파편화되고 더 이상 국민경제의 유일한 조정자가 아니게 됨으로써, 국가 경계에 제한받지 않는 전지구적 먹거리 공급사슬의 통합이라는 특징을 지닌다.

자유시장의 논리, 즉 '워싱턴 콘센서스'와 신자유주의적 프로젝트는 지구화를 전세계적인 개발 프로젝트로 이끌었다. 기술적 진보와 지구화는 단순한 국가적 혹은 지역적 먹거리체계를 거대하며 복잡한 국제 농식품 사슬로 전환시켰다. 프리들랜드(Friedland, 2005)는 먹거리의 지구화가 중심부 시장들의 식품소매 집중화에 의해 촉진되고, 개발된 국가들의 소비자들이 가진 (다양한 열대 농산물을 포함한) 신선식품을 연중 구매하고 싶어하는 욕구에 의해 추동된 것으로 본다. 이 전지구적 기업식량체제 corporate food regime에 대한 대응으로 다양성, 지역 소유권, 식품안전과 먹거리보장 등의 담론으로 표현된 저항운동들이 등장했다(Ilbery, 2001). 이런 운동의 예로는 유기농업, 전통방식의 농업, 식량주권, 지역공동체지원농업, 공정무역 등을 지지하는 시민과 농민단체들을 꼽을 수 있다.

농업은 더 이상 지역에 배태된 생존수단이 아니며, 오늘날은 지구화된 공급사슬에 통합되어버렸다. 맥마이클(McMichael, 2000, 23쪽)은 "세계의 각 지역에 따라 차별적 영향을 미치는 이런 조건 속에서, 농업은 사회·국가·문화의 중요한 닻 역할에서 점점 멀어지고 전지구적인 아웃소싱의 하찮은 요소가 되어버린다"고 결론을 내린다.* 마르크스주의의 용어로, 농업과 먹거리는 더욱 '상품화'되어 영양학적 질 같은 농업생산물의 사용가치에 대한 관심은 낮아지고 시장가치와 가격이 더 강조된다. 상품화는 농산물의 구매와 판매에서 시장의 역할을 증대시켰으며, 더 많은 양의 농식품이 자동차나 컴퓨터 같은 다른 상품과 유사한 방식으로 국제적으로 교역된다. 그러나 먹거리는 다른 대부분의 상품과는 다른 특징, 즉 유기체직 특성organic character을 지니고 있다. 농업은 생물학적 체계의 사회적 조직이며, 따라서 모든 농산물이나 농식품체계의 모든 요소가 같은 방식으로 지구화될 수는 없다. 모든 농식품 생산물은 "상품 조절과 조직에 있어 다양성과 다양성에 상응하는" 고유의 불균등하고 복합적인 발전의 역사를 지닌다(Friedland, 2005, 28쪽).

개별 농산물의 특유한 성격은 농식품 '상품사슬'이라는 개념이 포착하고 있다. 이 개념은 농산품이 상품이 되는 중에 거치게 되는 상이한 단계들은 무엇이고, 이 과정은 어떻게 관리되는지에 대해 설명한다(상품사슬 분석의 예는 〈상자 2.2〉 참고). 학자들은 전지구적 상품사슬Global Commodity Chain, GCC이라는 개념의 도움을 받아 생산과 유통 활동이 통

---

* 맥마이클(1994, 7쪽)은 또한 "새로운 기업전략이 등장했는데, 이것은 국내시장이 아니라 전세계나 권역을 겨냥하는 것이다. 이는 대중시장이 아니라 신선하고, 이국적이며, 문화인종적 먹거리(ethnic foods) 등의 특화된 상품의 틈새시장을 목표로 한다"고 주장한다. 이는 새로운 식량체제가 등장하고 있다는 그의 주장을 뒷받침한다.

브라질의 수출지향적 원예농업에 관한 상품사슬 분석

브라질 동북부 상프란시스코 계곡Sao Francisco Valley에서는 1960년대 이후 대규모 투자로 인해 관개 경작지 면적이 급증했다. 이후 정부 지원 개발기구들이 국내시장을 위한 기초 식량작물을 생산하기 위해 농민들을 정착시켰다. 그러나 1980년대 들어 이런 기구들은 브라질이 당장 급했던 외화벌이를 위해 수출용 작물을 권장하는 정책을 시행했다. 2001년에 그 계곡 지역에서는 1,400개의 농장에서 약 2만 명의 일꾼들이 포도와 같은 비교적 고부가치 과일을 생산했다. 집합적 활동과 공적 지원을 통해 중간 규모의 생산자들이 지지되었다. 국제 상품사슬의 발달은 상파울루에 기반을 둔 대형 협동조합의 풍부한 유럽의 수출 경험에 의해 지원되었다. 2000년대 초반에 이르러서는 구매자와 수입업체의 힘이 증가하였고, 유럽의 도매업자들은 안전과 품질에 대한 엄격한 규제를 부과하였다. 식품안전을 확보하기 위해 농민들은 국제농산물우수관리Global Good Agricultural Practices, GAP 표준에 따라 인증을 받아야 했으며, 포장시설들은 위해요소중점관리기준Hazard Analysis and Critical Control Point, HACCP의 인증을 받아야 했다.*

생산자들은 포도 상품사슬 내에 있는 상이한 지역 기구들과 행위자들, 특히 수입업자들의 지원을 받았다. 수입업자들은 도매업자들에게 고품질 과일을 제공하기 위해 사슬의 생산자 쪽을 조직함으로써 자신들의 입지를 강화하기 위해 노력했다. 상품사슬 내에서 농민 조직과 기업들의 관계를 분석하는 것은 그 사슬들이 어떻게 경쟁력을 유지하는지를 보여준다.

출처: Selwyn(2008)

합되는 다양한 방식들에 대해 분석하려고 노력한다.

GCC는 '기술이 물질 및 노동 투입재들과 결합되고, 가공된 투입재가 조립되고, 유통되고, 판매되는 과정'으로 구성된 특정 유형의 가치사슬이다(Gereffi et al., 2005, 79쪽). GCC 시각을 활용하는 학자들은 다음과 같은 질문들을 던진다. 누가 세계의 무역과 산업을 지배하는가? 그들은 이 지배를 어떻게 실제 행사하는가? 특히 개발도상국의 농민들에게 어

---

* GlobalGAP은 소매상을 기반으로 하는 '착한' 농업관행의 조건이다. 상세한 내용은 4장의 GlobalGAP과 HACCP에 관한 설명을 참조할 것.

떤 영향을 주는가? 이 학자들은 특정한 경제적 행위자집단의 등장과 세계적으로 퍼진 무역 기반의 생산네트워크의 팽창 간의 연결고리를 분석함으로써, 전지구적 먹거리사슬의 성장을 설명하려 한다. GCC에 있어 브랜드 소유자들과 대형 마트들이 체계 조정의 핵심 역할을 통해 권력을 행사한다(Daviron and Gibbon, 2002). 전지구적 농식품사슬은 생산자들에 의해 좌우되는 세계 자동차산업과는 달리 구매자에 의해 추동되는 것으로 간주된다(Gereffi et al., 2005).

GCC의 개념은 모든 특정 상품의 시작에서부터 최종 사용 및 그 이후까지에 필요한 조정을 포함한 광범위한 활동을 분석하는 데 활용할 수 있다. 이는 디자인, 생산, 마케팅, 유통, 최종 소비자에 대한 지원, 그리고 전체 과정에 대한 거버넌스까지를 포함한다(Gibbon and Ponte, 2005, 77쪽).

세계적 차원에서 전지구적 규모의 생산체계에 대한 통제와 조정은 여러 방식으로 가능하다. 비록 그것이 소규모 생산품에 있어서는 가장 효율적인 모델이긴 하지만 대개 직접적 소유에 의해 이러한 조정이 이뤄지지는 않는다. 초국적 기업들은 중점 사업이 아닌 제조업이나 서비스 활동들은 '아웃소싱'하는 것이 더 유리하여, 이것이 "부품과 다른 중간재들의 국제무역의 증가"로 이어지고 있다(Gereffi et al., 2005, 80쪽).

그리해서 GCC의 선도기업들은 품질 표준과 다른 부호화 기준 codification scheme을 개발하고, 확산시키고 강요함으로써 지배력을 행사한다. 예를 들어 돌런과 험프리(Dolan and Humphrey, 2000)는 영국에서의 신선채소류의 매출 사례를 분석하면서 그러한 지배양식을 관찰했다. 영국의 대형 도매업체들은 아프리카산 신선채소류의 교역에 참여함으로써 전지구적 공급사슬을 조직하고 지배하고 있다. 이들 기업은 품질과 포장 조건을 정의하고 등급과 표준을 정함으로써 공급자들에 대한 지배를 강화하고 있다. 보다 정교한 상품을 위해서는 시장보다는 더 잘 개발된 조정기제가 필요하다. 시장에 기반한 조정기제는 표준화된 생산물이나 교역 파트너를 바꾸는 비용이 적을 때에 더 효율적이다. 따라서 전지구적 상품사슬의 조정은, 모든 단계를 소유한 거대 초국적 기업들에 의해 실현되거나 그렇지 않다면 시장, 계약 그리고 표준 등 보다 간접적인 기제가 더 매력적인 것으로 보인다. GCC 접근은 판매업체와 공급업체들사이의 수직적 관계 및 생산자로부터 소비자에 이르는 먹거리품목의 이동에 초점을 맞춘다.

이런 유형의 분석은 경제 관계가 지배한다. 반면 정치적 측면은 대체로 이러한 경제적 역학에서 비롯되는 것으로 여겨진다. 하지만 GCC 접근을 적용하면 기업이 작동하는 광범위한 제도적 틀들의 존재와 더불어 조정적 다원주의를 인정하게 된다. 선도기업들이 품질 표준의 틀을 짜지만 "그들 배후에 있는 더 넓은 사회적 규범들, 예컨대 무역규제들은 선도기업들의 영향에서 벗어나 있다"(Gibbon and Ponte, 2005, 86쪽).

GCC 시각을 따른 지구적 먹거리 공급사슬에 대한 분석은 특정한 국가들이나 관련 제도적 틀과 상관없이 이뤄질 수 있다는 점에 유의해야 한다. 이런 이유로 GCC 시각은 과도하게 구조주의적이며 인간 행위자 및 다양한 행위자들의 독특한 이해관계에 대해 무관심하다는 비판을 받아왔다. 정치경제학적 접근은, 함께 뒤섞여서 지구화를 규정짓는 지역과 국가들의 다양한 정치, 경제, 사회, 문화, 기술, 그리고 자연현상 간의 구체적인 동학을 간과할 위험이 있다(Busch and Juska, 1997; Deeg and Jackson, 2007).

이런 특정한 과정들을 무시함으로써 GCC 접근은 현대 먹거리공급이 세계적 수준에서 가지고 있는 다양성을 설명하는 데 난점을 가지게 된다. 동시에 데이비드 굿맨(Goodman and Watts, 1997; Goodman and DuPuis, 2002)과 마이클 레드클리프트(Redclift, 1987; Goodman and Redclift, 1991) 등은 GCC 연구 내에서 보다 좁은 접근방식을 취하기 시작했으며 이 개념을 활용하는 데 다양성을 증가시켰다.

먹거리 생산과 소비에 관한 행위자네트워크 분석

앞에서 제시한 정치경제적 접근의 구조적 특성 및 경제적 기제 특성에 대한 강조에 대한 반응으로 네트워크에 기반을 둔 분석을 포함한 보다 유연한 다른 개념적 모델들이 제시되었다. 이런 접근들이 가진 장점은 분석적 초점이 더 이상 생산자에게만 고정되지 않는다는 점이다. 소비자들이 동등한 관심을 끌게 되었다. 정치경제적 접근은 GCC의 틀 내에서 토마토나 쇠고기 같은 특정한 먹거리상품 연구에 초점을 맞춘다.

하지만 이 접근은 상품사슬에서 기업의 역할을 과잉 강조하고, 경제체계의 논리 속에서 다른 사회적 행위자들의 역할을 사라지게 한다. 또한 GCC에서 자연은 대개 수동적인 것으로 간주되는데, 현대 농업은 '유전적, 생리적, 생태적 한계'와 관련된 지속적인 쟁투 과정에 있으며, 그 안에서 자연은 더욱 중요한 요소가 되고 있다(Busch and Juska, 1997, 691쪽). 이러한 시각을 개방하는 한 가지 방안은 네트워크 지향적 시각을 적용하여 "농업과 먹거리를 지역적 체계 및 네트워크의 일부로서 사회적으로 지역과 지역공간에 배태시킬 수 있는 방안들에 대해 초점을 맞추는" 것이다(Marsden, 1997: 189).

네트워크 접근들은 기술, 정치, 문화, 그리고 경제 변동의 분배적 효과를 더 잘 분석할 수 있는 것으로 보인다(Granovetter, 1985). 라투르(Latour, 2005)에 기반을 둔 이러한 접근은 관계들을 사람이나 사물에 의해 매개되는 것으로 본다. 왜냐하면 제도들은 진공상태에서 존재할 수 없기 때문이다. 따라서 먹거리공급의 동학은 인간-인간 및 인간-사물 관계들의 특정한 배열로 분석되어야 한다. 이는 "상품이 (상품의) 하위영역을 통과하는 동안 겪게 되는 변화들을 따라가야" 한다는 것을 의미한다(Busch and Juska, 1997, 704쪽).

네트워크 접근은 먹거리가 다른 사회적 및 사회물리적 실천practices들이 위치한 공간 및 네트워크 안에서 수평적으로 또 수직적으로 어떻게 연결되는지에 대한 더 상세한 분석을 가능하게 한다. 사회, 경제, 정치적 동학은 변화하는 지배와 종속의 관계들을 만들어낸다(Marsden, 1997). 네트워크 접근은 가치 창출을 최적화하기 위한 가치사슬 내의 수직적 조정뿐 아니라 생산의 동일한 기술단계의 수평적 관계에까지 관심을 가진다. 예를 들면 사회적 네트워크, 학습, 네트워크 외부재 등에도 관심을 가지는 것이다. 이렇게 함으로써 권력을 관계적으로 볼 수 있으며, 단순히 지배적인 권력자에 대해서만 관심을 갖는 것이 아니라 힘의 균형(의 변화) 및 규정과 자원에 대한 차별적 접근에 초점을 맞출 수 있게 된다.

따라서 "규범과 가치가 규정과 제도(이는 그것이 지역이든 광역이든 국가든 지구든 간에 사회관계 망의 매트릭스를 구성한다)로 정제됨에 따라" 다양한 종류의 시장관계가 발생할 수도 있다(Wilkinson, 2006, 24쪽). 상호작용의 상이한 사회적 수준들이 서로 영향을 미치면서 지구적 과정들은 "관계의 네트워크 안에 존재하는 다른 행위자들에 의해 끝없이 내부화되고 층화된다"(Marsden, 1997, 173쪽).

따라서 특정한 먹거리상품에 적합한 모든 제도는 서로 상호작용하고, 하위 부문을 작동케 한다. 제도들 간의 이러한 상호작용 지점들은 특별히 흥미로운 연구대상인데, 왜냐하면 그것들은 "사슬에서 약한 고리이기 때문이다"(Busch and Juska, 1997, 693쪽). 일반적으로 시장은, 그리고 특히 세계시장은, 공식적인 제도들을 통한 조정이 부족하며, 따라서 상품

규정과 다양한 사회적 행위자들 사이의 요구사항들은 다른 방식으로 조율되어야 한다.

네트워크는 공급자가 소비자의 특정 요구들에 따라 생산하되 자신의 소관에 대해서는 책임을 유지하는 상당히 복잡한 기업 간 노동의 분업을 가능하게 한다. 네트워크 분석에 따르면 가치사슬 내에서의 조정은 "소비자/환경 단체들, 공공 부문 대표들, 적당한 산업 부문(즉 가치사슬) 내에서의 행위자들에 의해 함께 조직된다." 네트워크의 정확한 조직은 생산품의 특성 및 필요한 가공 활동들에 의해 결정된다.

관습이론

사슬과 시장들은 상이한 원리들에 의해, 즉 프랑스의 사회과학자들인 볼당스키와 테브노의 표현처럼 '관습'에 의해 조정될 수 있다. 볼탕스키와 테브노(Boltanski and Thévenot, 1999)가 발전시킨 관습이론은 지구적 먹거리공급 네트워크 내에서의 조정 및 거버넌스관리와 관련해서 흥미로운 시각을 제시한다.* 관습은 상업적 활동이란 관련 사회적 행위자들 간의 선험적 이해 없이는 불가능하다는 기본적인 전제를 깔고 있다.

사람들은 상품을 구매하거나 판매하기에 앞서 그 상품의 질, 가격 등을 판단하기 위한 공동의 분석 틀, 즉 관습이 필요하다. 관습이론은 (1) 품질에 대한 서로 다른 평가를 형성하는 가치와 규범, (2) 교환관계를 조정하는 요건, 규정 그리고 절차, (3) 특정한 요건을 유지하고 상응하는 조직적 양식 등에 초점을 맞춘다. 이는 상이한 인지적, 규범적, 상호주관적 그리고 물질적 관심의 조합들이 품질과 성취요건을 관리하기 위한 기제가 되도록 한다. 따라서 먹거리는 단순히 물질적인 상품이 아니

---

* Thevenot(2007) 참고.

여러 가지 품질관습

관습이론가들은 품질에 관한 관습들을 밝히고 범주화하기 위해 노력해왔다. 그 결과 조정관습과 관련된 다음과 같은 품질관습들이 정립되었다.

- 시장 조정market coordination : 경쟁적 시장에서 먹거리상품의 경제적 가치에 의해 동의가 이뤄지며 가격 차이는 품질상의 차이 때문으로 본다.
- 가정 조정Domestic coordination : 신뢰와 충성도에 기반한 것으로 행위자들 간의 오랜 개인적 관계나 상품의 품질에 관한 명성을 강조하는 사적인 브랜드의 이용에서 비롯된다.
- 산업적 조정Industrial coordination : 품질에 관한 불확실성을 기구에 의한 시험, 검사, 인증 등에 의해 제3자가 보장하는 공통된 규범이나 표준에 의해 해결한다.
- 시민적 조정Civic coordination : 복지에 대한 집합적 헌신에 기반한 것으로, 모든 수혜 즉 상품의 정체성이 사회나 환경에 대한 영향에 의해 평가된다. 이런 조정의 하나가 녹색관습으로, 집단의 선이 환경 일반의 선에 의존하는 것으로 본다.
- 영감적 조정Inspirational coordination : 열정, 감성, 혹은 창조성으로 구성되는 조정으로 공동의 인류라는 개념과 관련된다.
- 의견 기반 조정Opinion-based coordination : 공적인 평판이나 명성에 의존하며 차이의 원칙에 기반을 두고 있다.

출처: Thévenot(1989)

라, 먹거리가 생산, 가공, 교역, 소비되는 보다 넓은 물질적·문화적 실천들의 요소로 간주된다.

이런 다양한 실천은 관습들을 통해 연결되어 있다. 관습은 상황들의 조정 결과이며, 행위의 새롭거나 수정된 맥락에 대한 해석 차이를 해소하는 과정의 결과이다. 관습은 "실천, 일상, 동의 그리고 그것들의 연합된 비공식 및 제도적 행태"라고 정의되며, 이것들은 "상호 기대에 의해 행위들을 통합"시킨다(Salais and Storper, 1992, 174쪽).

이 시각에 따르면, 먹거리를 사고파는 것이 가능한 이유는 생산자는 소비자가 기대하는 바가 무엇인지, 또한 소비자는 품질의 측면에서 생산자에게 무엇을 얻게 될지를 알기 때문이다. 이런 동의가 모든 생산자와 소비자에게 균일할 필요는 없으며, 상호적 기대 역시 시간이 경과함에 따라 그리고 공급사슬에 따라 달라질 수 있다. 상이하고 변화하는 관습들이 있으며, 품질에 대한 이해와 생산 및 교환의 사회적 조직 사이에는 직접적인 연관이 있다.

따라서 다수의 관습들이 있으며 그들의 "중요한 준거점들은 상이한 유형의 상품, 다양한 형태의 기업, 그리고 다른 역사적 기간들이다"(Daviron and Gibbon, 2002, 144쪽). 먹거리공급 조직의 다양성은 기술, 시장, 기회비용의 차이뿐 아니라 상이한 관습들에 의해 설명되어야 한다. 그리고 이런 요소들은 외부적으로 주어진 고정되거나 독립된 요인들의 세트로 환원될 수 없다. 상이한 관습들(의 조합)이 존재할 수 있으며(《상자 2.3》 참고), 이들은 먹거리 공급사슬의 네트워크들의 기반이 된다. 따라서 여러 가지 조정적 원리들이 먹거리를 생산하고 소비하는 데 관련된 활동들을 연결할 것이다.

관습들은 지속적으로 협상되며 때로는 경쟁할 것이다. 따라서 지구적 수준에서의 먹거리공급 네트워크 내의 상이한 관습들 간의 균형은 시간이 지남에 따라 바뀔 수 있다.*

지구적 먹거리공급 분석에 대한 네트워크 접근은 품질의 중요성을 인식하게 해준다. 왜냐하면 시장들은 거래될 상품의 품질에 관한 사전적 prior이고 공유된 정의에 의해서만 작동할 수 있기 때문이다. 소비자들은 질에 관한 정의를 쉽게 알기 어려우며, 그러므로 브랜드, 라벨, 사회관계 등의 장치를 통해 보장되고 네트워크 배치 속에서 강화된다. 그러한 이질적인 조직적 배치들의 존재는, 동질화에 대한 지속적인 압력에도 불구

---

* 예를 들면 전통적인 먹거리품목들은 국내적인 조정과 정당화 기제에 뿌리박고 있으며, 특정한 장소라는 공간과 특정한 전통이라는 시간에 고정되어 있다. 이러한 기제는 그런 먹거리들의 팽창에 제약을 가한다.

하고 오늘날의 지구화된 먹거리공급에서 지속된다.

정치경제학과 네트워크 시각 결합하기

지금까지 지구적 먹거리공급을 분석하기 위해 적용할 수 있는 여러 가지 개념적 틀에 대해 검토하였다. 정치경제학적인 틀은 주로 전지구적 상품사슬GCC들 내에서 경제적 권력의 분배에 초점을 맞추는 데 반해 네트워크 시각은 다양한 사회적 행위자들의 역할과 그들이 품질관습을 통해 상품사슬 내에서 자신들의 활동을 조정하는지에 관심을 가진다.

이 부분에서는 지구적 생산네트워크global production networks, GPNs를 소개함으로써 두 시각을 결합시키고, 물질적 동학을 더 잘 포함시키기 위해 이를 흐름의 개념과 연결하고자 한다. GPNs라는 개념은 네트워크들이 지구적 먹거리공급과 같은 현상을 이해하는 데 중요하다는 전제에서부터 시작된다. 왜냐하면 네트워크는 "상품의 생산과 소비 그리고 서비스의 조직이 가진 근본적인 구조적 관계적 특성"을 반영하기 때문이다 (Coe et al., 2008, 272쪽).

이에 따라 코 등은 GPNs를 "상품과 서비스가 생산되고 소비되도록 하는 기업들과 비기업적 조직들에 의해 세계적으로 조직된 상호연결적 기능과 활동의 연쇄"라고 정의한다(Coe et al., 2004, 471쪽). 이는 조직의 측면에서나 지리적으로나 매우 유동적이고 우연적인 성격을 지닌 지구적 먹거리공급을 분석하는 데 발견적 도구가 될 수 있다. GPNs 시각은 세계 먹거리공급을 본질적으로 생산에서 소비로의 단선적 구조로 조직된 것으로 간주하는 상품사슬 접근보다 현재의 동학을 더 잘 이해할 수 있게 해준다.

GPNs 시각은 모든 상품과 서비스 생산의 순환적 과정들에 관여하는 다양한 기업들에 대해서뿐 아니라 그것을 뒷받침하고 있는 자본, 지식 그리고 사람들 간의 복잡하고 다기적 연결을 잘 설명할 수 있다. 예를 들어 노동지리는 훨씬 장소에 덜 제한적인 자본과 비교해보면 상이한 동학을 보여준다. '상품'보다는 '생산'이라는 개념을 사용함으로써, GPNs 는 사회적 과정과 상호작용을 더 강조한다(Hughes et al., 2008, 348쪽). 이는 현재의 세계 먹거리공급을 분석할 때 여러 종류의 지식 확산뿐 아니라 공급자 기업, 서비스 기능, 정부, NGO와 사회운동 등을 분석에 포함시킬 수 있는 여지를 주며, 이를 통해 선도기업의 역할을 입체적으로 조망할 수 있게 해준다.

기업들 자체도 동질적이거나 '블랙박스'라고 할 수 없으며 그들도 '상이한 정도의 중첩성과 연결성'을 통해 네트워크화된다(Coe et al., 2008, 277쪽). 이렇게 함으로써 GPNs 시각은 여러 생산네트워크들 간의 시너지, 갈등, 연결 등에 대해 눈을 뜨게 해준다. GPN을 기본적인 분석 단위로 채택하는 것은 조직 양식이나 구조보다는 관계적 과정에 초점을 맞춘다는 것을 의미한다. 먹거리 생산물이 농민으로부터 소비자에게로 이동하면서 동시에 화폐는 그 반대 방향으로 흐르는 것과 같이, 물질적 흐름은 모든 네트워크 행위자를 연결한다.

GPNs 시각은 상품 문화연구의 성과를 빌려와서(Cook et al., 1998), 먹거리 생산자와 소비자들을 (재)연결하는 순환적 지식의 중요성을 인정한다. 정보와 지식은 생산자로부터 소비자로 흘러갈 뿐 아니라 그 반대 방향으로 가기도 한다. 소비자들 사이에서 지배적인 식품안전이나 환경에 관한 관심, 문화적 특성 같은 것들이 그 예다. 이러한 정보와 지식의 흐름은 특히 소매상들에 의해 강조되는데, 그들은 "생산과 소비 양쪽 영역에서 개발된 상품 지식을 끌어오고, 전환시키며, 순환시킨다"(Hughes

기업의 사회적 책임

기업의 사회적 책임CSR은 이윤, 사람 그리고 지구라는 세 개의 주요 차원을 포괄한다. 기업들은 자신이 속한 사업의 사슬을 따라 CSR을 추진하기 위해 자신의 능력한도 내에서 모든 것을 해야 한다. 그들은 자신의 행위에 따른 사회, 생태, 경제적 결과에 대해 책임을 져야 한다. 관여된 모두와 대화를 나누고, 책임성을 보여야 하는 것이다. 소비자들은 CSR 전략을 실행하고 이를 웹 페이지를 통해 소통하는 기업들의 상품을 구입하려는 경향이 더 큰 것으로 보인다. 사람들은 여러 산업들 중에서 식품기업, 소비재 상품, 그리고 소매상들이 가장 잘 하고 있는 것으로 생각하고 있다.

출처: www.foodnavigator-usa.comlFinancial-IndustrylFood-industry-well-respected-for-CSR-efforts-Survey(2010년 10월 13일 접속) and www.mvo-platform.nl(2010년 9월 9일 접속)

et al., 2008, 349쪽).

이런 흐름에 주의를 기울이는 것은 지식 순환의 문화정치를 이해할 수 있게 해주며, 시민사회 조직들과 소비자들이 GPNs 내 실천에 있어서 공동 개발자로서 균형 있게 참여할 수 있게 한다. GPNs는 국가의 권위체들이 WTO와 같은 다자간 권위체 및 사적 규제자들과 관계를 맺는 다수준적 조정체계에 배태되어 있다. 따라서 GPNs의 조정에 있어 국제적 선도기업들과 품질 표준이 중심적이긴 하지만 국민국가의 역할 역시 무시되어서는 안 된다(민간 거버넌스의 형태로서 기업의 사회적 책임CSR에 관해서는 〈상자 2.4〉 참고).

전지구적 먹거리를 분석하기 위한 네트워크와 흐름의 사회학

사회과학자들은 1980년대 이후 지구화 과정을 분석하는 데 도움을 받기 위해 네트워크 개념을 사용해왔다. 특히 마누엘 카스텔스(Castells, 1996, 1997, 1998)는 지구적 현대성으로의 전환을 지구적 네트워트 사회의 진화로 개념화했다. 이때 중요한 특징은 지구적 흐름들이 지역적 장소들을 대체한다는 점이다. 지구적 네트워크 사회에서 시간과 공간은 새로운 방식으로 구조화된다. 왜냐하면 현대적 교통, 정보, 커뮤니케이션 기술 등은 멀리 떨어진 지역의 활동들이 기능적 단위로 연결되게 해주기 때문이다.

네트워크들은 네트워크된 연결점들의 밀도와 크기에 따라 혹은 다른 네트워크와의 연결에 따라 상이한 조합을 이룰 수 있다. 네트워크들은 포함과 배제라는 이진법적 성격을 지니며, 그것들은 자신의 내적인 시각에서 적절한 것으로 보이는 물질과 행위자들만을 포함시키며 다른 것들은 무시한다. 특정한 영토 내에 사는 모든 이를 포함시키는 국민국가와 같은 공간적 단위들과는 달리, 네트워크들은 자신이 작동하는 데 적합한 지역과 사람들만을 포함시킨다.

지구적 네트워크들은 다양하고 서로 떨어진 장소들과 시간들에 걸쳐 뻗쳐져 있으며, 따라서 시간과 장소는 더 이상 밀접하게 연관되지 않는다(Adam, 2000). 카스텔스(1996)에 따르면, 우리는 이제 '시간이 없는 시간'의 시대에 살고 있는데, 이는 조직화의 원리로서의 주요 리듬이었던 과거의 생체적 시간과 19세기의 시계에 의한 시간을 대체했다. '시간이 없는 시간'하에서 과거의 사건의 순서적 배열은 사라지고 익숙한 리듬은 해체되고 있다.

예컨대 과거에는 제철에만 먹을 수 있었던 신선 과일들과 채소들은 오늘날에는 슈퍼마켓에서 늘 살 수 있게 되었다. 관련 당사자들 간의 직접적, 면대면 접촉 없이 교환과 사회적 상호작용이 이뤄지게 되면서 장소의 특정성이 대체로 무의미해졌다. 사람들, 기계들, 문자들, 대상들 그리고 기술들 간의 연결이 다중적이고 떨어진 시간들과 장소들을 통해 상호작용하며, 이 연결들은 다양한 의사소통 수단을 통해 중개된다(Urry, 2003). 한 예가 오늘날의 소비자들이 먹거리상품 포장에 제공된 정보를 근거로 해서 자신들의 먹거리 생산지를 인터넷을 통해 추적하고, (가상

커피 추적기

네덜란드의 슈퍼마켓 체인인 알버트 하인Albert Heijn은 자신의 고유 상표인 펄라Perla 커피를 어츠인증Utz Certified 라벨을 부착해서 판매하고 있다. 커피 생산자들과 협동조합들은 자신들이 커피를 전문화된 방식으로, 그리고 환경과 지역사회를 돌보며 재배한다는 점을 보여주기 위해 어츠인증 라벨을 사용한다. 소비자가 펄라 커피를 구입하면 그 소비자는 포장지에 부착된 '판매 유효 일시'에 근거해 그 생산이력을 추적할 수 있다. 회사 웹사이트의 '커피 추적기Coffee Tracer'를 통해 소비자는 해당 커피가 재배된 농장이나 플랜테이션에 대한 많은 양의 정보를 얻을 수 있다. 사회적 책임성과 환경에 대한 고려가 실현되는 방식뿐 아니라 농장과 그곳에서 일하는 사람들에 관한 정보도 제공된다.

출처: www.ah.nVperlalherkomst.jsp and http://consumer.utzcertified.orglindex.php?pageID=202&switch language=EN(모두 2010년 9월 14일 접속)

적으로) 방문하는 것이다(〈상자 2.5〉 참고).

지구적 네트워크 사회에서 우리는 온갖 종류의 행위자, 물질, 과정 그리고 연결의 조합과 만난다. 이런 조합들의 동학을 설명하는 것은 흐름과 불확실성 그리고 동학과 비가역적 변화 등의 이미지에 의존한다. 더이상 예전의 질서, 안정 그리고 체계의 이미지를 기반으로 하지 않는 것이다. 지구적 흐름들은 국경선들을 매우 빠르게 넘나들며, 급부상한 지구체계는 통일적이지 않으며, 때로는 분산적 동학의 모둠이다. 먹거리의 흐름들은 이러한 복잡성의 구체적인 예라고 할 수 있다(Appadurai, 1996; Urry, 2003). 그럼에도 불구하고 물리적으로 단절된 위치들을 연결하는 흐름들은 일정한 지속성을 갖게 되는데, 카스텔스는 이를 '흐름들의 공간'*이라고 부른다(Castells, 1996). 이는 움직임의 내용에 따라 주로

---

* 흐름의 공간은 여전히 영토적 차원을 포함한다. 왜냐하면 그것은 특정한 장소들에 위치한 사람들과 기능들을 연결하는 특정 위치에서 작동하는 기술적 하부구조를 필요로 하기 때문이다. 하지만 이런 네트워크의 결절점들은 특정한 지리적 특성들이나 그 환경보다는 다른 결절점들을 훨씬 더 많이 지향한다.

가상적일 수도 있고 아니면 좀더 물질적 특정성을 가질 수도 있다.

지구적 먹거리네트워크와 흐름의 사회학은 세계 먹거리공급의 동학을 분석하는 데 유용한 출발점을 제공할 수 있을 것이다(Spaargaren et al., 2006 참고). 그러한 접근은 지역화된 생산체계나 전지구적 상품사슬들이 아니라 네트워크들과 흐름들을 분석의 중심에 둔다.

이런 접근은 물질적 흐름들 간의 관계에 주목하지만, 그것은 동시에 사회적 제도와 실천들 및 그것들을 조정하고 통치하는 행위자들을 포괄한다. 이렇게 함으로써 초점은 고정된 실체나 행위자 혹은 지역들이 아니라 그들 간의 상호적 관계와 그 결과로 나타나는 지구적 복잡성에 있다. 그러한 초국적 흐름들의 복잡성은 개별 인간 행위들이 그 움직임의 구조와 방향에 대해 결정적인 영향을 미치는 것을 방지한다. 그럼에도 불구하고, 개별 행위자가 무시되어서는 안 되며, 따라서 사회적 실천 접근을 활용함으로써 개별 행위자 요소와 포괄적 구조 간의 균형을 잡을 수 있을 것이다. 그러한 구조적 시각은 개인 소비자들의 행위를 먹거리가 공급되는 사회경제적 구조들과의 긴밀한 관계 속에서 바라본다. 이러한 사회경제적 구조들은 단지 규제할 뿐만 아니라 인간 행위자들에게 열려 있다. 사회적 행위자들은 먹거리를 다양한 방식으로 공급하는 복잡한 사회적 실천을 (재)구성하는 데 관여한다. 따라서 이에 따른 지구적 동학은 그 결과를 사전에 미리 예단할 수 없는 모순적 경향을 나타낼 수도 있다.

동시에 지구적 네트워크 사회에서는, 카스텔스(2009)가 주장하듯 미지의 권력 양식이 등장할 수 있다. 네트워크에 연결되었는가 아닌가는 핵심적인 (그리고 이진법적인) 구분이 되고 있는데, 왜냐하면 네트워크에 관계되지 않고는 사람이든 지역이든 현대사회의 지배적 동학으로부터 배제되기 때문이다. 하지만 네트워크에 연결된 사람들 가운데서도 일반적인 노동을 하는 사람들과 네트워크를 '프로그램'하는 사람들 혹은 다른 네트워크들과 연결하는 '스위치를 켜는' 사람들은 구별되어야 한다.

일반적인 노동은 다른 사람들에 의해 규정된 업무를 수행하는 반면, 프로그래머나 스위치를 켜는 사람들은 훨씬 많은 자율성을 지닌다. 프로그래머들은 지식과 정보를 결합시켜 네트워크의 목적과 그 목적 달성을 위한 방안을 제시함으로써, 네트워크에 포함된 모든 이가 받아들이는 규칙과 표준을 개발한다. 스위치를 켜는 사람들은 공동의 목표를 규정하고, 사회에서 자신들의 네트워크된 위상을 강화하고 활동의 효율성을 높이기 위해 자원들을 결합함으로써 여러 다른 네트워크들을 연결한다. 이런 새로운 권력담지자 범주는 과거의 경제 및 정치적 지도자들에 비해 덜 가시적일지 모르지만, 지구적 네트워크 사회에서는 훨씬 더 효율적이다.

먹거리는 초국가적인 동시에 지역적 물질 차원을 포함하고, 정보·개념·화폐의 측면 또한 포괄하면서 점점 더 지구적 흐름이 되고 있다. 지구적 먹거리네트워크에서 결절점들은 초국가적 무역을 통한 연결에 의해 기능적 및 물리적 의미에서 연결되어 있다. 금융이나 컴퓨터, 자동차와 같은 물질적 재화의 지구적 흐름과 마찬가지로, 먹거리 역시 온 세계를 이동하며 상이한 장소에서 온 원료들을 결합한 상품으로 가공되고 있다. 동시에 먹거리는 다른 흐름들과는 다른데, 왜냐하면 그것은 흐름의 지구적 공간과 장소의 지역적 공간, 가상적 동학과 물질적 동학, 그리고 네트워크의 상이한 요소들 간에 특수한 긴장을 보여주기 때문이다. 특수한 긴장은 상이한 위치들에서 추출되고 저장되는 자연환경과 먹거리의 흐름 간의 상호작용과 관련되는 것이다(Coe et al., 2008). 먹거리는 그것이 가진 유기적 특성 때문에 다른 물질적 흐름들에 비해 특별한 성격을 지닌다(Morgan et al., 2006). 소비자들은 매일 음식을 섭취해야 하

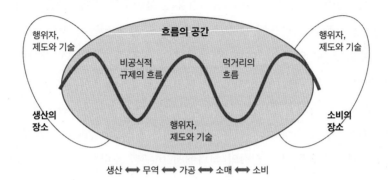

〈그림 2.1〉 '흐름의 공간'과 '장소의 공간'

고, 자신들의 규범이나 전통에 따라서 먹고 싶어하며, 1차 농산물의 생산은 특정한 장소와 계절에 의해 제한을 받는다.* 따라서 먹거리는 생산과 소비에 있어 '장소의 공간'의 지역특수적 동학을 보여주며, 이러한 동학은 두 활동의 지역특수적 사회조직을 포함하다.

지구적 먹거리공급에서 존재하는 흐름의 공간 동학과 장소의 공간 동학 간의 긴장은 생산 쪽에서뿐만 아니라 소비 쪽에서도 발견된다. 흐름의 지구적 공간이 유연성을 기반으로 하여 멀리 떨어진 지역들로부터의 가변적인 기여의 조합들을 연결한다면, 장소의 공간은 현재의 사회적 행위자와 자원들 간의 조정과 특수성에 따라 작동한다. 게다가 먹거리의 지구적 흐름은 특정한 지역적 장소에 제한적인 영향 역시 지닌다. 네트워크와 흐름의 사회학에 기반한 이런 시각은 지구화의 맥락에 존재하는 흐름의 공간 동학과 먹거리의 장소의 공간 동학 간의 내재적 긴장을 분

---

* 이러한 규범들은 꽤 엄격할 수 있는데, 예컨대 채식주의자든은 동물에서 기원하는 음식은 먹지 않으며, 무슬림들은 돼지고기를 소비하지 않는다(Douglas, 2002).

명하게 보여준다(〈그림 2.1〉 참고).

이런 상이한 동학에서 비롯되는 긴장은, 북반구의 먹거리공급을 위해 할당된 특정한 시간틀에 맞추기 위해 남반구의 농민들이 받는 압력을 그 예로 들 수 있다. 또 다른 예로는 세계시장을 위한 집약적 생산에서 비롯된 비료의 과잉 사용이나 수자원의 부족을 들 수 있다. 지구적 공급네트워크의 소비 쪽을 살펴보면, 표준화된 먹거리상품의 가용성 증가나 패스트푸드 음식점의 확산에서 발견되는데(Pollan, 2008), 동시에 현대 먹거리공급에 대한 신뢰의 하락에서 비롯된 소비자들의 우려 역시 존재한다(Kjaernes et al., 2007).

따라서 현대 먹거리공급에 대한 지구적 네트워크 및 흐름의 시각은 오늘날 생산자, 소비자, 그리고 정부당국이 직면하고 있는 익숙하거나 익숙지 않은 도전에 대해 유용한 통찰을 제공해준다. 우리는 여기에서 세 가지 중요한 주제에 대해 좀더 논의할 것이다. 개발도상국의 소규모 농가들에 대한 영향, 먹거리공급 조절에 대한 정부의 역할 변화, 그리고 굶주림문제의 지속 등이 그것이다.

전지구적 먹거리공급에 따른 농민의 위치 변화

개발도상국의 소농들은 소득의 증가, 인구 전환, 먹거리사슬 관리에 있어서의 기술적 변화, 지구화 등 자신들이 맞서야 할 급격한 변화에 직면해 있다. 그들은 부족한 하부구조를 지닌 조직화되지 않은 공급사슬의 일부로서, 생계농업에 초점을 맞춘 채로 이런 일들을 해내야 한다. 대농들은 국내 혹은 수출을 위한 시장지향적 공급사슬에 포함되어 있다. 대농들은 국내 소매기업들과 팽창하는 세계시장을 겨냥하는 수출업자들의 수요에 더 잘 대응할 수 있기 때문에, 전환을 만들어내지 않는다면 소농들은 사라질 위험에 처해 있다.

소매 부문이 보다 조직화되고, 도매 부문이 더 전문화되며, 조달 부문이 더 체계화됨에 따라 생산체계의 구성과 관리는 변형되고 있다. 소농들은 자신의 생산 및 판매 비용을 줄이고, 생산품의 품질을 향상시킬 때만 이런 전환에 대처할 수 있다. 이런 일들은 필요한 투입재 및 서비스에 접근할 수 있게 하는 계약을 통해서 가능하며(Swinnen and Vandemoortele, 2008), 협동조합, 임차, 핵체계nucleus systems 등을 통해서도 유사한 목표를 달성할 수 있을 것이다(McCullough et al., 2008). 이러한 지구화 관련 변화들은 전통적인 체계의 업그레이드를 가져올 수 있지만, 이런 현대화 과정이 실패한다면 소농들은 낙오될 것이며 생존형 생산에 머물거나 다른 소득원을 찾아 도시 지역으로 이주해야 할 상황이 올 수도 있다.

먹거리거버넌스

먹거리는 19세기 이래 정부 개입의 대상이었다(Tilly, 1975). 하지만 지구화의 조건에 의해 정부의 역할 역시 변화하고 있다. 오늘날 정부들은 세계 네트워크 사회의 여러 물질적 흐름의 탈중심화되고 탈영토화된 이동성에 직면해 있다. 탈영토화는 정치적·환경적 역동성뿐 아니라 문화적·경제적 역동성을 통해 진행되고 있다. 국가들은 "관할권 내의 모든 당사자에게 위계적으로 부과되는 요구들에 의해 통합되는 주권적 국가"라는 전통적인 역할을 상실하고 있다(Karkkainen, 2004, 76쪽). 이런 관습적인 역할은 더 이상 가능하지 않다. 왜냐하면 어느 단일 국가든 간에 그 내부의 공간을 분할하고 초월하려는 다양한 자기 조직적 네트워크, 액체물, '정책들'이 존재하기 때문이다. 지구화시대에서 주로 유형화하고, 조정하고, 질서를 만들고, 통제에 관심이 있는 "조경적 국가gardening state"(Bauman, 1987)는 국내의 사회적 과정을 더 이상 완벽하게 통제할 수 없어지고 있으며 단지 이동성(의 조건들)을 조정할 수 있을 뿐이다.

비록 주권성이 완전히 사라지지는 않았지만 국가는 고유의 기제에 따라 작동하는 다른 여러 권위들을 포괄해야 한다. 오늘날의 모든 국가는 네트워크 국가로 전환해야 하며, 시장 행위자, NGO들, 초국가적이자 국가적인 정치제도들을 포괄하는 타협적 의사결정 과정 및 권력 공유적 복합망의 일부가 되어야 한다. 네트워크 국가는 다른 국가들이나 행위자들과 공식적으로 연결될 필요는 없을지 모르지만, 효율적이기 위해서는 이런 타자들에 대한 개입을 더 조화롭게 해야 하며 잘 조정해야 한다. 예컨대 지구적 먹거리조절과 관련해서는 WTO의 개입이 증가하고 있으며 관-민의 파트너십이 더 가시화되고 있다(Mansfield, 2004).

이에 대한 반작용으로 비판자들은 먹거리공급에 있어 지역성과 특이성을 강조하는 조절 대안들을 주장한다. 이런 대안들은 먹거리가 중간상인의 매개 없이 농민장터farmers' market나 농장에서 소비자들에게 직거래되는 로컬푸드 공급체계와 같은 것들을 포함한다(Renting et al., 2003). 국제 농민운동 연대조직인 비아캄페시나Via Campesina는 현재의 세계시장 중심 체계에 대한 대안으로 '식량주권food sovereignty'을 주장하고 있다(9장 참고). 이러한 세계 및 지역 먹거리거버넌스에 관한 주류 및 대안적 관점에 대해서는 4장에서 보다 폭넓게 다룰 것이다.

기아의 지속과 먹거리보장의 도전

오늘날 기아는 여러 나라에서 여전히 위협으로 존재한다(FAO, 2010b). 현재 9억 명의 인구가 충분한 먹거리를 확보하기 어려우며, 세계의 먹거리보장은 향후 수십 년간 중요한 과제가 될 것이라고 예상된다.* 미래의

---

* 현재 세계 먹거리보장 현황에 대해서는 www.fao.orgleconomidess/ess-fs/en 참고.

먹거리가격의 폭등

1970년대 중반 이후 세계의 사람들 대부분에게는 충분한 공급에 따른 사상 최저의 먹거리가격이 기정사실인 것처럼 보였다. 하지만 2007년 옥수수, 밀, 쌀과 같은 기본적인 먹거리상품의 가격이 급격하게 올랐던 아프리카와 아시아에 살고 있던 9억 명에게는 그렇지 않았다. 많은 도시에서 식량폭동이 일어났으며 농업과 먹거리는 세계정치의 의제로 다시 등장했으며 국제회의에서 논의되기에 이르렀다.

흉년은 먹거리가격 인상의 부분적인 원인이었을 뿐이며, 많은 사람들은 중국과 인도의 육류 소비와 옥수수 및 사탕수수 같은 곡물의 바이오연료 전용이 이 문제의 핵심이라고 지적했다. 따라서 문제 해결을 위해서는 단지 생산을 늘리는 것만으로는 충분치 않으며, 농지, 물, 에너지와 같은 제한된 자연자원을 적절하고 공정한 방식으로 사용할 것인가에 대한 답이 필요하다. 2008년에 들어 농산물가격이 하락했지만, 사람들은 위기를 통해 언제나 값싼 먹거리의 시대는 지나갔을 것이라는 점을 깨닫게 되었다. 또한 바이오연료 생산을 추진하는 데 대한 정치적 매력 역시 감소했다.

출처: *The Economist*(2007) and Lang(2010)

먹거리보장은 세계인구의 증가와 다수의 삶이 풍요로워짐에 따라 위협받고 있다. 유제품과 육류 등 가축에서 비롯된 고부가가치 식품의 수요 증가를 초래하는 중국과 인도의 경제성장을 예로 들 수 있다. 오늘날 일상의 소비를 위한 먹거리를 확보하는 데 더 많은 사람들이 시장에 의존하고 더 적은 사람들이 자신의 먹거리를 생산한다(〈상자 2.6〉 참고).

2008년과 2010년 먹거리가격의 갑작스러운 급등은 농산물가격의 하락 경향이 끝나고 있음을 보여주는 듯하다. 미래는 적어도 세계시장에서의 먹거리불안정을 보이거나 아마도 상승 경향이 나타날 것이다(〈그림 2.2〉 참고).

만약 이런 경향이 지속된다면 기아는 증가할 것이며 식량 증산의 압력은 지난 수십 년에 비해 더 강해질 것이다. 더불어 이러한 변화들은 농지, 물, 기후, 에너지 그리고 기타 화석투입재(예컨대 인산염) 같은 자연자원의 희소화라는 압력 속에서 농업생산을 늘리려는 기술적 도전이

<그림 2.2> 세계 먹거리가격 추이 (2002-2004=100)

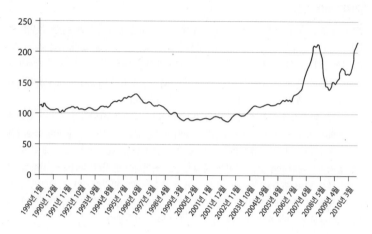

출처: FAO Food Price Index(January 2011)

대응 방안을 마련해야 함을 의미한다.

나가며

먹거리 생산, 분배, 소비의 지구화 가속화는 지속가능성 문제를 포함한 여러 가지의 도전을 제기하며((McMichael, 2000), 이런 문제들을 이해하기 위해서는 적절한 개념틀의 활용이 요구된다. 이 장에서 우리는 도움이 될 만한 개념틀 몇 가지를 검토했으며, 지구적 네트워크와 흐름의 사회학이 유용한 출발점이 될 수 있다고 결론을 맺었다. 이 시각은 먹거리의 지역적, 지구적 동학을 통합적으로 분석하는 데 도움을 줄 수 있다. 상이한 네트워크와 그것들의 외부적 연결에 대해 초점을 맞춤으로써, 세계적 차원에서의 먹거리흐름에 관여하는 여러 정부 및 비정부 사회적 행위자들에 대해 분석할 수 있게 해주기 때문이다. 많은 먹거리가 여전히 지역적으로 생산되고 소비되지만, 동시에 점점 더 지구적 동학에 의해 직접 영향을 받고 있다. 경제적·정치적·문화적 차원에 의해 지배되는 지구적 먹거리공급을 분석하기 위한 개념틀의 대부분은 먹거리의 유기적 특성을 무시하는 경향이 있다.

먹거리의 물질적 차원은 특별한 흐름을 부여하며, 오늘날의 지구화된 먹거리공급의 지속가능성 문제를 이해하려 할 때 간과되어서는 안 될 특성이다. 네트워크와 흐름의 사회학은 사회적 측면과 물질적 측면 양자에 대한 동시적 분석을 할 수 있게 한다. 이 분석틀의 중요한 기여는 급부상하고 있는 지구적 '흐름의 공간'의 동학과 남아 있는 지역적 '장소의 공간' 동학 사이의 근본적 긴장을 규명하는 것을 가능하게 해준다는 점이다.

꼭 기억하기

• 지구화는 먹거리공급을 여러 중요한 방식으로 변화시키고 있다.
• 이런 변화들을 분석하기 위한 다양한 개념적 도구들이 개발되었다.
• 네트워크와 흐름의 사회학은 이런 변화들을 심층적으로 분석할 수 있게 해준다.

더 깊이 읽기

• Bair, J. (ed) (2009) *Frontiers of Commodity Chain Research*, Stanford University Press, Stanford: 상품사슬 이론 및 연구들의 발전에 대한 개관을 제공해준다.
• Oosterveer, P. (2007) *Global Governance of Food Production and Consumption: Issues and Challenges*, Edward Elgar, Cheltenham and Northampton: 네트워크들과 흐름의 이론적 모델을 정리해준다.
• Bonanno, A., Busch, L., Friedland, W., Gouveia, L. and Mingione, E. (eds) (1994) *From Columbus to ConAgra: The Globalization of Agriculture and Food*, University Press of Kansas, Lawrence: 지구화되는 먹거리에 대한 초국적 기업들의 관여를 보여주는 고전이다.

먹거리 생산과 소비의 지속가능성

이 장의 목표는

- **지속가능성** 개념을 소개하고
- 먹거리공급에서의 지속가능성을 정의하는 일과 그것을 증진하는 것에 관한 주요 논의들을 검토하고
- 먹거리공급에서 지속가능성을 향상시키는 여러 전략 및 정책도구들을 살펴보는 것이다.

들어가며

1960년대 들어 환경문제에 관한 대중이 관심이 생겨나 급속히 확대되었는데, 현대의 관행농업은 그런 우려를 자아냈던 최초의 분야들 중 하나였다. 먹거리생산이 자연생태계와 인류 건강에 직접적인 영향을 많이 미치고 있기 때문에, 이는 그리 놀랄 만한 일은 아니다. 레이철 카슨 Rachel Carson이 DDT의 광범위한 사용이 새들에게 (예기치 못한) 장기적인 영향을 미치는 과정을 자신의 책 《침묵의 봄 Silent Spring》(1962)에서 제시하면서, 농업에서 사용되는 농약이나 기타 농화학물질들의 폐해에 대해 대중들이 관심을 가지게 되었다. 시간이 지남에 따라 농업에서 사용되는 화학물질이 초래하는 영향에 대한 우려에 덧붙여 동물복지, 식품

안전성, 에너지 사용량, 경관, 기후변화, 생물다양성 등에 대한 우려가 추가되었다. 그 결과 최근에는 먹거리 생산과 소비에 있어서의 지속가능성 문제가 여러 가지 측면에서 관심을 끄는 사안으로 대두하였다. 토양비옥도, 토지 및 수자원 관리, 농업생물다양성, 농약 사용, 폐기물 처리, 경제 관행, 환경정책은 물론이고, 재생불가능 자원(화석연료, 인산)과 재생가능 자원(태양에너지, 풍력에너지, 물)의 사용, 대기와 기후(온실가스 배출량)와 관련해서도 영향을 미치고 있는 것이다.

　이 장에서는 이 같은 환경적 관심을 좀더 확장시켜서 광범위한 지속가능성의 틀 속에 위치시키고자 한다. 먼저 먹거리공급과 환경 간의 관계에 대한 몇 가지 관점에 대해 논의한 후, 다음으로 현대의 산업화된 농업과 먹거리공급이 야기하고 있는 몇 가지 환경적 도전과 문제를 살펴보고자 한다. 마지막으로 현행 먹거리공급의 지속가능성을 향상시키기 위해 개발된 몇 가지 도구에 관해 논의한다.

현대의 농업과 환경: 개념적 배경

　최근 들어 농업이 급속하게 산업화되었음에도 불구하고, 농업 부문은 여전히 지구상에서 가장 많은 사람들에게 생계수단을 제공해주고 있다. 약 13억 명(세계인구의 약 6분의 1)이 농업에 종사하고 있으며, 작물경작과 가축사육을 위해 지구상 거주가능한 토지의 약 절반이 사용되고 있다(Clay, 2004). 더욱이 생산량의 증가를 위해 과학을 이용하려는 노력이 펼쳐진 결과, 1960년대 이래 세계인구는 두 배가 되었으나 1인당 이용가능한 칼로리는 평균 25%나 증가하게 되었다. 오늘날 대다수의 가구는 과거 어느 때보다도 일상적인 먹거리구매에 적은 돈을 지출하고

있다. 현재 OECD 국가들의 경우 가구 총 순소득의 약 10~15% 정도만
이 먹거리소비에 지출되고 있는데, 1950년대에만 해도 이 비율은 40%
이상이었다. "비록 많은 개도국들이 소득 중 그보다 훨씬 더 많은 비율
을 먹거리소비에 지출하고 있기는 하지만, 그 비율은 점차 감소하고 있
으며, 먹거리의 다양성, 질, 안전성은 거의 모든 곳에서 향상되어 역사상
최고 수준에 이르렀다"(Fresco, 2009, 379쪽). 계속 증가하는 인구와 점점
더 까다로워지는 이들의 소비욕구를 충족시키기 위해 생산량의 증대가
필요했기에, 매년 전세계적으로 새롭게 경작되는 토지가 늘어나고 있다.*
하지만 1970년대 이래 먹거리가격이 계속 하락하는 추세를 보임에 따라,
농업 생산자들(많은 국가에서는 그 숫자가 감소하기도 한다)은 생산성 증대
와 규모의 경제를 달성하라고 강요당하고 있다. 이는 농민들이 현대적인
기술을 사용하여 더 많은 먹거리를 생산할 수 있는 새로운 혁신들을 발
견하라는 압력을 지속적으로 받고 있음을 의미한다. 생산성을 증가시키
기 위해서는 화석연료나 화학적 투입물을 더 사용해야 하며, 농지가 더
많이 늘어나야 한다. 이 같은 전세계적인 농지 확대는 삼림 같은 자연
지역을 감소시킴으로써 실현될 수밖에 없다. 농업의 현대화가 초래하는
이 같은 심각한 환경적 영향들에 대해 우려를 표명하는 먹거리 생산자,
소비자, 그리고 기타 이해관계자의 숫자가 점차 늘고 있다. 이들은 먹거
리공급에서의 지속가능성에 대해 더 많은 관심을 기울일 것을 촉구하고
있다.

　1980년대 내내 지속가능성은 환경보전과 빈곤감소라는 두 가지 목적

---

* 전세계적으로 경작가능한 영구농지의 총면적은 1961년 13억 7000만 헥타르에서 1990년에는 15억
  1000만 헥타르로 그리고 2003년에는 15억 4000만 헥타르로 증가하였다. http://earthtrends.
  wri.org/searchable_db/index.php?theme=8&variable_ID=2333&action=selection_
  countries(2011년 1월 7일 접속)를 참고할 것.

을 조화롭게 달성하는 정책목표로 부상하였다. 유엔 세계환경개발위원회World Commission on Environment and Development, WCED는 지속가능성을 "미래 세대의 필요를 충족시킬 수 있는 능력을 훼손시키지 않으면서도 현재의 필요를 충족시키는 개발"로 개념화했다(WCED, 1987, 4쪽). 1992년 리우데자네이루에서 열린 유엔환경개발회의United Nations Conference on Environment and Development, UNCED에 참석한 각국 대표단은 지속가능성 개념을 지지했으며, 그때 이후로 이 개념은 환경정책 및 개발정책의 중심이 되었다. 지속가능한 개발은 사회를 근대화시키기 위한 노력을 기울임과 동시에 생태적·경제적·사회적 이해들 간의 균형을 맞추는 것을 목표로 한다. 이는 매력적인 목표이기는 하지만, 지속가능한 개발에 대한 정확한 개념 정의는 여전히 모호하며, 정책결정의 전체적인 목표로 적용하기 어려운 부분도 있다(Redclift, 2006). 경제·사회·환경은 그 각각이 여러 개의 층위로 이루어져 있고, 그 경계선이 모호하며, 공간적인 측면에서도 각기 다르다(Lawrence, 2005). 이 같은 모호성에 대한 대응으로 많은 이들이 일상적인 의사결정에 활용하기에 좀더 용이하면서도 구체적인 개념을 도입하고자 노력해왔다.*

혼란을 줄이는 한 가지 방법은 지속가능한 개발을 궁극적인 목표보다는 환경적으로 적절한 정책개입을 위한 지도원칙들의 집합으로 이해하는 것이다. 예를 들어 카터(Carter, 2001)는 지속가능한 개발은 환경정책의 몇 가지 핵심 원칙들, 즉 형평성, 민주주의, 예방원칙, 정책통합, 계획 등을 포함하고 있어야 한다고 했다. **형평성**이 유의미한 이유는 환경문제, **그리고** 이에 대처하고자 하는 의도로 시행되는 정책수단들이 분

---

* 예를 들어 몇몇 사람들은 지속가능성을 '사람, 지구, 이윤'의 이해관계를 하나로 결합시키는 것이라고 이야기했다.

배에 어떤 영향을 미칠지에 대한 고려가 환경정책에 포함되어야 하기 때문이다. 형평성은 현대사회의 가난한·사람들만을 염려하는 것뿐이 아니라, 미래 세대에 대한 책임을 갖고 세대 간의 문제도 고려하는 차원까지 포함되어 있다. **민주주의**가 중요한 이유는 세대 간의 형평성을 달성하는 데 공동체의 참여가 요구되기 때문이다. **예방원칙**은 불확실한 상황에서도 환경정책이 개입할 필요성을 제시해주는 원칙으로, 과학적 확실성이 결여되어 있다 하더라도 환경파괴를 저지하는 노력을 지속적으로 기울여야 함을 정당화하는 근거로 사용된다. 이 원칙은 기술혁신의 결과가 아직 충분히 알려지지 않은 상황일 때, 안전한 쪽에 머물러 있는 것이 더 필요함을 강조한다. "결과적으로 후회하는 것보다 안전한 것을 추구하는 것이 낫다는 것이다." **정책통합**은 환경정책이 개별 부문으로 따로 떨어져서는 효과적일 수 없으며, 모든 부문에 통합되어야 더 큰 힘을 발휘할 수 있음을 의미한다. 따라서 지속가능한 먹거리공급 증진 정책에는 농업정책뿐만 아니라 무역정책이나 소비자정책까지 포함되어야 한다. 지속가능한 개발은 여러 개입들을 조율하고 환경보호의 복잡한 상호의존성을 관리하기 위해 **계획**을 필요로 한다. 이러한 계획은 규모 면에서 각기 다른 수준에서 진행되어야 하는데, 그 이유는 어떤 문제들은 거의 지역적인 특성만을 가진 반면, 또 다른 문제들은 대륙적 성격이나 세계적인 특성이 더 강한 측면이 있기 때문이다.

　이상 다섯 가지 원칙은 정책 개입을 인도하는 데 사용할 수도 있지만, 정책목표와 환경가치 면에서 근본적인 차이가 있을 수 있는 사회의 행위자들 역시 그것들을 활용할 수 있다. 이 같은 차이들을 더 잘 이해하기 위해서는, 지속가능한 개발에 대한 여러 관점을 파악하고 그것들에 관해 설명하는 것이 도움이 될 것이다.

지속가능한 개발에 대한 관점

시간이 흐르면서 지속가능한 개발에 대한 서로 다른 관점들이 많이 표명되어왔는데, 논의의 편의상 우리는 이들을 몇 개의 주요 표제 아래 묶고자 한다. 이 견해들은 특히 생물물리적biophysical 환경과 인간의 관계를 특징짓는 측면, 정책개입의 방향과 방식에서 차이를 보인다. 이런 연결성은 그동안 사회과학 문헌에서도 광범위하게 논의되어왔다. 여기서는 크게 '신자유주의' 관점, '보전주의' 관점 그리고 '제도적 개혁' 관점 등 세 가지로 구분하여 살펴본다.

신자유주의의 관점

신자유주의 관점에 따르면, 환경문제는 시장 메커니즘을 통해서 가장 잘 해결된다. 자연자원이 점점 더 희소해지면 그 가격이 올라가고, 그것들을 좀더 효율적으로 사용하는 일과 대체수단(자원 혹은 기술)을 발견하는 일에 대한 투자의 매력도는 점점 향상하기 때문이다. 정부의 간섭은 이런 과정을 교란하므로 오히려 효율성을 저해하게 될 뿐이다. 환경문제에 대한 공공정책은 흔히 비용이 많이 들고 실질적인 결과를 달성하기까지 시간이 많이 걸릴 뿐이다.

이런 관점의 주창자들은 농업의 지속가능성을 향상시킬 수 있는 최적의 주체는 민간기업이며, 이들이 연구개발 활동을 통해 그렇게 할 수 있다고 주장한다. 민간기업 연구는 이윤을 목표로 하며, 따라서 이런 연구개발에 투자가 이루어지도록 이윤을 보장할 제도적 장치가 갖춰져야 한다. 이들 기업은 식물 기술들에서 자신들의 발견에 대한 특허를 확보할 수 있는 기회를 확보하는 데 더 큰 가치를 부여하고 있는데, 유전자조작 농산물genetically modified organism, GMO이 대표적인 예다. 시간이 지남에 따라 민간기업들이 효율적인 식품 생산 및 가공의 증가에 실질적인 기여를 하게 된 측면도 있기는 하지만, 대다수 논자들은 이런 관점을 지속가능한 개발 과정과는 차이가 있는 사적 이해관계가 우선시되는 의견으로 간주하고 있다.

이 관점에 대한 비판자들은 시장이 빈곤층처럼 적절한 구매력을 가지지 못한 사람들의 이익을 무시할 뿐만 아니라, 생물다양성 같은 자연자원 또한 무시한다고 주장한다(Polanyi, 1944). 오직 시장만이 지속가능성의 과정을 이끌게 할 경우, 기존의 강자들만이 이득을 보게 될 것이다. 또한 신자유주의 관점은 시장이 작동하는 데 있어 제도가 가지는 중요성을 간과하는 경향을 보인다(2장 참고).

보전주의의 접근

보전주의자들의 접근은 무엇보다도 생태계를 우선시하면서, 자연환경이 인간활동에 분명한 한계를 부여한다고 주장한다. 현대사회의 근본적인 환경문제는 그런 한계를 존중하지 않은 채 경제적·기술적 최적화만을 우선시하는 데서 비롯된다(〈상자 3.1〉 참고)

이 관점에 따르면, 지속가능성 문제에 대처하기 위해서는 과학자들이 환경이 인간활동에 부여하는 한계를 명확하게 판별하여 정부가 그런 한계를 넘는 것을 막는 조치들을 자신감 있게 추진할 수 있도록 해야 한다. 그리고 환경운동 단체들이 이 과정을 면밀하게 모니터링하여, 정부가 그 책무를 다하지 못할 때마다 압력을 가해야 한다. 신맬서스주의자라 불리는 일부 사람들은 19세기 사상가인 맬서스Thomas Malthus의 사상에 기반을 두고 이러한 의견을 전개한다(〈상자 3.2〉 참고).

1960년대 이후 몇몇 사람들은 이 같은 보전주의 관점을 정교하게 개정했다. 예를 들어 1968년 하딘Garrett Hardin은 '공유지의 비극'에 대해 이

농업에서 환경적 한계를 무시하는 것의 위험성

2007년 12월 16일 《뉴욕타임스》에 실린 칼럼에서 마이클 폴란Michael Pollan은 다음과 같이 주장했다. 사람들이 기계나 공장방식으로 자연체계를 변모시키고자 노력할 경우, 그 수단이 한 장소에서 너무 많은 수의 돼지를 기르는 것이 되었든 아니면 아몬드나 무를 재배하는 것이 되었든 간에, 산업적 효율성 측면에서 얻는 모든 이득은 생물학적 회복력biological resilience을 희생시킨 결과다. 따라서 문제는 이처럼 허약한 체계가 과연 무너질 것인지 여부가 아니라, 언제, 어떻게 그것이 무너질 것인가에 있다. 아울러 실제로 그런 일이 벌어질 때 사람들이 지속가능성이라는 아이디어를 '멋진 말' 이상의 것으로 받아들일 준비가 되어 있는가도 문제다.

출처: Pollan(2007)

야기하며, 외부에서 부여하는 제약이 없을 경우 인간은 규제를 받지 않는 공유지(즉 자연자원)를 과도하게 사용하려고 애쓸 것이라고 경고했다. 과도한 사용으로 인한 이익은 개인에게 돌아가는 반면, 비용은 공동체 전체가 부담하게 되는 것이다.* 이 관점은 로마클럽이 1972년 〈성장의 한계Limits to Growth〉라는 영향력 있는 보고서를 발표할 때도 활용되었다 (Meadows et al., 1972). 이 보고서는 자연자원의 가용성이 제한되어 있음을 지적하면서 그로 인해 인류가 경제발전을 위해 사용하는 자연자원의 양이 제한될 수밖에 없다고 주장했다. 많은 논자들은 이의 해결책은 자연과 환경이 인류에게 정해주는 한계에 맞춰 현재의 생활양식을 적응시키는 것뿐이라고 주장하였다. 그들은 '탈근대화de-modernization' 과정을 촉구하면서, 이것을 통해 사회가 소규모 지역사회와 인간노동에 훨씬 더 많이 의지해야 한다고 주장했다. '작은 것이 아름답다'는 것이다

---

* 오스트롬(Ostrom, 1990)은 하딘이 제시한 일반화를, 공유자원 관리를 위해 이용자들이 발전시킨 구체적인 제도들에 대한 훨씬 더 심층적인 분석으로 대체해야만 한다고 주장한다.

토머스 맬서스

토머스 맬서스(1766~1834)는 몇몇 사람들에 의해 최초의 환경주의자로 여겨지고 있는데, 먹거리생산의 자연적인 한계로 인해 인류가 스스로의 행동을 그에 맞춰 적응시킬 수밖에 없다고 주장했기 때문이다. 《인구론Essay on the Principle of Population》(1798)에서 그는, 인구는 기하급수적으로 증가하는 반면 식량생산은 산술급수적으로만 증가할 수 있기 때문에 필연적으로 재앙이 올 수밖에 없음을 지적했다. 전쟁, 기아, 빈곤, 질병이 발생해서 억지로 인구가 줄어들게 된다는 것이다. 이런 비극을 막으려면 인류가 좀더 자제력을 발휘해야만 한다.

맬서스의 주장을 좀더 정교한 방식으로 적용하는 신맬서스주의자들은 지속적인 인구증가가 자연자원을 고갈시킬 위험이 있고, 따라서 그것이 환경위기의 가장 근본적인 원인이라고 주장한다.

출처: Robbins et al(2010)

(Schumacher, 1973).

먹거리공급 영역에서 이 같은 보전주의 관점은 통합방제IPM, 저투입농법, 물 사용량 절약과 같은 실천전략들의 발전에 기여하였다. 반면에 이 관점은 비교적 유연성이 적으며, 한계를 지나치게 '자연에게만 귀속시킴naturalizing'으로써 인간의 창의성과 기술혁신을 기반으로 생산의 유연성을 활용할 수 있는 사회적응 능력을 고려하지 못하는 문제가 있다.*

인간사회와 자연환경 간의 관계는 복잡하기 때문에 자연에 관한 지식이 사회가 대응하여야 할 방식을 자동적으로 규정해주지는 않는다. 예를 들어 보스럽(Boserup, 1985)이 보여주듯이, 기술과 현대화를 통한 기술의 추가적인 발전은 환경에 부정적인 영향과 긍정적인 영향 모두를 가져올 수 있다는 것이다.

---

* 과거의 경험들은 또한 자연적 한계를 정책개입의 기초로 사용하는 것과 관련된 한계들을 보여주는데, 그 이유는 환경변화에 대한 예측들이 거듭 잘못된 것으로 입증되었기 때문이다.

제도적 접근

지속가능성에 대한 또 다른 시각은 제도적 접근이다. 이 시각은 현대 사회가 자연의 한계를 넘고 있다는 생태체계 우선주의의 주장에 동의한다. 그러나 그렇게 되는 이유를 사회에서 여러 제도들이 작동하는 방식에서 찾고 있다. 이 관점은 마르크스주의 관점, 생태적 현대화를 주장하는 학자들의 관점 등 몇 가지 관점을 통합한 것이다.

마르크스주의자들은 환경문제를 현재 경제체계의 자본주의적 특성, 즉 사적 이익을 공공재 보호보다 우선시하기 때문에 나타나는 것으로 본다. 그들은 자연자원에 가격을 매기지 않는 자유시장 메커니즘이 환경보호를 위한 좋은 수단을 제공해주지 못한다고 주장한다. 이들은 19세기 마르크스의 저작을 인용하면서 '신진대사 균열metabolic rift'*이 환경문제의 근본 원인이라고 지적한다.

이 관점을 지지하는 학자들은 환경을 좀더 잘 보호할 수 있는 제도적 변화의 필요성을 주장한다. 여기에는 지구적 먹거리공급과 관련하여 초대형 초국적 기업들에게 더 많은 통제를 가하는 것(Roberts adn Grimes, 2003; Roberts and Hite, 2007)과 더불어, 사회 내 여러 집단들 간에 존재하는 힘의 불균형을 시정하여 특정 집단이 다른 집단들에 비해 환경

---

* '신진대사 균열'(Foster, 1999) 시각은 상대적으로 자족적인 체계(closed-loop system)들이 과거에는 존재했지만 이제는 그것들이 파괴되었다고 주장한다. 전통적인 농업순환에서, 먹거리는 지역에서 이용할 수 있는 자원들로 생산되었으며, 폐기물은 생산체계에 다시 통합되었다. 지난 25년간 먹거리 생산자와 소비자 간의 분리가 점점 심화되었는데, 그 원인은 도시와 농촌 간의 차이 확대와 광역 및 국가 수준에서의 전문화 진전으로 인한 농산물무역의 증가 때문이다. 이 같은 거리 확대의 과정은 기술변화에 의해 가능해졌으며, 무척이나 생산성이 높고, 시장 중심적이며, 궁극적으로 지구화된 상품생산 체계를 성장시킴으로써, 생산의 생태적 관계들을 파괴하고 있다. 농업 투입물들은 (유기자원에서 비유기상품들로) 점점 더 많이 변형되고 있고, 영양물질 재활용은 축소되고 있으며, 새로운 농법들은 화학물질과 특허를 받은 유전공학 종자 및 유전자 물질들에 의존하고 있다. 화석연료에 대한 의존도 심화로 인해 산업농업의 향후 자생력은 더욱더 제한된다(McMichael, 2009).

문제로 인해 더 많은 고통을 겪는 상황을 개선하는 것(Greenberg and Park, 1994의 '정치생태학' 부분 참고) 등이 포함되어 있다.

몇몇 논자들은 이 관점이 지나치게 완고하다고 생각한다. 그래서 '생태적 현대화ecological modernization'에서 제안된 것과 같이 좀더 유연한 접근방식을 촉구한다. 이들은 환경문제에 대해 이해가능한 대응책을 마련하기 위해서 구체적인 사회관행, 사회·기술적 시스템, 제도, 거버넌스 구조 등을 연구해야 한다고 주장한다. 예컨대 생태적 요소들을 적절한 여러 사회관행들 속에 통합시킴으로써 현대사회를 좀더 환경친화적으로 만들 수 있다. 과학기술의 도움과 통합적인 접근법을 통하게 되면, 환경친화적 방식이 농업을 포함한 모든 제품과 서비스의 설계, 생산, 소비, 폐기물 처리 속에 녹아들 수 있다(Tilman et al., 2002). 생산자, 유통업체, 소비자 모두가 자신들의 몫을 다하는 가운데, 시장은 생태적 아이디어와 관행들을 전파하는 데 중요한 역할을 수행할 수 있다. 정부는 생태과세eco-tax나 배출권 거래제 같은 시장 기반 도구들의 사용을 통해 이같은 방식을 장려할 수 있다(Mol et al., 2009).

생태적 현대화 관점의 비판은 두 가지 차원에서 이루어진다. 첫째, 환경 속에 자연적 한계가 존재함을 충분히 인정하고 있지 않다. 둘째, 기술변화로부터 해법을 기대하는 것은 상당히 순진한 생각이다. 그것이 바로 애초에 환경문제를 발생시킨 장본인이기 때문이다.

결론

지속가능한 개발에 대한 정의는 상당한 혼란을 야기해왔다. 이 절에서는 꽤 일반적인 분류이긴 하지만 세 가지 관점들을 소개하였다. 이 관점들은 각기 다른 사회적 행위자들에 의해 활용되고 있으며, 몇 가지 중요한 측면에서 차이가 있음에도, 각각 현재의 환경문제에 나름대로 대처하고 있다. 농업 및 먹거리공급과 관련된 환경문제 역시 마찬가지다. 다음 절에서는 현대 농업의 지속가능성과 관련된 몇 가지 문제점을 살펴본다.

현대 농업과 지속가능성: 몇 가지 문제점

현대의 먹거리공급은 사회적, 경제적, 생태적 차원의 지속가능성 모두에 중요한 영향을 미친다. 사회적 차원은 명백하다. 수십억 명까지는 아니더라도 전세계 수억 명의 사람들이 충분한 양의 적절한 먹거리에 접근할 수 있는 권리로 정의되는 먹거리보장이 제대로 이루어지기 않기 때문이다(Helms, 2004). 이런 결핍과 동시에 다른 한편에서는 비만이 많은 나라에서 심각한 문제로 부각되고 있다. 경제적인 관점에서 살펴보자면, 농업은 전세계 수백만 가구의 주된 경제활동이며, 개발도상국 경제성장의 중요한 동력 중 하나다. 현대 농업의 생태적 차원은 자연과의 직간접적인 상호작용 속에서 파악된다. 많은 양의 에너지, 물, 광물, 비료, 농약을 사용하면서 자연자원, 기후, 생물다양성, 동물복지, 농촌경관에 큰 영향을 미치고 있기 때문이다(Pretty et al., 2000; Aiking and Boer, 2004).

최근 들어 먹거리 생산과 소비의 환경적·경제적·사회적 영향에 대한 우려가 점점 더 큰 관심을 끌고 있다. 실제 내용은 다양하지만, 이런 관심들이 먹거리가 생산되는 방식에 관한 공적 논의들(때로는 격렬한 논쟁)을 촉발시켰고, 이로 인해 먹거리 정책과 관행에 대한 급진적인 개혁안들이 등장하게 되었다. 한편에서는 보다 점진적인 변화를 선호하면서, 현재의 관행이 사회와 환경에 미치는 부정적인 영향을 줄이는 개선방안들을 모색하고 있다(Johnson, 2006). 어떤 해법을 선택하는지는 어떤 문제를 가장 중요하게 생각하는가에 달려 있다. 최근 몇 년 동안 지속가능성 이슈가 크게 부각되고 있다. 그래서 먹거리 생산·소비관행이 변화되는 결과가 나타나기도 했다. 한 가지 예가 수산물을 생산하는 양식업과 관련된 환경적 영향들인데, 그 내용은 〈상자 3.3〉에서 살펴볼 수 있다.

몇몇 환경적 우려들은 1차적인 먹거리생산의 산업화된 농업방식과 직접적으로 관련되어 있다. 예컨대 토양침식, 물·농약·비료의 집약적인 사용, 여러 오염물질의 자연환경 배출, 경관의 매력 하락, 생물다양성 감소, 가축에 대한 비윤리적 처우 등이 그것이다(Kirchmann and Thorvaldsson, 2000; Pretty et al., 2000; Horrigan et al., 2002). 다른 우려들은 먹거리가 가공·수송되는 방식과 관련이 더 크다. 특히 에너지, 물,

---

상자 3.3

양식업의 환경영향

현대적인 형태의 집약적 양식은 그로 인해 초래되는 환경파괴 때문에 거듭해서 비판의 대상이 되고 있다. 새우 양식이 맹그로브 숲과 해안 지역에 미치는 영향, 자연에서 잡은 물고기를 연어 양식에서 사료로 사용하는 것 등이 그 예다. 흔히 1kg의 양식 어종을 기르는 데 평균적으로 2~5kg의 야생 물고기가 필요한 것으로 추정되고 있다. 이런 사실은 양식이 수산물을 얻어내는 지속가능한 해법으로 간주될 수 없다는 것을 의미하며, 이런 현상이 소위 말하는 '물고기의 함정fish-trap'이다. 야생 물고기와 같은 천연 어분魚粉을 사용하는 것에 대한 대안으로, 물고기가공 투입물의 양을 줄이고 여기에 식물성, 동물성 단백질을 추가하는 방식 또한 여전히 어려움을 겪고 있는데, 그 이유는 그런 목적으로 이용하기에 적합한 단백질의 양이 제한되어 있고, 그렇게 만들어진 사료의 맛이 문제가 되기 때문이다.

또한 비판론자들은 양식장에서 배출되는 하수로 인한 수질오염 문제와 생물다양성을 위협하는 외래어종의 도입 문제도 지적한다. 양식이 지역환경에 미치는 영향은 생산의 집약도나 규모와도 관련되어 있는데, 특히 많은 숫자의 물고기가 보호구역 내에 모여 있으면서 어장 물의 교환이 충분한 수준으로 이루어지지 않을 경우에는 문제가 더욱 심각해진다. 어장의 생산성을 유지하고 대규모 피해를 막기 위해서라도, 양식업자들은 최소한의 수질기준을 반드시 준수해야만 한다.

출처: Pillay(1992)

화학투입물의 사용량과 관계가 있다. 식품안전성 또한 무시될 수 없는데, 식품안전성을 확보하려는 대응이 환경적으로 직간접적인 영향을 미칠 수 있기 때문이다.

1차적인 먹거리생산

먹거리생산의 1차적인 단계로서 농업은 환경적, 사회적으로 많은 영향을 미친다. 농업은 토지, 물, 기타 자연적인 투입물들을 이용하며, 역사적으로 기술혁신이 농업의 생산성 증가를 가능케 하였다.

여전히 많은 토지가 농업을 위해 새로 개간되고 있기 때문에 자연생태계를 위해 이용될 수 있는 토지의 면적은 줄어들고 있다. 브라질, 인도네시아 등 여러 나라의 삼림이 농업용 토지를 늘리기 위해 벌채되고 있다. 삼림은 전세계 기후를 유지하는 데 무엇보다 중요하며, 삼림벌채는 생물다양성을 위협하는 요인이다.[*]

먹거리의 생산에는 종자, 비료, 농기계, 농약 등 투입물의 사용이 필요한데, 그 실제 규모는 농업체계에 따라 큰 차이를 보인다. 유기농처럼 특정 투입물을 전혀 사용하지 않는 경우도 있는데, 특히 (비유기적인) 화학적 투입물이 허용되지 않는다. 그럼에도 불구하고, 모든 농업과 관련된 몇 가지 문제가 있다.

물

물 없이는 농업 생산과 가공이 불가능하며, 특히 집약적 농업은 물 사

---

[*] 토지가 먹거리가 아니라 바이오연료를 생산하기 위해 사용될 때, 자연생태계의 축소는 훨씬 더 큰 문제를 야기한다. 바이오연료 생산용 토지의 확대는 삼림벌채를 통해 직접적인 토지이용 변화를 초래할 뿐만 아니라, 기존 농지가 바이오연료생산에 사용되어 먹거리생산을 위해 더 많은 농지가 필요해질 경우에는 간접적인 토지이용 변화 또한 유발한다.

용량을 큰 폭으로 증가시켰다. 농업에서 물의 집약접인 사용은 몇 가지 환경문제를 초래해왔다. 취수取水로 인해 지하수, 호수, 강의 수위가 낮아질 수 있고, 집약적인 관개의 결과로 토양에 염류 축적이 일어날 수 있으며, 습지가 사라질 수도 있다. 또한 관개를 위해 물길이 인위적으로 돌려질 수도 있고, 비료와 농약의 살포에 물을 사용할 때 발생하는 침출수로 인해 지하수가 오염될 수도 있다(Strosser et al., 1999).

물은 (바람과 결합하여) 농지의 토양침식을 가져올 수도 있는데, 이는 비옥한 표토의 손실을 초래할 수 있다. 이런 위험을 줄이기 위해 표토에 대한 교란을 최소화하는 무경운無耕耘 농법 같은 혁신적인 방법들이 도입되고 있다.

농약

최근 들어 농약의 위해성이 크게 주목받고 있는데, 그 이유는 인간건강과 생태계에 직접적인 영향을 초래하기 때문이다. 2002년 10월 15일자 《토론토 글로브 앤드 메일Toronto Globe and Mail》의 보도에 따르면, "우리가 먹는 먹거리의 약 20%가 미량의 농약에 오염되어 있는데, 그 대부분은 DDT와 딜드린dieldrin*처럼 …… 수십 년 전에 이미 사용이 금지된 농약이다"(Picard, 2002, A10쪽). 농약 사용은 전세계적으로 확산되어 있는데, 매년 150만 톤의 농약이 생산되고 있다(Eddleston et al., 2002). 농약은 1950년대부터 광범위하게 사용되었는데, 그 이유는 빠른 수확량 증대를 가능케 했기 때문이다. 하지만 수십 년이 지나자 그로 인한 부정적인 영향이 명백해졌다. 농약이 초래하는 많은 건강비용 및 환경비용을 더 이상 무시할 수 없는 상황이다. 게다가 해충의 내성 증가로 인한

---

* 살충제의 일종 — 옮긴이

수확량까지 감소해 농약 사용을 대체하는 다른 방법들을 찾아야 했다 (Eddleston et al., 2002). 두 가지 전략이 마련되었다. 먼저 1980년대 이래 위험한 농약의 사용을 줄이고 좀더 선별적인 방식에 의존하는 대안적인 기술들을 모색하게 되었다. 예컨대 농약을 보다 선별적으로 사용하는 '종합적 방제IPM'의 활용이 늘었다. 둘째, 유기농 원칙을 따르기로 결심한 농민들은 모든 (화학)농약 사용을 금하는 방식을 선택하였다. 물론 아직 도 위험한 농약들이 계속 사용되고 있는데(가끔은 불법적으로 사용되기도 한다), 그 이유는 가격이 싸고 겉보기에 생산 증대에 효과가 있는 것처럼 보이기 때문이다. 농약사용 규제가 미약한 국가들에서 특히 이런 문제가 심각하다(Hoi, 2010).

비료

작물의 수확량을 일정하게 유지하려면 비료가 필요한데, 비료는 유기 물에서 얻어진 것일 수도 있고 화학물질에서 얻어진 것일 수도 있다. 특 히 화학비료는 환경적으로 부정적인 영향을 미치는데, 화학비료의 생산 에 막대한 양의 에너지가 필요하며, 인산처럼 점점 더 희소해지는 자연 투입물을 대대적으로 사용하기 때문이다.

인산은 재생불가능한 자원이다. 그런데 인공비료에 대한 수요가 증가 하면서 이를 충족시키기 위해 점점 더 빠른 속도로 채굴되고 있다. 화학 비료에 사용되는 인산은 전세계에서 사용되는 인산의 80%를 차지한다 (Ecosanres, 2008). 현재 채굴가능한 인산의 추정치를 정확하게 알 수는 없다. 다른 자원으로 대체가 불가능한 인산이 완전히 고갈될 때까지 얼 마나 시간이 남았는지에 대한 예측은 50년에서 130년까지 다양하다. 따 라서 인산 사용량을 줄이고 가급적 재활용할 필요가 있다. 인산은 작물 의 성장주기에서 필수적인 역할을 하기에 인산 없이는 농업이 유지될 수 없기 때문이다.

화학비료의 사용으로 인한 또 다른 환경문제는 사용되지 않거나 과잉 사용된 비료가 토양 아래쪽으로 이동하여 지하수로 흘러들어가게 되는 침출위험이다. 침출의 실질적인 위험성은 토양의 유형에 따라 달라지는데, 점질토양에 비해 사질토양에서 이동속도가 빠르다.

에너지

농업의 현대화에 수반되는 대규모 기계화는 노동생산성의 비약적인 증가를 가져왔는데, 그 이유는 기계가 인간노동력을 대체했기 때문이다. 예를 들어 과거에는 1헥타르의 옥수수를 생산하는 데 미국에서 1,200시간의 노동이 필요했지만, 지금은 단 11시간의 노동만이 필요할 뿐이다(Pimentel, 2009). 기계화 과정은 전세계적으로 대륙에 따라 불균등하게 진행되었다(〈표 3.1〉 참고).

농업생산에서 기계의 광범위한 사용은 에너지수요를 크게 증가시켰다. 최근 들어 에너지효율이 지속적으로 향상하고 있음에도 불구하고 농업의 총 에너지필요량은 지속적으로 증가하고 있다. 기계 사용이 크게 늘고 있을 뿐만 아니라, 인공비료와 농약의 생산에도 많은 에너지가 필요하기 때문이다.

이 같은 집약적인 에너지 사용으로 인해 농업은 지구온난화에 중요하

〈표 3.1〉 농업기계화 지표 (2003)

범주	아프리카	남미	유럽	세계
트랙터 수	537,917	1,765,242	10,737,469	25,530,184
트랙터당 농업노동자 수	394	24	3	51
트랙터당 경지면적(ha)	2113	67	45	187

출처: Mrema et al(2008)

게 기여하고 있으며(5장 참고), 연료가격 상승과 화석연료 고갈에 지대한 영향을 미치고 있다.

단작

산업화된 농업은 생산성의 증대를 위해 현대 기술을 많이 활용해왔지만, 이 같은 집약적인 농법은 단작(넓은 농지에서 한 가지 작물만 생산) 현상을 초래하여 결과적으로 지형 내의 다양성을 감소시켰다. 단작의 문제는 질병에 대한 취약성 증가뿐만 아니라 **농업생물다양성**(특정 작물 내의 유전적 다양성)의 전반적인 감소 등이 있다. 지형 내 다양성 감소는 단작으로 인한 생산성 증가로 이어져 농민들에게 유용한 수입원을 창출할 수 있다. 하지만 또 다른 측면에서 거주자와 외지 관광객 모두에게 농촌의 매력이 사라지게 하는 결과를 만들어냈다. 또한 '고투입' 기술을 활용하게 되면서 현대 농업이 필요로 하는 농지의 면적만 늘어나고 노동자의 수는 감소하게 되었다. 그 결과 전통적인 자급농업이 붕괴되면서 농촌지역에서 막대한 숫자의 인구유출이 발생하였다. 이로써 급격한 도시

상자 3.4

녹색혁명

녹색혁명은 1960년대에 포드재단과 다른 기관들의 지원하에 펼쳐진 국제적인 캠페인으로, 과학 기반의 기술을 쌀, 옥수수, 밀 같은 식량곡물의 생산에 도입하여 농업의 생산성을 획기적으로 증가시키고자 한 것이다. 그 목표는 전통적인 농업사회에 혁신적인 기술과 시설을 도입함으로써 기아로부터 벗어나는 것이었다. 녹색혁명이 전세계 식량생산 증대에 기여한 점에 대해서는 찬사를 받고 있다. 하지만 많은 지역에서 나타난 부정적인 환경적·사회적 영향 때문에 비판도 받고 있다. 특히 소농들은 다수확 종자의 재배에 필수적인 비료, 농약, 기계, 물, 노동력 등을 한꺼번에 이용하는 데 어려움을 겪게 되었다.

출처: Atkins and Bowler(2001)

화가 초래되었고, 도시빈민의 굶주림 및 먹거리불안정이 증가하였다. 이 과정은 '녹색혁명Green Revolution'이라 불리는 농업의 현대화 과정과 긴밀하게 연계되어 있다(〈상자 3.4〉 참고).

동물복지

동물복지는 최근 들어 훨씬 큰 관심을 끌게 된 이슈다. 집중가축사육시설CAFO로 알려진 가축의 대규모 비육시설과 가금류의 집약적 사육에서 나타나는 비윤리적인 처우는 동물권리 무시와 인간건강에 대한 위험 때문에 비판받고 있다. 요즘에는 많은 사람이 동물의 권리를 인정하고 있는데, 예를 들어 EU는 동물들에게 불필요하게 해를 끼쳐서는 안 된다는 입장을 공식적으로 취하고 있다. 집약적인 가축사육은 사람들의 건강에 위험을 초래하는 질병의 확산을 가져올 수도 있다. 더구나 이런 질병 확산을 막기 위해 사용되는 화학물질은 인간건강에 또 다른 위험을 초래할 수 있는데, 예를 들어 항생제의 집약적인 사용은 박테리아가 내성을 확보하는 속도를 더욱 빠르게 할 위험이 있다.

결론

먹거리생산이 미치는 환경적 영향에 대해서 지나치게 단순화된 방식으로 접근하는 것은 문제가 있다. 국제식량정책연구소Food Policy Research Institute, IFPRI가 제시한 다음 의견이 그 이유에 해당할 것이다.

일반적으로 농업생산의 집약화가 환경파괴를 초래하는 것으로 생각하는 경향이 있다. 하지만 대부분의 개발도상국에서는 지나치게 집약도가 낮은 것이 자연자원 파괴의 원인이기도 한다. 급박한 처지에 처한 가난한 농민들이 살아남기 위해 자신이 경작하는 토지의 비옥도를 고갈시키고, 또 다른 경작지를 찾아 언덕으로 올라가기 때문이다. …… 농업발전은 넓은 기반 위에서 시장 주도하에 참여적이고 분산적인 방식으로 이루어지며, 생산성을 향상시키는 적절한 기술적 변화에 의해 추동된다. 이러할 때 생산성 향상, 빈곤감소, 환경적 지속가능성이 함께 증진될 수 있을 것이다(IFPRI, 2002, 23쪽).

과잉섭취나 과소섭취, 또는 잘못된 섭취가 동시에 발생하는 양상이 지배적으로 된 현재의 영양학적 구도를 개선하는 방법으로, 폐기물을 더 적게 발생시키는 방식으로 먹거리를 생산하는 것이 있다. 이럴 때 지속가능한 먹거리체계가 만들어질 수 있다(Lang 2010). 단순히 기술적 해법에 의존하면 이런 목표를 실현하기 어렵게 만들고, 우리 앞에 놓인 복잡한 문제들을 해결하기 어렵게 만든다. 이런 문제들은 사회적인 문제인 동시에, 환경적인 문제이며, 먹거리체계를 누가 통제하느냐 여부와 관련된 문제이기도 하다.

식품가공

식품가공산업 또한 중대한 환경문제를 유발할 수 있는데, 대기 및 수질 오염, 대규모의 고형폐기물(유기질인 경우가 많음) 발생, 이들 산업이 사용하는 막대한 양의 에너지 등이 그 예다.

배럿 등(Barrett et al., 2001, 423쪽)은 "계약을 통한 수직적인 조율이나 조직통합으로 인해 농식품사슬의 아래쪽 이해집단들이 자신이 직접 관여하지 않는 농업생산 관행에 대해 전례 없는 영향력을 행사할 수 있게 되었다"고 주장하였다. 특히 소비자의 영향력은 환경적으로 부정적인 영향을 초래할 수 있는데, 반듯한 외형에 대한 과도한 요구 때문에 농약 사용량이 증가되는 상황이 그 예다. 반면 또 다른 측면에서는 농식품사

유니레버

1997년 영국과 네덜란드에 기반을 둔 식품회사인 유니레버Unilever는 자사의 국제 농산품 공급사슬에 지속가능성 원칙들을 적용하는 프로그램을 개발하였다. 이 '지속가능한 농업 프로그램Sustainable Agriculture Program'을 위해 이 회사는 다음 목표들을 채택하기로 결정했다.

> 유니레버는 자사의 모든 농업 기반 원료물질을 지속가능한 농업관행을 적용한 공급원들로부터 구입할 것이며, 그 목표는 다음과 같다.
> • 자연과 생물다양성이 보호 및 증진되도록 한다.
> • 농지의 토양비옥도가 유지 및 향상되도록 한다.
> • 농민과 농장노동자들이 생계를 유지할 수 있는 수준의 소득을 얻을 수 있도록 하며, 이들의 생활여건이 향상될 수 있도록 한다.
> • 질소비료가 효율적으로 사용되어 환경에 해를 미치지 않도록 한다.
> • 물의 가용성과 질이 보호 및 향상될 수 있도록 한다.
> • 온실가스 배출량이 감축될 수 있도록 한다.

10년 뒤 이 프로그램의 결과를 과학적으로 평가한 한 연구에 따르면 이 전략이 몇몇 경우에 효과를 발휘한 것으로 드러났는데, 특히 농약사용이나 농약 관련 위험의 평가와 관련된 부문에서 더욱 그러했다. 또 다른 측면에서 원료 공급자들에게 가장 중요한 것들이 무엇인지 판별할 수 있도록 했다. 예컨대 농민들이 공급을 계속하기 위해서는 자신들의 사회적·경제적 이득을 희생시켜가면서 환경적 성과를 이루도록 강요받게 된 것이다.

출처: Pretty et al(2008a, 2008b) and Unilever(2010)

슬에서의 수직적 조율로 인해, 더 높은 가격을 받을 수 있는 고품질의 먹거리를 생산할 목적으로 환경친화적인 관행들이 도입되는 결과가 나타날 수도 있다. 농식품가공업계가 이 같은 영향력을 행사하여 어떤 순기능을 발휘할 것인지에 대해서는 아직 실증적인 검증이 이루어지지 않았다(〈상자 3.5〉 참고).

다음으로 식품산업이 에너지와 용수 사용량을 감소시켜 가공 과정에서 자신들의 환경성과를 높이려는 조치를 취할 수도 있다. 이로 인해 소비자들이 예상치 못했던 결과가 밝혀질 수도 있는데, 몇몇 경우에 식품 가공이 최종적인 환경부담에 미치는 영향이 상대적으로 적다는 점이 밝혀진 것이 그 예다. 하지만 이런 내용을 소비자들에게 이야기하기는 어려우며, 따라서 기업들은 그런 결론을 외부에 발표하지 않기로 하는 경우가 많다.

규모가 큰 기업들이 소규모 기업들에 비해 지속가능성에 관련된 공적 혹은 사적 기준들을 자발적으로 준수하는 조치를 도입하는 데 좀더 적극적이다. 대기업들이 자사 브랜드 이미지에 손상을 가할 수 있는 공적 모니터링과 대중적 감시에 좀더 민감하기 때문이다.

배분과 소비

배분과 소비 관행 역시 상당한 환경적·사회적 영향을 미칠 수 있다. 먹거리의 장거리수송에는 폐기물이 만들어지고 에너지가 많이 사용된다(소위 '푸드마일food miles'). 이런 환경문제에 대한 책임은 대규모 소매업체들에게 있는 경우가 많은데, 그 이유는 슈퍼마켓에서의 식품포장과 세계 전역으로부터 먹거리를 수송하는 수단들이 문제를 만들기 때문이다. 그럼에도 불구하고 이들의 활동이 농식품사슬에서 새로운 변화를 이끌어내는 지렛대 역할을 할 수도 있다. 코네펠 등(Konefal et al., 2005)은 식품소매 부문에서 서로 모순되는 경향들이 나타난다고 지적하였다. 한편으로는 집중화 추세로 인해 전세계적인 독점이 나타나고 있는 반면, 다른 한편에서는 소비자 압력의 증대로 인해 식품소매업체들이 사회적·생태적 속성들을 자신의 생산관행 속에 포함시키기도 하는 것이다(Oosterveer, 2007; 이 책 6장 및 11장 참고).

오늘날 전세계에 존재하는 수많은 굶주림은 생산된 농산품의 양이 적어서가 아니라 그것이 불공평하게 배분되기 때문에 발생했다. 미국과 몇

몇 유럽 국가 같은 세계 최대의 농산물 생산국들은 무척 낮은 가격으로 특정 농산품을 세계시장에 말 그대로 홍수처럼 쏟아붓는다('덤핑'). 이런 여건에서는 지역의 소농들이 경쟁력을 가지는 것이 불가능하며, 결과적으로 소농이 붕괴될 수밖에 없다. 농촌에서 밀려나서 식량을 자급할 수 없게 된 전세계 빈곤층의 대다수는 상업적으로 생산된 값싼 식품마저도 구매할 여력이 없다. 이들에게 식량을 지원하는 것으로는 기아문제를 해결하지 못하는 경우가 많은데, 대부분 독재정부가 원조식량을 따로 비축하거나, 군대나 정부 관료들에게 우선적으로 배분하기 때문이다.

식단의 선택 역시 환경과 건강 양측 모두에서 광범위하면서도 상호의존적인 영향들을 미칠 수 있다(Duchin, 2005). 부자들이 미국식 식단으로부터 지중해식 식단으로 전환할 경우, 건강과 환경에 긍정적인 영향이 발생될 것이다.

식품안전

가끔은 세계 먹거리체계가 식품안전에 심각한 위험요인이 되고 있다. 국제무역이 활발해지면서, 과거 특정 지역에 한정되었던 병원균이 이제는 항공기를 타고 수시간 만에 전세계로 이동할 수 있게 된다. 중국에서 분유에 멜라민을 첨가했던 사건에서 밝혀진 바와 같이 먹거리의 생산이나 가공단계의 실수는 매우 광범위한 파급효과를 초래할 수 있다(Xin and Stone, 2008). 현재처럼 농식품의 생산 및 유통이 빠르게 집중화된다면 과거보다 훨씬 더 넓은 지역에서, 훨씬 더 많은 수의 사람들이, 훨씬 더 빠른 시간 안에 오염된 식품에 노출될 수 있다. 예를 들어 레슬리와 라이머는 다음과 같이 주장한다.

생태계의 오염, 농산물에 대한 유전자조작의 증가, 먹거리 생산자와 소비자들의 몸속으로 화학물질들이 흡수되고 있는 상황은, 공급사슬의 한 지역에 있는 행위자들과 다른 지역에 있는 행위자들 사이에 윤리적 연결고리가 존재함을 의미한다(Leslie and Reimer, 1999, 408쪽).

2003년 미국에서 광우병BSE 최초 사례가 발견되고 일본이 이에 대한 대응조치로 무역제한을 실시하자, 미국에서 일본으로 수출하는 쇠고기량이 순식간에 18%나 감소하는 결과가 나타났다(Leuck et al., 2004). 먹거리공급의 지구화로 인한 식품안전의 위험이 얼마나 많은 희생자를 만들게 될지는 쉽게 판단하기 어려운 사안으로 남아 있다. 오염된 식품으로 인한 희생자 수를 정확하게 파악하기가 매우 어렵기 때문이다(Nestle, 2002).

식품안전 문제는 소비자행동에 심대한 영향을 미치기 때문에 필연적으로 이 문제를 다루는 거버넌스 제도에도 심대한 영향을 미치게 된다. 따라서 각국 정부들은 좀더 효율적인 형태의 식품안전 거버넌스를 도입하라는 압력을 받게 된다. 정부는 지구화된 먹거리 생산체계에서는 (잠재적으로) 전염성 있는 동물질병과 식품위험에 대한 통제력을 높이고, 신속한 정보교환과 강화된 국제공조를 증진시키는 노력을 펼치는 것으로 이에 대응한다(Maxwell and Slater, 2003). 먹거리공급에 대한 정부의 통제력을 증대하려는 여러 가지 시도와 노력에도 불구하고 식품안전 관련 사고나 스캔들은 끊이지 않고 있다. 이 때문에 시민들의 우려가 커지고 있으며, 정부의 규제정책과 관련하여 어떤 변화가 필요한지 많은 논의가 진행되고 있다. 대규모의 산업적 식품가공업체들이 이에 발맞춰 식품안전을 자신의 시장점유율을 높이는 수단으로 이용할 수도 있다(Busch, 2000). 그런데 대규모의 산업적 식품가공업체들과 식품소매업체들 간의 경쟁은 전세계적 차원에서 벌어지기 때문에, 일국 수준에서는 식품안전 관련 규제나 통제가 점차 어려워지고 있다.

환경영향의 측정: 전과정평가

환경적 지속가능성은 파악하기가 매우 어려운 개념이며, 따라서 그것을 객관적으로 측정하는 것 또한 어렵다. 그럼에도 불구하고 전과정평가 life-cycle analysis, LCA, 생태발자국, 푸드마일, 물발자국water footprint*, 이산화탄소 배출량 측정 등 다양한 측정도구들이 개발되었다. 이 중에서 처음의 세 가지는 이번 절에서 그리고 마지막 이산화탄소 배출량 측정 관련 설명은 5장에서 이루어진다.** 푸드마일 관련 사례에 대해서는 〈상자 3.6〉을 참조하라.

전과정평가

여러 측정도구 중 전과정평가LCA는 환경성과를 측정하는 가장 완전한 도구로 간주되고 있다. 기본적으로 전과정평가는 특정 상품의 환경영향을 처음부터 끝까지 모델링한다. 이를 이용하면, 온실가스 배출로 인한 기후변화 정도, 영양물질(질소, 암모니아성 질소, 인산)이 많이 포함된 하수 배출로 인한 부영양화 수준, 무생물자원과 생물자원의 고갈에 미치는 영향 등을 측정할 수 있다(Foster et al., 2006). 이런 측정은 계량화할 수 있는 흐름들에 기반을 두며, 이 때문에 분석 결과가 명확하게

---

* 어떤 먹거리를 생산해서 사용하고 폐기할 때까지의 전 과정에서 직간접적으로 소비되고 오염되는 물을 모두 더한 양. ― 옮긴이
** 물발자국은 이 책에서 다루지 않았다. 이에 관한 정보는 Hoekstra and Chapagain(2007)을 참고.

푸드마일과 유기농 먹거리

2007년 영국의 유기농 먹거리 인증업체인 토양협회the Soil Association는 유기농 신선식품의 탄소 배출량을 줄이기 위해 유기농 과일과 채소의 항공수송을 금지하는 안을 고려하였다.

이로 인해 영국뿐만 아니라 여러 나라에서 이 결정이 개도국의 유기농 농민들에게 미칠 수 있는 영향과 관련하여 열띤 논쟁이 이루어졌다. 이 조치로 인해 전세계 최빈국의 지역 소농들이 수익성 높은 시장을 잃게 되어, 큰 폭의 수입하락으로 인한 고통을 겪게 될 수도 있다는 것이다. 해외에서 수송되는 유기농 신선식품의 79%가 이집트, 케냐, 가나, 잠비아, 모로코 같은 가난한 나라들에서 생산되는 것으로 알려지고 있다. 항공수송을 통한 수입은 유기농 신선과일 판매총액의 약 3.1%, 유기농 신선채소 판매총액의 13.9%, 유기농 신선식품 판매총액의 8.1%를 차지하고 있었다.

출처: www.foodnavigator.com Europe(2007년 10월 5일 접속)

수치화된다(탄소 라벨 사례는 〈상자 3.7〉 참고).

ISO 14040(1997)으로 표준화되어 있는 공식 가이드라인에 따르면, 모든 전과정평가에는 다음과 같은 4단계가 구분되어 있어야 한다.

1) 전과정평가의 목적과 범위의 정의(분석을 위한 기능 단위의 선택)
2) 전과정 목록분석 실시(한 상품의 전 과정에 걸쳐 발생하는 환경영향에 관해 이용가능한 데이터 수집)
3) 영향평가 실시(여러 범주들로 구분되어 있는 환경영향에 대해 각각 점수를 매김)
4) 결과 해석을 통해 가장 중요한 환경영향이 무엇인지 판별하고 구체적인 행동을 정의

전과정평가는 원래 산업제품들에 활용할 목적으로 개발되었기 때문

탄소감축 라벨

영국 소비자들은 탄소감축 라벨Carbon reduction label을 확인함으로써 상점에서 판매되는 많은 상품의 탄소발자국을 판단할 수 있다. 이 자발적인 민간 라벨은 2007년 환경식품농무부DEFRA와 영국표준협회BSI와의 제휴로, 카본트러스트재단Carbon Trust Foundation에 의해 개발되었다. 기업들은 PAS 2050 표준에 따라 특정 상품의 정확한 탄소발자국을 계산한 경우에 한해 해당 상품에 이 라벨을 사용할 수 있다(〈상자 5.4〉 참고). 이 수치는 단순히 각기 다른 상품들 간의 이동거리만을 고려하는 소위 푸드마일에 비해 좀더 객관적인 비교를 할 수 있는 근거를 제공해준다. 한 상품의 탄소발자국이 측정되어 인증되고 나면, 그 기업은 해당 상품의 탄소 배출량을 줄이는 데 헌신해야 한다. 매 2년마다 해당 상품에 대한 재평가를 통해 감축목표가 달성되었는지에 대해 독립적인 기관에 의한 인증을 받아야만 한다. 그렇지 못할 경우에는 라벨이 제거된다. 2011년 초 현재, 참여 기업 중 하나인 테스코Tesco 슈퍼마켓은 감자, 오렌지주스, 우유 등 매장에서 판매하는 120개 상품에 대해 탄소감축 라벨을 부착하고 있다.

출처: http://business.carbon-label/business/measurement.htm and www.tesco.com/greenerliving/greener_tesco/what_tesco_is_doing/carbon_labelling.page(2011년 3월 31일 접속)

에 그것을 먹거리에 적용하려면 몇 가지 문제가 발생한다. 먼저 지표의 선택이 문제인데, 그 이유는 에너지 사용량, 지구온난화 잠재력, 산성화, 광화학 오존 형성, 부영양화, 물질 및 자원 총사용량 등 많은 지표들이 사용될 수 있기 때문이다(Sonesson et al., 2005; Foster et al., 2006). 다음으로 이 지표가 적용가능하려면 분석단위가 일상적인 소비자행동에 어울리는 것이라야 한다. 이러한 소비자행동은 그 과정 동안 여러 상품들을 사용하는 활동들을 필요로 하며, 이는 연구자가 흐름들 간의 가중치 할당과 관련하여 모종의 선택을 해야 함을 뜻한다. 하지만 이런 선택은 전과정평가의 결과에 큰 영향을 미치게 된다. 먹거리공급의 환경영향 측정에 전과정평가를 적용했을 때 그 주된 구성요소와 단계들은 〈그림 3.1〉에 나와 있다.

빵을 이용해 이 모형에 대해 설명해보자. 빵의 중요한 환경영향은 생

〈그림 3.1〉 먹거리 공급사슬에서의 전과정평가 모형

산단계(밀 재배), 가공단계(굽기), 그리고 공급사슬의 여러 단계들과 관련되는 수송에서 발생한다. 재배단계에서는 상당한 부영양화 영향이 발생할 수 있는데, 이는 경지로부터의 질소 유출, 지구온난화, 질소화합물 배출(질소비료 생산과 트랙터 사용)과 연결되어 있다. 빵 굽기가 진행되는 가공단계에서는 에너지 사용량, 광화학 오존 형성(에탄올 배출을 통해), 지구온난화 등이 환경에 영향을 미친다. 수송단계에서는 지구온난화와 산성화에 미치는 영향이 가장 크다. 전과정평가를 활용하여 이런 환경영향들을 주의 깊게 측정하고 나면, 생산 과정의 여러 기술옵션들 간의 비교가 가능해진다(Foster et al., 2006)(〈상자 3.8〉의 예시 참고).

전과정평가에 기초한 비교는, 때때로 이를 통해 지속가능한 먹거리와 지속가능하지 않은 먹거리를 구분하는 데 활용되는 기존의 상식을 완전히 흔들 수도 있기 때문에 매우 유용하다(〈상자 3.9〉의 사례 참고).

하지만 현실적으로는 '농장에서 식탁까지' 먹거리의 완전한 환경영향을 측정하는 정교한 전과정평가 연구를 찾기는 무척 어렵다. 평가에 여러 가지 어려움이 있기 때문이다. 무엇보다도 비교를 위해 사용되는 기본옵션이 자의적인 경우가 많다. 체계의 경계를 결정하는 일 역시 무척

통합적인 환경분석의 적용

영국의 환경식품농무부는 10대 핵심상품 생산에서 발생되는 물질과 에너지 흐름들에 대한 모형을 개발함으로써 공급체계에서의 고위험 부분들을 판별하는 프로젝트를 발주했다. 개발 모형의 목적은 잉글랜드와 웨일즈의 다양한 생산옵션들에서 발생하는 자원 사용량과 오염물질 배출량들을 비교할 수 있게 해주는 것이었다. 농장에서 상품을 생산하는 데 사용되는 모든 투입물, 즉 석탄, 원유, 광석 같은 원료자원까지 추적되었다. 사료 생산 및 가공, 농기계 및 비료 제조, 지력 향상 및 녹비작물 등 농장에서의 생산을 지원하는 모든 활동도 포함되었다. 토양은 명목상 0.3미터 깊이로 포함되었다. 토마토, 감자 같은 적당한 농산물은 **전물량방식**national baskets of products으로 평가하며, 국내생산 비율에 따라 적정량을 포함시켰다. 사용된 비생물자원은 상대적 희소성을 기반으로 작성된 단일 측정기준에 따라 환산되었다. 개별 오염물질 배출량은 계량화한 후 지구온난화, 부영양화, 산성화 등 환경영향 범주별로 합산되었다. 각 농산물 품목별로 비유기농이거나 관행농 생산체계와 유기농 생산체계가 비교 분석되었다. 투입물, 산출물, 오염물질 배출량 간의 상호작용은 가능하면 과정모형로부터 도출된 기능적 관계에 의해 측정되었으며, 특정한 변화에도 전체가 반응할 수 있도록 체계가 조정되었다. 이 모형의 전제는 데이터가 충분하다는 것이다. 하지만 원래부터 데이터가 존재하지 않거나 기업들이 공개하기를 꺼리기 때문에 언제나 데이터가 충분하지는 않다. 그러나 모형 개발자들은 어느 정도 불확실성이 존재함에도 이 모형이 통합적 분석에는 무척 유용하다고 주장한다. 그들은 농작물과 축산품의 경우 유기농이 비유기농에 비해 대부분 기본적인 에너지를 더 적게 소비한다고 결론지었다. 그 이유는 유기농이 화석연료로 만들어지는 합성비료를 쓰는 대신 질소를 포함하고 있는 콩과식물을 이용하기 때문이다. 가금류의 고기와 알은 예외인데, 그 이유는 비유기농 부문의 총 사료전환효율이 더 높기 때문이다. 지구온난화, 산성화, 부영양화 등 다른 환경영향을 기준으로 유기농과 비유기농 경지 기반 농산물을 비교한 결과는 더욱 복잡하다. 유기농생산이 질소 유출, 낮은 수확량 등의 요인 때문에 비유기농에 비해 환경부담이 오히려 큰 경우가 많았던 것이다. 또한 유기농생산의 수확량이 낮고 계속적인 지력 향상이 필요하다는 점에서 유기농생산을 지속하기 위해서는 오히려 65%에서 200% 이상의 농지가 더 필요하다.

출처: Williams et al(2006)

이나 어렵다. 최근에는 먹거리공급으로 인해 많은 간접적인 영향들이 발생하는데 이런 영향들이 무척이나 중요할 수 있기 때문이다. 예컨대 농기계의 생산으로 인한 환경영향을 전과정평가에 포함시켜야 하는지, 소

유기농이지만 지속가능하지는 않은 곡물, 퀴노아

퀴노아quinoa는 남미 볼리비아에서 생산되는 작은 곡물이다. 최근 퀴노아의 인기가 무척 높아졌기 때문에 지난 30년 동안 수출량이 세 배로 늘었다. 그런데 전문상점에서 판매되는 틈새상품이었던 이 곡물이 슈퍼마켓에서 대량으로 판매되는 상품으로 전환되면서 심각한 문제가 나타났다. 생산량을 늘리기 위해 생산이 집약화된 것이다. 유기농으로 생산된 경우도 마찬가지였다. 그 결과 리마 목축과 자급용 식량재배를 위한 농지까지 퀴노아의 집약적 단작생산을 위해 희생되었다.

동일작물 재배에 사용되는 농지의 면적이 큰 폭으로 증가함에 따라 토양비옥도가 줄어들었고, 이 때문에 비록 그것이 유기농이라 할지라도 이 작물의 지속가능성을 보장하기가 어려웠다.

균형 잡힌 농업체계로 복귀해야만, 생산자들이 자신의 수입을 다각화하여 미래에 대한 안정성을 확보할 수 있을 것이다. 하지만 시장수요는 이런 단작이 초래하는 장기적인 영향에 주의를 기울이지 않는다.

따라서 이 곡물의 장점에 구미가 당길지라도, 안데스의 복지와 생태적 영향을 위해 여러분의 소비를 제한해주기 바란다.

이런 이유에서, 우리는 퀴노아를 사용한 몇 가지 상품의 판매를 중단하였다.

출처: 2009년 여름 프랑스 남부의 한 농민장터에서 배포된 전단지

비단계를 포함시켜야 하는지, 포함시킨다면 이를 어떻게 표준화할 것인지 등이 명확하지 않다. 포스터 등(Foster et al., 2006)에 따르면, 영국의 먹거리 생산과 소비의 환경영향에 관한 대부분의 연구는 생산사슬의 한쪽 끝인 농장에만 초점을 맞추고 있으며, 농장 바깥에서 벌어지는 일에 대해서는 훨씬 적게 관심을 기울이는 경향이 있다. 전과정평가가 훨씬 더 복잡해지는 경우는, 피자 같은 복합상품이 미치는 여러 환경영향을 계산하고자 할 때다. 여러 측정에서 사용될 계산 단위들을 어떻게 결정해야 할지, 개별 지표가 가진 편파성을 어떻게 피해야 할지 등이 명확하지 않은 것이다. 또 다른 문제는 여러 차원의 점수들을 어떻게 합산할 것인가에 있다(Kessler et al., 2007)(〈상자 3.10〉 참고). 돈이나 이산화탄소

전세계 먹거리에 대한 전과정평가 활용

케슬러 등(Kessler et al, 2007)은 전세계 먹거리가 지속가능성에 미치는 영향에 대한 종합적인 평가를 위해 전과정평가를 활용했다. 첫 시도에서 그들은 몇 가지 먹거리(대두, 팜유, 육류, 커피)가 생물다양성과 사회-경제에 미치는 영향을 다루었다. 이런 영향들을 평가하기 위해 제한된 숫자의 지표들이 사용되었으며, 그 계산에는 기존의 수치화된 데이터들이 (주로) 활용되었다. 이 연구는 흔히 가정되는 것과는 달리, 대부분 사례에서 생물다양성의 감소가 사회-경제적 향상을 가져오지 못했다고 결론을 내렸다. 관측된 패턴들과 관련된 변수는 세 가지였다. 농상품 간의 차이, 국가 간의 차이 그리고 생산지역 간의 차이. 저자들은 이 방법론의 사용을 긍정적으로 평가했는데, 이유는 제한된 숫자의 지표들로 지속가능성에 대한 여러 영향들과 그것들 간의 상호작용에 관한 통찰을 얻어냈고, 정량적 데이터와 정성적 데이터가 모두 활용될 수 있었기 때문이다. 그들이 사용한 지표의 숫자는 제한적이었지만, 신뢰성이 있는 구체적인 견해를 제시하기에는 충분했다.

출처: Kessler et al(2007)

배출량을 보편적인 기준으로 사용하려고 애쓰는 연구자들도 있지만, 이런 단위로는 환산이 어려운 환경영향들도 있으며 이것들을 군이 환산하려고 할 때에는 많은 경우 불확실한 가정들을 활용할 수밖에 없다.

지구적 먹거리공급이 지속가능성에 미치는 영향을 평가하려면 전과정평가보다 단순하지 않으면서도 보다 통합적인 접근법이 필요하다. 그런 측정법은 지속가능한 개발의 세 가지 차원(사회적, 경제적, 환경적 차원)을 포함해야 하며, 비교우위와 전문화의 존재 또한 인정해야 한다. 결국 그런 접근법은 하나의 단일 지표가 아니라, 각 차원들에 대한 점수가 단순화된 방식으로 제시되는 일련의 행렬을 결과물로 보여주게 될 것이다.

생태발자국

생태발자국은 상대적으로 친숙한 환경지표로서 최근 들어 중요하면서도 유용한 소통도구가 되었다(Wackernagel and Rees, 1996; Rees, 2003). 생태발자국은 먹거리소비 같은 특정 활동에 요구되는 자원을 제공하는 데 필요한 토지의 양을 나타낸다(Gerbens-Leenes et al., 2002). 생태발자국은 자연에 대한 수요를 '전세계 헥타르global hectares, gha'로 나타내는 합계 지표로서, 보통 1인당 면적(gha/cap)으로 표시된다. 가구의 먹거리소비량은 각 소비항목별 가구 지출액과 해당 품목의 가격을 기초로 계산된다. 각 항목별로 토지요구량뿐만 아니라 에너지요구량까지 합산된다. 가구 수준에서의 먹거리 생태발자국은 각 먹거리품목당 가구소비량(kg)과 토지요구량(m2/year/kg)을 결합해서 계산된다.[*] 이렇게 계산된 토지요구량을 전세계 인구가 이용할 수 있는 토지 총면적의 평균(1.8gha/cap)과 비교할 수 있다. 또한 이런 계산을 개인이나 한 지역, 혹은 한 국가를 대상으로도 해볼 수 있다.

하지만 생태발자국 활용에도 문제는 있다. 먼저 이 지표는 하나의 인구집단 내에서의 불균등한 소비나 '발자국'을 부각시키는 역할을 제대로 하지 못한다. 또한 각 분석단위 사이의, 혹은 개별 분석단위 내에서 각기 다른 발자국이 나타나는 근본 원인을 설명하는 데에도 별 도움이 되지 못한다.

---

[*] 곱해서 합산. — 옮긴이

나가며

이 장에서는 먹거리공급에서 지속가능성을 정의하고 증진하고자 할 때 관련되는 많은 문제들과, 그럴 때 직면하게 되는 많은 과제들을 살펴보았다. 여기에서 두 가지의 일반적인 추세가 분명하게 파악되었다. 먼저, 시간이 지남에 따라 환경에 대한 관심과 개발에 대한 관심이 훨씬 더 잘 통합되고 있었다. 다음으로, 지속가능성은 더 이상 농업생산만의 문제가 아니라 먹거리 공급사슬 전체와 관련된 문제가 되었다.

지구화 과정은 먹거리체계의 지속가능성을 증진하는 일에다 새로운 과제를 더해주었다. 먹거리 생산자와 소비자 간의 전체 거리가 계속해서 늘어나면서, 먹거리체계가 점점 더 집중화되고 먹거리의 이동거리가 크게 증가하게 되었다. 이로 인해 조류독감이나 돼지콜레라 같은 위험이나 생물다양성에 대한 위험요인의 확산이 가속화될 수 있다. 또 다른 과제는 공공기관의 별다른 통제를 받지 않은 채 손쉽게 확산될 수 있는 신기술의 영향을 어떻게 관리할지 여부다. 이처럼 지구화는 지속가능성이라는 과제가 먹거리공급의 생산, 가공, 교역뿐 아니라 소비단계와도 관련이 있고 따라서 통합적인 접근법이 필요함을 분명하게 해준다.

지속가능성이 먹거리를 공급하는 하나의 특정 체계를 뜻하는 것으로만 해석될 필요는 없다. 다만 모든 차원에서 지속가능한 공급을 더욱 증진시킬 수 있는 다양한 수단들로 이해될 수는 있다(Sundkvist et al., 2005). 대규모 먹거리 생산체계와 관련해서 이는 지리적·시간적 거리에 대응하는 적절한 제도가 필요함을 뜻한다. 이 체계가 효과를 발휘하기 위해서는 적절한 규모에서 피드백 메커니즘이 반드시 구축되어야 한다. 그래서 필요한 조정을 이끌어내는 자극을 제공하기에 적절한 타이밍과 속도로 작동해야만 한다. 생산관행을 적응시키고, 생산의 환경비용을 가격에 포함시키며, 하나의 먹거리를 생산하는 것과 관련된 전체 비용에 관한 정보를 소비자들에게 제공하는 것에서 정부와 시장이 활용할 수 있는 전략은 각각 다르다. 시장은 혼자 힘으로는 지속가능성 목표를 설정할 수 없다. 공공정책 관련 기관 및 시민사회단체와의 상호작용이나 협력이 필요하다(Buller and Morris, 2004). 환경 라벨링과 환경관리 프로그램이 대표적인데, 이 사례들은 지속가능한 먹거리생산에 민간의 규칙, 협약, 시장의 자체적인 규정 등이 점점 더 많이 침투하고 있고 그 중요성이 점차 커지고 있다는 사실을 알려준다. 또한 공공정책이 프로그램과 보조금을 통해 그것을 촉진하는 역할을 한다는 점, 그리고 이런 일이 소비자들이나 NGO들의 압력에 의해 시작되는 경우가 많다는 점을 같이 보여준다.

지속가능한 먹거리를 증진시키기 위해서는 지속가능한 먹거리체계들을 통해 통합적인 방식으로 접근해야만 한다(Fesco, 2009). 지속가능한 먹거리체계는 변화하는 수요에 효과적으로 잘 대응하며, 자원을 효율적으로 잘 활용한다. 온실가스 배출량에 대해 명확한 한계를 설정하며, 먹거리사슬 전체에 걸쳐 엄격한 에너지효율성 기준을 잘 적용한다. 또한 노동 기회비용의 변화에 민감하게 반응하면서 기계화를 허용하며, 생산자에서부터 소비자까지 그리고 농장에서 식탁까지를 통합적으로 관리하면서 취약성을 감소시키는 장치들을 적절히 배치한다.

꼭 기억하기

- 지속가능성에는 여러 개의 차원이 존재하며, 현행 먹거리공급에서 지속가능성의 적실성이 점점 더 커지고 있다.
- 지속가능성에 대해서 그리고 그것을 실현하는 방법에 대해서 여러 관점이 존재하며, 이 때문에 누구에게나 공통적인 목표를 정하는 일은 어렵다.
- 전체적인 방식으로 지속가능성을 측정하는 간단한 도구는 존재하지 않으며, 공급사슬에 대해 통합적인 접근법을 취함으로써 지속가능성의 어느 한 단계에만 초점을 맞추지 않는 것이 필수적이다.

더 깊이 읽기

- Carter, N. (2007) *The Politics of the Environment: Ideas, Activism, Policy*, University Press Cambridge, Cambridge : 환경정치에 관한 개괄적인 소개다.
- Clay, J. (2004) *World Agriculture and the Environment: A Commodity-by-Commodity Guide to Impacts and Practices*, Island Press, Washington, DC : 독특한 식용작물 수확으로 인한 환경 영향에 대해 구체적으로 살펴본다.
- Robbins, P., Hintz, J. and Moore, S. (2010) *Environment and Society: A Critical Introduction*, Wiley-Blackwell, Malden and Oxford : 환경과 사회 사이의 관계를 살펴본다.

4장

세계 네트워크 사회에서 먹거리 규제하기

이 장의 목표는
- 지구적 현대성에 영향을 받는 먹거리를 규제할 때, 공권력의 역할이 변화한다는 것을 확실히 설명하고
- 정부 역할의 변화에 대응하여 다자간, 민간 그리고 시민사회가 주도하는 먹거리거버넌스 제도들이 어떻게 등장하는지 설명하고
- 이렇게 등장하는 대안적인 먹거리거버넌스 제도의 개념적 배경을 제시하는 것이다.

들어가며

먹거리 관련 국제무역이 점점 확대되면서 그 규제방식도 완전히 변하고 있다. 과거에, 식품규제는 경제를 보호하고, 충분하고 안전한 먹거리를 그 인구에게 제공하는 정부의 결정에 전적으로 의존했다. 그러나 현재 생산, 가공, 무역과 소비에 관련된 행위자들과 기관들이 변화하는 초국적 네트워크에 통합되면서, 정부는 훨씬 더 증가한 양의 수입식품을 다루게 되었다. 따라서 현재 지구적 현대성의 맥락에서 식품규제가 어떻게 형성되는지(또한 어떻게 형성되어야만 하는지)가 핵심적인 질문이 된다.

먹거리를 규제하는 정부의 역량은 쇠퇴하고 있지만, 개입의 필요성은 분명 더 증가하는 것처럼 보인다. 광우병, 조류독감 H5N1, 그리고 더 최

근에 발생한 멜라민오염 분유와 다른 유제품에서 보듯이, 우리에게 익숙하지 않은 농업 및 먹거리 관련 위험들이 대중의 주목을 끌고 있다. 유전자조작 먹거리나 나노기술과 같이, 인간의 건강과 환경에 알 수 없는 결과를 초래할 수 있는 혁신적인 기술들이 도입되면서 이와 같은 대중의 관심은 더 증가하고 있다. 이에 대한 반응으로, 세계의 소비자들은 이 위험들에 대처하고 그 먹거리가 아무런 부정적인 효과가 없다는 것을 보증하도록 정부당국에 점점 더 많은 압력을 넣고 있다. 오늘날 소비자들은 먹거리의 질, 안전, 가격뿐 아니라 공급사슬의 모든 단계에서 일어나는 건강, 사회, 생태, 동물복지에 미치는 영향까지 관심을 둔다.*

먹거리는 이런 도전이 효과적으로 조절될 수 있는 방향으로 통제될 필요가 있다. 최근, 우리는 다양한 혁신적인 제도arrangement가 등장한 것을 목격하는데, 다자간 합의와 특정한 처방을 도입한 국제기관들과 먹거리 표준과 라벨링을 도입한 민간이 주도하는 제도적 실천이 그것이다.

국민국가와 식품규제

현재, 먹거리를 규제할 때 일어나는 변화는 한 세기 동안 행해진 전통적인 먹거리정치와는 다르게 일어나고 있다. 수세기 동안 정부는 식량의 생산과 공급에 관여해왔다. 하지만 19세기, 근대화 시기 이후로 정부의 관여는 더 증가했다. 도시화가 가속화되고 식품가공의 산업화가 시작되면서, 생산자와 소비자의 관계가 급격히 변화되었고, 먹거리 생산자와 소

---

* 모든 소비자가 항상, 모든 영향에 대해 관심을 가지는 것은 아니다. 그러나 대부분의 소비자는 적어도 자신의 삶의 어떤 국면에 영향을 주는 것에 관심을 가진다(Kjaernes et al., 2007; Oosterveer et al , 2007).

비자 사이에 있는 권력 차이를 조정할 수 있는 정부의 힘이 요구되었다. 이와 같이 먹거리를 규제하는 국면은 전통적인 정치모델에 토대를 둔 것으로 여겨졌다. 왜냐하면 이 모델은 정부의 정책과 그 하위기관을 통해서 먹거리의 생산, 가공, 무역을 규제하기 때문이다. 전통적 먹거리 관련 정책은 국민국가와 시장에 주목했는데, 그 두 부문이 상호영향을 주어 서로를 (재)형성하기 때문이다(Lang et al., 2009). 국가는 공공정책, 법과 규제, 이것들의 집행과 같은 방법을 활용하며 시장에 영향을 줬다. 반면 시장은 국가의 행위를 견제하면서 발전하고 움직인다. 동시에, 국가와 시장 모두 시민사회의 영향을 받는다. 권위는 독립적인 국가기관의 수중에 있다고 생각되고, 통치는 기본적으로 먹거리정책을 담당하는 주·부 기관 사이의 관계를 설정하는 일이다. 정부 전문기관은 과학적 연구에서 도출된 최신 결과에 기초해서 먹거리의 질과 안전 관련 표준을 정하고, 모든 민간기업이 이 표준을 지키도록 강제할 것이다. 위반을 막으려고, 감시하고 통제하기 위한 특별 기관이 설립되었다.

1950년 이후, 식품규제에 대한 이런 접근은 정책결정과 관련 있는 정치과학과 정치적 실천에서 주류적인 견해에 잘 부합한다. 이 개념화에 따르면 정치는 합리적이고 과학적인 관리를 하는 문제로 이해되어야만 한다. 이는 기능주의적 모델을 기반으로 하고, 정책결정 과정에서 국민국가에 토대한 모델을 구축한다. 그러한 정책과정(먹거리를 다룰 때를 포함해서)은 차별화되고, 명백히 구별되는 국면이 있다. 공식화, 정책 형성, 입법, 실행, 감독, 그리고 판결이 그런 것이다(Lang et al., 2009). 이런 일관성에도 불구하고 현대의 먹거리정치를 분석할 때, 이 모델은 여러 가지 문제에 봉착한다. 최근 국민국가의 역할은 변화하고 있다. 중앙집중적 국민국가에서 다양한 형태의 연방정부 시스템에 이르기까지 정부가 어떻게 조직되느냐에 따라 큰 차이가 있지만, 유사한 경향이 세계

각지에서 발견되고 있다. 법을 만들고 집행할 때, 정부는 더 이상 권위와 통제의 유일한 중심이 아니다. 민간기업을 포함한 다양한 사회적 행위자들을 이끌고 참여하게 하는 더 간접적이고 유연한 형태를 취하는 공동의 행위자가 되었다. 정책을 형성하는 방법과 정부가 취하는 새 역할이 변화하는 것을 설명하고 분석하기 위해 새로운 개념들이 도입되었다. 이 중 중요한 개념이 거버넌스인데, 이는 정부와 비정부 행위자들이 단일한 정치적인 권위 없이도 정책들을 만들고 실행하면서 자신들의 상호필요와 이해관계를 조정하도록 하는 '구조'와 '과정'으로 이해된다(Krahmann, 2003, 331쪽). 규제와 통치 대신 거버넌스와 이해당사자들 간 조정을 중시하며, 사회적 과정을 조절할 때 하향식 방식에서 더 협력적 방식으로 접근하는 변화양상을 학자들은 분명하게 언급한다.

따라서 현대의 먹거리정치는 더 이상 정부가 주도하는 개입을 통해서만 조직되지 않는다. 국가적 먹거리공급은 더 큰 생태계와 더 폭넓은 사회적·정치적·경제적 네트워크와 관계된다. 먹거리 관련 문제들은 이제 시공간의 차원 모든 면에서, 소비를 하는 곳으로부터 멀리 떨어진 곳에서 일어나는 활동의 결과다. 문제는 점점 국경을 넘어서 발생하며 단지 국내적인 문제로 보일 때조차, 결국 그 자체로는 풀 수 없는 일로 보인다(Wapner, 1998)(〈상자 4.1〉의 사례 참고).

현재 먹거리 생산체계 내에서, 국가가 행하는 조치가 먹거리 관련 문제를 풀기에 충분하지 않을 때도 많다. 먹거리공급이 지구화되는 맥락에서, 특히 비정부 행위자들과 통치가 행해지는 다른 수준들 사이에서 역할분담이 이루어지는 것과 관련하여, 정부는 그 위치를 재고할 필요가 있다. 고부가가치 식품의 거래로부터 생긴 기회를 붙잡기 위해서, 정교한 관리시스템과 철저한 통제메커니즘으로 농장에서 식탁까지, 소비자시장에서 늘 엄격한 식품안전에 대한 요구를 만족시킬 필요가 있다

영국에서 발생한 조류독감

2007년, 조류독감이 영국 서퍽Suffolk에 있는 거대 상업 칠면조농장에서 발견되었다. 이것은 이례적인 사건이었는데, 조류독감과 관련된 다른 어떤 사건도 그 주변 지역에서 보고되지 않았기 때문이다. 더 심화된 연구가 진행되며 이 질병이 어디서 나왔는지를 판단하도록 했는데, 가장 개연성 있는 원인은 헝가리에 있는 동일 회사 소유의 공장에서 생산된 가금생산물이 수입되는 과정에서 비롯된 것으로 보인다.

출처: De Krom(2010)

(Unnevehr and Jesen, 1999). 이제 정부는 더 이상 먹거리의 질과 안전에 관한 표준을 독자적으로 결정할 수 없는데, 지구적 먹거리거래가 국제적으로 통용되는 기준을 요구하기 때문이다(Echols, 2001). 국민국가와 그 구성단위는 세계적으로 합의된 규제협정에 적응해야만 하는 상황이다. "왜냐하면 만약 그들이 동의하지 않는다면 …… 축출될 것이며, 지금 시기에 축출되면 '경제적으로 주변화되고 몰락하는 것'을 의미한다" (Schaeffer, 1995, 266쪽). 이런 압력에도 불구하고, 비록 정부가 세계에서 밀려오는 요구사항을 완전히 무시하지는 못하지만, 그런 요구사항에 맞게 적응하면서 활동할 수 있는 자기영역을 상당 정도 유지하고 있다.

따라서 생태적, 정치적 그리고 경제적 상호의존성은 국가주권의 논리를 약화시킨다(Wapner, 1998). 국가기관은 식품가공기업이나 소매업자 같은 다양한 공급사슬 행위자들과 책임을 공유하게 되었다(Marsden et al., 2010). 정부가 효과적으로 개입하기가 점점 어려워진 상황은 국내(외)와 광역 그리고 지역 단위의 다양한(그들 사이의) 단체들(공공, 민간 모두)의 참여가 요구되기 때문에 초래되었다. 이들은 각각 자신의 특정한 임무와 규제적 도구를 가지고 참여한다. 효과적으로 개입하기 위해서, 이 다양한 행위자들은 자신의 활동을 서로 조화롭게 한다. 민간기업과 시민사회 행위자들은 점점 식품안전성과 지속성을 담보하라는 소비자의 요구에 대응하고 있다. 시장집중을 통해 권력을 부여받은 식품기업들과 함께, 먹거리 공급사슬의 초국가적 성격은 차례로 이러한 반응에 영향을 끼쳤다. 이 기업들은 시장집중으로 증대된 권력을 이용할 수 있다(Boström and Klintman, 2008; Hatanaka et al., 2005). 오늘날 국민국가는 국가와 시장 사이의 긴장관계뿐 아니라 세계 네트워크 사회에서 먹거리의 다양한 이동이 탈영토화되고 탈중심화된 것에 대한 긴장관계를 조정하는 데 분투하고 있다.

최근 식품규제 부문의 제도적인 개혁에도 불구하고(Lang and Hasman, 2004), 개별 국민국가는 비국가 행위자에게 의존하지 않고서는 더 이상 현대 먹거리문제에 적절하게 대응할 수 없다(Held et al., 1999; Held, 2004). 예를 들어 네덜란드 식품안전기관은 네덜란드로 수입되는 시금치에 질산염 함유 여부를 검사하도록 법으로 의무화했다. 2004년 식품안전기관은 수입된 모든 생시금치 중 단지 9개의 샘플만 검사할 수 있었다(VWA, 2005). 식품안전을 확인하기 위해, 소매업자들과 생산자들은 국가에서 검사하지 못하고 남긴 것을 책임져야 한다. 결과적으로, 각 개별 국민국가의 권위는 위협받고, 그 개입의 효력은 약화될 위험에 처했다. 왜냐하면 규범과 표준이 국가 단위보다 세계 단위에서 발전하는 듯 보이기 때문이다. 더욱이, 그런 규범과 표준을 정하는 특별한 메커니즘이 없는데 그 메커니즘은 NGO, 민간기업 혹은 정부로부터 나오거나 이들이 다양한 방식으로 결합한 것에서 나오기 때문이다(Oosterveer, 2007). 지구적 변화, 초국가적 흐름 그리고 다양한 층위의 기관들은 단순히 국민국가의 보완자 혹은 상대자로 기능하기보다 규범적인 요구 normative claim를 실현하는 핵심적인 원천이 된다(Spaararen and Mol, 2008). 먹거리가 점점 더 지구화된다는 것은 국가기관이 주도하는 거버넌스에서 다른 행위자들의 책임성을 강조하는 것으로 전환됨을 의미했다. 이런 경향에도 불구하고, 국가 식품규제기관은 여전히 과거만큼 매우 중요하다.

여러 학자들이 이 결론에 다른 의견을 제시한다. 예를 들어 체셔와 로런스(Cheshire and Lawrence, 2005, 45쪽)는, 국민국가는 권력을 지역이나 지구적 행위자들에게 그렇게 많이 넘기지 않았다고 주장한다. 왜냐하면 국가와 비국가 행위자 사이에 기능하고 있는 네트워크를 통해서 새롭고 진보된 자유주의적 통치방식을 찾았기 때문이다. 그들의 관점에서는, 지구화 때문에 국민국가가 위축된 것은 전혀 없다. 국민국가는 국제적 임무의 토대로 여전히 남아 있기 때문이다. 게다가 각 국가 간의 권력 차이로 인해, 지구화 때문에 모든 국민국가가 오랫동안 이어온 주권을 상실하는 동일한 결과가 나타나지도 않았다. 왜냐하면 국가와 비국가 행위자들은 원하는 대로 이용할 수 있는 메커니즘을 사용하면서, 자신들의 선택에 관한 원칙을 설정하려 하기 때문이다(Drahos and Braithwaite, 2001, 124쪽). 이런 관점을 지닌 논자들은 전세계에 걸쳐 중요한 변화가 있음에도, 국민국가가 국제질서 내에 있는 관계'들' 중 여전히 가장 완성된 결합체라고 여긴다. 국민국가는 민간기업의 운영과 NGO의 참여를 보장하는 핵심적이며 안정화된 법적 틀을 제공한다(Tansey and Worsley, 2005; Sassen, 2006). 비록 국제무역이 초국가적으로 작동하는 현실임을 인지해야 하고, 지속가능한 개발을 가능하게 하는 것은 법적·정치적 틀 안에서 작동한다는 것을 추구해야 하지만, (적어도 어떤 맥락에서) 서로 다른 이해관계들 가운데 경제의 균형을 이룰 수 있게 하는 것은 바로 그 법적·정치적 틀 안에서 가능하다(French, 2002. 139쪽). 국민국가는 상징적으로두 그리고 실제적으로도 중요한 권위를 지닌 필수적인 제도로 인지되고 있다(Polanyi, 1944). 먹거리문제에 있어서, 대부분의 시민은 자신들의 우려에 대처하고, 새롭게 등장하는 위기에 적절히 대응하는 데 있어서 정부의 책임에 여전히 의존하고 있다. 이런 관점을 가진 학자들은 먹거리거버넌스에서 국민국가의 지위에 지속적인 중요성이 부여되어야 함을 강조한다. 그러나 국민국가가 근본적으로 다른 맥락에서 운영된다는 것은 무시할 수 없다. 따라서 먹거리거버넌스의 중요성을 유지한 채, 이제 국가기관은 다른 국가들 및 다양한 사회적 행위자들과 공동으로 식품규제를 해야 한다.

이런 이유로, 서구 국가들의 먹거리거버넌스에서 점점 국가, 공법, 정책이 민간 이익단체 및 행위자와 함께하는 "상호작용 과정이 되고 있다. 민간 영역 거버넌스는 기업이 주도하거나 혹은 시민사회로부터 나온다"(Lang et al., 2009, 81쪽). 이런 상호작용 과정은 대체로 합의된 것이나 대립적이기도 하며, 또한 다른 불확정적인 지구적 먹거리거버넌스 체제가 나타날 수 있다. 우리는 다음과 같은 모델로 구별할 수 있다.

- 국가 간 협력international governmental collaboration
- 국제 거버넌스 체제international governance regimes
- 지구적 거버넌스 제도global governance arrangements

국가 간 협력은 독립된 국가들이 특정한 문제의 해결책을 공동으로 찾을 때 나타난다. 독립된 국가들 사이에서 더 강한 협동체는 국제연합UN이나 WTO와 같이, 다자간 제도를 통해 국제 거버넌스 체제가 만들어지도록 한다.* 마지막으로, 국내외 정책 이슈들 사이에, 그리고 정부와

---

* 여기서의 체제(regime) 개념은 2장에서 설명한 식량체제(food regime)의 경우와는 다소 다른 의미로 사용된다.

비정부 행위자들 사이에 심한 차이가 사라질 때, 다양한 지구적 거버넌스 제도들이 발생한다. 이 방법으로, 시장과 시민사회가 개입하면서 더 많은 규제가 만들어진다.

국가 간 협력은 독립된 국가들이 자신들의 먹거리공급을 위협할지도 모르는 특정 문제의 해결책을 합동으로 찾을 때 효력을 발휘한다(예를 들어 구제역과 같은 동물건강 문제). 정부는 이런 경우 협력을 선택하겠지만 그 독립성을 유지할 것이며, 적절하다고 판단할 때 언제든지 그 협동을 끝낼 수 있다. 그런 경우, 정부는 합리적 행위자처럼 행동한다.

여러 정부들 사이의 이런 임시적인 협동의 형태는 수세기 동안 실행되어왔고, 따라서 매우 혁신적이라고 간주될 수는 없다. 오히려 국제 먹거리거버넌스 체제와 지구적 거버넌스 협정이 도입된 것이 더 많은 관심을 받을 만하다. 그러므로 아래에서, 우리는 이 이야기를 더 논의하며 세계 먹거리공급과 관련 있는 국제체제의 예로 WTO를 소개한다. 이후 다양한 먹거리거버넌스 제도에 대해 논의한다.

국제 먹거리 체제들: WTO

직간접적으로 먹거리거버넌스와 관계된 다자간 협정과 기관들의 촘촘한 망이 설립되고 있고, 지구적 먹거리거버넌스 체제들을 구성하고 있다(Young, 2000; Drahos and Braithwaite, 2001). 먹거리의 질, 안전성, 무역을 통제하기 위해 이 국제 체제들은(그들의 권력을 빼앗을 동안 조차도) 효과적으로 개별 국민국가의 힘을 강화한다. 그러한 예로 과학 기반, 그리고 정부 기반 기관인 국제식품규격Codex Alimentarius, 국제수역사무국the International Office of Epizootics, OIE, 식물건강에 대한 국제식물보호협약the International Plant Protection Commission, IPPC(Lee, 2009), 그리고 유럽식품안전청European Food Safety Authority, EFSA을 들 수 있다. 그 높은 인지도와 함께, WTO는 더 두드러져 보인다(Oeterson, 1999; Griffin, 2003).

WTO는 1995년에 설립되었으며, '관세 및 무역에 관한 일반협정GATT'의 후속 기관이다. GATT는 국제무역을 조화롭게 하기 위해 1945년에 설립되었다. WTO는 150개 이상의 회원국과 함께 다국가 회원으로서 EU를 포함하는 조직으로, 더 많은 국가들이 가입하기 위해 협상을 진행하고 있다(Narlikar, 2005). WTO의 목표는 경제적 부, 개발, 고용을 보장하기 위해 국제무역 정책을 개혁하고 자유화하는 것이다. 이런 목표의 달성은 다른 회원국들의 주권을 인정하면서, 불필요하고 부당한 무역장벽을 줄이거나 없애는 것을 의미한다. WTO는 다년간 협상 라운드를 통해서 다양한 요소를 다루는 촘촘한 합의를 도출한다. 설립된 지 몇 년 지나지 않아서, WTO는 세계무역을 규제하는 데 있어서 지배적인 위치에 도달했다. 다자간 기구로서는 드물게도, WTO가 한 회원국이 특정한 무역 관련 이슈에 대하여 다른 회원국에게 불만을 제기하는 내부 분쟁 처리 메커니즘을 설치했기 때문이다. 회원국들은 최종 판결에 따르도록 요구받았다. 따라서 WTO는 불만제기를 한 국가가 협정을 위반한 국가에게 특정한 무역양허Concession를 중지할 수 있도록 했다*(Kastner and

---

* "WTO에서 상품이나 서비스 시장을 열겠다고 약속할 때 회원국들은 그 약속을 구속적으로 '양허'한다. 상품에 대해서는 이와 같은 양허가 관세율의 상한선이 된다. …… 어떤 나라가 자신의 양허를 변경할 수도 있지만 이는 우선 무역 상대국들과 협상한 다음에만 가능한데, 경우에 따라 양허의 변경에 따른 무역손실을 보상해주는 협상이 될 수도 있다"(외교통상부, 2007. 〈WTO 이해하기〉, 12쪽). 즉 WTO 체제에서는 각 상품에 대한 양허율 목록을 정해놓고, 그에 따라 관세율이 정해지는 경우가 많다. 그런데 협정을 위반한 국가가 있을 경우, 그 위반으로 인한 손해를 보상받는 수준에서 양허를 중지하고 관세율을 조정할 수 있다는 이야기다. — 옮긴이

Pawsey, 2002). 협정위반 국가에 수출한 국가가 수출로 인해 입은 손해를 보상받는 수준에서 상대국가의 수출품에 관세율을 높일 수 있게 한 것이다.

먹거리 분야에서, WTO 규정은 각국 정부의 규제하에서 만들어졌고 국제무역을 위한 특정한 가이드라인이 추가되었다. 이런 규정들은 일반적으로 국민국가의 주권을 제약하지 않게 하는 경향이 있고, 따라서 각 정부는 다른 회원국의 내부 정책에 간섭하는 것이 허용되지 않는다. WTO는 다자간 협상을 통해서 다양한 국가에 속한 기업들 사이에서 경쟁하는 '경기장'을 만들려고 한다. WTO는 그 회원국이 생산자의 재산권뿐 아니라 생산과 관련된 '공정 및 생산방식ppms'에 기초해 국제무역에 개입하는 것을 허용한다. 그러나 비생산자 관련 공정 및 생산방식은 다루지 않는다(Charnovitz, 2002). 생산방식이 최종 생산품에 영향을 준다고 증명할 수 없다면, 생산방식이 수입 요구조건에 구속되지 않음을 의미한다. 관련 조치들이 공공보건과 안전성에 부합하고, 합당한 과학적인 증거에 기초하고, 객관적으로 증명가능한 생산품 특성에 국한될 때, 식품안전성은 무역규제에 포함될 수 있다. 그래서 이런 접근에 따르면 먹거리제품이 지속가능하게 생산되었거나 획득되었는지, 혹은 그렇지 않은지에 관한 사항은 국제무역 규제와 관련된 조건이 될 수 없다. 이런 방식으로, WTO는 더 선진화된 정부기관을 지닌 국가에게 유리한 무역장벽이 작동하지 못하도록 하려는 것이다. 분명히, 무역규제에 관한 이런 접근은 먹거리가 자유롭게 전세계로 이동하는 것을 보장하고 용이하게 하는 데 목적이 있지, 생산된 먹거리의 지속가능성을 담보하는 것을 목적으로 하지 않는다(Potter and Burney, 2002).

먹거리가 거래될 때 특별히 문제가 되는 분야와 관련하여, WTO 틀 안에 있는 두 가지 협약(식품동식물검역규제Sanitary and Phytosanitary, SPS 협

정과 무역상 기술장벽Technical Barriers to Trade, TBT 협정)이 중요하다. 식품동
식물검역규제SPS 협정은 1995년 WTO 내에서 농업협정의 한 부분으로
확정되었다. SPS 협정은 식품안전을 확인하고, 동물과 식물을 보호하며,
해충과 질병의 확산이 초래하는 위험과 첨가제, 오염물질 그리고 식품
독소로부터 나오는 위험에서 인간의 건강을 보호하기 위해 정부가 무역
과정에 개입하는 것을 허용한다. 이 모든 조치는 과학적인 증거에 의해
내포된 위험을 증명해야 하며, 반면 예방적 조치는 과학적 증거가 나올
때까지 한시적으로만 허용될 수 있다. 가능한, 이런 조치들은 국제 표준
설정 조직체들(의 규제들)과 부합해야만 한다. 여기에는 식품안전에 대한
국제식품규격위원회, 동물건강에 관한 국제수역사무국, 식물건강에 대한
국제식물보호협약이 있다. 따라서 이 협정은 식품안전 규제에 관한 정부
와 국가의 이해관계를 인정하지만(보호의 적절한 수준), 규제를 위한 기반
을 마련하는 측면에서 상당한 정도로 주권을 제약하고 문화적 차이를
무시한다(Echols, 2001, 93쪽).

　　무역상 기술장벽TBT 협정은 (의무적인) 기술적 규제와 (자의적인) 표준
을 사용하면서 농업, 산업 생산품을 무역하는 데 불필요한 장벽을 막
기 위해 1979년에 이미 채택되었다. 이를 성취하기 위해, 회원국들은 국
제표준화기구International Organization for Standardization, IOS가 만들어온 것
과 같은 국제적으로 동의된 표준과 규제를 장려하였다. 그들은 또한 (다
른 국가의 기술적 규제를 받아들이는) **등가**, (다른 국가들의 평가 절차의 결과
를 인지하는) **상호인지**의 원리를 적용하였다. TBT 협정은 회원국들이 자
국 내 표준과 규제를 적용하도록 했다. 단 그것들이 충분히 과학적인 증
거에 기반해 있고, 생산 관련 특징에 관계되며, 객관성, 비례의 원칙 그
리고 다른 회원국들 사이에서 비차별성의 기준을 수행하는 한에서 그러
하다. 협정을 적용한다는 것은 수입생산품을 다룰 때, 국내에서 생산된

참치-돌고래 논쟁

참치-돌고래 논쟁은 미국의 환경단체가 상업용 어장에서 해양 포유동물의 부수적 죽음을 줄이는 합법적인 의무사항을 수행하지 않았다는 이유로 연방정부에 소송을 제기한 1988년에 시작되었다. 환경단체는 멕시코 어민들이 동부 열대 태평양에 있는 돌고래를 죽인다고 항의했다. 이 지역은 돌고래가 참치와 함께 수영하는 곳이다. 연방법원은 해당 행정기관이 법을 이행하지 않고 있으며, 멕시코 참치가 미국으로 수입되는 것을 금지해야 한다는 데 동의했다. 멕시코는 미국에 참치를 파는 자국의 권리가 침해되었다고 항변하고 이 문제를 조정해달라고 GATT에 요구했다. GATT의 해당 전문가집단은 미국이 GATT 의무조항을 위반했다고 결론 내렸지만, 멕시코는 이 사건을 더 진행하지 않기로 결정했고, 전문가 보고서도 공식적으로 채택된 적이 없다.

이 사건은 2008년까지 그대로 남아 있었다. 이때 멕시코 정부는 참치 캔에 '돌고래 안전'이라는 라벨을 붙이도록 한 미국의 요구사항이 건착망(참치를 감싸는 큰 어망)을 이용하는 어부에게 불공정한 차별이라고 주장했는데, 미국의 새로운 기술은 돌고래를 전혀 죽이지 않고 참치를 잡을 수 있도록 하기 때문이다. 이에 기초해서 멕시코는 2009년 봄, 그들의 불만에 공식적으로 판결을 내리는 WTO 패널의 설립을 요청했다. 이 사건은 여전히 종결되지 않았는데, 미국 정부당국이 다른 다자간 조직인 북미자유무역협정NAFTA에 이 사건을 넘기도록 제안했기 때문이다.

출처: *Bridges Weekly*(Several issue)

'상품처럼' 취급하는 WTO 회원이 되어야 하는 것을 말한다. 현실에서, 이 목표를 실제로 시행하기에는 어려움이 있다(참치-돌고래 논쟁의 예를 보여주는 〈상자 4.2〉 참고).

TBT 협정은 식품에 붙는 에코eco라는 라벨과 기타 라벨들을 개발하고 도입할 때 정부가 따르는 가장 중요한 규제 관련 안내지침으로 발전해왔다. '에코'라는 라벨을 포함해서, 무역 과정에서 WTO 회원국들은 규제와 표준이 합법적인 목표를 이행하는 데 필요한 것보다 더 많은 규제를 하지 않아야 한다(Appleton, 1999; Mptaal, 1999). 그러나 선진국들은 수출국들에게 질, 건강, 안전성과 관련된 요구사항을 점점 더 높고 복잡하게 부과하는데, 개발도상국들은 이런 요구사항을 계속 이행하기가 어렵다.* 소비자와 환경 그리고 순전히 국가적 이익을 보호하기 위해 취하는 합법적인 조치들 사이에는 아주 얇은 경계만이 존재하는 것처럼 보인다. 개발도상국들은 그러한 인증 요구가 서구 국가들의 수익성 좋은 먹거리시장에 들어갈 때의 또 다른 장벽이 될 것을 두려워하고 있다. 개발도상국들은 WTO 앞에서 그런 요구에 도전하겠다고 반복해서 위협했지만, 이제까지 단지 예외적인 경우에만 개입하고 있다.

SPS 협정과 TBT 협정을 통해 WTO는 먹거리에 관한 국제무역을 개선하는 국제 먹거리 체제를 구성한다. 그러나 적어도 부분적으로나마 사회적인 충격과 환경적인 충격을 무역규제 항목에 포함하려 할 때 문제가 발생하므로, 사회적 행위자들은 불만족스러워하며 이 목표를 달성할 수 있는 다른 수단을 찾는다.

다중 행위자 협력

여러 NGO는 WTO가 추진하는 '먹거리 생산과 무역의 국제 체제'의 설립을 반대하고 있다. 먹거리는 경제적인 효과에 관련된 이슈로만 다루어질 수 없다고 보기 때문이다. 따라서 다자간 정부에 토대한 기관들뿐만 아니라 NGO와 민간기업 역시 먹거리무역을 규제하는 데 관여한다. NGO는 매우 높은 수준의 효율성을 가지고 여론의 압력을 활용하며 먹거리 관련 무역규제에 관한 폭넓은 이슈를 다루는 데 앞장선다 (Dicken et al., 2001). 이런 많은 사회운동이 만드는 효과는 세계 먹거리

---

* EU에 수입된 견과류에 있는 아플라톡신의 존재 여부에 관한 식품안전 표준 도입의 영향을 다룬 흥미 있는 사례연구는 Otsuki et al(2001) 참고.

거버넌스 내의 목적과 실천이 지속적으로 재설정되게 한다(Speth, 2002). 공식적인 정부규제는 민간기업이 주도하는 ISO 14001과 HACCP 등 인증체계, 그리고 NGO가 주도하는 공정무역(Zaccai, 2007)과 유기농인증(Dupuis and Gillon, 2009)과 같은 거버넌스 제도로 점점 보완되고 있다(Unnevehr and Jensen, 1999). 이렇게 다차원적이며 비위계적이고, 충분한 정보를 제공하는 느슨한 성격의 새로운 기관 및 행위자들의 연결망이 현재 세계 먹거리거버넌스를 추동하고 있다(Stripple, 2006). 그들은 더 효율적이고 유연하며 호응적이라고 판명되었을 뿐 아니라 사회적 학습을 촉진시킨다(Lemos and Agrawal, 2006). 사회의 자기규제는 특정한 정책기구, 행위자 결합체와 제도적 배경 혹은 혁신적인 '지구적 거버넌스 제도'를 포함한다(Treib et al., 2007). 그러한 협의는 공적인 영역과 민간 영역, 정책형성 과정에서 국가 수준과 국제 수준 같은, 이전에 구분되었던 것의 경계를 흐릿하게 하고 있다. 지구적 현대성 안에서 먹거리를 통치하는 것은 더 이상 정부기관들이 유일한 책임을 진다는 의미가 아니며 시장 행위자들, NGO와 더불어서 초국가적, 국가적 정치기구들을 포함한다. 세계정치는 동일한 지리 영역(그리고/혹은 중복된 영역) 안에서 작동하는 여러 중심이 있는 혹은 분산적인 다핵구조를 포함하는 세계정치 체계로 전환되고 있다(Cerny, 1999, 190쪽). 다차원적인, 다중 행위자 거버넌스 제도(Van Tatenhove et al., 2000)가 등장하고 있고, 국가 및 국제 수준(법적 조치와 사적인 인증제도)에 적응하면서 공급 측면에서 (예로 먹거리 공급사슬 안에서 증대된 통제력) 변화를 수용하며 결합하고 있다. 먹거리를 통치하는 것은 따라서 필수적으로 과거처럼 일국 정부에 기초한 시스템하에서보다 지구화되고 있고 더 복잡해진다. 더 다양한 사회적 행위자들이 참여하며 더 많고 다양한 이슈를 다루기 때문이다(Buttel et al., 2006). 이런 지구적 먹거리거버넌스 제도는 안정적인 시스

해양보존협회

어류 남획은 위험하다. 현재 존재하는 어족자원과 자연적 재생능력을 줄이며, 필연적으로 미래의 어획량을 더 줄어들게 하기 때문이다. 생계형 그리고 상업형으로 종사하는 수백만 어부의 현재와 미래 삶을 위협한다. 다각화된 초국적 기업 유니레버와 환경 NGO 세계자연보호기금WWF은 1997년에 해양보존협회MSC를 설립했고, 어장에 참여하는 모든 행위자는 그 미래를 보존하는 데 관심을 공유한다고 했다. MSC는 이후 독립적이며 세계적인 그 자신의 라벨(MSC)을 통해서 지속가능한 어장을 인증하는 비영리조직이 되었다. MSC 원칙과 지속가능한 어업 기준은 제3자적이며, 독립적이며, 자발적인 인증 프로그램에서 '표준'으로 사용되었다. 그 표준은 세 가지 원칙에 토대한다. 먼저, 어업은 어류 남획이나 어족자원의 고갈로 어어져서는 안 된다. 둘째, 어업은 그것이 의존하는 생태체계의 유지를 고려해야 한다. 셋째, 어업은 지역과 국가 그리고 국제적 법과 표준을 존중하는 효율적인 관리시스템을 가져야 한다. 이 원칙은 특별히 첨가된 조치뿐 아니라 어획 총량, 어획방법과 시기도 동의하는 모든 행위자 및 지속가능한 어장관리 계획을 보증하는 인증기관에 의해 번역되었다. 그 인증자는 이 일을 행하도록 허가받기 이전 우선 MSC의 승인을 받아야 한다.

출처: Oosterveer(2008). 7장 참고.

템으로 진화해온 것이 아니다. 새로운 행위자와 새 아이템이 반복해서 추가되었기 때문이다.* 그럼에도 불구하고 이 협정은 '정책 분야'라는 측면에서, 세계 먹거리공급의 내용과 조직의 측면에서 일시적으로 안정화된 것으로 볼 수도 있다(Arts et al., 2006).

민간기업과 NGO는 시장을 토대로 하고 자발적인 형식의 거버넌스와 관계 있다. 이 분야에는 자발적인 동의, 표준과 인증제도, 생태 라벨링, 정보관리 시스템 등이 있다(Boström and Klintman, 2008). 이렇게 부상하는 교차 스케일 거버넌스 제도는 복합적인 관리 선택을 하기 위한 기회를 만든다. 합동관리(시민사회와 국가), 공공-민간 파트너십(국가와 시장) 그리

---

* 최근의 중요한 이슈는 먹거리 생산과 무역으로부터 영향을 받은 지구온난화다. 5장 참고.

국제우수농산물 인증

국제우수농산물 인증GlobalGap은 EUREP(Euro Retailer Produce Working Group의 약자. 유럽의 농산물 소매업계에서 활동 중인 소매업체로 구성된 단체)에 의해 1997년 설립된 EurepGAP*으로 시작되었는데, 식품안전과 지속가능한 먹거리생산 실천을 결합했다(Van der Grijp and Hond, 1999l Campbell, 2005). GlobalGAP에 앞서, 유럽 소매기업들은 개별적으로 식품안전 사건에 대처해왔는데, 이는 혼란과 경쟁을 가중시켰다. 더 큰 유럽 소매업자들은 그때 '조화'가 필요하다는 것을 인지했고 '통합적 곡물관리'의 진작을 선택했다. 그들의 목표는 대부분의 농민이 접근할 수 있는 공통되고, 입증할 수 있는 환경과 식품안전 표준을 발전시키는 것이다(Gawron and Theuvsen, 2009). 이 목적으로, 환경적 지속성을 보장하는 농장 통합생산 시스템과 결합하여 식품안전을 확실하게 하는 GAPGood Agriculture Practice을 개발했다. GlobalGAP은 우선 신선 과일과 채소에 집중했고, 이후 다른 생산품도 포함하며 확장해갔다(Humphrey, 2008). GlobalGap은 네 가지 핵심 주제를 강조했다. 식품안전, 환경보호, 직업위생 및 안전과 복지, 동물복지. 이는 제3자 인증에 토대한 민간의 자발적인 공정 표준process standard이자 기업 간 표준이다. 다만 소비자에게 알리기 위해 먹거리제품에 라벨을 부착하지는 않는다. GlobalGap 협약은 매우 유명해졌고, 다른 대륙에서 온 많은 농민과 회계감사, 농투입재기업뿐 아니라 거의 모든 유럽 소매사슬에 적용되었다. 웹사이트에 따르면, 그 조직은 9만 3000개가 넘는 인증서를 100개가 넘는 국가의 생산자들에게 발급해왔다. 그 추동력은 더 많은 회원과 먹거리제품들을 포함하고 다른 국제 식품안전 표준과 대응하여 그 표준을 벤치마킹하면서 확대되었다. GlobalGap은 자신이 벤치마킹하는 국내 표준 또한 활발하게 향상시킨다. 이는 국가 표준가치를 인지하도록 하면서 국가 환경에 GlobalGap 자신의 협약을 적응시키는 것을 가능하게 한다.

출처: Campbell(2005); Humphrey(2008); www.globalgap.org(2010년 4월 15일 발췌)

고 민간-사회적 파트너십(시민사회와 시장)이 있다(〈상자 4.3〉 참고).

민간기업의 상품공급의 질과 지속성을 보장하거나 공급사슬 내부 혹은 먹거리시장에서 그들의 지위를 강화하려고 할 때, 민간기업은 세계 거버넌스 제도가 시작하는 데 관여하는 또 다른 사회적 행위자 집단이

---

* 발기인의 지구적 염원을 강조하기 위해 2007년에 이름을 바꾸었다.

된다. 좋은 예는 지속가능하며 안전한 먹거리를 위한 세계 표준 장치로서 국제우수농산물 인증Global GAP을 도입하는 것이다(〈상자 4.4〉 참고).

이와 같은 민간의 지구적 먹거리거버넌스 제도는, 양적인 측면과 영향력이라는 측면에서 볼 때 놀랄 만한 성공을 거두었다. 그럼에도 불구하고 혁신적인 거버넌스 제도로서, 이 제도들은 공적인 정당성과 권위를 효과적으로 얻을 필요가 있다(Skelcher, 2009). 여기서 공적인 권한을 통해 주어지는 투입 합법성input legitimacy과 구체적인 결과물의 수용을 통해 얻는 산출 합법성output legitimacy은 차이가 명확해야 한다. 더 분명히, 민간 거버넌스가 합법성을 얼마나 얻을 수 있는지 논의하기 이전, 한 발짝 물러서서 지구적 다중 거버넌스 협의를 분석하기 위해 발전시킨 세 가지 개념틀을 검토하는 것은 도움이 될 것이다.

다중 행위자 거버넌스 개념화하기

현대의 지구적 먹거리거버넌스는 지역에서 세계에 이르기까지 다양한 층을 포함하고, 민간에서 비정부 이해집단까지 다양한 행위자들을 포함한다(Mol, 2001). 지구화라는 조건 아래서 국가가 약화된 것은 국가가 덜 중요하기 때문이 아니다. 오히려 지구화가 현실화하는 것은 국가와 국가기관을 통해서 가능하다(Spaargaren and Mol, 2008). 권위가 탈영토화되는 것과 국가로부터 시장으로 이전하는 것은, 권위가 압도적으로 국민국가(의 영토)에 기초한 국가기관과 연결망에 의해 형성되고, 연결되며, 가능하다는 것을 여전히 의미한다(Mol, 2010). 따라서 국민국가는 사라지는 것이 아니라 전환되고 있으며(Castells, 1996), 권력 공유와 교섭된 정책결정 과정을 지닌 복합적인 정책네트워크의 한 부분이 되고 있다.

다른 행위자들과 비정부 행위자들의 참여는 규제적 실천의 유동화를 초래한다(Lipschutz and Fogel, 2002; Sassen, 2006). 특별히, 세계 시민사회는 계속 (양면적인 결과로) 덜 해로운 방향으로 세계경제 과정을 재조정하는 데 기여하고 있다(Mol, 2001, 116쪽). 그리고 세계 시민사회는 "국가 시스템에 독립적으로 작동하는 거버넌스의 수단을 동원함으로 세계 거버넌스 내 중요한 정치 행위자가 되었다"(Wapner, 1997, 81쪽). 이런 환경 아래서 라벨, 표준, 인증과 같은 '부드러운' 거버넌스 제도는 금지, 파산, 수입한도나 기타 합법적 요구들과 같은 '단단한' 제도에 비해 점점 더 선호되는 것처럼 보인다(Klintman and Botröm, 2004). 이 혁신적 거버넌스 제도는 전통적인 규제에 관한 개념적 도구와는 다른 개념적 도구들로 분석되어야 한다. 다음으로, 우리는 이런 전환을 설명할 때 각기 다른 관점을 제공하는 세 가지 의미 있는 설명틀을 제시할 것이다.

먼저 사슨(Sassen, 2006)은 국민국가의 국면이 약화되고 있으며, 영토, 권위, 권리의 색다른 조합으로 이루어진 시대로 들어가고 있다고 주장한다. 이런 세계 접합에 기초하면서, 이 새로운 조직화 논리는 이미 지배적으로 되었다. 그러나 국민국가는 여전히 중요한데, 형식과 제도의 측면에서 가장 발전되어 있기 때문이다. 국민국가는 새롭게 나타나는 세계 수준의 거버넌스를 형성하는 핵심 조력자이자 제정자 중 하나로 존재한다. 세계를 조직화하는 논리 안에서 영토, 권위 그리고 권리들이 다양하게 나타나며 형성된 집합체는 탈국가화되는 하나의 체계적 특징을 지닌다. 국민국가 외부에서 영토, 권위, 권리들이 전형적으로 현대에 맞게 구조화되는 방식은 세계경제에 연결된 민간기관들의 질서를 포함한다. 사슨은 세계 거버넌스 협의가 민간기업들과 같은 핵심 행위자들이 지닌 역량에서 나온다는 것을 인지한다. 그래서 모든 이해당사자를 포함할 필요가 없다고 한다. 모든 이해당사자를 포함하는 것은 국가에 기초한 규제에서 보이는 핵심적 특징이다. 브레이스웨이트(Braithwaite, 2008)는 국가 규제보다 비국가 규제가 더 빨리 증가하고 있다고 보고, 그래서 규제 자본주의regulatory capitalism의 하나로 우리 시대를 생각하는 것이 가장 적합하다고 주장한다. 세계의 기업화는 규제의 산물이자 규제적 성장의 핵심 추동자이기도 하다. 그러므로 과거 국가에 기초한 일관성 있는 식품규제는 다양한 협정으로 대체된다. 핵심원리, 절차, 책임성은 비국가 행위자들이 주도하게 된 반면, 국민국가는 단지 일반적인 규제의 배경을 제공할 뿐이다. 여기서 핵심질문은 이런 새로운 협정들이 어떻게 가능했고 그것들의 권위와 정당성은 무엇에 기초하고 있는가이다.

이 질문에 답하기 위해 사슨은 오늘날 권위는 국가의 공식적이고 법적인 지위에 필연적으로 기초해 있지 않고, 오히려 더 사회적인 성격을 지닌다고 주장한다. 혹은 리트핀(Litfin, 2000, 123쪽)이 주장하듯이 "권위는 권력, 통제와 혼동되어서는 안 된다. …… 서구 전통의 정치학적인 사유에서 권위는 강압 혹은 설득보다 수단에 의한 인간행동의 정당한 거버넌스로 이해된다." 그러므로 만약 권위가 덜 공식적인 대신 사회적이라면, 그 정당성은 강압보다는 동의에 기초하고 있다.

두 번째 관점은 로즈노Rosenau가 발전시켰다. 그는 지구화가 권위의 장소를 이동시킨 것으로 보고 있다. 국가는 약화되고 있고, 비록 영토가 사람들의 생활에 중요한 채 남아 있다 해도 국가의 역할은 더 유연해졌고 과거보다 덜 구속적이다. 권위가 위로는 초국가적 조직체로, 아래로는 국가의 하위단체로 재배치되고 있는 한, 이는 국민국가로부터 멀어지는 분기점을 형성한다. 판 케르스베르헨Van Kersbergen과 판 와르덴(Van Waarden, 2004)은 이 설명에 수평적 이동을 추가했다. 공공 부문에서 사법제도로 그리고 공적인 것에서 반半공적인 조직으로의 이동이 그것이다. 같은 맥락에서 그들은 국가의 공공 부문에서 국제적인 민간규제로 가는 것과 같은 혼합되고 수직-수평적인 이동을 강조했다. 비록 문제가 되는 것이 주권이나 사법권은 아니지만, 국가가 이런 변화를 의식하지 못하는 것은 아니다. 대신 거버넌스의 다중심적 체계 안에서, 배타성과 그들의 권한 범위가 문제가 된다. 로즈노(2007)는 각국 정부들이 다양한 수준과 다수의 행위자들과 함께 많은 협정 중 하나의 수준, 하나의 행위자가 되고 있다고 설명한다. 이것을 **다층·다중 행위자 거버넌스**라고 말할 수 있다. 이 맥락에서, 로즈노는 권위가 탈영토화되고 있고 다양한 '권위의 영역들'이 생겨나고 있다고 주장한다. 이것들은 권위가 현재 위치하고 있는 다른 실체들을 언급한다. 권위의 한 영역은 그 리더십과 지지자들의 순종으로부터 나오는 명령의 실행에 의해 결정된다. 권위의 이런 영역들 안에서 행해지는 정치는 국민국가에서보다 더 무질서하며 비공식적이다. 왜냐하면 전통적인 행위자와 거버넌스 수준뿐 아니라 각 행위자들이 자신의 역할을 재정립하고 구성해야 하는 비전통적인 영역이 있기 때문이다. 이런 상황에서, 권위는 거기에 관여된 사람들이 합의한 동의에 의존해야만 한다. 만약 사람들이 특정한 요건에 순응하는 것을 거부한다면 권위는 바로 손상될 것이다.

세 번째 관점은 세계 네트워크 사회를 주창한 카스텔스가 발전시켰다. 카스텔스(1996)는 먼 위치에 있는 각각 다른 요소들의 기능적 단위를 재통합했다. 시공간의 원격화time-space distantiation가 진행되는 과정은 각기 다른(가끔 먼) 위치에 있는 사회적 실천들을 연결시킨다. 요즘 부각된 지구화된 먹거리공급은 명백히 이 관점에 부합한다. 여전히, 세계 농식품 네트워크와 흐름이 점점 현대 먹거리공급을 지배하고 있지만, 이는 지역과 국가의 수준에서 세계 수준으로 권력이 이전하는 일방적인 과정만 있다는 것을 의미하지 않는다. 권력의 이전은 종종 갈등상황을 만들며, 따라서 그 결과가 이미 정해진 것은 아니다(Mol, 2001). 세계 먹거리 흐

름과 네트워크의 복잡성은 그 방향과 구조화를 통제하도록 결정하는 일
방적인 행동을 허락하지 않는다. 동시에, 세계 먹거리흐름은 구체화되지
않아야 하는데, 그것이 항상 목적의식적인 사회적 행위자들의 참여를
통해서 변화하는 데 열려 있어야 하기 때문이다(Gille, 2006).

지구적 먹거리 공급체계와 지역화된 먹거리 생산과 소비 실천이 동시
에 공존하는 것은 예기치 못한 결과를 가져올 수 있다. 이 결과는 흐름
들의 공간에 의해 구조화되는 영원성과 장소의 공간과 연관된 다양하고
부수적인 일시성 사이에서, 대조되는 논리를 조정하는 거버넌스의 개입
을 요구한다(Castells, 1996). 이것은 현재 사용가능한 지역 및 국가 기구
에 세계 수준의 거버넌스 기구라는 새로운 범주를 단순히 덧붙이는 것
이상을 요구한다. 구조화하는 시간과 공간의 각기 다른 영역들 사이에
서 진행되는 상호의존성, 교환 연관성은 세계와 지역을 분리시키는 것이
아니라 그것을 결합시키는 통합된 거버넌스 접근을 요구한다. 그러므로
세계 먹거리거버넌스는 물질과 금융 그리고 정보의 흐름을 다루어야 하
고, 세계 수준에서 사회네트워크는 동시에 이런 세계 먹거리 흐름과 네
트워크를, 생산·가공·소매·소비에 관한 특정한 지역환경의 영향 그리고
사회적 영향과 관련시킨다. 종합적으로, 펄포니(Fulponi, 2006)는 세 가
지 경향을 관찰한다. (1) 생산의 특징뿐 아니라 가공까지 포함하는 사적
이고 자발적인 질과 안전성 시스템으로의 전환, (2) '표준'을 정립하기 위
한 세계 수준의 연합체 등장, (3) 세계 기업 간 표준의 보다 많은 사용.

결론적으로 식품안전과 질에 관한 그리고 그것의 사회적·환경적 수
행에 관한 확신을 확립하고자 하는 복합적인 요구는 소매 부문과 국제
NGO가 표준과 확신을 가능케 하는 제도를 개발하고 먹거리 공급사슬
로 그것들을 수립하려고 하고 있다.

사슨과 로즈노, 카스텔스는 모두 지구화가 근본적으로 현재 (먹거리)

거버넌스 협의에서 국민국가의 지위를 변화시키고 있다는 데 동의한다. 국민국가가 그 특권적 지위를 잃어버렸지만, 현재의 위치를 어떻게 개념화할 것인가는 명확하지 않다. 카스텔스는 본질적으로 국가 권위가 점차 무력화되고 있다고 주장하는 반면, 로즈노는 여전히 세계적 동학을 통치하는 데 국가가 중심적인 위치에 있다고 간주한다. 반면 사슨은 영토, 권위 그리고 권리의 다양한 조합 안에서 국가를 통합함으로써 두 학자의 중간에 위치하고 있다. 그럼에도 불구하고 이들은 비국가 행위자들이 더 활발히 현대 먹거리거버넌스 제도와 연관되고 있다는 데 동의하며, 다만 이 전환은 합법성과 효율성에 관한 새로운 질문을 제기한다고 이야기한다.

먹거리거버넌스에 있어서 사회적 행위자들의 역할 변화

다수의 혁신적 협의가 늘어나는 것은 지구적 거버넌스에 포함된 사회적 행위자들의 역할이 변화하고 있는 것과 밀접히 관계된다. 특히 NGO, 소비자 그리고 민간기업들은 전례 없는 책임을 지게 되었다.

환경단체나 소비자단체 같은 시민사회 조직은 개선된 지구적 먹거리거버넌스 제도를 활발히 찾고 있다. 이는 비독점적이며 비위계적이며 탈영토적이며 조율가능하고 유연한, 다양한 기구를 가능하게 하는 것이다 (Goverde and Nelissen, 2002; Karkkainen, 2004). NGO네트워크와 세계적으로 공유된 시민사회 규범과 가치들은 세계시장의 권력, 논리, 권위를 대체하는 민간의 대항권위를 가능하게 한다(Mol, 2010). WTO의 회원국으로서, 각국 정부는 어떻게 무역을 규제하며 환경적 고려를 할지에 심각한 제약을 받고 있다. 그러나 NGO와 민간기업들은 그렇지 않으며,

따라서 개입할 수 있는 훨씬 더 많은 공간이 있다.*

그렇게 함으로써, 그들은 세계 먹거리공급을 규제하는 데 있어 국민국가를 보완하고, 해양보존협회MSC의 사례가 보여주듯이(《상자 4.3》 참고), 국민국가를 대체한다. 정부나 민간기업에 비해 NGO는 시공간에 있어서 종종 멀리 떨어졌을 때조차도 참여하는 다양한 행위자들 사이에 신뢰를 얻을 수 있다(Oostereveer and Spaargaren, 2011). 인증이나 라벨링 같은 지구적 먹거리거버넌스 협의는, 이전에는 존재하지 않았던 사회적 관심과 사회적 행위자들 간의 관련성을 형성했다(Schaeffer, 1995; Dicken et al., 2001). 특히 유럽에서, 소비자는 정부나 민간기업보다 NGO를 신뢰하기 때문에, NGO 주도의 라벨링 제도는 믿을 만한 정보를 더 많이 필요로 하는 소비자의 요구에 대한 응답이 될 수 있다(Raynolds, 2000). 이런 제도는 생산 과정에 대한 투명성을 보장하고, 공급사슬을 통해서 먹거리제품을 추적할 수 있으며, 소비자를 위해 적용된 표준과 범주를 확인한다. 이렇게 제공된 정보는 필수적으로 생산과 관계된 특성에만 국한되지 않으며, 다른 생산자와 소비자의 관심도 다룰 수 있다. 다양하게 NGO가 주도한 제도—유기농 먹거리, 방목한 닭에서 나온 달걀, 공정무역 커피 그리고 MSC 라벨이 부착된 물고기(Oosterveer, 2006)—에 따라 라벨을 붙인 제품을 요구하는 일이 증가하는 것은 지구적 먹거리거버넌스에 있어서 그 영향력을 분명히 보여주고 있다.

---

* 어떤 WTO 회원국, 특히 개발도상국들은 정부가 민간에서 만든 표준화와 라벨링 안에 개입해야 한다고 주장한다. 왜냐하면 이것들 역시 제한적으로 거래되기 때문이다. 이런 제안은 생산자 비용을 더 높이고, 동의하에 구성된 국제 표준을 종종 초과하거나 지역조건에 적합하지 않는 요구를 부과한다고 몇몇 WTO 회원국은 주장한다. 이 이슈는 WTO가 식품동식물검역규제 위원회 안에서 논의되었으나 지금까지는 회원국 간의 의견이 불일치하고 있다. 첫째는 이 문제에 관여하는 법적 권위에 관한 것이고, 다음으로 그들이 직접 개입한 경우 민간 표준에 대한 불일치를 어떻게 해결할 것인가에 관한 것이다.

이와 같은 '비국가 그리고 시장 주도의' 기구는 공식적인 정부의 의사 결정 절차에 의존하지 않는다. 따라서 그 기구들 내 권위와 권력의 분배가 항상 투명하지는 않으며 그들의 합법성 역시 그러하다. 그럼에도 권위는 (권력과 합법적인 사회적 목적의 결합으로서) 국가의 공적 영역뿐 아니라 민간시장에도 명백히 존재한다. 비국가적 권위는 1990년 이래로 그 토대를 얻었고 그 민주적 책임성은 대의, 숙의적 상호성, 투명성, 책임성과 같은 메커니즘을 통해서 형성되어온 것으로 보인다(Mol, 2010). 민간 주도의 제도적 실천은 종종 "합법적인 권위의 형태로 부여되는 것같이 보인다"(Hall and Biersteker, 2002, 4쪽). 이 합법성은 국민국가에서 진행되는 민주적 선거와 같은 절차를 통해서라기보다는 그들의 (의도된) 산출물을 통해서 만들어진다(Bernstein et al., 2009). NGO는 환경보호나 식품안전을 보호하는 것과 같은 인지된 공적인 목표에 공헌해왔다고 주장한다. 환경보호나 식품안전 등은 국가 정부가 충분히 보장하지 못하는 것들이다. NGO는 이해당사자들을 폭넓게 참여하게 하고, 의사결정 과정을 투명하게 함으로써 그 권위를 얻는다. 더욱이, 실행 과정에서 과학적 방법과 데이터를 사용하는 것은 민간 주도의 제도적 실천이 가질 수 있는 권위를 확립하기 위해 필요한 정당화 과정으로 간주된다. 놀랍게도, 권위와 합법성의 토대가 분산된 것은 실제적으로 문제가 되는 것처럼 보이지 않는다(Gulbrandsen, 2004). 반대로, 공식적 권위의 부재는 NGO의 합법성을 정당화하는 데 사용된다. 왜냐하면 이로 인해, 공개된 협의와 광범위한 공공의 동의가 없을 때 각 절차들이 시행되는 것을 저지하기 때문이다.

나가며

1세기 이상 동안, 전통적인 식품규제는 인구와 환경을 보호하는 결정을 내리는 주권국가에 토대하였다. 가속화되고 있는 지구화는 이런 실천에 도전하고 있고, 국민국가와 정부기관의 역할은 근원적으로 변화하고 있다. 오늘날 대부분의 정부들은 효과적으로 국제 먹거리무역을 통제할 수가 없다. 왜냐하면 그 규모가 큰데다 생산 지역, 생산과 소비 구조가 빠르게 변화하는 초국가적인 네트워크가 구성되고 있기 때문이다. 더욱이, 이슈가 국가 내부의 것인지, 국제적인 것인지 혹은 지구적인 것인지 구분하기가 점점 어려워지고 있다.

지금도 진행되는 지구화의 과정은, 2장에서 설명했듯이, 먹거리공급의 통치에 참여하는 다른 사회적 행위자들의 공간을 창출했다. 각국 정부는 국제무역을 향상시키고 국제경쟁을 위한 더 높은 수준의 경기장을 확보하기 위한 다자간 협의에 의해 부분적으로 제약을 받고 있다. 정부 업무는 NGO와 민간기업을 포함하는 민간 행위자들에게 어느 정도 이양되었다.

결과적으로, 오늘날 먹거리거버넌스는 (때때로 공유하고 때때로 경쟁하는) 각국 정부, 다자간 체제, 지방정부와 다양한 민간 주도의 제도적 실천을 포함한다. 다자간 행위자 먹거리거버넌스 협의는 세계 수준에서 도입되거나 혹은 적어도 국경을 뛰어넘는 영향력을 가지고 있다. 따라서 각각의 규제틀은 종종 경쟁을 벌이는데, NGO가 주도하는 협정이 지속적으로 증가하고 있다. 이 새로운 협의 아래서, 정부는 중요한 역할을 계속 수행하지만, 소매업자, 소비자 그리고 NGO를 포함한 다른 행위자들 역시 점점 더 많은 역할을 수행하고 있다. 많은 이들에게, 이것은 더 많은 통제와 조화를 요구하는 혼란스러운 상황이다. 실제로 이는 간단한 과정이 아닌데, 이 역할을 수행하는 인정된 권위가 없기 때문이다. 동시에, 다양한 거버넌스 제도가 존재한다는 것은 국가가 담당하는 규제에 (아직은) 속한 분야가 아닌 다른 특정한 관심을 다루는 기회를 증가시키기도 한다. 특히, 지속가능성과 먹거리공급과 관련하여 국경을 넘어서 미치는 영향의 문제를 다루는 데 다자간 그리고 민간 거버넌스 협의들은 더 진보한 전망 있는 방법들을 제공하는 것으로 보인다.

꼭 기억하기

- 정부기관들은 더 이상 효과적으로 국제 먹거리무역을 통제할 수 없다.
- 정부 간의 협력, 다자간 협의와 기관들, 그리고 기업과 NGO 같은 민간세력을 통해서, 새로운 지구적 먹거리거버넌스 제도가 등장하고 있다.
- 이런 지구적 먹거리거버넌스 제도들은 먹거리 생산자와 먹거리제품에 관한 인증제나 라벨링 같은 혁신적인 제도를 발전시키고 적용시켜왔다.
- 민간이 주도하는 먹거리거버넌스 제도는 그 정당성을 확보하는 도전에 직면했는데, 정부와 달리 일반적으로 인정되는 절차에 의존할 수 없기 때문이다.

더 깊이 읽기

- Narlikar, A.(2005) *The World Trade Organization: A Very Short Introduction*, Oxford University PRess, Oxford: WTO와 그 주요 협정을 보여준다.
- Braithwaite, J. (2008) *Regulatory Capitalism: How it Works, Ideas ofr Making it Work Better*, Edward Elgar, Cheltenham and Notthampton: 지구화의 맥락에서 통치에 대해 논의한다.
- Marsden, T., Lee, R., Flynn, A. and Thankappan, S.(2010) *The New Regulation and Governance of Food: Beyond the Food Crisis?*, Routledge, New York and London: 현대 먹거리거버넌스에 대해 논의한다.
- Lang, T., Barling, D. and Carager, M. (2009) *Food Policy: Integrating Health, Environment and Society*(《먹거리정책》, 따비), Oxford University Press, Oxford: 먹거리정책에 있어서 변화하는 실천들을 검토한다.

2부

사례 연구

5장

먹거리공급과
기후변화

이 장의 목표는
- 먹거리공급이 세계 기후변화에 기여한 정도에 대한 배경정보를 제공하고
- 지구온난화가 아프리카의 식량생산에 미치는 영향을 개괄하며
- 먹거리의 생산과 소비가 지구온난화에 미칠 영향을 감축하기 위한 다양한 전략을 검토하는 것이다.

들어가며

기후변화는 세계 환경문제에서 가장 긴급한 사안의 하나다. 온도 및 해수면의 상승과 점점 더 변덕스러워지는 기상조건은 많은 사람들의 생계를 위협할 수 있다. 지구온난화는 적어도 부분적으로는 인간활동의 결과다. 기후변화에 관한 정부 간 패널IPCC의 과학자들은 최신 보고서에서 "20세기 중반 이래 지구 평균온도 상승분의 대부분이 온실가스 Greenhouse Gases, GHGs의 인위적 집중에서 연유한 것 같다"(IPCC, 2007, 39쪽)고 말하고 있다.

먹거리의 생산, 가공, 무역, 소비는 온실가스의 배출원으로서 지구온난화에 크게 작용한다. 동시에 기후변화는 세계의 먹거리생산 능력에 직

접적으로 영향을 미치는데, 특히 가물고 기상조건이 불리한 농업취약 지역의 소규모 자급생계농이 해를 입을 위험이 크다. 지구온난화는 먹거리의 생산과 무역, 공급과 배분의 안정성과 관련된 문제를 더 악화시켜 이미 심각해진 먹거리불안정 문제를 더 악화시킬 것이다(Early, 2009). 따라서 먹거리공급에서 발생하는 온실가스를 줄여 더 이상의 기후변화를 방지 또는 **완화**할 행동이 필요하다. 취약지역의 생산능력을 유지하려면 영농방식의 변경, 즉 농작법을 기후변화에 **적응**시켜 그 충격을 감축하는 것도 필요하다(Meinke and Stone, 2005).

그러나 구체적으로 어떤 조치가 필요한가에 대해서는 논란이 많다. 전략을 둘러싼 논란은 적어도 부분적으로는 지구온난화와 지구화 사이의 관계를 파악하는 상쟁하는 관점들과 관련되어 있다. 어떤 이들은 지구화가 기후변화의 중요한 원인이라고 생각한다. 세계 먹거리시장의 성장이 항공, 해운, 도로 등 지구적 운송에 기초한 먹거리체계를 만들어냈기 때문에, 그 추세를 역전시키기 위해서는 더 지역적·광역적인 수준의 먹거리공급이 필요하다는 것이다. 그러나 다른 이들은 국제무역이 먹거리생산에서 에너지효율성을 개선했으며, 그것이 취약조건에서 살아가는 사람들의 먹거리보장에 결정적인 중요성을 갖는다고 주장한다. 이처럼 상이한 관점은 행동으로 번역될 때 상이한 전략으로 나타나며, 그것은 선진국이나 개발도상국 모두에서 먹거리보장, 소비방식, 생산조건 등에서의 특정한 결과로 귀결된다. 따라서 먹거리공급과 기후변화의 관계, 또 그 관계로부터 제안된 전략들을 검토하는 것은 중요한 일이다.

이 장은 먼저 먹거리공급이 기후변화에 미치는 영향과 그 핵심지표, 그리고 측정도구들을 개괄한다. 이어서 그런 부정적 영향을 완화하기 위해 제안된 다양한 전략과 관리수단, 거버넌스 제도들을 살펴본다. 기후변화에의 적응을 바라보는 관점도 간략히 검토된다. 또 기후변화 대처

전략들을 비교하고 그로부터 도출된 결정적 쟁점을 좀더 상세히 살펴본다. 마지막으로 주요 결론을 제시한다.

먹거리공급과 기후변화의 관계에 관한 배경정보

지구온난화로 인해 지구의 온도는 이미 상승했고, 가까운 미래에는 더 상승할 것으로 예상된다. IPCC의 전문가들은 만약 인간의 행동에 중

상자 5.1

온실가스

기후변화를 야기하는 기체 중 이산화탄소CO_2가 가장 잘 알려져 있지만, 농업과 관련해서 더 중요한 기체는 메탄CH_4과 아산화질소N_2O다. 지구를 데우는 잠재력은 기체마다 다른데, 메탄은 이산화탄소의 23배, 아산화질소는 296배에 이른다. 온실가스GHG 배출량은 이산화탄소환산량CO_2-equivalents, CO_2e으로 측정하는데, 메탄, 아산화질소 등 기타 가스의 기여분을 이산화탄소의 기여분으로 환산하여 표준화한 단일총량으로 표시된다.

〈그림 5.1〉 온실가스 배출원

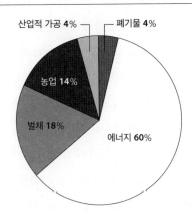

산업적 가공 4% ─ ┌ 폐기물 4%

농업 14%

벌채 18%

에너지 60%

출처: UNCTAD(2009)

온실가스 총량

영국 남동부를 대상으로 한 연구에 따르면, 인간의 모든 활동에서 발생하는 생태발자국 중 25%가 식음료에 의한 것이다. 좀더 구체적으로 보면, 먹거리가 기후변화에 미치는 영향의 66%가 육류와 낙농품, 23%가 곡물과 기타 식물성 먹거리, 6%가 음료, 4.5%가 포장에서 발생한다.

〈그림 5.2〉 영국의 온실가스 배출에서 먹거리 관련 활동별 상대적 기여도

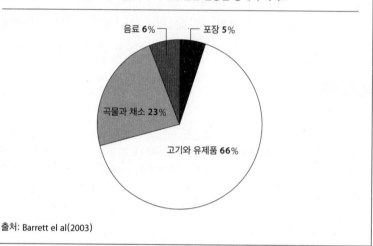

음료 6%　　포장 5%

곡물과 채소 23%

고기와 유제품 66%

출처: Barrett el al(2003)

요한 변화가 없다면 이번 세기 말 지구 온도는 4℃가량 더 상승할 것인데, 불과 2℃의 기온상승도 기후변화를 비가역적인 추세로 만들 것이라고 예상한다. 온실가스의 방출로 인한 지구온난화(〈상자 5.1〉 참고)는 더 높은 온도, 해수면 상승, 점점 더 변덕스러워지는 일기를 의미한다.

　농업은 지구온난화의 중요한 요인인데, 연간 온실가스 총발생량의 13.5%를 차지하기 때문이다(IPCC, 2007). 먹거리의 1차 생산활동은 주로 동물의 장내 가스와 분변, 논, 토탄의 가스 형태로 전세계 인위적 메탄 배출량의 47%를, 또 질소합성비료와 토지경운을 통해 아산화질소 배출량의 58%를 차지한다(ICTSD-IPC, 2009). 운송, 냉장, 가공, 기계의

화석연료 사용에서 직접 방출되는 이산화탄소도 먹거리 관련 활동의 영향을 증가시킨다. 먹거리 조달과 운송의 추가적 단계들 역시 온실가스 배출을 늘린다. 이 쟁점에 관한 간략한 개요가 그것을 보여준다(〈상자 5.2〉 참고).

먹거리 공급사슬 각 단계의 기후영향

'농장에서 식탁까지' 또는 그 이상에 이르는 먹거리 공급사슬의 각 단계(〈그림 5.3〉 참고)마다 온실가스가 발생하고, 기후변화에 영향을 미친다. 1차 농업생산은 지구온난화의 한 원인으로 인정되고 있으며, 세계 그리고 각국 통계에서 독립 범주로 잡히고 있다(Kramer et al., 1999; Tukker and Jansen, 2006; IPCC, 2007; Carlsson-Kanyama and Gonzalez, 2009). 그런 측정은 대부분 농사와 직접 관련된 영향을 포함하는데, 다음과 같은 다른 요인들도 포함해야 더 유용해질 것이다.

- **토지용도의 변화.** 자연삼림 및 토탄지대의 농지전환 등 토지의 전용轉用은 완화전략의 선별에 실질적 영향을 미침에도 불구하고 계산에는 아주 드물게 포함된다. 일례로 쇠고기 마케팅과 가공, 궁극적으로 그 수요의 증가는 관리된 방목지의 확대를 야기하며, 특히 열대 및 아열대 지역에서 토지용도나 토지피복land-cover의 변화를 가져온다. 기후의 불안정은 그런 파괴 효과에 특히 두드러지게 작용한다(McAlpine et al., 2009). 그러나 **유기농업으로의 전환** 역시 더 많은 토지를 요구할 것인데, 농사 유형에 따른 생산성 저하 때문이다.
- **에너지 이용.** 기후변화를 유발하는 농작 활동을 계량할 때 일반적으로 고려되는 한 가지 요인이 생산에 이용되는 에너지다. 화학비료는 곡물 수확을 늘리기 위해 사용되는데, 그것의 대량제조는 화석

연료에 기초한다. 투입재의 화학집약성을 낮추어서 가스 배출을 줄이는 것은 수확량을 정체시켜 삼림과 토지에 대한 압박을 증가시킨다(Early, 2009). 농약과 기계의 사용 역시 화석연료에 기초한다. 다음으로 고려할 것은 온실이나 축사를 데우는 데 필요한 에너지다. 불리한 기후조건에서 채소를 재배하거나 집약적 가축사육에 필요한 사료를 운송하는 데는 많은 에너지가 든다.

• **운송과 냉장보관**. 1차 산물을 수확하고 나면 그 운송에 화석연료가 필요하다. 대부분의 기후변화 계산에서 이 부분은 일반적인 운송용 화석연료 사용 항목으로 잡힌다. 이 단계가 미치는 영향은 운송거리와 함께 배냐 기차냐 트럭이냐 비행기냐 같은 운송수단과도 밀접히 관련된다. 에너지는 식품가공 단계에서도 쓰이는데, 그 수량은 최종산물의 종류, 이를테면 신선 혼합샐러드인가, 냉동 완두콩 아니면 즉석냉동 피자인가에 따라 극도로 차이가 난다. 공장에서 도매업자로, 또 소매업자로 넘어가는 다음 단계들 역시 운송과 (냉장)보관에 추가적인 화석연료를 요구한다.

• **소비자의 활동**. 최종 소비자인 가계가 기후변화에서 차지하는 역할은 그다지 연구된 것이 없다. 그러나 일부 연구에 따르면 그들은 확실히 영향을 미친다. 포스터 등(Foster et al., 2006, 143쪽)은 "자동차를 이용한 쇼핑과 일부 식료품의 가내 조리가 유통체계 내 운송보다 환경영향이 더 크다"는 사실을 관찰했다. 또한 판 호이웨르미렌 등(Van Hauwermeiren et al., 2007)은 경험적 연구에 기초하여, 관행 먹거리체계보다 (한여름, 내륙 생산의) 로컬푸드 공급체계에서 에너지 이용과 이산화탄소 방출이 거의 항상 더 크다고 결론 내렸다. 그들은 이 현상에 대해 소비자가 농장이나 가게에서 집으로 식료품을 운반하는 활동의 에너지효율성이 낮기 때문이라고 설명했다. 그

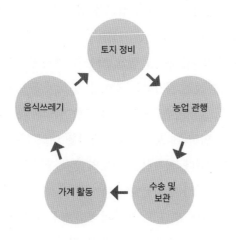

런 활동의 순효과는 소매업자에서 개별 가구로 식료품이 운송되는 수단과 그 효율성에 달려 있다. 가정에서 식료품을 냉동 또는 냉장으로 저장하고 음식을 차리는 일, 예컨대 식료품의 사전 처리와 조리, 전자레인지 활용 등도 당연히 에너지 활용에 영향을 미친다. 폐기되는 음식물의 양도 놀라울 정도다. 일례로 칼손-카냐마와 곤살레스(Carlsson-Kanyama and Gonzalez, 2009)는 모든 음식물의 20~30%가 버려진다고 보고한다. 음식쓰레기는 포획된 온실가스의 상당량을 쓸모없게 만든다. 따라서 쓰레기를 줄이는 것은 기후변화를 완화하는 효과적인 방안이 될 수 있다.

기후변화에 대한 먹거리공급의 기여도 측정

먹거리공급의 기후영향을 완화하기 위한 전략을 식별하려면, 먼저 그 충격을 측정하기 위한 수단이 필요하다. 시간이 흐르면서 다양한 측정 지표들이 도입되었는데(OECD, 2000), 대부분 1차 농업생산에만 초점을 맞추고 있어 공급사슬의 나머지 부분에 대한 고려가 많이 빠져 있다. 이하에서는 좀더 통합적인 두 가지 접근을 살펴본다. 전과정평가LCA와 에너지 사용량 및 온실가스 생산량 계산이 그것이다.

LCA는 원료물질의 획득에서 생산, 사용과 폐기까지 물건의 생애주기 전체에 걸친 환경영향을 평가하는 것이다. 포스터 등(Foster et al., 2006)은 먹거리 생산과 소비의 환경영향을 감축할 방안과 관련하여 정부기구에 도움을 주고자 영국 내 모든 먹거리소비를 대표하는 일부 제품에 대해 LCA방법을 적용했다. 저자들은 대개의 경우 관행적으로 생산된 먹거리보다 유기농 먹거리의 환경영향이 더 낮다고 결론 내렸다. 그러나 "이는 모든 먹거리에 대해, 또 모든 항목의 환경영향에 대해 성립하는 것은 아니다"(Foster et al., 2006, 141쪽). 그들은 모든 먹거리유형을 고려했을 때 먹거리의 공급과 소비에서 지역에 대한 선호가 환경에 긍정적 영향을 미친다는 증거는 미약하다는 것을 발견했다. 또 마지막으로 저자들은 식품포장재의 재활용 또는 폐기 여부가 환경에 엄청난 영향을 미칠 수 있음을 발견했다. 전면적인 LCA는 이처럼 매우 유용하지만, 대개 비용이 너무 많이 들고 적용에 시간이 많이 든다는 문제점이 있다(Bolwig et al., 2008).

칼손-카냐마(Carlsson-Kanyama, 1998)는 먹거리생산의 에너지 사용량에 기초하여 환경영향을 측정하는 더 실용적인 지표를 개발했다. 이 지표는 식품의 온실가스 배출량(CO_2e)과 에너지 소비량—제품의 킬로그램당 메가줄(MJ/kg)—을 계산한다. 비교의 용이성을 위해 이 체계의 경계는 제품이 소비자에게 건네지기 직전, 즉 생산연쇄의 끝 지점으로 설정된다. 따라서 이 지표는 소비자의 영향은 포함하지 않는다. 이 측정수단이 적용되어 얻은 결과의 하나는 온실가스 배출량과 에너지 소비량이 먹거리품목에 따라 극도로 상이하다는 것이다. 예를 들어 돼지고

기는 건완두의 9배, 쌀은 감자의 38배의 온실가스를 방출한다. 그리고 감자의 에너지 소비량은 당근보다 15배나 높다. 상이한 제품 사이에서는, 공급사슬의 어느 단계가 가장 크게 기여하는가를 고려할 때 편차가 컸다. 놀라운 사실은 운송이 종종 에너지 총소비량의 상당 부분을 차지함에도 불구하고 온실가스 총배출량에서는 큰 비중을 차지하지 않는다는 것이다. 온실가스에 대한 분석은 저장, 가축사육, 재배 같은 단계가 (가스 방출의) 주범임을 보여주지만 에너지분석에서는 그런 현황이 분명하지 않은 것으로 나타났다. 따라서 연구의 결론은 "중량이건 에너지함량이건 먹거리의 한 가지 작용 단위에만 기초하여 먹거리소비의 지속가능성을 판단하는 일은 신중해야 한다"는 것인데, "그러지 않으면 정책처방이 왜곡될 수 있기 때문"이다(Carlsson-Kanyama, 1998, 291쪽).

이런 도구들은 특정한 먹거리의 지속가능성을 판단할 과학적 자료에 적용됨으로써 흥미로운 정보를 제공하긴 하지만, 실질적 변화에 기여하는 정도는 제한적인 것 같다. 이행transition이라는 관점이 결여되면 기존 활동들의 지속가능성을 어떻게 높일 것인가에 대해서는 별다른 지침을 주지 못한다. 게다가 수단들의 적용에서 소비자 부분이 빠진 것도 복잡한 제한요인이다. 측정 결과가 때로 소비자의 직관과 다르게 나타나는 것은 그 때문이다.

개발도상국에서 예상되는 기후변화 영향

기후변화는 모든 곳의 농업에 영향을 미칠 것인데, 일부 지역에서는 그 영향이 긍정적일 수도 있다. 일례로 국지적인 평균온도의 상승이 1~3℃에 이르는 중위도 및 고위도 지역에서는 작물생산성이 작목에 따라 완만하게 높아졌다가 나중에 낮아질 수 있다(IPCC, 2007). 그러나 다른 지역에서는 1차적 영향이 부정적일 것이 명백한데, 특히 사하라 이남 아프리카가 주목받고 있다.

사하라 이남 아프리카에서는 2100년까지 연간 평균온도가 1.8~4.8℃만큼 오르고 연간 강수량 변화도 −12~+25%(계절별로는 −43~+38%)에 이르는 등 기후변화가 명확히 나타날 것으로 예측된다. 따라서 이 대륙 전체에서 농업생산은 심대한 타격을 입을 것이다(Müller, 2009, 29~30쪽).

상대적 고온은 작물에게 즉각적인 스트레스가 된다. 어떤 작물도 저온의 제약을 받지 않는 아프리카에서 온난화가 특히 불리할 수밖에 없는 이유다. 고온은 식물과 토양의 증산작용evaporation을 촉진한다. 2000~20년 사이에 식물의 생장 제철이 짧아지고 열기 스트레스가 커지면서 천수농업의 생산량이 50%까지 줄어들 것이라는 연구도 나왔다(Toulmin, 2009). IPCC는 2007년 보고서에서 아프리카와 아시아의 기후변화에서 예상되는 가장 두드러진 영향 목록도 작성했다. 더 저위도인 지역, 특히 계절적 건기가 있는 열대 지역에서는 약소한 국지적 온도상승(1~2℃)에도 작물생산성이 민감하게 반응·감소할 것으로 예측되는데, 이는 기아의 위험을 높인다. 또 IPCC는 아프리카에서 2020년까지 7500만에서 2억 500만 명에 이르는 사람들이 물 부족 스트레스로 어려움을 겪을 것이라고 예상했다. 먹거리접근성을 포함하여, 많은 아프리카 나라들의 농업생산이 심각한 위기상황에 처할 것이다. 그리고 그것이 다시 먹거리보장에 악영향을 미치고 영양실조를 심화시킬 것이다. 강우 패턴도 변화하여 서부와 중·남부에서는 강수량이 대체로 감소하고 동아프리카에서는 증가할 것이다. 대기 중 수분량이 많아지면서 극단적인 기상 사건도 더 빈번해질 것이다. 또한 해충과 질병의 분포 패턴이 변하거나 박쥐, 벌, 나방 같은 꽃가루 운반자들이 받을 영향도 간과할 수 없다. 가축의 경우는 고온다습의 결과로 감염원이나 질병에 더 오래 노출될 수 있기 때문에 다른 지역으로 이동시켜야 할 것이다. 그나마 긍정적인 영향이라면 대기 중 이산화탄소 농도가 높아져 광합성을 더 촉진시킬 수 있다는 것이다.

삼림파괴의 억제, 가스방출을 줄이는 기술개발, 지상·지하로의 탄소격리 등이 사하라 이남 아프리카를 위한 완화조치일 것이다. 농업의 적응을 위한 조치도 가능한데, 경작방법을 바꾸거나 농업생산지를 재배치하는 것이다. 물론 저위도 지역의 온도 상승폭이 3℃만 되어도 이런 조치는 시행하기가 매우 어렵다. 가장 좋은 것은 농업생산성을 높이고 농촌 지역의 물리적·제도적 하부구조를 개선하며 빈곤을 경감하는 정책이다. 먹거리보장과 빈곤완화에 기여할 수 있을 뿐 아니라 농업 부문의 회복력도 증진시킬 수 있기 때문이다(ICTSD-IPC, 2009). 적응의 비용은 각국 국내총생산GDP의 최소 5%에서 10%에 이를 수 있다. 그리고 적응조치는 탄력성이 더 큰 로컬푸드 체계와 수계水系의 건설, 국가적 먹거리보장 계획, 또 유역流域 같은 핵심자원에 대한 국제적 관리를 모두 결합시킬 필요가 있다(Toulmin, 2009). 사하라 이남 아프리카의 농업 대부분(95%)은 천수에 기대며, 관개를 활용하지 않아서 지극히 취약하다. 아프리카의 농작체계는 다양한데, 그중에서도 가축사육이 농업생산액의 30%를 차지할 정도로 핵심적이다. 따라서 작물과 동물의 다변화, 가족원 일부의 이촌향도, 강수량이 풍부한 지역으로의 이주 등 이미 이루어지고 있는 토착적 대처방식을 강화하는 것도 한 가지 방안이다. 가축을 위한 한 가지 적응방안은 한정된 자원의 남용을 방지하기 위해 지속적으로 이동하는 것이다. 그러나 그 경우 사하라 이남 아프리카에서 이미 줄어들고 있는 방목자원을 둘러싸고 경쟁이 강화될 우려도 있다.

불행히도, 기후변화의 충격을 가장 크게 입을 것으로 예상되는 아프리카 대륙이 기후온난화의 원인으로 기여한 바는 거의 없다(2007년 기준 1인당 이산화탄소 배출량이 1톤으로 세계 평균인 4.3톤에 못 미친다. 참고로 같은 해 미국은 19.9톤, 유럽은 6.9톤, 중국은 3.2톤이었다)(Toulmin, 2009). 동시에 취약한 경제적 힘과 내적 분열로 이 대륙은 기후변화에 대처하기 위한 세계적 수준의 의사결정에도 거의 영향을 미치지 못한다.

아시아에서는 대륙 곳곳에서 증가하고 있는 인구를 위한 신선수 가용성의 감소, 또 남아시아, 동아시아, 동남아시아의 인구가 밀집된 거대 삼각주 지역의 홍수가 중요한 관심사다(Kameyama et al., 2010). 히말라야의 빙하가 녹으면서 아시아의 많은 거대 유역의 수량 변동성volatility이 증가하고 그로 인해 관개농에 압력이 가중될 위험도 각별한 관심사다. 또한 예상되는 해수면 상승은 방글라데시처럼 해안 저지대 지역의 식량생산 및 생계의 취약성을 높일 것으로 보인다.

농업, 먹거리, 기후변화에 대처하는 정책도구

앞서 살펴본 것처럼 기후변화와 그것이 농업·먹거리공급에 미치는 영향이라는 문제를 풀기 위해 많은 전략들이 제출되었다. 국제적 협상과 교토의정서 같은 다자간 환경협약이 대표적이다. 그러나 동시에 각국 정부는 법적 제도화나 자발적 동의를 통해 특정한 국가정책들을 개발해왔고, 기업과 소비자 역시 나름의 방식대로 기후문제 해결에 기여하고 있다. 아래에서는 그중 가장 중요한 개입전략들만 검토한다.

국제협상

1992년 채택된 유엔기후변화협약United Nations Framework Convention on Climate Change, UNFCCC은 온실가스 배출 감축을 목적으로 기후변화에 관해 다자간 합의가 이루어진 첫 번째 사례다. 기후변화가 사회·경제·환경 체계에 야기할 난제들에 대한 새로운 정보가 드러나고, IPCC가 1995년에 내놓은 2차 평가보고서를 통해 그 범위와 심각성이 예측되자, 기후변화 대처는 긴급한 과제로 대두되었다. 이는 곧 베를린 위임사항 협상을 재촉하여 교토의정서로 귀결되었다. UNFCCC의 지속적 실행을 점검하고 관련 법적 수단을 채택하는 최고기구로서 당사국총회COP가 1997년에 교토의정서를 채택한 것이다. 교토의정서는 산업화된 국가들이 정량의 가스배출 제한과 감축목표 설정을 선도할 것을 요청함으로써 공평하게 함께하는, 그러나 동시에 각자의 책임과 능력에 맞게 기후변화 대처를 위해 노력한다는 원리를 확립했다. 그에 따라 교토의정서는 선진국들로 하여금 2008~12년까지 자국의 이산화탄소 배출을 1990년의 총량수준 대비 최소 5%로 감축할 것을 의무화했다. 이후 UNFCCC와 교토의정서라는 양 축에 좀더 공격적인 새로운 감축방안을 추가한 형태로 협상이 진행되어, 2009년 12월 코펜하겐에서 열린 UNFCCC 총회에서 결론이 날 예정이었다. 그러나 코펜하겐 회의는 결정적 진일보를 내딛는 데 실패하였고, 그 결과 토론의 틀에 대한 논의가 다시 열렸다. 대부분의 관측자들이 교토의정서를 대체할 조약이 만들어져서 협상에 새로운 추진력이 생기기까지 수년이 걸릴 수도 있다고 우려하는 이유다.

코펜하겐 회의에서 농업은 '부문별 접근sectoral approach'이 필요한 것으로 논의되었고, 특히 두 전략이 논의되었으나 회담 자체가 결렬되면서 합의를 이루지 못했다. 제안된 전략은 다양한 수단을 통해 부문별 맞춤 경감노력에 합의하는 것 또는 협력을 통해 그런 경감을 강화할 기술, 실천방침, 공정의 연구·개발 및 응용·확산을 촉진하는 것을 목표로 했다. 기후변화가 먹거리보장에 미칠 영향은 논쟁의 여지가 없었지만 국제무역에 미치는 영향은 그렇지 않았다. 그 의제에 대해 협상 당사국들은 기후변화의 완화나 그 적응을 위한 활동이 농산물의 국제무역을 저해하거나 무역체계를 왜곡해서는 안 된다는 데 합의했다. 그것은 부문별 목표 설정, 탄소표시 계획(아래 참고), 탄소'발자국', 관세조치 그리고 개별국가가 취하는 기타 완화조치 등에 반대한다는 것을 의미한다. 협상에 임했던 정부들은 WTO에서 합의된 원칙을 고수해야 하며 기후완화라고 위장한 채 보호주의가 도입되는 것은 어떤 것도 허용해서는 안 된다는 입장이었던 것이다.

유럽연합

초국가적 거버넌스 기구로서 EU는 특별히 주목받을 만하다. EU 규정directives에 의해 추동되는 많은 먹거리정책들은 농업과 토지사용 부문을 대상으로 하고 있다. 물론 그런 정책들 중 어느 것도 기후변화 해결을 특정해서 의도하고 있지는 않다. 그중 상당 부분이 기후변화에 간접적인 영향을 미칠 것은 확실하지만 말이다. 2003년의 주요 개혁 이후 유럽의 공동농업정책CAP에서 가장 눈에 띄는 변화는 생산지향적 농업보조금에서 면적 기준 직접지불로 농업지지 정책의 무게중심이 이동한 것이다. 직접지불제는 최소한의 환경 및 여타 표준에 대한 '규정 준수cross-compliance'를 조건부로 한다. 그런 정책은 증산에 대한 유인을 억제하고 환경적 혜택을 창출하는 데 더 매진하도록 만든다는 의도를 갖고 있다. CAP이 장기적인 개혁의 길을 닦아놓은 것인지는 지금도 계속 점검되고 있다. 기후변화는 그 과정에서 확인된 한 가지 과제에 불과하기 때문에 다른 목표들과 경합해야 한다. 상품시장의 추가적 자유화가 그 한 예인

데, 이를테면 우유시장 자유화는 더 많은 소를 키우게 만들어 가스 배출을 더 늘릴 것이다.

　다른 환경지향적 규제에서는 EU의 질소규정(91/676/EC)이 농업의 지속가능성과 관련하여 중요한데, 그것은 물과 대기로 달아나는 질소의 영향을 최소화할 것을 추구한다. EU의 통합오염예방관리규정Integrated Pollution Prevention and Control Directive도 오염유발 활동, 특히 집약적인 가금류·돼지 농장에서 발생하는 가스배출 감축을 목적으로 한다. 그런 규제는 원료물질 사용, 폐기물, 슬러리slurry와 거름 관리, 축사 설계, 에너지 및 사고 관리에도 영향을 미친다. 마지막으로 EU는 2006년에 토양관련계획Soil Thematic Strategy을 채택했는데, 그것은 토양의 추가적 침식을 예방하고 이미 침식된 토양은 복구하는 것을 목적으로 한다. 나중에는 회원국들에게 토양의 보호·개선 조치들을 법적으로 요구할 수 있는 토양기본지침Soil Framework Directive을 제정하자는 제안도 나왔다. 그러나 그 규정을 어떻게 실행할 것인가와 관련해 회원국들은 현재도 합의에 이르지는 못했다(Garnett, 2009).

국가적 규제

　교토의정서 같은 국제적 합의나 대내적 여론의 압력을 따라 각국 정부의 움직임도 나타나고 있다. 일례로 영국의 경우 2050년까지 탄소 배출량을 1990년 수준의 80%로 줄이기 위하여 탄소감축 책임제Carbon Reduction Commitment 같은 법적 의무를 도입하는 정책을 수립했다. 지구온난화에 대응하기 위하여 정부들이 다양한 정치적 수단을 쓰고 있는 것이다.

　그런 흥미로운 수단의 하나로 탄소세carbon tax가 있다. 탄소세는 온실가스 방출의 부정적 외부성을 제품의 가격에 반영함으로써 탄소집약적 상품을 더 비싸게 만드는 국가적 조치다.* 상품의 탄소함량에 대한 과세는 핀란드나 스웨덴 같은 일부 나라에서는 이미 수년간 시행되어왔다. 이런 접근의 저변에 있는 주 원칙은 특정 상품의 생산 및 소비에서 발생하는 환경적 결과에 대해 소비자가 직접 비용을 지불한다는 것이다. 그러나 그런 조치의 일방적 실행은 수입상품보다 자국산 상품의 경쟁력을 저하시켜, 결국에는 그런 규제 조처가 없거나 덜한 다른 나라로 해당 상품의 생산공장을 이전시키는 결과를 가져올 수 있다. 물론 국가는 국경세 조정을 통해 그런 유출을 방지할 수도 있지만, 그런 조치는 WTO 규정에 배치된다는 문제점이 있다(Early, 2009). 대안적 조처의 하나는 탄소배출권 거래제tradable carbon permits다. 그것은 비용 절감과 동시에 규정 준수를 촉진함으로써 청정기술 채택을 장려하고 재무적 절약을 돕는다. 탄소배출권 거래에 상응하는 또 다른 조처는 경제 내 다른 영역에서의 개선행동으로써 온실가스 배출을 상쇄처리하는 것이다. 그 외에도 각국 정부는 에너지 사용을 절약하거나 대안에너지 생산을 늘리는 일에 보조금을 지급할 수 있다. 공공기구가 상품의 지구온난화 영향을 알릴 표준화된 정보 제공을 요구하여 소비자들에게 자신의 구매선택에 대한 경각심을 불러일으킬 수도 있다. 공공조달 정책에 특정 먹거리상품의 기후변화 영향에 대한 기준을 포함하는 것도 정부의 직접적 개입이다. 최근에는 개개 시민들에게 1인당 탄소허용량을 할당하여 각자의 선호에 따라 그것을 사용하게 하되, 시민들 모두가 만들어내는 기후변화 영향의 총량은 엄격히 제한되게 만들자는 안도 나왔다(Fawcett and Parag, 2010).

---

* 탄소세 부과는 국제적 수준에서 시작할 수도 있었지만 국가 간 합의가 아직은 요원하다. 그럼에도 정부들은 수입상품에 대해서는 탄소세 부과를 시도할 수 있는데, 그것이 국제무역에 미칠 영향은 상당한 논란거리다.

자발적 수단들

정부 외에 NGO들이나 민간기업 역시 온실가스 관련 관행의 변화를 촉진하기 위한 기후거버넌스 수단을 도입하고 있다. 생산자, 가공자, 소매자, 소비자에게 정보를 제공하는 데 기초한 자발적 수단들은 경제주체들로 하여금 기후변화 영향이라는 측면에서 자신들의 일상적 활동을 되돌아보게 만들 수 있다. '최선의 방안best practices' 같은 생산지침을 찾는 것, 환경친화적 활동에 더 우호적이 되도록 보조금을 주는 것, 지구온난화 영향을 감축할 기술개발을 촉진하는 것도 그런 수단들이 낳을 수 있는 효과다. 푸드마일은 그중 소비자지향적 개념으로는 최초로 도입된 것이고, 이후 보완책으로 탄소 라벨링 같은 좀더 정교한 수단이 나왔다.

푸드마일

푸드마일은 1990년대 중반부터 확실한 담론 구도로 부상했는데, 특히 가족농에 기초한 지역 농업생산을 강조한 미국에서 그 움직임이 두드러졌다(Iles, 2005). 비행기나 트럭을 활용한 먹거리의 장거리운송은 대량의 탄소배출 및 에너지 사용을 동반하며, 따라서 지구온난화를 가속하는 것으로 간주되어왔다. 2003년 구제역위기 이후로는 영국에서도 푸드마일이 영향력 있는 탐지도구가 되었다. 특히 세인즈베리Sainsbury's나 테스코Tesco, 마크앤드스펜서Marks & Spencer 같은 슈퍼마켓 소매업체들이 그런 결정을 주도했다(Iles, 2005). 푸드마일은 먹거리의 지속가능성을 평가하는 단순하고 객관적인 척도로 구상되었다. 1차 생산자로부터 가공산업들을 거쳐 소매점과 소비자에 이르는 식료품운송의 환경효과를 측정한다는 것이다(Pretty et al., 2005). 운송에 소요되는 에너지는 지구 기후에 막중한 부담이 되기 때문에 불필요한 이산화탄소 배출을 줄이는 일은 상당한 도움이 될 수 있다. 실제로 계산을 통해 산출된 푸드마일은 지역에서 생산된 먹거리에 대비해 장거리로 운송된 먹거리의 환경영향을 가시화해준다.* 일례로 2000년경 미국의 평균적 먹거리품목은 농장에서 식탁까지 대략 2,400~3,200km를 이동해왔는데, 그 거리는 1980년에 비해 25%나 증가한 수치다(Pirog et al., 2001). 만약 모든 먹거리가 지역에서 난 유기농 먹거리거나 지역 외부에서 왔더라도 대부분 기차로 운송되어 도보, 자전거, 버스, 택배를 거쳐 집으로 들어온다면 그 총 외부비용은 평균 식료품비의 1.8~11.8% 이하 수준으로 경감될 수 있다(Pretty et al., 2005). 더 신선하기 때문에 더 맛있다는 로컬푸드가 그런 주장에 매우 부합하는 사례다. 그것은 지역경제를 뒷받침하는 동시에 석유부족 사태 때의 취약성이나 변덕스러운 국제무역에 대한 의존성을 줄인다는 장점도 있다(Halweil, 2002). 영국의 슈퍼마켓 체인인 테스코가 항공편으로 영국에 들어오는 모든 먹거리상품에 비행기 심볼을 부착하기로 결정한 것은 바로 이런 관심에 대응하는 방편이었다.

그런데 시간이 흐르면서 기후변화 완화를 위한 직접적이고 효과적인 수단으로서 푸드마일은 심각한 비판에 직면하게 되었다. 논평가들은 특히 두 가지 측면을 문제 삼았다. 첫째, 먹거리의 생산자와 소비자 사이의 물리적 거리가 과연 먹거리품목의 온실가스 방출을 제대로 측정하는 것인가. 둘째, 그런 전략이 낳는 세계적 결과는 도덕적 또는 정치적으로 과연 수용할 만한 것인가. 여러 사례 연구들은 물리적 거리뿐만 아니라 항공, 해운, 육로 같은 운송의 방식이 먹거리의 기후영향에 직접적인 효과를 갖는다는 것을 보여주었다. 게다가 먹거리의 생산·수확 방법, 사용되는 비료의 종류, 포장에 소요되는 연료까지 모두 탄소라는 변수

---

* 농장에서 발생하는 모든 외부효과, 식료품의 대내 도로운송, 정부 보조금, 소매점에서 집까지 소비자가 직접 운반하는 편의식품 등은 전체 식료품 장바구니의 11.8%에 이르는 외부비용을 낳는다(Pretty et al., 2005).

에 영향을 미친다. 일례로 뉴질랜드의 환경과학자들이 계산한 바에 따르면, 뉴질랜드에서 영국으로 해상운송되는 양고기의 탄소발자국은 영국산 양고기의 4분의 1에 불과하다. 이는 부분적으로 뉴질랜드가 재생가능한 원료를 활용하여 전기를 생산하기 때문이다. 또 풍부한 강우량과 햇볕 덕분에 이 나라의 조방적 초지는 영국보다 훨씬 적은 양의 비료로도 잘 유지될 수 있기 때문이다(Saunders and Barber, 2007). 영국 내 반추동물 육류소비의 총 탄소발자국 중 오직 2.2%만 운송과 관계된 것임을 보여주는 연구도 있다(Minx et al., 2008). 마지막으로, 대부분의 푸드마일은 판매시점, 즉 슈퍼마켓 선반에 도착할 때까지의 거리만 계산하는데, 사실 판매점부터 구매자 가정까지의 운반 역시 똑같이 실질적인 영향을 갖는다(Van Hauwermeiren et al., 2007).

비판의 대상이 된 푸드마일 사용의 두 번째 측면은 푸드마일이 개발

상자 5.3

영국토양협회와 항공(푸드)마일

3장의 〈상자 3.6〉에서 언급했던 것처럼, 영국토양협회the Soil Association는 자문보고서에서 항공운송의 환경영향이 유기농 표준에서 어떻게 다루어져야 할 것인지에 대해 의문을 제기했다. 비행기로 운반되는 모든 수입품을 금지하자는 제안은 그것이 개발도상국의 유기농 농민들에게 미칠 영향과 관련하여 논란을 일으켰다. 한편은 소비자들이 유기농 먹거리에 대해 갖는 고도의 환경보호 효과에 대한 기대를 지적하며 항공운송이 제한되어야 한다고 주장했다. 협의과정 중에 나온 다른 주장은 모든 상품에 대해 생애 전 과정에서의 탄소배출을 고려할 필요가 있다고 지적했다. 이는 모든 식료품에 탄소 라벨이 적용될 경우 그 가격이 거의 구매불가능한 수준이 될 것임을 의미한다. 공적 논쟁의 말미에 이르러 토양협회는 개발도상국으로부터의 먹거리수입을 금지하지 않겠다고 결론 내렸는데, 단 '비행기로 수송되는 유기농 먹거리가 개도국 농민들에게 진정으로 이익이 될 때'라는 단서를 달았다. 이에 따라 토양협회는 해당 상품들이 유기농 표준에 더해 나름의 '윤리적 무역' 표준 또는 그에 상당하는 공정무역 표준을 지켜야 한다고 제안했다.

출처: Soil Association(2007)

도상국의 농식품 수출에 미치는 영향과 관련된다. 먹거리의 항공수입을 중단하는 것이 그곳의 많은 농민과 노동자의 생계를 위협할 수 있기 때문이다. 툴민(Toulmin, 2009)에 따르면, 아프리카에서 영국으로 비행기로 수송되는 과일과 채소는 영국 내 온실가스 배출량의 0.1%도 차지하지 않지만 100만~150만 인구에게 생계를 제공한다. 확실히 푸드마일 개념은 일방적이다. 사회·경제 발전의 여러 양태는 푸드마일 계산에서 상쇄량trade-offs으로 포함될 필요가 있다(MacGregor and Vorley, 2006). 지속가능한 개발의 다른 차원들을 포괄적으로 고려하는 것은 유기농 운동과 관련된 논의에서도 매우 중요하다(〈상자 5.3〉 참고).

푸드마일 논쟁에서 또 하나 고려되어야 할 사실은 먹거리운송이 이산화탄소 배출 총량에 상대적으로 기여하는 정도가 품목에 따라 상당히 다르다는 것이다. 그 비율은 신선과채에서 상대적으로 높고, 육류나 우유, 가공식품에서는 더 낮다(MacGregor and Vorley, 2006).

또한 대부분의 로컬푸드 생산 역시 에너지, 물, 화학제품 등 자연자원에서 나오는 투입물에 의존하는데, 그것은 희소하며 그래서 종종 외국으로부터 수입되기도 한다. 먹거리생산에서는 지역 생산이라고 해서 언제나 에너지효율이 가장 높은 것은 아니라는 사실이다. 마지막으로 웨버와 매슈(Weber and Matthews, 2008)의 추정에 따르면, 미국 가계가 먹거리와 관련하여 미치는 평균적 기후영향은 택배가 차지하는 연간 '푸드마일' 0.4톤CO2e, 총 화물운송이 차지하는 연간 0.9톤CO2e을 포함하여 연간 8.1톤CO2e이다. 따라서 적색육과 낙농품으로 소비하는 총 칼로리의 7분의 1을 다른 단백질원으로 돌리는 것만으로도 먹거리의 완전한 현지화에 준하는 효과를 가질 수 있다.

이런 비판들로 인해 먹거리의 기후영향을 더 믿을 만하게, 또 객관적으로 계산할 방법을 찾기 위한 노력이 경주되었는데, 그것은 동시에 소

비자나 소매업자 등 먹거리를 구매하는 많은 이들에게 지침 역할을 할
수 있는 것이어야 했다. 특정한 농산품의 탄소배출 영향을 포괄적으로
계산하기란 필연적으로 복잡한 일이기에, 비록 직관적 호소력에도 불구
하고 푸드마일 같은 단순화된 개념에 대해서는 도전할 필요가 있다. 탄
소 라벨은 바로 그런 목표 달성에 중요한 하나의 개선이 될 수 있다.

탄소 표시

탄소 라벨은 제품의 생애과정 전체에 걸쳐 방출되는 CO_2e을 표시하
는 상품 라벨이다. 예를 들어 소비자는 라벨을 통해 짭짤하고 새콤한 워
커스Walker's 감자크리스피 스낵 한 봉지가 75g의 탄소발자국을 갖는다
는 것을 알 수 있다.* 그러나 각 제품의 정확한 탄소발자국을 계산하는
것은 이제 시작이다. 생산연쇄의 각 단계마다 온실가스 배출량이 측정되
어야 하는데, 이는 피자나 즉석조리제품 같은 조제품composed product의
경우 더욱 복잡하기 때문이다. 어떤 먹거리품목이건 그 분석에는 질소비
료 사용량, 퇴비 적용량, 가공 정도, 운송방식과 거리, 적색육의 유무와
저장방법에 대한 고려가 포함되어야 한다. 전과정평가LCA 연구는 먹거리
의 생태발자국을 계산하기 위해 필요한 데이터 요구량만 해도 광범위한
것이다. 게다가 투입과 배출을 합산하고 해석하는 방식에서 주요한 차이
가 발생한다(Bolwig et al., 2008, 32-33쪽)(사례는 〈상자 5.4〉 참고).

개별 식품마다 완전한 탄소발자국을 계산하는 일에서 발생하는 복잡
성과 비용으로 인해 좀더 단순한 라벨이 도입되기도 했다. 한 제품이 관
행적 생산물에 비해 이산화탄소를 덜 배출한다는 사실을 인증하는 비

---

* 프랑크푸르트에서 출발하여 뉴욕으로 가는 초대형 여객기의 비행이 승객 1인당 71만 3000g의
  탄소를 배출하는 것과 비교해보라.

공개활용규격(PAS) 2050

공개활용규격Publicly Available Specification, PAS 2050은 화훼류 생산물의 온실가스 배출을 계산하기 위해 영국표준협회가 환경식품농무부 및 카본트러스트재단과 공동으로 개발했다. 이 규격은 기업 간 정보교류를 목적으로 생산에서 출하까지cradle-to-gate 원예 부문의 이산화탄소발자국을 계산하고자 한 네덜란드에서 더욱 정교화되었다.

이 방법이 목표로 하는 것은 온실가스 배출량을 최종재의 속성으로 귀착시키는 것이다. 첫째, 체계와 경계를 명확히 정의하고, 둘째, 그에 따라 온실가스 배출량 계산의 출발지점을 확정하며, 셋째, 배출량을 모두 (경제적 가치로 환산하여) 최종제품으로 전가한다.

원예가용 컴퓨터활용 수단도 개발되어 있기 때문에 그들은 작물별로, 또 재배, 운송, 원료와 가공, 토양과 비료 등 생산연쇄의 각 단계별로 온실가스 배출량을 계산할 수 있다. 그리고 그런 배출량은 (가장 활용도가 높은) 표준화된 데이터에 기초하되, 정보가 있을 때만 계산된다.

출처: Blonk et al(2009)

교급 라벨comparative labels이 대표적이다. 때로 그것은 기후변화의 관점에서 해당 제품의 성취도를 표시하는데, 심지어 색깔만 활용할 만큼 단순화되기도 한다. 탄소상쇄를 인증하는 도표는 그 외에도 몇 가지가 더 있다. 그것은 모두 먹거리의 생산과정 중에 배출되는 CO_2e가 나무 심기나 온실가스 배출을 줄이는 여타의 방법을 통해 벌충될 수 있다는 것을 의미한다. 반면 또 다른 종류의 라벨은 해당 상품이 먹거리의 생산·가공·포장 영역 내에서 실행가능한 최선의 방안을 따라서만 살아왔다는 것을 인증한다(Röös et al., 2010).

모든 탄소 라벨은 몇 가지 의제와 관련해 계속 논쟁의 대상이 되어 왔다. 첫째, 기후변화에 미치는 영향을 어떻게 더 정확히 측정할 것인가 라는 기술적 과제가 있다. 특히 지역적으로 특이한 기술이 활용될 때는 문제가 더욱 크다. 둘째, 라벨링에 소요되는 비용을 어떻게 줄일 것인가이다. 그것은 소규모 농민, 특히 개발도상국의 소농과 밀접히 관련된 문제다. 세 번째 논란은 탄소 라벨이 환경영향의 책임성을 정확하게 배분하는지, 또 그것이 행동을 위한 적절한 도구가 되는지의 문제와 관련된다. 라벨이 제공하는 정보는 기후영향을 감축하기 위한 행동을 자극해야 하지만, 그것이 기대만큼 항상 선형적인 것은 아니다. 많은 에코 라벨과 마찬가지로, 탄소 라벨 역시 충분한 정보를 얻지 못하는 대중이 독립적이고 믿을 만한 출처에서 나온 객관적인 정보를 필요로 하며 그런 정보를 얻기만 하면 자신들의 행동을 그에 맞출 것이라는 가정에 기초하고 있다. 그러나 이 같은 '공공정보의 부족public information deficit' 접근은 많은 논쟁 영역이 보여주는 것처럼 '사실들'이 결코 아무 문제가 없는 것은 아니라는 사실을 무시한다. 소비자는 자신의 준거틀 내에서 정보를 해석하며 그것을 자신의 생활양식에 따라 취사선택, 적용한다(Irwin, 2001). 탄소발자국 방법론을 충분히 활용하여 얻은 발견은 반反직관적일 수 있고 따라서 그 수단에 대한 대중의 신뢰를 오히려 흔들 수도 있다. 예컨대 탄소 라벨이 비행기로 운송된 먹거리상품의 온실가스 배출량이 지역에서 생산된 제품보다 작다고 표시하면, 소비자들은 자신의 구매행동을 재고하기보다는 그 측정의 타당성을 먼저 따질 가능성이 높다. 달리 말해 탄소 라벨은 소비자들에게 먹거리상품의 기후변화 영향에 대한 정보를 주는 데는 확실히 도움이 되지만, 그런 정보를 따라 소비자행동이 변화하는 것은 또 다른 문제다.

소비자, 먹거리 그리고 기후변화 감축

기후변화가 대중의 관심사가 되면서 그와 관련된 NGO와 소비자의 자발적 운동initiatives도 늘어났다. 그런 운동은 인간이 소비하는 먹거리로부터 야기되는 지구온난화 영향을 다른 방식으로 감축할 것을 제안한다. 지구적 현대성하에서 먹거리를 소비하는 일은 추상적 시스템과 과학적 전문가들, 그리고 생산물과 생산방법의 원격long-distance 평가와 관련된 다양한 정보시스템—이것들은 그 자체로 기후에 영향을 미친다—에 대한 사람들의 의존성을 높인다. 모호성, 즉 먹거리체계에서 신뢰와 위험의 균형 잡기란 현행 먹거리공급에 깊이 각인된 특색이다. 그것은 많은 소비자들에게 누구를, 무엇을 믿어야 할지에 관한 불안을 조장한다. 먹거리정보에 대한 소비자의 신뢰 역시 시간에 따라 점점 진화하며 다양한 요인들의 작용으로 상이한 모양새를 취해간다. 이런 상황에서 한 걸음 더 나아가기 위한 방편이 국가적 정부규제를 보완하고 또 넘어서는 혁신적 거버넌스 제도들의 출현이다. 그런 거버넌스 도구의 상당수는 환경단체에 의해 도입되고, 그중 일부는 라벨·인증 같은 수단을 활용해 세계 먹거리 공급사슬을 다룬다. 따라서 소비자와 시민사회 조직은 지구환경 변화의 공동관리co-driver가 되고 있다. 소비자들은 세 가지 방식, 즉 생태적 시민으로서, 정치적 소비자로서, 그리고 자신의 생활양식을 통해 개입할 수 있다(Spaargaren and Oosterveer, 2010). 시민으로서 소비자는 공공기관에 관여하고 있고 그것은 앞서 자발적 기획에서 다뤘기 때문에 여기서는 정치적 소비자주의와 먹거리 소비자의 생활양식 정치만 간단히 검토한다(더 상세한 내용은 11장 참고).

정치적 소비자주의

정치적 소비자주의는 소비자가 전통적 정치영역 외부의 정치, 이를테면 불매운동boycotts이나 구매운동buycotts 같은 '하부정치subpolitics'—벡(Beck, 1992)의 표현—를 통해 환경변화 대응에 참여한다는 것을 인정한다(Micheletti, 2003). 그것은 더 자발적이고, 사후 조직적이며, 대개는 시민사회에 기초한 (환경)정치 형태다. 즉 정치적 소비자주의라는 개념은 생산-소비 연쇄망의 상류에 위치하여 좀더 직접적이고 가시적으로 이익을 추구하는 경제적 주체들의 환경활동을 그 연쇄망의 상대적 하류에 위치하는 시민-소비자의 행동과 연결시키려는 모든 정치적 형태를 포괄한다. 그 역도 마찬가지다. 정치적 소비자는 탄소발자국이 큰 먹거리상품의 구매를 거부(보이콧)할 수도, 탄소발자국이 더 작은 상품을 적극적으로 구매(바이콧)할 수도 있다. 소비자들이 그렇게 자신의 구매력을 이용하려 할 때 그들에게 필요한 것이 바로 믿을 만한 조직이 생산한 믿을 만한 정보다. 그런 단체는 사회적·지정학적 거리를 단축시켜주는 장치인 것이다(Oosterveer and Spaargaren, 2011). 소비자들은 지구 기후변화의 공동관리자가 될 수 있고, 그들의 힘은 시민사회, 시장, 국가 등 모든 행위자와 이해관계를 포괄하는 광범한 네트워크를 통해 정치적 목표를 위해 활용될 수 있다. 게다가 아직까지는 시민사회 조직들이 국가 또는 시장 기반 조직들보다 소비자들과의 신뢰관계를 더 잘 수립할 수 있는 것으로 보인다.

생활양식 정치

생활양식 정치lifestyle politics는 생활세계(Giddens, 1991)의 정치이며, 또 그 때문에 일상적 소비습관에 내포된 도덕·기호와 직접 연결된다. 예를 들어 음식물쓰레기를 줄이는 것은 먹거리공급이 낳는 기후영향을 감축하는 데 크게 기여할 수 있다. 마찬가지로 음식과 식단의 선택은 그와 관련된 온실가스 배출에 큰 영향을 미칠 수 있다. 칼손-카냐마와 곤살레스의 개관적 연구에 따르면, "영양가치는 유사하더라도 식사 내용별로 온실가스 배출량은 거의 네 배나 차이 날 수 있다"(Carlsson-Kanyama and Gonzalez, 2009, 1704S쪽). 나아가 그들은 환경친화적인 식사가 건강식과 모순되지 않으며, "지중해 식단처럼 주로 식물성 음식에 기초하되 소량의 육류나 기타 동물성 식품을 배제하지 않는, 그래서 WHO 등의 공중보건 권고안과도 부합하는 그런 식단이 현재의 평균적인 미국식 식단보다 환경영향 면에서 더 낫다"고 말한다(Carlsson-Kanyama and Gonzalez, 2009, 1704S쪽). 어떤 먹거리든 그것이 야기하는 온실가스에 대한 분석은 가공 정도, 운송방법과 거리, 적색육의 유무, 질소비료 사용량, 퇴비 사용여부와 저장방법을 반드시 포함해야 한다.

이산화탄소 감축전략이 개발도상국에 미치는 영향

기후변화는 지구적 문제지만, 그 영향을 감축하기 위한 방법들이 어디서나 유사한 효과를 갖는 것은 아니다. 앞서 언급했던 것처럼 개발도상국에 대한 기후영향은 특별히 주목받을 가치가 있다. 사하라 이남 아프리카는 지구온난화에 특히 취약하다. 그 대륙에서는 이미 많은 지역이 용수와 임야의 부족으로 고통받고 있으며, 기후변화는 그런 곤란을 더욱 심화시킬 것으로 예상된다. 게다가 먹거리의 기후변화 영향을 감축하자고 제시된 방안들은 용수·임야 문제는 물론 기존의 여러 문제들까지 더 심화시킬 수 있다.

국제 농식품무역에 탄소발자국을 기준으로 넣는 일은 개도국의 무역에 긍정적 충격과 부정적 충격을 모두 줄 수 있다(Brenton et al., 2009). 부정적 충격 중 하나는 온실가스 배출에 대한 1차자료가 부족하거나 없어서 지역의 맥락에는 적용될 수 없을 (대표성이 떨어지는) 2차자료의 파라미터에 의존하게 되는 상황이다. 특정 지역의 생산체계에 고유한 생산기술의 탄소효율성 관련 데이터도 종종 부족하다. 다음으로 토지 전용은 지구온난화에 더 중요한 요인인데 그 대부분이 개도국에서 일어나고 있다. 마지막으로, 탄소 라벨 및 인증에 드는 비용과 관련된 부정적 충격이 있는데, 그런 비용은 특히 소농에게는 극복할 수 없는 높은 장벽이다. 긍정적 충격으로는, 대개 재생가능한 에너지를 더 많이 쓰고 탄소 집약성이 떨어지는 기술이 많다는 점에서 개도국이 유리한 위치에 있다는 기대를 들 수 있다. 그 흥미로운 부작용의 하나가 개도국으로의 가공시설 이전이다. 원료 농산물의 운송보다 최종제품의 운송에 에너지가 덜 쓰이기 때문이다.

한 가지 중요한 장애물은 개도국과 그곳의 소농들이 현재 부상 중인 표준·라벨을 둘러싼 논의에 대표를 보낼 수 없다는 것이다. 그런 움직임은 선진국의 소매업체와 NGO들이 주도하고 있기 때문이다. 사회·경제적 영향을 명시적으로 포함할 뿐 아니라 2차적인 환경영향까지 평가하면서 탄소 라벨 표준을 개도국 농민에 맞추어 다듬는다면 참으로 고무적인 일일 것이다.

나가며

이 장은 지구온난화와 먹거리공급의 관계를 분석하고 양자의 밀접한 연관성을 보여주는 증거들을 제시했다. 먹거리의 생산, 가공, 무역은 기후변화에 실질적인 영향을 미친다. 역으로 먹거리의 생산 역시 지구온난화의 영향을 받는데, 특히 사하라 이남 아프리카 같은 취약지역에서는 위험이 더욱 크다. 이 같은 추세를 역전시키고 변화에 적응하기 위한 노력이 오늘 먹거리 공급체계에 맡겨진 과제다. 이 장에서는 그런 먹거리 공급의 기후변화 영향을 감축하는 데 가용한 몇 가지 선택지를 소개하고 푸드마일이나 탄소발자국 등 제품 라벨링 같은 선택지를 검토했다.

단순하고 명료한 수단이라는 점에서 푸드마일 접근은 일견 매력적이지만, 의도하지 않았던 부정적 결과로 인해 결국 탄소발자국 같은 더 정교한 접근으로 대체되었다. 그러나 탄소발자국 역시 몇 가지 논란의 요소를 갖고 있다. 탄소발자국의 측정은 필연적으로 공백truncations을 내포하는 시스템 접근에 기초한다. 토지 전용이나 가계·소비자가 하는 식료품의 운반, 저장, 조리, 폐기 등이 계산에서 빠지는 것이다. 일부 사례에서는 가공단계도 전혀 포함되지 않는다. 또 생산관행이 매우 상이함에도 불구하고 그것을 보여주는 1차자료가 없어 대신 2차자료가 쓰이곤 했다. 마지막으로, 라벨링 기획에서 표준 데이터의 활용은 개별 생산자들에 의한 개선을 보상하지 못하며 따라서 그들의 혁신 적용을 지체시킬 수 있다.

변화의 추동력으로서 탄소 라벨링의 유용성이 의문시되기도 한다. 소비자들에게 식습관을 바꾸라고 호소하는 것 외에는 그것이 실제로 기여할 수 있는 바가 명확지 않다는 것이다. 확실히 탄소 라벨링은 생산공정의 기술적 변화 또는 공급사슬의 재조직화에 대한 유인이 되지 못한다. 이 접근은 매우 전문적인 지식에 의존하기 때문에 농식품기업과 정부기구에 정향oriented되어 있으며, 소비자들은 단지 수동적인 형태로, 이를테면 정보의 수용자로만 참여한다. 거기서 소비자는 적절한 정보만 주어지면 자신의 구매행동을 바꾸는 원자적 행위자로 설정되어 있다. 그러나 먹거리소비는 식품에 탄소를 각인·통합시키는 일 그 이상이다. 그것은 더 넓은 사회적 실천의 일부다. 탄소발자국 라벨의 소유권도 대체로 불명확하다. 누가 해야 하는가도 그렇지만, 왜, 어떻게 해야 하는가도 불분명한데, 특히 국가 당국이 제한된 통제력밖에 가질 수 없는 지구적 먹거리공급이라는 맥락에서는 더욱 그렇다. 게다가 환경상황 전반을 측정하는 개개 지표의 타당성을 둘러싼 국제적 합의도 부족하다. 대체로 정부가 명시적으로건 아니건 먹거리 지속가능성의 다양한 지표를 개발·적용한 연구결과를 현실화할 적임자로 간주되어왔다. 탄소 라벨은 먹거리 공급사슬의 기후 관련 성취도를 나타내는 유용한 지표일 수 있지만, 여타의 지속가능성 문제에 대해서는 별다른 기여가 없다. 생물다양성, 경관보호, 동물복지 등 규제기구의 관심을 받을 충분한 가치가 있는 다른 공적 사안들도 그다지 주의를 끌지 못하고 있다.

결국 탄소 라벨을 비롯하여 먹거리 관련 기후변화 운동의 많은 제안들은 지구적 규모에서 미치는 그 영향력에 대한 적절한 고려가 여전히 부족하다. 기후변화 영향을 효과적으로 고려하게 되면, 예컨대 먹거리 생산과 가공의 지정학적 분포가 근본적으로 변화하는 것 같은 예상치 못한, 그리고 아마 누구도 원하지 않을 결과가 나올지도 모른다. 그런 결과까지 함께 논의될 때, 그리하여 이를테면 기후문제 발생에 어떤 1차적 책임도 없고 따라서 그 문제와 싸우기 위한 정책들의 1차적 희생자가 되기도 원치 않는 아프리카 농민들의 주장이 고려될 때 우리 접근방식의 적응성은 더욱 높아질 것이다.

꼭 기억하기

- 먹거리 공급사슬의 모든 단계에서 지구 기후에 미칠 잠재적으로 중요한 영향들이 식별될 수 있다.
- 원인 제공이라는 측면에서는 가장 책임이 없는 개발도상국의 사람들이 먹거리공급으로 인한 기후변화 영향에는 더 취약하다.
- 다양한 민관 거버넌스 수단들이 먹거리의 기후영향 문제를 해결하는 데 쓰일 수 있지만, 그중 다수는 자료의 부족과 원치 않는 부작용의 가능성이라는 난제에 직면해 있다.

더 깊이 읽기

- Carlsson-Kanyama, A. and Gonzalez, A. (2009) 'Potential contribution of food consumption patterns to climate change', *American Journal of Clinical Nutrition*, vol 89,

no 5, pp1704S-1709S : 기후변화 완화를 위한 식단선택과 관련하여 짧지만 통찰력 있는 논문
이다.

- Ingram, J., Erickson, P. and Liverman, D. (eds) (2010) *Food Security and Global Environmental Change*, Earthscan, London and Washington, DC : 포괄적인 조망을 위한 방법론과 영향력 있는 정책안을 제시한다.
- Rosegrant, M., Ewing, M., Yohe, G., Burton, L., Huq, S. and Valmonte-Santos, R. (2008) *Climate Change and Agriculture: Threats and Opportunities*, GTZ, Eschborn : 기후변화 문제를 다룰 구체적인 절차를 제시한다.
- Toulmin, C. (2009) *Climate change in Africa*, Zed Books, London : 더욱 폭넓은 시각에서 지구적 기후변화 논쟁을 소개한다.

6장

로컬푸드
공급

이 장의 목표는
- 대안적인 지역 농식품네트워크들의 광범위한 발전상을 기술하고
- 먹거리공급의 재지역화를 뒷받침하는 논거를 살펴보며
- 로컬푸드를 낭만적으로 묘사하는 것의 위험성과 지속가능성에 필요한 요건들을 과도하게 단순화하는 것의 위험성에 대해 논의하는 것이다.

들어가며

먹거리의 국제무역이 급증하고, 그에 따라 초국적 농산업 대기업, '초대형' 식품점, 패스트푸드 체인들의 역할이 커졌음에도 불구하고, 또 다른 측면에서 새로운 지역 농식품agri-food네트워크*들의 역할 역시 커졌다. 이렇게 이들이 다양한 형태로 다수 등장하여 활동하면서 대안적인 농식품운동이 시작되기에 이르렀다.

이들 새로운 대안적인 농식품네트워크를 통해 현대의 산업화된 먹거리 공급체계에 대해 우려하고 있는 여러 사회행위자들이 서로 만날 수

---

* 농식품(agro-food)네트워크로도 불린다.

있게 되었다. 대규모 기업농장과의 경쟁에서 생존하고자 몸부림치고 있는 소규모 및 중간규모 농민들은 품질, 신선함, 지역경제에 미치는 편익 등을 강조하고 있다. 신선하고 건강한 먹거리에 관심을 가진 도시소비자들은 농민장터에 몰려들고, 지역 농장에서 가정으로 농산물을 정기적으로 박스에 담아 보내주는 꾸러미(지역공동체지원농업CSA)를 신청하고, 가정이나 지역사회 수준에서 텃밭을 가꾸고 있다. 친환경 직매장이나 식당 같은 로컬푸드 소매업체들은 지역 생산자들과의 관계를 강화하고 있다. 도시 및 도시외곽의 지역경제를 활성화시키고자 애쓰는 **지방정부와 상공인협회**들은 농민장터 개설에 필요한 시설, 인력, 기타 지원들을 제공하고, 로컬푸드의 '브랜드' 개발이나 **원산지**를 홍보하는 노력들을 기울이고 있다. 빈곤, 영양실조, 비만, 당뇨 등의 문제와 건강한 먹거리에 대한 접근성이 열악하여 생기는 여러 문제들을 해결하기 위한 활동을 펼치고 있는 **먹거리활동가**들은 도시농업, '농장에서 식탁까지' 프로그램이나 '농장에서 학교까지' 프로그램을 출범시켰다. 이들 활동가와 다른 시민들이 지역의 농업 생산과 소비를 지원하고, 대안적이면서 짧은 먹거리 공급사슬을 창조하고 있다. 이런 노력들이 지구화된 먹거리공급에 대한 대안운동으로 자리 잡고 있다.

　이런 대안적인 농식품운동은 산업화된 먹거리 생산과 소비가 먹거리 품질과 안전, 건강, 환경, 사회정의, 윤리적 측면에 미치는 영향에 대한 소비자들의 우려에 대처하는 것을 목표로 하고 있다. 그들은 먹거리의 생산자, 소비자, 소매업체, 학교, 기타 기관들을 직접 연결하는 것을 통해서 사회적·경제적·환경적 지속가능성을 강화하는 데 필요한 사회적 인식과 연대를 다시 만들어낼 수 있다고 주장한다.

　지구화된 먹거리공급과는 대조적으로, 지역 농식품네트워크에서는 지속가능성을 짧은 공급사슬, 더 신선하고 제철인 먹거리, 생산자와 소비자의 대면적 관계 속에서 가능한 것으로 이해한다. 지역 생태환경이나 특성에 맞는 농업의 생산체계가 만들어지면, 그것이 환경영향의 측면에서도 최적일 수 있는 것이다. 짧은 먹거리 공급사슬은 자원고갈, 과잉생산, 소농붕괴, 에너지위기 등을 특징으로 하는 세계시장이 지역의 생산자, 소비자, 경제에 미치는 영향을 완화시켜주는 완충장치 역할을 한다. 로컬푸드 공급사슬은 각양각색으로, 다양한 조직형태를 취할 수 있으며, 그에 관한 공식적인 기준이나 절차는 거의 없다.

이렇게 대안적인 농식품네트워크의 인기가 점점 더 높아지고 있기는 하지만, 그에 대한 비판 역시 제기되고 있다. 예컨대 지역을 낭만적으로 묘사한다는 것, 반드시 더 신선하고 더 품질이 좋은 먹거리를 생산하는 것도 아니고 환경부담이 적은 것도 아니라는 지적 등이다. 지역 수준이나 전지구적 차원에서 먹거리불평등을 크게 완화시키지 못하며, 심지어는 더 악화시키고 있다는 비판도 있다. 또한 몇몇 연구자는 이들 대안적인 농식품네트워크가 먹거리의 지속가능성을 강화하기 위한 국가 및 국제적 활동의 필요성을 무시하는 경향이 있다는 점을 지적하기도 한다. 이런 점을 종합하자면 지구화된 농식품 공급체계에 대한 현실성 있는 대안을 제공해주지는 못하고 있는 듯하다.

이 장에서는 새롭게 부상하고 있는 대안적인 농식품네트워크와 관련된 다면적인 현상들을 먼저 이야기한 후, 그 주요 특성을 살펴본다. 그에 관한 비판은 마지막 절에서 논의된다.

로컬푸드의 확산

중소규모 농민, 소비자, 식당 주인, 로컬푸드 소매업체 등의 주체들이

먹거리공급의 지구화에 대항하여 새로운 지역 농식품네트워크를 만들
어가는 운동이 빠르게 성장하고 있다(O'Hara and Stagl, 2001; Halweil,
2002; Green et al., 2003; Hines, 2003). 관련 활동으로는, 지역 및 광역 먹
거리 브랜드의 개발과 마케팅, 농민장터의 확대 및 활성화, 지역식당, 학
교, 병원 등 기관들과 직거래 활동, 슬로푸드 운동 등이 있다. 이런 다양
한 활동들은 '농장에서 식탁까지'의 먹거리체계가 더욱 합리화·산업화·
상업화되고 있는 것에 대한 대안을 찾아보려 한다. 대안적인 농식품네
트워크는 "장소에 기반을 두고, 특정 생물지역과 그곳의 개체군이 가진
고유한 특성들을 지지하면서 활동하는 경향을 보인다"(Feenstra, 2002,
100쪽)(〈상자 6.1〉 참고).

로컬푸드를 먹는 것은 매우 매력적인 활동으로 여겨지는데, 무엇보다
도 먹거리가 신선하고 미각적으로 훌륭하며, 생산자들을 지원하면서 지
역경제를 활성화하고, 소비자에게 안전한 먹거리를 제공하고, 푸드마일
을 줄여 환경오염이나 에너지위기 등에 적극적으로 대처할 수 있기 때
문이다.

지역 브랜드, 품종, 원산지

20세기 후반기 동안 먹거리와 농업의 확대, 표준화, 지구화가 진행되었으며, 이런 변화는 아직도 진행 중이다. 낮은 농산물가격과 높은 생산비용으로 인해 경제적 압박을 받고 있는 전세계 중소규모 생산자들은 별로 지속가능하지 않은 농장은 쇠퇴하도록 내버려둔 채, 당장 활용할 수 있는 다른 소득원에만 눈을 돌리고 있다. 이런 소득원들은 도시에 있는 경우가 많다. 여러 세대 동안 작물이 재배되던 곳에 새로운 교외 주택들이 '새싹처럼 돋아나고' 있다. 농법과 품종의 다양성이 줄어들고, 전통적인 농업생태계가 사라지고 있다. 많은 소비자들은 자신의 먹거리가 어디에서 오는지 아는 것으로부터 오는 위안과 안정성을 잃어버리고 있다.

이처럼 도시화의 파도가 계속해서 높아지고 있긴 하지만, 21세기 들어 최근 10여 년 동안 고품질의 건강하고 특색 있는 로컬푸드와 그 가공품이 다시 각광받으며 확산되고 있다. 지역의 품질 좋고 신선한 농산물과 원산지가 표기된 다양한 가공품을 발전시키기 위해 전통적인 가족농들과 새로운 개척자들이 힘을 합쳤다. 그리고 새로운 세원稅源을 발견하는 데 열성적인 지방정부가 이를 지원하고 있다. 와인(샴페인, 보르도 등), 치즈(카망베르, 스틸턴 등), 그리고 이와 유사한 로컬푸드 브랜드가 유럽의 오랜 역사에 기반을 두고 만들어졌듯이, 지역의 새로운 음식과 음료들이 지역 생산자, 투자자, 정부, 상공인협회, 이에 협조적인 농촌지도기관들과 활동가들에 의해 상표로 등록되고 점차 확산되었다.

이런 노력들은 무엇보다도 와인이나 치즈, 메이플시럽과 같은 고부가가치의 농업생산물을 만들어내는 새로운 지역을 강조해왔다. 이와 더불어 신선하게 채취한 유기농산물과 같은 품질 좋고, 건강에 좋은 먹거리라는 것, 와인시음이나 치즈투어, 팜스테이farm stay, 농사체험이 포함된 편안한 농촌관광 프로그램, 그리고 브랜드의 인지도 향상을 위한 광범위한 홍보 같은 것도 강조해왔다. 대도시 지역과 지리적으로 근접해 있다는 것은 이런 노력이 성과를 거두는 데 분명하게 도움이 된다. 캘리포니아 주 샌프란시스코 만 지역에서 차로 얼마 걸리지 않는 나파밸리Napa Valley 와인재배 지역이 이렇게 성공한 사례다. 이러한 성공방식은 워싱턴 주와 오리건 주의 컬럼비아 강 와인재배 지역에서부터 뉴욕 주의 핑거레이크스Finger Lakes 와인재배 지역(최근에는 치즈가공 지역이 되기도 했다)에 이르기까지 널리 활용되었다.

최근 들어 품질이나 맛, 고유성, 환경적합성 등에 초점이 맞춰지면서 지역의 오래된 전통품종들의 인기가 점점 더 높아지고 있다. '초대형' 식품소매점에서 대량으로 제공되는 농산물이나 농가공품에 쓰이는 특화되고 표준화된 품종들과는 대조적으로, 전통품종 토마토들은 부드럽고 육즙이 많다. 오랫동안 잊혀졌던 품종들, 전통적인 사과 맛들, 그리고 건지농법dry farmed으로 경작되어 맛이 훨씬 뛰어난 농산물들을 다시 활용할 수 있게 되었다. 특히 널리 활용될 수 있는 농가공품들이 증가하면서, 지역에 새로운 농업생태계가 만들어지고 있다. 기존의 표준화된 세계에서 찾아보기 힘든 새로운 지역농식품 브랜드, 품종, 원산지들이 고품질 제품으로, 새로운 경험으로 포장되어 점차 생존기반을 넓혀가고 있다.

지금 당장, 이웃들에게 다가가기

최근 들어 북미뿐만 아니라 다른 대륙의 도시 주민들 또한 교외의 '초대형' 식품소매점까지 점점 더 먼 거리를 이동해야 하며, 이로 인해 개별 식료품들만 아니라 소비자들 자신의 '푸드마일'까지 증가하게 되었다. 주요 식품소매업체들이 도심지에 매장 설치를 포기함에 따라, 이곳은 '먹거리사막food deserts'* 으로 남게 되었다. 도심에 남아 있는 극소수의 소규모 편의점들은 (설령 있다고 해도) 별로 신선하지 않는 먹거리들을 비싼 가격에 판매하기 때문에 가난한 도심지 주민들은 값싼 음식만 먹을 수밖에 없는 형편이다. 이 때문에 열악한 식생활이나 비만, 당뇨 등 식원성 질병에 시달릴 수밖에 없다.

동네 수준의 작은 농민장터와 도시 전체를 아우르는 센터형 농민장터 설치가 도심지의 '먹거리사막'에 새로운 희망을 불러일으키고 있다. 이렇게 무척이나 중요하고 인기 높은 사업체들이 유럽, 북미, 일본, 호주 등의 지방정부와 상공인협회, 언론, 생산자 및 소비자들을 매혹시키고 있다. 미국에서는 농민장터의 숫자가 1970년대 중반 약 300개에서 1990년대 말 3,000개 이상으로 10배 이상 증가하였다. 이러한 대안적인 먹거리공급 네트워크들은 두 가지 운영원칙을 지키고 있다. 첫째, 지역에서 생산된 신선농산물만 판매해야 한다. 지역의 범위는 다양한데, 영국에서는 지역산 인정을 받을 수 있는 최대거리가 30km에서 75km까지다.

둘째, 유통업자는 자신이 판매하는 먹거리생산에 꼭 참여해야 한다. 농민장터는 지역 내의 농식품 생산자들과 도시 소비자들을 다시 연결시키는 아주 유용한 수단이다. 이때의 생산자들은 대부분 대규모 농식품 공급 네트워크에 참여하기에는 너무 규모가 작고 연계망이 충분치 못한 경우다. 이들 농민장터는 도시의 여러 장소에서 각각 날자를 달리하면서 열리는 경우가 많다. 지역 결사체, 학교, 교회, 지방정부, 먹거리 연대기구 등이 힘을 합쳐 대규모의 센터형 농민장터뿐만 아니라 그보다 규모가 작은 동네 수준의 농민장터들을 활성화시키고자 여러 가지로 노력하고

---

* 식료품점이 없어 신선하고 건강한 먹거리를 구하기 힘든 지역, 또는 영양이 풍부한 먹거리를 부분적으로밖에 접할 수 없는 가난한 도시 동네들. — 옮긴이

100마일 식단

먹거리공급의 재지역화와 관련해 인기 있는 사례 중 하나가 '100마일 식단100-Mile Diet' 이다. 로컬푸드 지지자, 교회, 기타 여러 활동가 등에 의해 조직된 100마일 식단은 소비 자들에게 자신의 소비지점에서 100마일(161km) 이내에 위치한 지역에서 생산된 먹거 리와 농가공품을 구매할 것을 촉구한다. 이 식단을 따를 경우 대부분의 '북미' 소비자 들이 현재 '주식'으로 삼고 있는 올리브유, 커피, 홍차, 바나나, 초콜릿처럼 전세계를 가 로질러 장거리수송되는 품목들은 식탁에서 사라지게 된다. 온대 지역의 농업은 계절에 따라 달라지기 때문에, 이들의 100마일 식단은 통조림, 건조, 냉동, 기타 먹거리보존 기 술을 새로 익혀서 꾸리는 것이 허용된다. 100마일 식단은 먹거리와 농가공품이 '농장 에서 식탁까지' 이동하는 거리, 즉 '푸드마일'을 줄임으로써 로컬푸드 공급의 장점을 살 리고, 장거리 먹거리 공급사슬이 가지는 '탄소발자국' 증가에 관한 우려를 줄여간다. 가끔은 지역개발 전략의 한 부분으로 제시되기도 하는 100마일 식단은 슬로푸드 운동 과도 연결되어 있다.

출처: 222.100milediet.org; Smith and MacKinnon(2008) and Kingsolver et al(2008)

있다. 도시농업과 지역공동체텃밭에서 재배된 신선농산물의 판매를 통 해 마을의 살림살이와 전체 도시경제가 활성화될 수 있기 때문이다.

소비자들은 여러 가지 이유로 농민장터를 방문한다. 무엇보다 먹거리 의 품질과 가격을 중시한다. 하지만 더 중요한 것은 교환에 배태되어 있 는 지역적·사회적 관계와 가치들이다. 여기에는 소비자와 생산자 사이의 직접적인 대면 접촉(Hinrichs, 2000; Halweil, 2002, 2006; Kirwan, 2004), 원산지나 지역 **유래**provenance와의 긴밀한 연결성, 그리고 가끔은 지역 전통문화와의 밀접한 관계 등이 포함된다. 이런 먹거리 속에는 지구화된 '산업화되고 화학물질 의존적인 …… 대량 먹거리 생산체계'로부터 독립 적인 가치들, 즉 '신뢰성'이 상징적 의미로 녹아들어 있다(Seyfang, 2007, 109쪽)(〈상자 6.2〉 참고). 이런 가치들의 대다수는 지구화된 먹거리공급과 '초대형' 식품소매에서는 상실되는 경향을 보인다.

도시의 농장들?

도시화의 역사는 오래되었지만, 최근 들어 과거 어느 때보다도 더 중요한 사회적 과정이 되었다. 21세기 들어서 인류 역사상 처음으로 세계 인구의 과반수가 도시에 살게 된 것이다. 이렇게 급증하는 도시민에게 먹거리를 공급하는 일은 전세계적으로 중요한 문제다. 각국의 도시 성장은 지역 고유의 다양한 지리적 요인, 인구학적 요인, 경제적 요인 등 여러 요인들에 따라 달라진다. 산업화가 쇠퇴하여 경제가 침체되고 있는 북미 지역의 오래된 도시들은 일자리 축소, 빈곤, 기반시설 노후화, 인구 감소 등의 문제에 직면하고 있다. 반면에 급격하게 산업화되고 있는 아시아, 아프리카, 남미 지역의 도시들은 급증하는 유입인구로 인해 열악한 주거환경, 경제적 불안 등의 문제를 겪고 있다. 오래된 산업국가과 신흥 산업국가 모두에게 도시농업은 먹거리보장과 식생활 그리고 건강 측면에서 점점 더 중요해지고 있다.

개발도상국 도시들의 도시농업에 관한 아주 유익한 영화*를 보면, 유엔개발계획UNDP은 "전세계적으로 8억 명의 도시민이 농업에 관여하고 있다"고 추산한다(Smit et al., 1996). 도시농업이 이루어지는 장소는 가정의 뒷마당, 학교 부지, 옥상, 도로나 수로와 같은 공공시설 주변의 자투리 땅이다. 도시외곽 지역은 시민을 위해 신선한 채소와 과일을 재배하는 대규모 '채소밭truck garden'으로 이용되는 경우가 많다. 새로 도시로 이주해 일자리도 없고 벌이도 시원찮을 이들에게, 텃밭이나 공터를 이용한 도시농업은 경제적으로나 영양섭취 측면에서 매우 중요한 완충장치

---

* 도시농업의 정책적 함의와 사례에 대한 비디오로, '도시농업과 먹거리보장 기금센터(Resource Centres on Urban Agriculture and Food Security, RUAF)'에서 제작했다[www.ruaf. org(2011년 3월 18일 접속)]. 이 영화는 에콰도르, 탄자니아, 세네갈, 베트남에서 이루어지고 있는 '도심' 농업과 '변두리' 농업을 보여주고 있다.

슬럼에서 생산되는 유기농 채소

남아프리카공화국 케이프타운 근처의 무허가 정착촌에서는 개인과 지역사회가 만든 수천 개의 유기농 채소 텃밭을 발견할 수 있다. 도시농업과 환경 관련 활동을 펼치는 지역조직인 아발리미 베제카야Abalimi Bezekaya('가정 농민Farmers of Home'을 뜻함)의 지원 하에, 주민들은 자신의 먹거리를 유기농으로 생산한다. 이들은 '더 쉽고 비용이 적게 들기' 때문에, 또한 글을 읽을 수 없어서 인쇄된 농약 사용법을 안전하게 따르는 것이 어쨌든 어렵기 때문에 도시 유기농 텃밭을 이용한다. 신선한 로컬푸드를 통해 주민들은 값싼 채소를 손쉽게 이용할 수 있게 되었으며, 남는 것을 대도시지역 내 다른 곳에 있는 유기농 상점들을 통해 판매하여 추가적인 소득을 올릴 수 있게 되었다.

출처: Petit-Perrot (2009); see also www.abalimi.org.za(2011년 3월 18일 접속)

가 되고 있다. 또 다른 최근의 연구(FAO, 2010, 1쪽에 인용된 Zezza and Tasciotti, 2010)는 "개도국과 중진국을 포함한 15개국에서 얻은 데이터를 기초로 판단할 때 …… 도시 가구의 최대 70%가 농업활동에 참여한다"고 밝혔다. 그들은 "도시농업이 말라위, 네팔, 베트남 같은 저소득 국가들에서 특히 중요한 것처럼 보인다"고 주장했다(남아프리카공화국 사례는 〈상자 6.3〉 참고).

도시농업은 선진국에서도 확대되고 있다.* 북미의 디트로이트와 같은 과거 제조업의 중심지는 산업화의 쇠퇴로 일자리와 인구를 잃고 있으며, 많은 시민이 교외로 이주함에 따라 도심공동화 문제가 심각해지고 있다. 도심의 오래된 주거지역들은 절망스러운 상태다. 무너져가는 주택들의 창문과 문이 판자로 가려진 채 마약중독자나 무단거주자의 소굴이 되거나 방화의 대상이 되기도 하다가 결국에는 철거되고 있다. 이 때문에 도시 내부에는 매년 계속해서 빈민 거주지 근처에 빈 땅이 더 많아

---

* 전세계 여러 도시의 수많은 경험들은 www.cityfarmer.info(2011년 3월 18일 접속) 참고.

지게 되었다. 이런 상황은 도심의 빈민운동가나 먹거리활동가들에게 도시농업을 재발견하는 중요한 기회가 되었다. 영국의 《가디언》에 실린 시리즈 기사에서, 폴 해리스Paul Harris는 북미 디트로이트의 도시농업 르네상스를 자세하게 기술했다. 해리스(2010)에 따르면, 디트로이트의 인구는 "정점에 이르렀던 1950년대의 약 180만 명에서 현재는 90만 명"으로 절반이 줄어들었다. 그곳을 방문했을 당시 그는 "디트로이트에서 수천 명이 도시농업에 참여하고 있음"을 발견했다. 이 새로운 도시농민들에게는 빈 땅이 풍부했다. "버려진 주택, 공유지, 사용하지 않는 공장이 디트로이트 전체의 약 3분의 1을 차지해서, 그 면적이 샌프란시스코와 비슷한 총 40제곱마일에 달했다." 그는 지역의 다양한 조직들과 유통업체 모두가 도시농업을 적극적으로 모색하고 있음을 발견했다. 이런 활동들은 "자금난에 시달리는 지방정부의 분명한 관심을 이끌기에 충분했다."

도시농업은 시민들의 건강과 삶의 질에 기여한다. 먹거리공급을 위해 농촌지역으로부터 장거리로 수송하는 것을 없애고, 유기성폐기물을 퇴비화로 재사용함으로써 먹거리공급의 생태적 영향을 최소화하고 있다.* 또한 도시농업은 더 포괄적인 도시먹거리 전략을 구축하는 기반으로도 활용될 수 있다. 최근 들어서는 점점 더 많은 수의 도시들이 더 다양한 관점을 먹거리 공급체계를 재설계하고 있다(Sonnino, 2009). 도시농업의 지속과 활성화에 중요한 요인 중의 하나는 공공·민간 기관들이 먹거리 조달 방식을 바꾸는 것이다. 학교, 어린이 보육시설, 병원, 양로원, 교도소, 기타 대규모 기관들 모두가 입소자 돌봄 서비스를 위해 정기적이고 지속적으로 대량의 먹거리를 조달한다. 이 조달 과정에서 도시농업과 로

---

* 국제개발자원센터(International Development Resource Centre, IDRC)의 사업 참고. 이곳의 웹사이트에는 '먹거리보장을 위해 도시농민들과 협력하기'라는 섹션이 있다[www.idrc.ca/in_foocus_cities(2011년 3월 18일 접속)].

컬푸드가 우선적으로 공급되도록 학부모, 학생, 환자, 재소자, 가족, 건강 담당자 등 모두가 활발한 로비를 펼칠 수 있다.[*]

'농장에서 식탁까지' 네트워크

먹거리공급의 재지역화를 지지하고, 공급체계를 혁신하는 주체들 중의 하나가 신선하고 제철이며 지역에서 재배된, (때로는) 유기농인 식재료를 사용하는 지역식당들이다. 캘리포니아 주 버클리에 있는 레스토랑 체파니스Chez panisse의 앨리스 워터스Alice Waters 등을 비롯한 지역의 유명 식당 주인과 요리사들은 지역의 유기농 생산자들과 직거래 관계를 통해 매일 신선하고 영양가 높은 채소와 과일을 공급받는다. 뉴욕 주 카제노비아Cazenovia에 있는 서카Circa 레스토랑의 요리사이자 소유주인 알리신 하트Alycyn Hart는 농민장터를 자신의 식당으로 들여와서, 손님들에게 요리뿐 아니라 지역에서 생산된 '치즈, 방사해 기른 달걀, 유기농 유제품' 등도 같이 판매한다. 이들 식당 관계자의 주도로 로컬푸드 활동가들은 지역의 초·중등학교와 긴밀하게 협력하여 학교에 채소와 허브를 기르는 텃밭을 조성해왔다.[**] 이 활동가들은 지난 오랜 세월 동안 점점 더 집중화되고 산업화된 패스트푸드 모델을 따라 '치킨텐더chicken tender'[***], 냉동 피자, 대량생산된 쇠고기패티 등 다량의 고지방 가공식품들로 가득 차게 된 학교급식 프로그램을 다시 만들고 있다. 이들은 학교텃밭과 더불어 '농장에서 학교까지' 프로그램을 출범시켜, 학교와 지역농장들을

---

[*] 가장 정교한 도시농업 전략 중 하나인, 브라질의 벨루오리존치(Belo Horizonte)의 경험에 대해서는 Rocha and Lessa(2009) 참고.

[**] 예를 들어 미국 영부인 미셸 오바마는 학교텃밭에서 직접 자신들의 먹거리를 기르는 어린이들과 함께 텃밭 일을 했다. US National Gardening Association(www. kidsgardening.org/white-house-garden, 2011년 3월 18일 접속).

[***] 뼈 없는 닭튀김 — 옮긴이

직거래로 연결하고 있다. 이를 통해 학생들이 자신들의 먹거리가 어디에서 오는지에 대해 더 많은 것을 알게 될 뿐만 아니라, 지역 농민들의 생계유지에 도움이 되었고, 지역경제 또한 활성화되었다.

이와 비슷하게 모건과 소니노 역시 학교급식에 로컬푸드를 공급하는 일이 가져오는 편익에 대해 강조하였다(Morgan and Sonnino, 2008; Sonnino, 2010). 중앙정부뿐만 아니라 지방정부는 학생들에게 영양가 있는 식사를 제공할 법적 책임을 가지고 있다. 처음에는 이런 정부 주도 급식이 학생들의 건강과 학업성취도를 획기적으로 향상시킬 수 있는 정책과 전략으로 간주되었다. 하지만 시간이 지남에 따라 이것 역시 최저비용을 위해 민영화되어야 할 또 다른 공적 서비스의 하나로 전락하여, 많은 학교급식이 산업화된 값싼 먹거리로 채워지게 되었다. 이런 질 낮은 급식이 청소년 비만문제를 가속화시키자 이 문제에 대응하기 위해 많은 지방정부와 학부모단체들이 지역에서 생산된 건강한 먹거리로 학교급식을 제공하려고 노력해왔다. 특히 공공조달을 통해 로컬푸드를 공급하는 활동에 착수했다. 이런 노력들을 통해 학교급식의 질을 현저히 향상시킬 수 있었으며, 그와 동시에 학교와 지역농민, 식품가공업체 간의 네트워크를 강화시킬 수 있었다. 또한 지역에서 공급되는 학교급식이 활발해지면서 많은 어린이가 다양한 채소와 과일을 접할 수 있었다.

예약 농업

한동안은 중소규모의 농민들이 고부가가치 유기농산물 생산 및 판매라는 틈새시장을 통해 경제적 자생력을 확보할 수 있었다. 지난 수십 년 동안 자연식품, 건강식품, 유기농식품 부문이 이례적인 성장을 거듭하자, 농산업과 주요 식품소매업체들 역시 여기에 눈독을 들이게 되었으며, 대규모의 투자를 통해 대규모 농장들을 관행농에서 유기농으로 전환시켰다. 하지만 거대 농기업들의 유기농시장 진입에 따라, 소농들이 장악했던 틈새시장의 경쟁이 점점 더 심해지게 되었다. 규모의 경제에 따라 소규모 지역 생산자들보다 대규모 생산자들이 유리할 수밖에 없었다. 이제 기존의 틈새시장으로는 소규모 생산이 지속될 수가 없었다. 이에 대한 대응으로 1990년대 말 무렵부터, 지역농민들은 유기농의 중요성만을 강조하는 것이 아니라, 지역농장의 생계유지, 지역경제, 지역 먹거리보장의 중요성 역시 강조하는 새로운 프로그램을 개발했다. 이 새로운 생존전략들 중 하나가 바로 지역공동체지원농업CSA이다.

CSA는 예약제 혹은 회원제 프로그램으로, 주로 도시소비자들로 이루어진 회원들이 미리 비용을 지불하고 지역농장에서 생산될 농산물을 예약구매하는 것이다. 이를 통하면 지역농민들은 농장을 운영할 영농자본을 미리 확보할 수 있고, 회원들은 그 대가로 수확 철이 되면 농장으로부터 자신들의 지분에 해당하는 만큼 농산물을 우선적으로 받게 된다. 이 프로그램에는 한 젖소에서 생산된 우유를 함께 나누는 '젖소 임대rent a cow'에서부터 구이용으로 쓸 가금류를 미리 구매하는 '이달의 가금류bird of the month', 매주 신선한 꽃을 배달받는 '금주의 꽃다발bouquet of the week'에 이르기까지 다양한 방식이 포함되어 있다. 그밖에도 자유방사 달걀이 매주 배달되도록 보장하는 프로그램도 있다(〈상자 6.4〉 참고). 미국 농무부USDA는 2007년 현재 CSA를 통해 1만 2500개 이상의 농장이 27만 명 이상의 가구들과 연계되어 있는 것으로 파악했다(USDA, 2009, 606쪽). 이 프로그램은 영농비용과 수확물을 생산자와 소비자가 함께 공유함으로써, 농사의 위험과 보상을 서로에게 균형 있게 배분하는 의미를 지니고 있다.

밀워키의 그로잉파워

미국 위스콘신 주 밀워키 시 북쪽 외곽에는 약 1헥타르에 달하는 땅에 14개의 온실이 서 있다. '그로잉파워Growing Power'는 다양한 품종의 농산물을 대량으로 생산하는 농장, 제대로 된 식품점이 없는 지역에 위치한 먹거리유통센터, 그리고 가금류 훈련센터로 이루어진 복합체를 통칭하는 이름이다. 여기에는 아쿠아포닉스aquaponics* 양어장 1개, 양봉장 1개, 산란계와 오리를 기르는 가금류 사육장 3개, 농장의 음식물쓰레기로부터 에너지를 생산하는 혐기성 소화조 1개 등이 포함되어 있다. 그로잉파워는 매주 지역사회에 최대 350개의 먹거리 바구니를 배달한다. 수백 명의 소비자들과 35명의 생산자들은 신선한 채소와 과일을 재배하고 먹는 일에 익숙해지고 있는데, 이는 다른 곳에서는 얻기 힘든 기회다.

출처: Bybee (2009); www.growingpower.org

대안적인 노동전략

농업노동력의 품질이나 가격적정성, 활용가능성 등은 오늘날 소농들에게 가장 큰 과제 중 하나로 남아 있다. 작물이나 과수의 수확 철이 돼도 인건비가 너무 높아서 수확하지 못한 채 들판에 그대로 남겨두는 사례가 점점 더 늘어나는 데 대해, 생산자들은 다양한 방식으로 대처하고 있다. 임금수준이 높은 OECD 국가의 생산자 중 일부는 외국인 이주노동자들에게 의존하는데, 심지어는 불법이민 노동자들을 활용하기도 한다. 하지만 이런 노동력조차도 구할 수 없을 때가 많이 있다. 최근 들어 소규모 생산자들이 채택한 한 가지 대안적인 노동전략이 수확체험(self-pick, 'u-pick') 프로그램이다. 이는 생산자들이 과일이나 채소를 심고, 소비자들이 직접 수확하는 것이다. 이를 통해 소비자들은 동네의 식

---

* 물고기양식과 수경재배를 결합한 지속가능 농업의 한 형태. — 옮긴이

료품점에서 구입하는 가격이나 먼 곳에서 수입된 농산물의 가격보다 싼 가격으로 먹거리를 구입할 수 있다. 북미뿐만 아니라 여러 지역에서 행해지고 있는 또 다른 방식은 '이삭주이 군단gleaners brigades'을 조직하여 활용하는 것이다. 예컨대 '잉여' 노동력을 가졌지만 영양은 '결핍'되어 있는 은퇴자나 실업자들을 조직하여 들판에 버려진 이삭이나 기타 농산물들을 수확하여 임금 대신 이를 먹거리로 분배하는 것이다. 이런 집단 중의 하나인 성안드레아협회Society of St Andrew는 종교 중심의 집단으로 미국 버지니아 주에 본부를 두고 있다. 이 조직은 미국 전역에 걸쳐 활동을 벌이고 있는데, "자신들의 이삭줍기 네트워크Gleaning Network를 통해 3만 명 이상의 자원봉사자들이 참여하여 1800만 파운드 이상의 농산물을 수확하여 분배했다"고 보고했다.*

슬로푸드

슬로푸드Slow Food 운동은 세계적으로 소규모 사업체들과 유서 깊은 지역농업 특산물들로 유명한 이탈리아에서 시작되어 활성화되었다. 카리스마 넘치는 지도자인 카를로 페트리니Carlo Petrini로부터 영감을 받은 슬로푸드 운동은 황금아치golden arch**가 상징하는 패스트푸드에 대한 대안으로 빠르게 확산되고 있는데, 특히 선진국에서 그 성장세가 두드러진다. 슬로푸드는 양이나 신속함, 보편성 대신에 고유의 품질, 맛, 사회성, 정체성, 전통을 강조한다. 나아가 먹거리의 공급이나 준비, 섭취를 본질적으로 생물학적인 동시에 사회적인 것으로 파악한다. 슬로푸드 운동은 세계적으로 많은 지역에서 이루어지고 있지만, 특히 유럽, 미국, 일본

---

* www.endhunger.org(2011년 3월 18일 접속) 참고.
** 맥도날드의 상징 — 옮긴이

에서 활발하다. 이로 인해 수많은 마을이나 지역의 음식들이 주목을 받고 있으며, 심지어 잊혀졌던 음식들도 복원되어 시장에 나오게 되었고 (Morgan et al., 2006), 지역의 소규모 농식품 생산자들이 전통, 품질, 지역사회의 수호자로 격상되고 있다. 지역사회는 명성, 원산지, 명칭, 마케팅, 관행 등을 통해 슬로푸드 상품 속 깊숙이 아로새겨지게 된다. 보편적이고 산업화된 패스트푸드 모형은 거부되며, 참여적이고, 소규모이며, 지역적이고, 지역사회에 기반을 둔 먹거리 생산과 소비가 옹호된다. 또한 먹거리 생산과 분배 과정에서 형성되는 생산자와 소비자 간의 인간적인 관계들이 강조된다. 따라서 기본적으로 슬로푸드 운동은 지구화된 패스트푸드에 대한 문화적 비판으로 간주될 수 있다.

로컬푸드를 지지하는 논의들

앞에서 언급한 바와 같이, 결속력이 강하지는 않지만 널리 확산되고 있는 대안적인 농식품 운동이 점점 더 강화되고 있는 먹거리와 농업의 지구화에 도전하고 있다. 앞 절에서는 이 운동의 여러 형태들을 살펴보았는데, 여기서는 로컬푸드를 지지하는 여러 논거를 검토해본다. 우리가 살펴본 바에 따르면, 로컬푸드 지지자들은 짧은 먹거리 공급사슬이 긴 공급사슬에 비해 생태적으로 더 지속가능하고, 제철에 지역에서 생산된 먹거리가 더 신선하고 건강하며, 로컬푸드 공급이 사회적 결속과 공동체를 강화한다고 생각한다. 또한 지구화된 농식품체계에 대한 의존도 감소를 통해 지역경제의 자생력과 지속가능성이 향상될 수 있으며, 지속가능한 지역농업을 통해 식물, 동물, 생산지, 소비자, 맛의 다양성이 보존되고 심지어 향상될 수도 있다는 주장이 있다.

짧은 공급사슬

지구화된 먹거리공급은 세계의 한 지역에서 다른 여러 지역들로 농상품의 장거리수송을 필요로 한다. 세계 다른 지역에서 재배된 신선농산물이 신선함과 품질 유지를 위해서는 냉장, 공기조절, 빠른 수송이 필요하다. 이 때문에 많은 농산물이 수송 전에 냉동, 동결건조, 통조림 등으로 포장되고 가공된다. 이런 절차들은 영양 측면에서 안 좋은 영향을 미칠 뿐만 아니라 에너지를 많이 쓰며, 지역의 상수원을 오염시키는 경우도 많다. 세계 전역에서 원재료를 조달하는 초대형 기업농장들과 농가공 시설들은 수직통합되어 있는 경우가 많은데, 몇 가지 측면에서는 무척 효율성이 높을 수 있다. 하지만 전체적으로 봐서 이들의 에너지투입량은 매우 막대한데, 수송·냉장·공기조절·가공 비용이 크게 늘어나기 때문이다. 또한 이런 먹거리공급 모형은 지역에서 농업과 식품가공 폐기물을 집중적으로 배출하는 바람직하지 못한 결과를 초래하기도 한다. 이와 대조적으로 지역 수준의 공급비율을 늘리면 신선한 먹거리가 지역시장에 더 신속하게 이송되는 짧은 공급사슬이 만들어진다. 이렇게 되면 영양 좋고 품질 좋은 로컬푸드가 공급되며, 가공을 필요로 하지 않기 때문에 그에 따른 에너지비용과 폐기물이 적게 발생한다. 또한 지역 농업생산 관행이 해당 지역의 생태적 특성, 특히 지역의 계절적 리듬에 부합될 수 있기 때문에 전체적인 환경영향 측면에서도 최적화가 이루어진다.

신선한 제철 먹거리

대부분의 먹거리 신선도나 맛, 영양가는 수확한 직후나 1차가공이 이루어진 시점에서 최고가 된다. 공급사슬이 길어지면 길어질수록, 먹거리의 외양과 신선도를 유지하기 위해 더 많은 가공이나 첨가물, 보존제, 냉장이 필요해진다. 이는 먹거리가격을 상승시킬 뿐만 아니라, 전체적인 품질, 맛, 영양을 감소시키게 된다. 지역 수준에서의 먹거리공급은 '들판'에서 '식탁'까지 먹거리를 가장 빠르고 영양 손실이 적은 상태로 이동시킨다. 식당 주인들은 이를 잘 알고 있기 때문에 지역 생산자나 농산물 도매업체, 친환경 상점들과의 직접 계약을 통해 매일 신선한 농산물을 배달받고 있다. 심지어 직거래보다 더 나은 방안으로, 자신이 직접 텃밭에서 생산하여 사용하기도 한다. 신선할 때의 먹거리가 가장 맛있고 건강하다. 수많은 음식 중에서도 가공되지 않은 신선한 것이 가장 영양분이 풍부하다. 로컬푸드 공급네트워크에서 이용되는 농산물과 생산방법의 '자연적인' 특성은, 인간, 가축, 생태계 **전체**의 건강을 지키는 가장 확실한 방법으로 간주된다(Green et al., 2003). 그럼에도 불구하고 대부분의 소비자 식단에서 이 같은 공급체계에서 제공되는 먹거리는 일부에 불과하다. 따라서 로컬푸드가 지니고 있는 높은 품질에서 실제로 혜택을 얻으려면 식단 구성부터 바꿔야만 한다.

관계 형성

로컬푸드 공급사슬은 매우 다양하며 무척이나 다른 조직형태를 취할 수 있다. 전체를 아우르는 공식 기준이나 절차가 존재하지 않기 때문이다. 지역적으로 조직된, 종종 지역사회에 기반을 두고 있는 먹거리 공급사슬들은 "장소에 기반을 두고, 특정 생물지역bioregion과 그곳의 개체군이 가진 고유한 특성들에 기반하여 스스로를 정의하고 지지하는 경향을 보인다"(Feenstra, 2002, 100쪽). 지역공동체들과 네트워크들은 각각 고유한 절차와 요구사항들을 지닐 수 있으며, 이렇기 때문에 무척이나 유연한 협의체로 유지될 수 있다. 로컬푸드 공급네트워크들은 유연하기 때문에 조식형태 측면에서 상당한 차이가 날 수 있다. 그럼에도 불구하고 한 가지 공통적인 사항은 적극적인 소비자가 참여한다는 사실이다.

또한 먹거리공급을 지역화하는 일은 사회적 행동의 한 형태, 즉 먹거리공급의 주류화에 대한 대안으로 간주될 수 있다. 이런 견해에 따르면, 로컬푸드를 주류화하는 일은 긍정적인 목표가 아니라, 포섭이나 '관행화 conventionalization'로 간주된다.* 로컬푸드는 주류가 되어 있는 지구화되고 산업화된 먹거리체계에 도전하는 상징적인 의미를 가지고 있는데, 그 이유는 로컬푸드의 가치와 구조가 주류와는 다른 옵션들이 가능함을 나타내기 때문이다. 예컨대 대안적인 로컬푸드 공급사슬의 존재는 지구화가 유일한 옵션이 아니라는 실질적인 증거를 제공해준다. 지역 중심 먹거리소비에 참여하는 것을 통해, 사람들이 당면한 사회문제에 대처하고 대안적인 가치와 포부들을 표현하는 사회운동에 참여하게 될 수도 있다 (Melucci, 1996). 로컬푸드 공급의 여러 측면들에 생산자와 소비자가 참여하는 것은 창의성이 발휘될 수 있는 계기를 만듦으로써 대안적인 사회적·경제적 관행들이 도입될 수 있게 한다. 로컬푸드는 그 내재적인 특성뿐만이 아니라 상징적 의미 때문에도 선택되는데, 소비자들은 이를 대안적인 것으로 간주할 뿐만 아니라 자신들이 정치적 수단으로 이용할 수 있다고도 생각한다(Terragni et al., 2009). 따라서 대안적인 먹거리경제를 창조하기 위한 **정치의제**political agenda로서의 로컬푸드와 소규모 농촌기업과 한계상황에 처한 농업경제를 경제발전 속에 통합시키려는 **개발전략**으로서의 로컬푸드를 구분할 수 있다(Fonte, 2008). 첫 번째 목표의 증진은 생산자와 소비자를 다시 연결시키는 것을 의미하며, 두 번째 목표의 증진은 먹거리와 관련된 지역정체성을 창조하여 더 큰 범위의 먹거리시장에서 입지를 강화하는 것을 의미한다.

현대적인 형태의 로컬푸드 공급사슬에는 소비자들이 적극적으로 참

---

* 미국 유기농업의 관행화에 대해서는 이 책 9장 참고.

여하고 있다. 지구화된 먹거리 공급사슬은 추상적인 시스템 형태로 움직이기 때문에 전문가가 주로 활동하고, 여기에 신뢰를 보낸다. 하지만 지역화된 공급사슬은 시스템에 의지하지 않고, 소비자참여를 통해 만들어진 대면 접촉에 기반을 두고 먹거리의 품질과 안전성에 대해 신뢰를 보낸다. 로컬푸드 공급사슬에 참여함으로써 공동체의식과 귀속감이 증진될 수도 있는데, 그 이유는 비슷한 생각을 가진 사람들 간의 네트워크가 강화되기 때문이다(Watts et al., 2005).

먹거리보장

로컬푸드 공급사슬은 규모가 작기 때문에, 이를 만들어가는 소농, 지역공동체, 소비자들이 지구화된 농식품체계로부터 약간의 독립성을 확보하는 것이 가능해진다. 사실 전지구적 농식품체계는 장기적으로 볼 때 지속가능하지 않다. 또한 이처럼 지구화된 생산과 소비의 관행들은 건강, 환경, 동물복지, 사회에 좋지 않은 영향을 끼치고 있다. 이러한 악영향에 대한 소비자들의 우려에 대응할 수 있는 것이 바로 대안적인 로컬푸드 공급사슬이다. 프린슨(Princen, 1997)에 따르면, 소규모 로컬푸드 네트워크의 구축을 통한 탈지구화de-globalization만이 **지역 토지와 기타 농업자원의 지속가능한 이용**에 필요한 견제와 균형이 작동할 수 있게 하는데, 그 이유는 지역네트워크들이 먹거리 생산자와 소비자 간의 직접적인 상호작용에 기반을 두고 작동하기 때문이다. 대안적인 네트워크를 발전시킴으로써, 지역 생산자들은 공간적으로 넓게 퍼져 있는 먹거리 공급사슬에 종속되는 것으로부터 스스로를 보호할 수 있으며, 그것을 통해 힘을 가진 행위자들의 이익에 봉사하는 지구적 공급사슬에 쉽게 종속되지 않을 수 있다(Watts et al., 2005). 로컬푸드는 대기업들이 계속해서 쟁취하려고 시도하는 시장점유율의 지속적인 확대와 이윤증대를 어

지역사회 먹거리보장

오리건 주 포틀랜드Portland에 위치한 종교 간 네트워크Interfaith Network는 자신들이 작성한 〈지역적이고 계절에 맞는 식생활 가이드Guide to Eating Locally and Seasonally〉에서 다음과 같이 제안한다.

> 먹거리는 토지, 사람, 지역사회를 하나로 엮어서 정의와 지속가능성을 높여가는 관계들의 그물망으로 만들 수 있는 잠재력을 지니고 있다. 불행하게도 우리가 먹는 먹거리는 불공정한 관계들과 지구에 대한 파괴를 나타내는 경우가 많다. 지역사회 먹거리보장은 모든 사람이 항상 문화적으로 적절하고, 신선한 로컬푸드에 접근할 수 있는 것으로 정의된다. 이는 먹거리를 중심으로 건강한 관계들을 창조하는 하나의 개념이자 과정이다.

출처: Interfaith Network(2003)

느 정도 무력화할 수도 있다(〈상자 6.5〉 참고).

로컬푸드 공급체계들은 소규모 유기농 생산자들에게 시장기회를 제공해주며, 관계를 맺은 소비자들과 함께 황홀한 성취감을 느끼게 한다(Thomson and Coskuner-Balli, 2007). 로컬푸드 프로그램들은 먹거리시장을 재영토화re-territorializing하고, 생산자와 소비자 모두를 먹거리체계의 공동생산자로 묶어낸다. 이를 통해 시장 행위자로서 소비자와 생산자 간에 전통적으로 존재하는 엄격한 차이를 줄여나가고, 다른 체계와 차별화한다. 몇 가지 점에서 시간개념 역시 바뀌는데, 그 이유는 농사와 농촌생활의 전통적인 이미지들이 최신 기술, 특히 최신 마케팅 기술과 결합되기 때문이다.

먹거리 생산과 소비를 '탈지구화'하고 지역화된 먹거리 공급체계를 구축하는 일은 혁신적인 형태의 거버넌스가 만들어지는 매력적인 기회를 제공해준다. 지역 차원에서 일어나는 상호작용에 대해 정부가 굳이 간섭할 필요는 없어지는데, 그 이유는 생산자와 소비자 스스로가 신뢰하고 책임을 지기 때문이다. 정부의 참여는 로컬푸드 프로그램에 대한 대기업들의 지배력과 그로 인한 해로운 영향이 있을 경우에 한정된다. 지역사회의 먹거리보장과 건실한 농촌경제가 활력을 유지하기 위해서는 지역화된 농업생태학 원칙들이 지켜져야 하고, 이를 정부가 보호해야 한다. 물론 지역 차원에서만 자원의 최적 이용에 초점을 맞출 경우 지역들 사이에 존재하는 자원 격차 때문에 또 다른 불평등이 야기될 수 있다. 이럴 경우 지역의 먹거리보장을 증진하려는 노력으로 말미암아 전세계 수준의 먹거리보장은 저해될 수도 있다.

지역 다양성에 대한 지지

유럽과 기타 지역에서 농업의 현대화를 연구하는 학자들은 지구화와 산업화로 인해 나타나는 표준화와 균등화homogenization에도 불구하고, 농업관행에서 높은 수준의 다양성이 존재하고 있음을 보고해왔다(Van der Ploeg et al., 2000; Renting et al., 2003). 다양성은 단순히 과거의 유물이 아니며, 오늘날 고도로 전문화된 지역농장들에서도 목격될 수 있다. 지구화와는 크게 관계없이 먹거리를 제공하는 것과 관련하여 다층적이고, 다주체적이며, 다면적인 방식이 활용될 수 있는 여지가 아직은 많이 남아 있다. 판 더 플뢰흐 등(Van der Ploeg et al., 2000, 399쪽)은 새롭게 지역화된 먹거리 공급사슬의 출현을 "농촌개발에서 자원과 네트워크들의 재조정과 관련된 가장 명백한 사례 중 하나일 것"이라 간주한다. 현재의 농업관행에 존재하는 다양성은 로컬푸드 체계들이 여러 가지 형태로 존재할 수 있음을 알려준다. 또한 생산자와 소비자가 여러 가지 방식으로 로컬푸드 체계의 내용과 상징적 의미들을 이해하고, 이와 관련하여 유연한 협상을 벌일 수 있음을 일러주기도 한다. 셀파와 카지(Selfa and Qazi, 2005)가 주장하는 바와 같이, 도시지역에서는 생산자와 소비자가 로컬푸드를 물리적 근접성과 동일시하는 경향이 있지만 농촌 지역에서는 반드시 그렇지만은 않다. 먹거리공급의 지역화는 여러 가지 다른 경로로 진행될 수 있으며, 시간과 공간에 따라 다양한 형태를 만들어낼 수도 있다. 지역 농식품네트워크들은 지속가능한 개발을 위한 출발점이 될 수 있는데, 그 이유는 '좀더 회복력 있고 건실한 지역'의 창조에 기여할 수 있기 때문이다(Wiskerke, 2009, 383쪽).

비판적인 관점

먹거리공급의 (재)지역화를 지나치게 이상적이고 낭만적으로 옹호하는 주장들에 대해 비판론자들은 몇 가지 도발적인 질문을 제기하고 있다. 대표적인 질문은 다음과 같다. 지역화된 짧은 먹거리 공급사슬들이 전세계의 급증하는 도시인구를 먹여 살리기에 충분한가? 현재의 과잉지구화hyper-globalization 시대에 '로컬'이라고 할 수 있는 농식품이 과연 존재하는가? 만약 존재한다면, 기후변화나 외래 병해충 같은 새로운 지구적 과제들로 인해 위협받고 있지는 않은가? 로컬푸드 공급사슬을 지나치게 강조하는 북반구 소비자들의 캠페인이 남반구 농업 생산자들에게 매력적인 수출시장의 문을 닫게 만드는 불공정한 결과를 초래하는 것은 아닌가?

실질적인 대안인가?

로컬푸드 공급사슬을 비판하는 논자들은 물리적 근접성이 생산자와 소비자 간의 관계에서 시장지향성과 도구주의를 줄이는 결과를 반드시 가져오지는 않는다고 주장한다(Hinrichs, 2000). 소비자들은 농민장터에서 먹거리를 살 때와 슈퍼마켓에서 살 때 별반 다르지 않게 행동할 수 있다. 더구나 지속가능한 먹거리생산은 다양한 방식으로 조직될 수 있다. 먹거리 생산자와 소비자 간의 물리적 거리를 줄이는 것만으로 지속가능성이 보장되지는 않는다(Scoones and Toulmin, 1999; Evans et al., 2002; Keeley and Scoones, 2003). 또한 지속가능성에 영향을 미치는 먹거리 생산자와 소비자 간의 피드백은 기계적인 성격의 것이 아니라 사회적인 성격의 것으로 간주될 수 있다. 피드백은 지속가능성에 미치는 영향을 이슈화하고, 문제해결을 위한 사회적 압력을 만들어내면서 사회적으로 조직되는데, 이런 일은 신뢰와 소통 없이 자동으로 진행되지 않는다. 그와 동시에 지구화된 먹거리 공급사슬이 로컬푸드 공급의 옹호자들이 자주 주장하는 정도까지 지역의 사회적·생태적 변화로부터 동떨어져 있는 것이 아닐 수도 있다. 실제로, 아직도 먹거리를 생산하는 일은 부분적으로만 변경이 가능한 자연조건들 아래서 이루어지고 있다. 이를 지나치게 무시할 경우에는 생태적·사회적 변화로 인해 산업화된 먹거리 생산체계들에 예상치 못한 좋지 않은 영향이 초래될 수도 있다(Morgan et al., 2006).

최근 들어 지역 수준에서 조직화된 먹거리 공급사슬들의 인기가 높아지고 있기는 하지만, 이 같은 탈지구화 과정만이 현행 먹거리 생산·소비체계가 직면한 과제들에 대한 대응책을 제공해줄 수 있는 것은 아니라는 주장도 있다(Evans et al., 2002). OECD 국가의 국민들이 소비하는 먹거리의 많은 부분이 이미 전세계에서 수입되고 있기 때문에, 이처럼 지구화된 먹거리 공급사슬들의 지속가능성을 향상시킬 수 있는 방안들을 찾아보는 것 또한 중요하다. 만약 지구화를 균일하고 동질적인 과정이 아니라 이질적이고 복잡한 과정으로 이해하고자 한다면, 기존의 지구화된 먹거리공급에 대한 또 다른 혁신적인 거버넌스 제도 역시 유용하면서도 효과적인 대응책들을 제공해줄 수 있을 것이다. 또한 로컬푸드 공급의 옹호자들이 전지구적 공급사슬들의 사회적·생태적 영향에만 초점을 맞추게 되면, 개발도상국 생산자들에게 미치는 사회적·경제적 영향과 같은 지속가능성의 또 다른 차원들이 무시될 위험도 있다. 만약에 지속가능성 개념을 좀더 폭넓게 이해하고, 다양한 국제무역에서도 그 가능성을 찾아본다면, 지구적 먹거리 공급사슬이 지니는 긍정적인 영향을 새롭게 평가할 수도 있을 것이다.

이와는 대조적으로, 세이팡(Seyfang, 2007)은 아직은 로컬푸드가 현행 먹거리 공급체계에 대한 해법이 되기에는 한계가 있다고 주장하였다. 이것은 로컬푸드의 내재적 특징과 관련된 문제가 아니다. 로컬푸드가 성공적으로 정착하기 위해서는 다양한 틈새시장이라도 정부의 제도적인 지원이 필요한데, 아직은 많이 부족하다는 것이다. 실제로 많은 소비자가 대안적인 생활양식을 선택하고 로컬푸드에 더 많은 관심을 가지고 있기는 하지만, 현재의 농업정책이나 먹거리정책 및 제도는 이런 대안적인 체계의 확산을 여러 가지로 제한하고 있다. 법적인 규제, 불공정한 보조금 시스템 등 전반적으로 지원이 부족하기 때문에 로컬푸드 공급체계의 미래 전망이 낙관적인 것만은 아니다. 혁신적인 실천들이 이루어지기 위해서는 로컬푸드 체계의 참여자들이 스스로를 자신들과 가치를 공유하고 있는 더 큰 공동체의 일부라고 느끼는 것이 필요하다. 정치적 지원의 강화가 이런 운동의 확산을 촉진시킬 수 있을 것이다.

배태성

흔히 로컬푸드는 뭔가 다르고, 지역적 차원에 배태되어 있으며, 대규모 먹거리공급보다 더 나은 것으로 간주된다. 로컬푸드는 좀더 지속가능하고, 좀더 사회적으로 정의롭고 민주적이며, 영양·건강·품질 면에서 더 나은 먹거리를 제공할 것이라는 기대를 받는다. 로컬푸드 체계는 '사회적으로 배태된 장소의 경제'를 증진시키는데(Seyfang, 2006, 386쪽), 이는 생산자와 소비자 간의 사회적 신뢰를 향상시키고 지역의 경제발전을 이끌어낸다. 라이슨(Lyson, 2005)은 자신이 명명한 시민농업civic agriculture을 지역공동체 내에 배태되어 있는 것으로 간주하였는데, 그 이유는 그것이 공동체의 건강과 활력에 기여하기 때문이다. 농사와 관련된 특정 장소 기반의 지식에 의존하여, 로컬푸드 생산자들은 소비자들을 위해 좀더 고품질의 먹거리를 생산할 수 있으며, 소비자들은 자신의 먹거리가 어디서 어떻게 생산되었는지 이야기할 수 있게 된다. 이런 점에서 로컬푸드는 산업화 과정에서 서로 멀리 떨어지게 된 개인, 집단, 기관들 사이에 비시장적 관계가 구축될 수 있는 계기를 만들어준다.

그러나 본과 퍼셀(Born and Purcell, 2006)은 이런 견해를 로컬의 덫 local trap이라고 비판한다(〈상자 6.6〉 참고). 그들은 어떤 지역 규모에 본질적으로 내재된 것은 아무것도 없다고 주장하는데, 그 이유는 먹거리체계가 미치는 영향이, 규모가 아니라 특정 먹거리체계 내에 존재하는 구체적인 사회관계들에 의해 힘을 얻는 행위자들과 의제들에 의해 좌우되기 때문이다. 이런 점에서 로컬푸드 체계는 로컬푸드 공급에 의해서 긍정적인 결과와 부정적인 결과 모두를 초래할 수 있는데, 그 이유는 구체적으로 어떤 행위자들이 참여했는지뿐만 아니라 이들이 채택한 전략과 실천들에 따라 결과가 달라지기 때문이다. 이들의 견해에 따르면, 지역화 자체를 먹거리전략의 일반 목표로 삼아서는 안 되며, 특정 규모 차원에서 적합하게 선택되는 하나의 전략이자 여러 목표들 중의 하나로 간주해야 한다. 먹거리공급의 규모는 그것이 지역이 되었든, 세계가 되었든, 아니면 대륙이 되었든 간에 오로지 사회적으로만 구성되며, 여기에는 내재적인 윤리적 특성(이나 지속가능성과 관련된 특성)이 전혀 존재하지 않

상자 6.6

로컬의 덫?

최근 출판된《생태지성Ecological Intelligence》에서 대니얼 골먼Daniel Goleman은 다음과 같이 기술하였다.

> 전과정평가는 "'로컬'이라는 말을 우리가 정확히 어떤 의미로 사용하는가?"라는 질문을 제기한다. 캐나다 몬트리올에 사는 산업생태학자 한 명이 근처 온실에서 자라는 토마토의 전 과정 지리학을 추적했다. 그녀가 내게 이야기한 바와 같이, "로컬푸드" 속에는 로컬이 그다지 많이 들어 있지 않았다. 토마토의 연구·개발은 프랑스에서 이루어지고, 종자는 중국에서 채종된 후 프랑스로 다시 이송되어 처리 과정을 거친 다음 온타리오로 해상수송된다. 온타리오에서는 이 씨앗으로 모종을 기르고, 마지막으로 이 모종들이 트럭을 통해 퀘벡으로 운송된다. 그리고 퀘벡에서 최종 식물이 재배되어 토마토가 수확된다. 심지어 '로컬' 토마토조차 전지구적인 과거를 가지고 있는 것이다."

출처: Goleman(2009, 55~56쪽)

는다. 따라서 본과 퍼셀의 관점에 따르면, 먹거리전략은 그것이 실행되는 규모가 아니라, 그것을 통해 누구에게 힘이 실리는가에 따라 분석되어야 한다.

윈터 역시 "모든 시장관계는 사회적으로 배태되어 있다"고 이야기하며 이와 비슷한 논지를 펼친다(Winter, 2003, 25쪽). 생산자와 소비자 간의 관계는 상호 신뢰를 필요로 하지만, 그와 동시에 특정 상품의 구매에 부여되는 중요한 의미를 내포하고 있다. 따라서 로컬푸드가 생태적으로 건전한 공급체계를 이끌어낼지는 실증적으로 검증되어야 할 문제이다.

이러한 비판에 대한 대응으로 몇몇 학자들은 이런 비판이 너무 일반적이며, 로컬푸드 공급이 발생시키는 편익이 추상적인 것이 아니라 실증적으로 검증된 것이라고 주장한다. 나아가 로컬푸드가 내포하는 지역주의localism와 분권화devolution 가치가 '더 심층적인 수준의 민주적 구조, 사회적·공간적 결속력, 지속가능한 개발'을 효과적으로 만들어낼 수 있다고 주장했다(Sonnino, 2009, 15쪽).

'지속가능성' 정의하기

또 다른 비판은 '로컬'을 '지속가능'과 동의어처럼 사용해서는 안 된다고 이야기한다. 로컬푸드의 소비에 따른 긍정적인 영향이 부정적인 영향에 의해 상쇄되기 때문이다. 유기농과는 달리 '로컬푸드'라는 명칭 자체는 어떤 가공법이 사용되었는지 드러내지 않는다. 로컬푸드는 생산장소와 판매장소 사이의 물리적 거리만을 가리키는 경우가 많다(Watts et al., 2005). 하지만 먹거리의 환경영향이 그것이 이동한 거리에 의해서만 좌우되는 것은 아니다. 먹거리가 생산되고, 가공되고, 수송되는 방식 역시 환경적 영향을 미치는 것이다. 예를 들어 어떤 로컬푸드가 수송에 드는

상자 6.7

로컬푸드 생산의 환경영향 탐구

알메레Almere는 빠르게 성장하고 있는 네덜란드 도시로, 지자체 당국은 로컬푸드 생산 증대 등을 통해 신흥 근린지역 중 한 곳에서 지속가능성을 증진시키고 싶어했다. 이런 계획을 수립하면서 연구자들은 도시 전체 식료품의 약 20%를 로컬푸드로 생산하는 것이 미치는 영향을 분석했다. 20%는 날씨 등의 여건을 고려해서 현 식단 중에서 지역 수준에서 생산될 수 있는 식료품의 비율을 나타내는 것이다. 이 같은 변화가 생태적으로 미치는 영향은 상대적으로 미미한 것으로 계산되었으며, 1차적인 생산과정에 어떤 기술을 사용하는가에 의해 주로 결정되는 것으로 밝혀졌다. 예컨대 재생가능한 에너지를 생산에 사용했는지 여부가 더 큰 영향을 미치며, 생산장소는 그다지 중요하지 않았다는 것이다. 물류시스템도 중요한 영향을 미쳤다. 많은 수의 배송센터들을 잘 배치하여 물류시스템을 잘 조직할 경우, 도로수송의 전체 거리가 약 90% 이상 줄어들 수 있었기 때문이다. 이 연구는, 푸드마일도 중요하지만 그보다 더 큰 변화를 위해서는 단순히 먹거리생산을 지역화하는 것이 아니라 식단에서 동물성 단백질을 줄이는 것이 더 필요하다는 결론을 내렸다.

출처: Sukkel et al(2010)

에너지는 적게 사용하지만 물이나 토지는 더 많이 사용한다면, 전체적으로 봐서 그 생산방법이 다른 방법에 비해 자연자원을 비효율적으로 사용하는 것일 수도 있다. 따라서 로컬푸드를 더 맛 좋은 유기농 먹거리, 가족농장의 보호, 지역공동체 강화와 동의어로 생각할 필요는 없다. 왜냐하면 이 모두가 구체적인 사례에서 입증되어야 할 것이기 때문이다.

규모의 확대는 생산·가공·물류 활동에서 에너지효율을 향상시킬 수 있다. 또한 가용 자연자원(햇볕, 물, 계절 등)의 효과적인 이용으로 생산과정의 생태적 영향을 감소시킬 수 있다. 따라서 지속가능성에 대해서는 상식적으로 합의된 접근법에 따르는 것이 중요할 뿐만 아니라, 통합적인 방식으로 균형점trade-offs을 찾아가는 것이 중요하다(〈상자 6.7〉 참고).

빈곤에 대한 영향

선진국에서 먹거리공급을 '탈지구화'하는 일이 개발도상국에서 농식품과 관련된 빈곤 및 환경파괴 문제를 자동적으로 해결해주지는 않는다. 북반구에서 먹거리공급의 '자족성'을 추진하는 일이 결과적으로는 남반구 국가들의 농산품 수출 가능성을 줄이는 일이 된다. 그래서 북반구의 부유한 국가와 남반구의 가난한 국가 사이의 빈곤과 불평등을 더욱 강화시키게 될 수 있다. 옥스팜Oxfam*의 케빈 왓킨스(Watkins, 2002)는 다음과 같이 이야기한다.

무역이 가난한 자를 위해 작동한다면, 시장이 부자들을 위해 작동하도록 만드는 권력관계와 기득권들에 도전할 필요가 있다. 이는 토지 재분배, 노동자의 권리, 환경적 지속가능성, 대기업 권력의 감축을 의제의 중심에

---

* 영국 옥스퍼드에서 설립된 빈민구제를 위한 국제자선단체. — 옮긴이

두어야 함을 의미한다.*

따라서 개발도상국 빈곤층이 부자나라 시장에 접근할 수 있는 기회를 보호하는 일은 지속가능성과 형평성에 해가 되는 것이 아니라 그것에 기여하는 것으로 간주될 수 있다. 예를 들어 마스든(Marsden, 2004, 138쪽)은 다음과 같이 주장한다.

> 대안적인 먹거리 공급사슬이 관행 시스템과의 차별점이 반드시 대면접촉의 성격을 가져야 한다는 것은 아니다. 몇몇의 좀더 성숙한 고품질의 공급사슬에서는 공간적으로 확대된 네트워크의 발전이 목격되기도 한다. 이들은 브랜드와 라벨들을 팔고 있으며, 자신들의 요리 레시피를 높은 수준으로 상업화시키고 있다. 파르미자노 레자노 치즈Parmigiano Reggiano Cheese 등이 그 예다. 이런 것들 또한 대안적인 네트워크로 분류할 수 있다. 그 이유는 그들이 해오고 있는 일이 해당 네트워크 외부에서는 재연하는 것이 불가능한 방식으로 자연, 공간, 사회-경제적 관행, 품질 관련 협약들을 하나로 다시 묶고 있기 때문이다. 이런 점에서 이들은 생태적으로 심화된 새로운 공급사슬들이다.**

선진국에서도 로컬푸드 공급사슬이 빈곤층에게 의도치 않은 악영향을 초래하고 있다는 비판을 받는다. 즉 부유한 소비자와 가난한 소비자 사이에 먹거리양극화를 초래할 수 있다는 것이다. '로컬푸드'는 관행 먹거리보다 더 높은 부가가치를 얻을 수 있는 또 다른 세분화된 시장이자

---

* www.maketradefair.co.uk/en/index.php?file=28052002092914.htm(2011년 3월 16일 접속).
** Goodman(2004)도 참고할 것.

새로운 기회를 주는 것일 수 있다. 예를 들어 농민장터는 판매자 입장에서 볼 때 가장 매력적인 장소인 부자동네에 주로 개설된다. 로컬푸드는 가난한 사람들이 흔히 사 먹는 일상의 먹거리보다 비싼 경우가 많으며, 로컬푸드를 조리하기 위해서는 전통적인 레시피가 필요한 경우가 많은데 가난한 사람들은 이런 문화자원을 가지고 있지 않다. 결과적으로 접근성에서 가난한 사람들이 우선적으로 배제된다는 것이다.

물론 로컬푸드 옹호자들은 빈곤층을 지원하기 위해서 여러 장소에서 다양한 형태로 대안적인 농식품네트워크가 만들어져야 한다고 주장한다. 이런 사례들이 이 장의 앞에서 많이 제시되었다. 이런 사례들이 로컬푸드의 가능성을 주장하는 근거로 사용되고 있다.

나가며

최근 들어 대안적인 지역 농식품네트워크가 급증하고 있으며, 이는 산업화되고 지구화된 관행 먹거리 공급체계의 대안으로 인식되고 있다. 이 장에서는 이런 추세를 설명하고, 이런 대안이 먹거리공급의 지속가능성과 미래에 기여할 수 있는 방안에 대해 논의했다. 지역화된 공급사슬이 매력적인 이유는, 이용가능한 자원과 다양성을 극대화하고, 불필요한 에너지 사용을 줄이며, 생산자와 소비자 간의 직접 소통을 통해 먹거리공급에서 시장의 역할을 제한할 수 있기 때문이다. 특히 직거래는 시장이 초래하는 초과공급이나 공급부족의 문제를 예방할 수 있다. 또 다른 측면에서 지역 농식품네트워크는 지속가능성에 다양하게 영향을 미칠 수 있다. 이런 점에서, 모든 것을 낙관적으로 보는 견해는 어떻게든 정당화될 수는 없다. 또한 이런 농식품네트워크에서 '지역'이라는 정체성은 고정되어 있기보다는 끊임없이 창조되고 변화하는 가변적인 상태에 있었다. 그럼에도 불구하고 지역 농식품네트워크는 다양한 스펙트럼을 가진 이질적인 사회운동으로, 산업화된 먹거리공급 방식이 가져온 악영향을 우려하는 사람들을 한데 묶고 있다. 여기에는 농민들, 기업농에 맞서 투쟁하고 지역공동체들을 보호하기 위해 노력하는 활동가들, 환경영향이 적은 고품질의 신선하고 건강한 먹거리를 찾는 소비자들, 건강한 먹거리에 쉽게 접근할 수 없는 가난한 사람들의 잘못된 영양섭취(비만 포함)를 줄이고자 애쓰는 시민들이 포함되어 있다. 지역 농식품네트워크의 정체성은 그 자체에 내포된 저항적 성격을 중심으로 구축되는데, 여기에서 '로컬'은 '글로벌'에 저항하는 장소로 간주된다(하지만 장소 그 자체 역시 실재하는 것이라기보다 지구화에의 대응으로 창조된 것이다). 따라서 지역 농식품네트워크를 따로 떼어내 생각할 것이 아니라, 지구화된 먹거리 공급관행 같은 다른 네트워크와의 상호작용이라는 프리즘을 통해 포착해내는 것이 더 유익할 수 있다. 이렇게 살펴보면, '로컬'의 의미가 한마디로 정의하기 어려운 애매모호한 상황이 된다. 왜냐하면 로컬 자체에 온갖 종류의 각기 다른 개념과 가치들로 가득 차 있기 때문이다. 이런 모호함이 내재된 지역 농식품네트워크는 그 자체로는 충족될 수 없는 너무나 많은 이질적인 기대들로 인해 과도한 부담을 지게 될 위험이 무척 크다. 따라서 지역 농식품네트워크를 하나로만 보지 말고 좀더 포괄적인 측면에서 여러 가지 먹거리 공급네트워크 중의 일부로 접근할 필요가 있다. 먹거리 공급사슬 내부의 이질성과 다양성을 없애려 할 것이 아니라 유연하게 수용하는 것이 좀더 도움이 된다는 의미다.

｜

꼭 기억하기

- 대안적인 지역 농식품네트워크는 생산자와 소비자들에게 새로운 희망, 원천, 생계수단을 제공해주고 있다.
- 도시농업은 지역에 따라 다양한 형태로 진행되고 있으며, 전세계 수백만 명에게 먹거리를 공급하는 중요한 방식으로 자리 잡고 있다.
- 전세계를 먹이고 생계수단을 제공하는 데 지구화된 먹거리공급과 지역화된 먹거리공급 모두가 필요할 수 있다.

｜

더 깊이 읽기

- Morgan, K., Marsden, T. and Murdoch, J. (2006) Worlds of Food: Place, Power, and Provenance in the Food Chain, Oxford University Press, Oxford : 동시적인 먹거리공급에 있어서 지리적 규모의 연관성에 대해 통찰력 있게 살펴본다. 로컬푸드에 관한 것을 포함하여 몇몇 관련 사례들이 포함된다.

7장

공정무역
: 시장에서 소비자신뢰를 주고받기

이 장의 목표는
- 공정무역의 역사와 목표, 관련 제도, 실천들을 소개함으로써 국제 먹거리무역의 지속가능성 제고전략으로서 공정무역을 설명하고
- 공정무역 커피를 하나의 사례로 제시하고
- 공정무역의 성과와 한계를 토론하는 것이다.

들어가며

1940년대 미국의 자원봉사자들이 멕시코 빈민들이 만든 공예품들을 팔기 시작한 무렵부터, 오늘날 30억 유로가 넘는 규모로 커진 전세계적인 공정무역 생산과 상업화에 관여할 정도로 전문적 조직들이 발전하기까지 50년이 갓 지났다. 공정무역은 국제 먹거리무역의 변두리에 자리하던 의제 중 하나에서 중요한 대안적 표준으로 탈바꿈했다. 하나의 표준이자 인증의 틀로서, 공정무역이 명시적으로 의도하는 바는 세계 먹거리시장에서 더 공평하거나 '공정한' 관계가 맺어지는 데 기여하는 것이다. 개발도상국의 소농들은 공정무역의 지원을 통해 상품가격에서 차지하는 자신들의 몫을 늘리고, 판로 속에서 입지를 보장받는다.

이런 목표들이 실제로 어떻게 구현되고 있으며, 개발도상국의 가난한 생산자들에게 지속가능한 향상이 실제로 이뤄지는지에 관해서는 추가적인 분석이 필요하다. 따라서 이 장에서는 공정무역과 그것의 공식적 측면들(예컨대 국제 공정무역 라벨링 조직들과 인증기구들 등)을 소개하는 데서 출발한다. 다음으로는, 최초이자 여전히 가장 중요한 품목인 커피를 사례로 삼아 공정무역을 그려 보일 것이다. 이에 덧붙여 여러 공정무역 제품의 판매현황을 소개하고 공정무역이 생산자와 소비자들에게 끼치는 영향을 검토함으로써 공정무역의 중요성에 대해서 이야기할 것이다. 마지막으로, 공정무역의 목표와 실천들에 관한 상당수 비판적 논평을 살펴본 다음, 생산자와 소비자 간의 혁신적 관계로서 공정무역이 가진 향후 전망을 토론하고, 이 모델이 한층 더 지속가능한 지구적 먹거리공급에 기여할 수 있는지 검토한다.

역사적 배경

공정무역이 처음 시작된 것은 1940~50년대로 거슬러 올라간다. 미국과 영국의 NGO들이 멕시코와 푸에르토리코의 가난한 여성들이 만든 수공예품을 팔던 시기다. 이들 물품을 파는 공정무역 상점이 처음 열린 것은 1958년 미국에서였다. 이 움직임이 확산된 것은 1960~70년대에 걸쳐 네덜란드의 (제3)세계 상점과 영국의 옥스팜 가게, 다른 나라에서 벌어진 비슷한 움직임들을 통해서였다. 이들 가게에서는 수공예품 말고도 개발도상국의 협동조합에서 출하한 농산물을, 그중에서도 특히 사탕수수와 커피, 차를 팔았다. 그러나 가게를 운영했던 자원봉사자들의 관심은 궁극적으로 물건을 파는 쪽보다는 부정의한 국제무역 관계를 구매

대중이 더 잘 알도록 하고 변화의 필요성을 드높이는 쪽에 있었다. 이러한 가게들과 자원자들은 '원조 아닌 교역'이 이뤄지고 '남반부'와 '북반부' 사이가 더 평등해지도록 펼쳐진 보다 광범위한 사회운동의 일부였다. 이와 거의 동시에, 대안무역 조직들은 개발도상국의 농산품을 미국과 유럽에 있는 소비자들에게 판매하던 종래의 시장경로를 우회하여 커피(설탕과 꿀도 포함해)를 팔 수 있는 독립적인 유통경로를 발전시켰다. 1973년 과테말라에서 가장 먼저 대안무역 품목으로 생산된 커피는 네덜란드로 수출됐다. 대안무역 조직들은 먹거리 무역과 소매에 적극적인 초국적 기업들과 연계되고 싶어하지 않았는데, 많은 사람들의 이야기처럼 '초국적 기업은 가난한 농부들을 그저 착취할 뿐'이라는 이유에서였다. 이 같은 선택의 결과, 대안무역 움직임은 소규모로 유지됐고 세계 커피시장에서 그 어떤 중요한 영향력도 좀처럼 발휘하지 못했다.

어느 모로 보나 좋은 의도에도 불구하고, 대안무역은 생산자 다수의 삶을 의미심장하게 변화시키지는 못했다. 그래서 활동가들은 보다 큰 파급력을 만들어낼 수 있는 다른 길을 찾기 시작했다. 그들은 1988년 네덜란드에서 '막스 하벨라Max Havelaar' 라벨을 도입했다. 막스 하벨라 재단은 기존 커피 브랜드에 '공정무역' 인증을 부여해 많은 소비자들이 통상적인 유통경로를 통해서도 쉽게 공정무역 커피를 살 수 있게 하고자 창설됐다. 여기에는, 이 같은 의도가 성공할 경우 개발도상국들의 가난한 농부들이 위탁중개업자와 보장된 가격으로 작물을 거래할 가능성이 급속하게 커지리라는 전망이 깔려 있었다. 막스 하벨라 재단은 이런 목표를 내걸고서 커피를 생산하고 중개하고 볶는 사람들에 관한 엄격한 표준을 개발했는데, 이 표준을 따른 커피는 막스 하벨라 라벨이 부착돼 통상의 시장경로에서 거래될 수 있었다. 이러한 공정무역 라벨링 구상은 대안적 시장을 주류화하려는 시도의 하나로, 시간이 지남에 따라 커피 이외의 다른 먹거리상품들*을 다수 포함하게 됐다. 예컨대 차와 바나나, 다른 생과일과 건과들, 코코아, 와인, 주스, 생콩, 꿀 등이 그랬다. 다른 유럽 나라들에서 막스 하벨라 인증제는 빠르게 수용됐고, 1990년대 무렵에는 미국과 일본에서도 채택됐다. 자체적인 기준과 표준은 각 나라별로 개발됐지만 대부분의 나라에서는 '공정무역'이라는 호칭이 사용됐는데, 막스 하벨라**라는 네덜란드어가 친숙하지 않기 때문이었다. 공정무역 라벨링 운동의 빠른 확산은 가난한 생산자들이 자신의 작물을 팔 수 있는 시장을 실질적으로 확장시켰다. 상업적 유통망은 (제3)세계 상점과 옥스팜 가게같이 고립된 대안적 유통경로에서 벗어나 기존의 슈퍼마켓으로도 향하게 됐는데, 현재 공정무역 인증을 받은 생산품의 3분의 2 이상은 주류 요식 및 소매 업체를 거쳐 팔리고 있다. 2009년 기준 공정무역 소매 규모는 세계적으로 최대 33억 달러에 달했다(FLO, 2010).

공정무역 제도화의 다음 단계는 1997년 국제공정무역기구Fairtrade Labeling Organizational of fair trade International, FLO가 창설된 것이었다. 이 단체는 그 이전까지 국가별로 독립적으로 이뤄지던 공정무역 운동들을 조율하고자 만들어졌다. FLO는 공정무역 제품들의 생산과 무역을 위한 국제 표준을 규정했고 이에 따라 세계 공정무역 운동 내부에서 더 나은 국제적 협력과 조화, 전문화가 이뤄지는 데 뚜렷이 기여했다.

최근에는 새로운 공정무역 촉진전략의 일환으로 공정무역 마을들이 추가됐는데, 영국의 가스탱Garstang이 가장 먼저 지정됐다. 현재 영국에

---

* 공정무역은 먹거리말고도 면직류와 수공예품 같은 비먹거리도 다루지만, 이 장에서는 초점을 먹거리에 맞춘다.

** 막스 하벨라(Max Havelaar)는 1860년에 쓰인 유명한 네덜란드 책의 제목이다. 이 책은 네덜란드와 네덜란드령 인도(오늘날의 인도네시아) 간에 이뤄진 커피무역을 다루면서, 두 지역 간의 불평등한 식민관계 때문에 과도한 이윤을 챙긴 커피무역업자들을 고발하고 있다.

400개가 넘는 공정무역 마을이 있고 벨기에에 44개, 그 외 나머지 마을은 오스트리아와 캐나다, 아일랜드, 이탈리아, 핀란드, 노르웨이, 스웨덴 등 많은 나라들에 있다. 공정무역은 공급사슬상의 공급과 소비 양 극단을 막론하고 국제 (먹거리)무역 내부에서 하나의 표준으로 자리 잡았을 뿐더러 관련 운동 또한 점차 제도화되었다.

공정무역의 목표와 표준

공정무역 운동의 목표는 제3세계의 불리한 지역 소재 농민과 노동자들에게 공정한 조건에 바탕한 국제무역 체계를 확립하는 데 있다. 공정무역 활동가들은 공정무역을 이렇게 정의한다.

> 대화와 투명성, 존경을 기초로 국제무역에서의 형평을 더 크게 추구하는 무역 파트너십. 특히 남반구에서 주변화된 생산자와 노동자들에게 더 좋은 교역조건을 제공하고 권리들을 보장함으로써 지속가능한 개발에 기여하고자 한다. 소비자들이 뒷받침하는 공정무역 기구들은 생산자 지원과 인식 제고, 통상적인 국제무역의 규칙과 관행을 바꾸는 캠페인에 적극 참여한다 (WFTO and FLO, 2009, 4쪽).

이에 따라, (NGO, 협동조합과 같이) 조직화된 생산자들과 개발도상국의 일부 플랜테이션들은 세계 시장가격과는 별개로 생산물에 대한 최저가격을 보장받고 있다. 게다가 생산자와 수입자들 간에 직접적이고 장기적인 파트너십이 만들어졌는데, 재정적·기술적·조직적으로 신뢰할 만한 역량 형성의 기초가 이로부터 마련된다. 공정무역 제품의 소비자가격이 통상적인 가격보다 더 높은 건 그것이 그저 '시장에 순응하는' 것이 아니라 '공정한 대가'라는 개념에 기초해 있기 때문인데, 이 개념은 실질생산 비용과 더불어 개발과 환경의 목적을 위한 사회적보험 비용까지 아우른다. 공정무역 먹거리의 기준은 애초 사회적이고 경제적인 관련성에 초점을 맞추었지만, 나중에는 환경 관련성도 아울러 고려하게 됐다. 이는 공정무역 먹거리가 생태적으로도 긍정적인 영향을 끼치리라고 가정했던 소비자들에 대한 대응이었다. 그렇다고 해도 생산자들의 환경친화적 실천 관련 기준은 의도적으로 모호하게 유지되었는데, 엄격한 친환경 표준을 따르기가 어려울 수도 있는 소규모 경작농들을 배제하지 않기 위해서였다. 공정무역 운동이 북반부와 남반부 사이의 불공정한 교역관계에 주안점을 둠에 따라 공정무역 라벨링은 남반부 생산자들에게 국한돼 있고, 그에 따라 북반부 소규모 생산자들은 여기에 포함될 수 없다.

국제 공정무역 네트워크의 주요 행위자는 생산자와 수입자들, 라벨링 조직과 판매자들이다. 개발도상국의 생산자들은 민주적인 협동조합으로 조직화돼 있거나 사회적 참여도가 큰 회사에서 일하고 있다. 공정무역 수입조직들은 이러한 생산자들로부터 사들인 먹거리를 그들 자신만의 보급망이나 통상적인 소매업자들을 통해 판매한다. 공정무역 표준에 합당하고 자격을 부여받고 있다면, 통상의 무역업자들도 공정무역 품목을 수입할 수 있다. 공정무역 라벨링 운동은 현재 많은 나라에서 실행되고 있다. 예컨대 막스 하벨라가 1988년 네덜란드에서 만들어진 것을 시발로, 1994년에는 영국에서 공정무역재단이, 1999년에는 미국에서 트랜스페어Transfair가 창립됐다. 공정무역 라벨링 운동을 통해 '공정무역 인증마크FAIRTRADE Certification Mark' 라벨이 먹거리품목에 인허됐고, 운동이 벌어지는 국가별로 공정무역이 촉진됐다. 그러나 이들 운동이 먹거리나 다른 상품을 직접 거래하지는 않았다. 공정무역 품목들은 수입업자들을 통해서뿐만 아니라 슈퍼마켓과 유기농 식품점, 요식업체, (제3)세계 상점과 옥스팜 가게 및 지역(교회)모임을 통해서도 거래됐다.

각국별로 활동 중이던 몇몇 공정무역 라벨링 운동기구들은 1997년 국제공정무역기구FLO를 우산조직 형태로서 창립했다. 초기에는 FLO의 공식 구성원에 라벨링 조직들밖에 없었지만, 2007년에는 개발도상국의 지역 생산자 네트워크들도 가입했다. 현재 FLO 위원회는 14명의 회원들로 구성되는데, 공정무역 라벨링단체의 대표 5명과 공정무역 인증을 받은 생산자조직 대표 4명(이 중 지역 생산자 네트워크 소속 대표가 적어도 1명 포함된다), 공정무역 인증을 받은 무역업자 대표 2명, 외부의 전문가 3명으로 이루어져 있다.* FLO는 공정무역 표준을 정하고, 생산자들이 공정무역 인증을 받아 시장참여 기회를 키울 수 있도록 지원하며, 글로벌 공정무역 전략 편성을 통해 더욱 효율적으로 영향력을 발휘할 수 있도록 한다. 또한 무역과 개발에 관한 국제적 논쟁에 참여함으로써 무역 정의를 촉진하기도 한다(〈상자 7.1〉 참고).

공정무역 표준은 FLO 운영위원회에서 임명된 위원들로 구성된 FLO 표준위원회가 정한다. 위원회가 내린 결정들은 모든 관련 이해당사자의 견해를 고려하고 FLO의 전반적인 사명과 정책 준칙을 따라야 한다. 공정무역 인증 과정 자체는 'FLO-CERT GmbH'라는 독립회사에 의해 이뤄진다.** FLO-CERT는 생산자들이 공정무역 라벨 제품을 거래하는 무역업자들과 장기적인 관계와 좋은 관행을 맺도록 돕고 70여 개발도상국의 농민 및 기업들에게 인증 서비스를 제공함으로써 생산자들을 지원한다. 이 회사는 공정무역 시장에 가입하고 싶어하는 생산자들과 교역

---

* www.fairtrade.net/home.html(2010년 10월 21일 접속) 참고.
** www.flo-cert.net/flo-cert/main.php?lg=en(2010년 10월 21일 접속) 참고.

막스 하벨라 재단

막스 하벨라 재단은 멕시코 커피 재배자들의 요청으로 1988년에 세워졌다. 멕시코 재배자들은 이렇게 말했다. "지원도 좋지만, 커피에 대한 공정한 값을 치르는 게 훨씬 더 좋다. 그렇게 되면 더는 지원을 구걸할 필요가 없어질 테니까." 소규모 경작자들이 커피 원두에 대해 공정한 값을 치를 수 있게 된다면, 그들은 스스로 자신의 미래를 열 수 있게 될 것이다.

막스 하벨라 재단은 개발도상국의 생산자들을 지원해 무역체계를 바꾸려 했다. 생산자와 소비자들을 연결하기 위해, 재단에서는 공정무역 표준에 따라 생산, 거래되는 품목을 표시하고자 막스 하벨라 라벨을 개발했다. 막스 하벨라가 자체 생산 브랜드로 많은 이들에게 알려져 있지만, 그렇지는 않다. 막스 하벨라는 공정무역 표준을 충족하는 품목에 부여된 독자적인 라벨로서, 커피나 다른 먹거리를 만들지도 거래하지도 않는다. 막스 하벨라 재단에서 중점을 두는 활동은 다음과 같다.

- 공정무역을 위한 막스 하벨라 라벨을 통한 독자적 인증 제공
- 공정무역 제품에 대한 수요와 공급의 창출이 시장에서 이루어지도록 보장·고무
- 농민조직과 그 구성원들에 대한 지원이 이루어지도록 파트너들과 협력
- 공정무역의 필요성과 막스 하벨라 공정무역 라벨의 중요성에 대한 사회적 인식 제고
- 인허 보유자들과 함께 생산의 새로운 선택지들 탐색·실현
- 자사 제품에 막스 하벨라 라벨을 사용하는 회사들 관리

오늘날 네덜란드에서 막스 하벨라 라벨은 땅콩버터에서 수건에 이르기까지 250개 이상의 다양한 품목에서 찾아볼 수 있다.

출처: www.maxhavelaar.nl/(2010년 10월 21일 접속)

자들을 독립적으로 심사하고 공정무역 표준에 의거해 실제 성과를 검증한다. 공정무역 표준은 (자기 생산물에 의존하는) 생산자냐 중개업자냐에 따라 따로 적용된다. 인증서는 실사로 모든 공정무역 표준에 부합한다는 게 확인되고 일련의 감시활동을 통해 지속적으로 부합하는 것으로 확증돼야 발행된다(자세한 인증 과정에 관해서는 〈상자 7.2〉 참고).

FLO-CERT는 생산자들이 경제적으로 합리적인 결정을 내려야 한다

공정무역 인증 과정

먼저, 생산자들은 자신이 만드는 제품과 조직구조가 어떤가에 따라 어떤 표준으로 인증받고 싶은지를 정해야 한다. 생산자들은 농민조직이거나 플랜테이션, 아니면 공장일 수 있다.

생산자조직이 인증을 받으려면 FLO-CERT이라는 회사에 인증 신청을 해야 한다. 신청 자격이 부여되면 FLO-CERT에서는 이를 신청 조직에게 알리고 지원비용 500유로를 지불하고 다양한 기준에 맞게 인증을 준비하라고 요청할 것이다. 갖춰야 할 모든 서류가 접수, 승인되고 나면 FLO-CERT의 인증 관리자가 규정위반 사항을 확인하기 위해 현장감사 활동에 들어간다.

감사 활동은 그 기간과 강도는 사안별로 달라도 다음과 같은 절차를 항상 포함한다. 1) 모든 이해관계자가 참여하는 시작회의, 2) 인증신청 조직의 대표자들과 회원, 비회원들에 대한 현장방문 및 인터뷰, 3) 마무리회의.

그다음으로 인증자는 공정무역 표준을 따르는 데서 생산자조직이 숙지해야 할 몇몇 쟁점을 강조할 수 있다. 규정을 따르기로 결정하면, FLO-CERT 직원은 인증서를 발부할 것이고, 생산자는 공정무역 조항에 따라 거래할 수 있게 될 것이다.

출처: www.flo.cert.net/flo-cert/main.php?id=29(2010년 10월 23일 접속)

고 강조한다. 왜냐하면 인증은 일종의 투자이고 일단 인증이 되고 나면 생산자단체는 연례심사 비용을 치러야 하고 앞으로도 계속 인증유지를 위해 투자해야 할지 모르기 때문이다. 게다가, 인증을 받았다고 해서 생산자가 공정무역 시장에서 자신이 만든 제품을 팔 수 있도록 보장되는 것도 아니다. 공정무역 조건에 따라 그들이 만든 제품을 기꺼이 사들일 의향이 있는 구매자를 찾아야 하기 때문이다. 공정무역 제품을 팔려는 구매자들은 자신들이 제품을 팔고자 하는 나라의 인증기구로부터 공정무역 라벨을 허가받아야 한다. 따라서 궁극적으로는, 생산자에서 소매업자에 이르기까지 생산된 제품이 거쳐간 모든 공급사슬에서 공정무역 표준을 잘 따르고 있는지가 인증과 심사를 통해 확증되어야 한다.

공정무역 라벨은 민간에서 자발적으로 운용되는 것으로, 여기에 참여할지 여부는 생산자들의 자유이며, 이들 라벨링 운동은 국가 및 국제 규모로 움직이는 통치기구들에 대해 독립적이다. 그렇더라도 공정무역 생산자들과 거래업자들은 현행 세계시장에서 활동을 벌이고 있고, 그런 만큼 국제무역 관련 법규를 존중해야 한다. 각국 정부는 공정무역을 적극적으로 지지해서는 안 된다. WTO의 무역정책 관련 법규상 각국 정부는 무역에 비차별적으로 개입해야 하는 것으로 돼 있기 때문이다. 공정무역 제품을 다른 제품보다 더 매력적으로 만드는 정부 조치가 이루어질 경우, 이는 '정당화될 수 없는 무역장벽' 조성을 피하라는 의무조항을 위반하는 셈이다(4장 참고).

FLO는 최근 몇 년 새 나타난 공정무역 매출상의 급속한 성장을 그간의 운영방식에 대한 자체점검의 계기로 삼았다. 조직 구성원들은 공정무역이 그 핵심가치에 충실한 방식으로 규모를 키우려면 FLO의 운용반경을 그 너비와 깊이, 강도 면에서 더 키워야 한다고 주장한다(FLO, 2009). 또한 FLO 구성원들은 세계시장에서 공정무역의 입지를 강화하고 싶어 한다. 이 같은 평가에서 초점은, 지원 및 역량강화 전략 말고도 공정무역 표준의 개발 및 실행과도 관련을 맺는 생산자들의 요구에 FLO가 얼마나 더 잘 부응할 것이냐에 맞춰져 있다. 공정무역은 생산자들에게 인위적으로 높은 장벽을 조성한다거나 '틀 하나에 나머지를 다 끼워맞추는' 식의 접근법을 취해서는 안 된다. "우리의 역량강화 모델은 생산자들이 자신만의 개발 계획과 이 계획의 실행에 필요한 이정표와 지표들을 아울러 준비할 수 있도록 하는 바탕을 제공할 것이다"(FLO, 2009, 10쪽). 이런 목표 아래, FLO가 원하는 것은 자체 표준들이 모종의 참여 과정을 거쳐 서로 다른 세 영역 속에서 자리 잡아가는 것이다. 이들 세 영역은 바로 사업 및 개발, 생산 그리고 무역이다.

공정무역과 윤리적 무역 그리고 기타 라벨들

공정무역이 지속가능성과 관련해 국제 먹거리무역에서 사용되는 유일한 라벨은 아니다. 그것은 보통 '윤리적 무역'과 뒤섞여 소비자들에게 혼란을 주기도 한다. 공정무역이 때로는 윤리적 무역의 일부로 간주되기는 하지만, 실제로 공정무역과 윤리적 무역은 서로 다른 전략이다. 두 전략 모두 '남반부'와 '북반부' 간 무역이 생산자/노동자의 복지를 해치거나 생산지 환경을 파괴하지 않도록 하는 데 목표가 있다. 하지만 공정무역이 불공정한 교역조건을 바꾸려 한다면, 윤리적 거래는 노동자친화적인 노동관행을 보장하고자 한다(Freidberg, 2003; Smith and Barrientos, 2005). 윤리적 거래는 '기업의 사회적 책임CSR'이라는 표어 아래 재편성된 대기업들이 자발적 준칙을 채택하도록 함으로써 이러한 목적을 이루려 한다(Barrientos and Dolan, 2006). 몇몇 행동(또는 실천)준칙은 윤리적 거래를 지원하고자 개발되었고 종종 당사자의 선언(GRI 보고서*)에 바탕한 것이지만, SA8000과 ISO14000과 같이 독립적인 표시들도 있다. 식품업계에서는 다농과 유니레버, 네슬레, 스타벅스와 아홀트Ahold 같은 기업이 이러한 라벨링 전략을 취해왔다. 공정무역과 윤리적 무역에서 실제로 나타나는 주된 차이는 공정무역이 개발도상국의 가난한 생산자에게 최저가격을 보장하는 반면 윤리적 거래에서는 가격보장이 전혀 이뤄지지 않는다는 것이다.

열대우림동맹Rainforest Alliance과 우츠인증Utz Certified 같은 다른 지속가능성 라벨들은 같은 시장에서 공정무역 라벨과 경쟁한다. (1987년에 만들어진) 열대우림동맹은 종다양성을 지키고 지속가능성을 촉진하

---

* Global Reporting Initiative는 기업의 지속가능 보고서에 대한 가이드라인을 제시하는 국제기구로, 3~4년에 한 번씩 가이드라인을 개정한다. ― 옮긴이

는 데 목적을 두고 있다. 커피와 열대과일, 목재, 코코아, 차 같은 품목
은 '지속가능 농업 네트워크SAN'가 개발한 표준에 따라 생산돼야 인증
을 받을 수 있다. 가격보장을 하지는 않지만, 이 표준을 따르는 생산자
와 노동자는 최저임금을 받아야 하며 노동조건은 국제노동기구ILO에
서 정해진 조약을 따라야 한다. 열대우림동맹 라벨은 미국에서 커피
와 바나나를 통해 유명해졌다. (1997년에 설립된) '우츠인증, 알찬 내실
Utz Certified, Good Inside'은 점점 중요해지고 있는 또 다른 민간 라벨로, 지
구적 공급사슬들을 통해 지속가능성을 진작하려는 가운데 이들 공급
사슬을 사회적·환경적·경제적 차원에서 전문화하는 데 초점을 맞추고
있다.

이와 같은 제3자 인증 형식에서, 생산자는 반드시 GlobalGAP에 근거
한 실천 준칙을 따르고 있음을 보여줘야 한다(Renard, 2005). 가격보장
이 없다 해도 생산물의 질은 생산자의 자질 향상을 통해 더 좋아지고,
이로써 시장에서 보다 탄탄한 입지와 더불어 결과적으로 높은 가격을
획득하게 될 것으로 기대된다. 주요 생산물로는 커피와 차, 코코아, 면화,
팜유가 있다. 농민들은 우츠를 시장접근성 획득수단으로 여기지만, 소매
상과 커피 볶는 이들은 그것을 지구적 지속가능성에 대한 그들의 열망
을 보여줄 판촉수단으로 생각했다(Muradian and Pelupessy, 2005). 커피
부문에서, 우츠는 서유럽과 미국 시장의 중요한 부분을 빠르게 점유해
왔다.* 열대우림동맹과 우츠 라벨은 공정무역 라벨과 많은 특성을 공유
한다. 하지만 생산자들에게 최저가격을 보장하고 공동체 투자에 필요한
보험비용을 따로 지불한다는 점은 공정무역 방식에서만 볼 수 있는 것

---

* 예컨대, 네덜란드에서 지속가능성 라벨 커피의 시장점유율은 2010년 현재 45%로 추정되는데,
  이 중 우츠가 39%, 공정무역이 3%, 열대우림동맹이 2%, (공정무역 커피의 3분의 1이 유기농 표
  시이기도 하지만) 유기농이 1%를 차지한다(Oxfarm-Novib, 2010).

으로, 공정무역이 다른 방식들과 결정적으로 다른 차이다.

커피의 경우

오늘날 주요 식료품 중 하나가 된 커피는 많은 개발도상국의 경제에서 엄청난 값어치가 있다. 가장 저개발된 나라들 중 상당수에서 커피수출은 외화벌이의 대부분을 차지한다. 이 중 상당수가 대규모 농장에서 재배되지만, 대부분은 약 50여 개국의 10헥타르 이하 농장에서 2500만 명이 넘는 사람들의 손을 거쳐 오는 것들이다. 이들에게 커피는 재정에 아주 작은 보탬만 될 뿐인 노동집약적 농산물이다. 주요 커피생산 국가들로는 브라질과 콜롬비아가 있고, 최근에는 베트남이 포함됐다. 국제 커피무역은 미국과 유럽에 위치한 소수 대기업들이 지배하고 있으며, 그 숫자는 점차 줄어들고 있다.

세계 커피시장은 이제껏 가격등락에 매우 취약했다. 이러한 취약성 탓에 각국 정부는 커피시장 안정화를 위해 1962년 국제커피협정을 최초로 체결했다. 세계시장에 과도한 양의 커피가 공급되지 않도록 쿼터 제도가 도입된 가운데 커피 소비는 촉진됐다. 국제커피기구와의 조율이 이뤄진 결과, 몇 가지 관련 협정이 추가로 체결됐는데, 불행히도 1989년의 국제커피협정 갱신 협상이 결렬되면서 커피가격은 파운드당 0.8달러 아래로 떨어졌다. 이는 세계 커피시장에 대한 정부당국의 규제 시도가 끝났음을 의미했고, 시장의 자유를 보다 중시하는 해법들이 가격안정을 위해 앞서 이뤄진 노력들을 대체했다.

1980년 이전까지, 각국 정부는 신용 기반 투입재 지원 구상과 농촌 지도 교육, 전국 규모의 품질관리와 가격보조 체계를 통해 커피생산을 시원하는 데 중추적인 역할을 했다. 하지만 이는 점차 바뀌기 시작해, 1990년 무렵에 이르러 커피의 생산과 교역 구도는 분명 변형되었다. 생산자 카르텔은 무너졌고, 개발도상국 정부들이 농민을 지원하고 국내 커피시장을 규제할 능력은 국제통화기금IMF이 이들 정부에 부과한 구조조정 프로그램으로 인해 크게 떨어졌다. 생산자와 거래자, 가공업자들 간의 사적 계약들이 국제 커피무역을 지배하기 시작했다. 세계적 규모로 이뤄지던 시장조정 기능이 위축됨에 따라 가격불안정성은 커졌다. 몇 차례 시도는 있었다고 해도, 지구적 규모의 정부 기반 커피무역 협정이 성공적으로 체결된 적은 지금껏 없다. 1994년 새로운 국제커피협정이 체결됐지만, 커피가격은 더 이상 규제하지 않기로 결정됐다. 바로 그해 브라질에서는 서리로 인해 작황이 위태로워졌고, 1파운드당 커피가격은 2.8달러까지 치솟았다.* 세계 커피시장은 생산자들(이를테면 국가)의 활발한 참여가 이뤄지던 비교적 공식적이고 안정적인 체계로부터, 보다 비공식적이고 내재적으로 불안정한 구매자 본위의 체계로 바뀌어버렸다.

이런 변화는 수입국에서의 소비자 취향이 갈수록 다변화하는 과정과 동시에 일어났다. 이전까지만 해도 생산자와 무역업자들을 연결하던 먹거리의 질에 관한 합의는 비교적 단순한 것으로, 해당 농산물의 몇 가지 원료적 특성들과 가격이 조합된 것이었다. 하지만 이런 단순한 격자형 조합은 사라졌고, 지난 10년 사이 커피가격과 블랜드의 분화 정도가 크게 증가하면서 복잡한 품질 표준이 빠르게 확산됐다(Ponte, 2002). 등급과 표준의 이 같은 확산은 관리비용을 증가시켰는데, 구매자들은 이 비용을 생산자에게 지속적으로 떠넘기려 하고 있다(Gibbon, 2001). 이는 생산자들이 인증비용을 떠안고 자신의 경작관행을 그에 맞추도록 항구적으로 압박한다.

지구적으로 편성돼 있던 거버넌스 제도가 사라지고 복잡하고 다양한

---

* www.ico.org/history.asp(2010년 10월 20일 접속) 참고.

판정 표준이 도입되면서, 그렇지 않아도 한쪽으로 기울어져 있던 커피생산 네트워크상의 권력 불균형은 더 심해졌다. 생산국가의 농민들은 자신의 지위가 더 약해졌다는 걸 알게 됐지만, 수입업자와 가공업자, 소매업자들은 자신의 지위를 강화할 수 있었다(Fitter and Kaplinsky, 2001). 농민에게 유리한 커피가격은 점차 쇠퇴 추세를 보였고, 이는 작물의 총 시장가치에서 농민에게 주어진 몫이 줄면서 한층 더 악화됐다. 1990년대 초 커피를 생산하는 국가는 100억~120억 달러를 벌어들였지만 소매상들은 이를 300억 달러에 팔았다. 2002년에 이르러 소매가격은 700억 달러를 넘어선 반면 커피생산국에서 벌어들인 수익은 55억 달러에 그쳤다(Osorio, 2002).

'커피위기'라고 알려진 기간(2001년 10월)에 커피가격은 거의 하룻밤 새 파운드당 0.45달러로 곤두박질쳤다. 수많은 농민들이 파산했고, 1억 명이 넘는 생산자와 가공업자, 무역업자와 소매상들도 그 여파에 시달렸다. 이 위기는 주로 커피의 과잉생산에서 비롯된 것이었다. 베트남 농민들은 질 낮은 로부스타Robusta 커피를 대량으로 경작하고 있었는데 이는 브라질 커피생산의 가파른 증가와 맞아떨어졌다. 이로 인해 공급은 수요를 훌쩍 넘어서버렸다. 2002년에는 소비량보다 생산량이 8% 더 많았고 이 중 대부분은 질이 떨어졌다. 저품질 커피의 공급이 늘어난 결과 고품질 커피의 세계 시장가격도 끌려내려왔다.[*] 이 커피위기, 그리고 그 위기와 상호연결된 사회적·환경적 파장의 부정적인 영향은 공정무역 커피라는 1980년대의 개념을 도입한 추동력이 되었다. 공정무역의 도입 의도는 예측불가능한 세계시장에 맞설 안전망으로서, 커피 생산자들이 지속가능한 생산의 평균 비용을 충당할 특정 가격을 확보하도록 생산자들

[*] www.fairtrade.net/coffee.html(20120년 10월 23일 접속) 참고.

에게 안전을 보장하는 데 있었다. 이를 위해 FLO는 커피에 대한 공정무역 표준을 다음과 같이 개발해왔다.*

- 생산자들은 독립성을 갖춘 민주적 조직에서 조직화되고, 모든 조직 성원은 동등한 투표권을 지닌다.
- 환경 표준은 농화학물질의 사용을 제한하고 지속가능성을 장려한다.
- 생산자조직들은 최저선 이상의 가격을 보장받는다(세부사항은 〈상자 7.3〉 참고).
- 파운드당 0.1달러에 해당하는 공정무역 프리미엄은 공동체와 협동조합 수준에서 이뤄지는 사회적이고 경제적인 투자를 위한 구입 가격으로 부가된다.
- 생산자조직은 수출 이전 단계에서 구입가격의 60%까지 신용대출 지원을 받을 수 있다.

수년에 걸쳐, 많은 생산자조직이 공정무역 인증을 취득했고, 2009년에는 7만 3000톤 이상의 인증 커피가 소비자에게 판매됐다. 하지만 공정무역 커피가 시장에서 차지하는 몫은 여전히 아주 작은데, 세계 커피 생산의 약 4%밖에 되지 않는다.**

공정무역이 무엇보다 우선하는 것은 커피 생산자의 사회적 조건을 개선하는 일이지만, 최근 들어서는 커피생산이 환경에 끼칠 영향도 포괄

---

* 앞의 각주 참고.

** 2010년, 세계 커피시장에서 커피가격은 가파르게 상승했는데, 2011년 1월 당시 가격은 1994년 이래 최고치를 기록했다. 이 같은 가격앙등이 뜻하는 것은, 공정무역 조건에서 판매하는 것이 가격 낙차가 상대적으로 작은 만큼 덜 매력적이게 됐다는 의미다.

공정무역 커피의 가격

공정무역 커피의 가격은 다음의 고려사항을 포함한다.

- 공정무역을 위해 생산자조직들은 인증받은 정제 아라비카Arabica의 경우 파운드당 1.25달러, 비정제 아라비카의 경우에는 파운드당 1.20달러의 하한가격(공정무역 최저 가격)을 받되, 시장가격이 높으면 시장가격으로 받는다.
- 공정무역 인증을 받은 유기농 커피는 적어도 파운드당 0.2달러를 더 받아야 한다.
- 파운드당 0.1달러는 공정무역 프리미엄으로서 구입가격에 부가되며, 생산자조직이 공동체와 생협 수준에서 이뤄지는 사회적·경제적 투자에 사용한다.

출처: www.fairtrade.net/coffee.html(2010년 10월 23일 접속)

하기 시작했다. 그 같은 영향은 살충제와 살균제, 인공비료의 사용을 늘리는 커피생산의 집약화에서 기인한다. 단작화된 커피생산 체계가 도입된다는 것은 특히나 높은 보전가치를 지닌 취약지역에서 토양침식과 삼림벌채가 잦아지고 종다양성이 위험에 처하게 됨을 의미한다. 생태적 지속가능성은 나중 단계에서야 공정무역 라벨링에 통합됐지만, 이제는 인증을 받으려면 통합적 작물관리와 그늘재배형 생산에 대한 구체적인 보증이 필요하다(Abbott et al., 1999). 많은 유럽 소비자들이 보다 엄격한 환경기준 준수에 가치를 두지만, 결국 공정무역 라벨 커피는 실질적으로 유기농 표준에 따라 생산되고 인증을 받는다.

공정무역 먹거리 판매와 소비자들

공정무역 운동이 기성 시장체계를 통해 공정무역 라벨 제품을 팔기로 했다는 것은 판촉 담당자들이 상인과 가공업자, 대형 소매업체 같은 민간기업과 협력해야 함을 뜻한다. 요즘 공정무역 라벨 제품들은 전문화된

〈표 7.1〉 공정무역 제품의 판매규모

품목	2004	2009	성장률(%)
차	1,964	11,524	487
커피	24,222	73,781	205
바나나	80,641	311,465	286
신선 과일	5,157	20,091	290
설탕	1,961	89,628	4,471
꿀	1,240	2,065	66
주스	4,543	45,582	903
쌀	1,383	5,052	265
코코아	4,201	13,898	231
와인	618	11,908	1,827
건과류	238	541	127

단위는 모두 100만 톤(와인의 경우 1,000리터)

출처: FLO(2006, 2010)

공정무역 매장, 교회와 지역공동체 그리고 직접판매 같은 독립된 유통경로 다음으로 슈퍼마켓을 통해 판매된다. 특히, 기성 슈퍼마켓에서 공정무역 라벨 제품을 판매하기 시작하면서 최근 몇 년 동안 매출이 급성장했다(〈표 7.1〉 참고).

언급한 것처럼 공정무역 표준도 생산자조직의 유형에 따라 다르지만, 먹거리에 대한 요구사항 또한 저마다 다르다. 예를 들어 바나나는 1996년 공정무역 라벨이 부착된 최초의 신선과일이었고 스위스에서는 시장점유율이 20%까지 높아졌다(Roozen and Van der Hoff, 2001). 이런 성공 경험을 다른 나라로까지 확산시키기는 만만치 않았는데, 경쟁시장에서 상하기 쉬운 제품에 공정무역 원칙을 적용하기가 어려웠기 때문이다. 바나나의 유통과 마케팅은 커피나 코코아와 같이 쉽게 보존할 수 있는 제품보다 통상의 방식에 더 의존해야 했다(Shreck, 2008). 따라서

〈표 7.2〉 공정무역 제품 매출의 추정 소매가치

국가	2004	2007	2009
오스트리아	15.8	52.8	72.0
캐나다	17.6	79.6	202.0
프랑스	69.7	210.0	287.7
독일	57.5	141.7	267.5
이탈리아	25.0	39.0	43.4
일본	2.5	6.2	11.3
네덜란드	35.0	47.5	85.8
스위스	136.0	158.1	180.2
영국	205.6	704.3	897.3
미국	214.6	730.8	851.4
총계(기타 국가 포함)	831.5	2381.0	3394.2

출처: FLO(2006, 2008, 2010)

특정 국가에서의 시장점유율이 상당히 높지 않은 이상, 공정무역 라벨 제품들은 통상의 유통체계와 공정무역 라벨 제품을 우선시하겠노라는 이들의 의지에 계속 기대야 했다.

커피와 코코아, 바나나, 기타 공정무역 라벨 먹거리들은 1980년대와 1990년대부터 서유럽 시장에서 판매됐다. 그러나 〈표 7.2〉에서 보는 바와 같이, 공정무역 먹거리는 최근 몇몇 비유럽 국가들에서도 높은 성장세를 보이며 하나의 지구적 현상이 됐다. 공정무역 제품의 시장점유율은 2000년 초반부터 빠르게 성장했는데, 스웨덴과 영국은 상대적으로 점유율이 높은 반면 일본의 경우 현저히 낮았다. 전체적으로 봤을 때, 공정무역 매출의 성장은 2009년 30억 유로를 넘을 정도로 인상적이었다. 2008/09년 발생한 경제위기로 소비자들이 공정무역 라벨 제품에 대한 지출을 줄일 수 있었는데도 그랬다.

공정무역 먹거리를 구매하는 것은 그저 틈새시장을 노린 상품이나 특

공정무역 코코아를 초콜릿 원료로 선택한 영국 소매상 협동조합

2002년 쿱Co-op은 가나의 빈농들이 생산한 공정무역 코코아로 자체 브랜드의 모든 초콜릿 바를 만들기로 했다. 브랜드의 소매담당 대표는 더 공정한 무역을 하자는 캠페인 차원에서 초콜릿에 초점을 맞추기로 했다고 밝히며 그 이유를 "초콜릿을 먹는 데서 오는 즐거움과 그 주성분을 공급하는 데서 종종 생기는 고통 사이의 선정적인 대비" 때문이라고 밝혔다. 공정무역은 최저가격과 프리미엄을 보장하는데, 이 프리미엄은 우물을 파고 학교와 건강센터를 짓는 데 도움을 줄 지역공동체 프로젝트에 쓰인다.

출처: *Guardian*(2002)

정한 브랜드를 구매하는 것 이상임이 분명하다. 그러나 네덜란드의 수입 조직 페어트레이드 오리지널Fairtrade Original이 자체 웹사이트에서 제안한 것처럼, 소비자들은 "쇼핑의 세계를 변화"시켜야 한다.* 먹거리를 직접 생산하는 사람들의 삶을 향상시키려는 특정한 사회운동의 일원이 되자고 소비자들을 초대한 셈이다. 인증 표시를 통해, 먹거리는 구체적 물적 특성을 넘어서는 특정한 의미를 획득한다(〈상자 7.4〉 초콜릿 사례 참고).

공정거래 표준과 인증 과정은 개발도상국 농민들의 살림살이에 대한 소비자의 관심에 기반하고 있다. 공정무역의 진정한 의미는 생산단계에서 뚜렷해지는데, 이 단계에서 생산자들은 보통 세계시장에서 물건을 팔다가 가격하락과 판로축소로 피해를 보는 피해자로 간주된다. 공정무역을 통해 제시되는 핵심가치는 부유한 나라의 소비자들과 가난한 개발도상국 농민들 간의 연대다. 이로써 잘 작동하는 세계 먹거리시장의 필수원리로 공정함을 부과하자는 것이다. 유기농 인증 라벨과는 대조적으로, 공정무역은 또한 무역업자와 수입회사를 인증 대상에 포함한다. 이들을 통해 생산자가 적정한 가격을 받고 모두가 동의한 무역조건이 시행

---

* http://fairtrade.nl(2010년 10월 31일 접속) 참고.

되도록 해야 하기 때문이다. 공정무역을 통해 먹거리무역 관행들이 바뀌고 있는데, 시장거래가 더 이상 상업적 표준과 원칙만이 아니라 사회적이고 윤리적인 원칙에 의해서도 이뤄지기 때문이다. 공정무역 가격은 적정수익이라는 개념에 바탕하면서, 개발 목표들을 위한 사회적 프리미엄 말고도 생산비용까지를 아우른다(〈상자 7.5〉 참고).

공정무역은 세계시민의 책임감과 관련된 각국 내부의 공적 표준과 가치, 심성에 바탕해 세워진다. 공정무역은 세계시민의 책임감과 관련된 국내적 시민 규범과 가치, 의식을 만들어낸다. 개별 생산자는 협동조합 단위로 조직돼야 한다는 FLO의 요구사항은 또한 생산자들 간의 공적 규범과 가치를 강화한다. 공정무역 라벨 제품을 구매하는 소비자들은 "농민들과 (사진, 공보, 교육자료를 통한) 개인적 친분과 사회적 책임에 관한 가치요구상의 신용 및 안전, 규정하기 어려운 체감 요소를 제공받는다"(Raynolds, 2002, 415쪽). 공정무역 운동은 이에 따라 구매자와 판매자의 경제적 관계를 넘어 먹거리 생산자와 소비자 간의 혁신적이고 직접적인 사회관계를 구축해 '비옥한 네트워크'를 창출하고자 한다(Whatmore

---

상자 7.5

FLO: 코코아가격을 올리는 공정무역

수년간 개발도상국 코코아농장들에 대한 투자부진으로 세계 코코아산업의 공급이 위축되자, FLO는 공정무역 코코아의 가격인상을 공표했다. FLO의 최고경영자 롭 캐머런 Rob Cameron은 이렇게 말했다. "세계 곳곳의 코코아 농민들 다수는 가족의 기본수요를 충당할 돈이 없다. 하물며 이들에게 향후 수십 년간 지속가능한 수입원이 돼줄 새로운 코코아 묘목에 투자할 돈이 있겠는가?" "공정무역으로 코코아 농민들의 수입이 늘면 농장 개선과 자녀 교육비에 필요한 자금은 큰 폭으로 늘어날 것이다." FLO에서는 코코아 농민조직들이 개발 프로젝트용으로 2011년에 최소한 1000만 달러를 벌어들일 것으로 예측한다. 지난 해 공정무역 인증을 받은 코코아 농민조직의 수는 거의 두 배로 늘었고, 공정무역 코코아의 같은 해 매출은 전년 대비 35%가 늘어났다.

출처: *Biofach*(2010)

and Thorne, 1997). 이러한 '개인적인 친분'의 구체적 특성들이 강조되는 것은 이윤지향적인 민간기업들이 아닌 NGO들이 공정무역 라벨의 원리와 실천들을 통제하기 때문이다. NGO들은 상업적인 기업보다는 개발도상국 소농의 이해관계를 더 고려해 활동하리라고 기대된다. 통상의 공급사슬 속에서 공정무역과 관련된 모든 행위자는 반드시 인증을 받고 까다로운 지침을 따라야 한다. 이런 조건은 그렇지 않을 경우 대동소이했을 비개별 시장에서 공정무역 제품들이 차별성을 갖게 만들어 소비자들은 제품구매 시 이런 차이를 고려하게 된다. 공정무역 소비의 기초는 생활정치와 특정한 생활방식에 대한 의식적 선택, 해방정치의 상호조합에 있는데, 지구적 규모의 불균등한 권력과 자원 분배를 알리고 종종 소비자가 물질적 비용을 치르도록 하는 게 목표다(Levi and Linton, 2003; Lyon, 2006). 공정무역 라벨 제품들의 특정한 정체성은 남반부 농촌의 생계를 위한 투쟁과 도덕적으로 성찰적인 소비자들 간의 연계를 창출하는 데 근본적이고도 필수적이다(Goodman, 2004, 908쪽). 그래서 공정무역 라벨 제품의 구매가 개별화된 구매선택처럼 보일지라도, 이들 선택이 집합행동으로 통합될 경우 그것은 정치적 행동이 되기도 한다. 수요공급 법칙과 초국적 기업의 지배가 어쩔 수 없는 것이 아님을 보여주려 한 것이기 때문이다(Renard, 2003). 이러한 소비자들은 집단적 행동원칙을 가진 단체와 밀착해 있으며 공정무역 라벨 제품들을 구매함으로써 소비자들 사이에서는 사회적 연결고리가 창출된다.

동시에, 공정무역 라벨 제품은 기성 지구적 먹거리 무역체계의 일부이기도 한데 그만큼 음식의 질과 안전에 대한 공식적 규제는 엄격하게 적용되고 융통성 없는 감시 속에 있다. 배송일정과 구매계약은 널리 수용된 산업 표준에 바탕해 있는데, 그런 만큼 공정무역 생산자들과 조직들에게 이러한 통상적인 운용양식에 적응하는 건 하나의 도전일 수 있다.

일반적으로, 공정무역 공급 네트워크는 규범화된 상업원칙을 철저히 따르기로 돼 있으며, 보조금이나 다른 형태의 시장규제 없이 운영돼야 한다.

테일러는 공정무역이 "시장 속에 있지만 시장으로 된 것은 아니"라고 주장한다(Taylor, 2005). 이런 복합적 입지를 유지하려면 다양한 이해관계자, 특히 소비자들에게서 나오는 신뢰가 필요한데 이들 소비자가 특별 비용을 지불해야 하기 때문이다. 공정무역 라벨 운동은 표시된 상품이 개발도상국 생산자들의 삶의 질 향상에 실제로 기여하고 있음을 소비자들에게 확신시키고자 노력한다. 독립적이고 전문적인 인증기구들을 통해 인증이 이뤄지는 것은 공정무역 라벨에 대한 소비자신뢰를 창출, 유지하려는 또 다른 시도다.

공정무역의 영향

공정무역이 끼친 영향에 관한 과학적 연구들을 검토하면서, 넬슨과 파운드(Nelson and Pound, 2009)*는 혁신적으로 편성된 거버넌스 제도의 경제적·환경적·사회적 차원을 고려했다. 공정무역이 소농 가족들에게 더 높은 대가와 안정적 소득을 가능케 하면서 그들의 경제적 지위에 긍정적으로 공헌한다는 강력한 증거가 있다. 소득 외적인 영향이 적어도 소득혜택만큼이나 중요했다는 증거 또한 있었다. 그렇다고 해도 공정무역 자체만으로는 생산자들이 그것으로 겨우 생존하고 있는 수준인 만큼

---

* 이들의 연구는 공정무역재단(Fairtrade Foundation)의 의뢰로 이뤄졌지만, 그 결과는 독자적으로 제출됐다.

가난을 벗어날 수 없다. 공정무역과 더불어 개발정책의 변화가 추가적으로 실행되어야 하며, 운동이 더 효과적이기 위한 다른 행위자 및 운동의 제들과의 조율도 필요하다. 또한, 우팅-차모로(Utting-Chamorro, 2005)는 공정무역이 소생산자들에게 가져다준 긍정적인 효과에도 불구하고 (지역금융제도, 이농 등의) 문제가 여전히 많다는 점을 확인시켜주었다(사례는 〈상자 7.6〉 참고).

루벤(Ruben, 2008)은 공정무역이 농민들의 삶에 끼치는 영향을 그와 무관한 사람들의 삶과 체계적인 검토를 통해 비교했다. 그 결과 그 영향이 서로 다르다는 것이 드러났는데, 공정무역 쪽이 비공정무역 쪽에 비해 노동권과 전문화의 강화를 가져온 것으로 나타났다. 공정무역이 가계지출에 끼치는 영향은 크지 않은 것으로 나타났지만, 작물의 소출(특히 유기농 생산과 관련된)과 생산 및 가격에는 확실히 긍정적인 영향을 끼쳤다. 그 결과 생산자들이 신용대출에 접근하기가 용이해졌고 위험을

상자 7.6

멕시코 치아파스 주에서 공정무역 협동조합이 끼친 영향

생산자들이 대안무역에서 얻는 경제적 수혜의 정도는 매우 다양하며 통상의 비공정 무역 시장에서 형성된 커피가격에도 좌우된다. 시장가격이 공정무역 최저가격 이상으로 올라가면, 협동조합의 구성원들에게 돌아갈 몫은 상대적으로 작아진다. 하지만 정규 커피가격이 공정무역 최저가격 이하로 떨어질 때 생산자에게 돌아갈 몫은 훨씬 커진다. 멕시코 치아파스 주에서는 공정무역이 경제적인 이점 말고도 비경제적인 이점을 제공했다. 공정무역 협동조합이 가공과 마케팅 설비에 대한 소유권을 확보하면서, 생산자들은 이 과정에 민주적으로 참여할 수 있게 됐다. 소규모 가족농들이 살아남았다는 것은 생산 자체에 실제로 관여하는 이들의 수중에 (땅을 포함해) 생산수단의 소유가 지속돼왔다는 말이기도 했다. 환경적으로 보면 협동조합의 조합원 대다수는 그늘에서 기르는 유기농 생산관행을 철저히 따랐는데, 이는 멕시코 정부에서 장려한 일조 중심의 에너지집약적 커피생산 모델보다 환경적으로 보다 쾌적한 생산체계를 낳았다.

출처: Hudson and Hudson(2003, 422쪽)

감수할 용의도 더 커졌다. 루벤의 결론에 따르면, 공정무역은 이제껏 생산자조직들과의 상층부 연계를 강화하는 데 중점을 두었지만, '가공과 분배 네트워크상의 공동소유 및 이윤분점'을 통해 하층부에서의 협력이 이루어지도록 하는 데는 거의 주의를 기울이지 않았다(Ruben, 2008, 45쪽).

전반적으로, 환경적 차원과 관련해서는 무언가 실질적으로 내세울 만큼 공정무역의 영향에 관한 충분한 연구가 행해지지 못했다. 사회적 차원과 관련해서는, 생산자들은 공정무역을 통해 자신감을 키우고 생산자조직을 강화함으로써 이득을 봤다(Utting-Chamorro, 2005). 공정무역이 노동자들의 지위에 끼친 영향에 관해서는 제한된 증거만이 있을 뿐이다. 공정무역이 효과적으로 성별 규범에 도전하거나 여성의 입지를 강화했는지, 했다면 어느 정도인지를 판단하기에 충분한 근거 또한 거의 없다.

따라서 경제적 이점에 대해 초점이 맞춰져 있긴 하지만, 상당수 영역에서는 증거가 드물긴 해도 다른 이점들도 있는 듯하다(Taylor et al., 2005). 텔런타이어(Tallontire, 2000)가 관찰한 것처럼, 공정무역의 직간접적 이점들은 그 의도 여하를 떠나 모든 이해당사자 사이에 고르게 분배되지 않는 듯싶다. 영국의 공정무역 커피 수입업자와 탄자니아의 커피판매 협동조합 간의 협력을 다룬 연구에 따르면, 수입하는 쪽은 양자관계의 윤리적이고 발전적인 측면에 대해 관심이 더 많은 반면 생산하는 쪽은 어떻게 시장으로 파고들지에 더 많은 관심을 보였다.

공정무역 라벨 제품을 사는 소비자들은 종종 개발도상국의 사람들을 지지하는 폭넓은 의제를 갖고서 움직인다(Browne et al., 2000). 클라크 등(Clarke et al., 2007)의 결론에 따르면, 공정무역에 대한 적극적 참여를 규정짓는 건 단지 소득수준이 아니다. 설사 공정무역 제품에 더 높은 값을 치르기는 하지만, 소득수준보다는 오히려 (교회공동체와 학교, 노조를 통한) 전문성과 결사활동, 사회자본 간의 복합적 결합효과에 더 가깝다. 벨기에 소비자들의 공정무역 제품 구매행동을 다룬 연구에서, 드펠스마커와 얀센스(De Pelsmacker and Janssens, 2007)는 공정무역에 대한 더 나은 지식과 관련 쟁점에 대한 긍정적인 태도가 소비자의 구매행위에 실질적으로 영향을 끼치는 반면, 가격이나 쇼핑의 편의성과는 관련이 훨씬 덜하다는 점을 밝혀냈다. "공정무역 조직의 가장 큰 난관은 공정무역 제품에 대한 사람들의 무관심과 씨름하는 것이다"(De Pelsmacker and Janssens, 2007, 375쪽). 공정무역 라벨 제품을 구매하는 소비자들은 사회적 관심에 이끌리면서도 추가로 내야 하는 비용에 대해서는 관심이 덜하다.

요컨대, 대부분의 연구가 잘 보여주는 것처럼, 공정무역은 개발도상국의 생산자들에게 (제한적이긴 해도) 긍정적인 영향을 가져다주지만, 그 정도는 많은 부분 세계시장의 조건과 해당 지역의 구체적 환경에 좌우된다.

공정무역의 도전

공정무역의 목표와 실행은 다른 방향에서의 비판적인 논쟁을 불렀다. 주요 논쟁은 두 가지 쟁점을 축으로 공전한다. 첫째, 공정무역의 변환transformation 능력이 가난한 생산자들의 삶을 실제로 바꾸기에는 너무 제한적이지 않느냐는 점이고, 둘째, 개발도상국의 소규모 생산자들에게 공정무역 표준을 개발하고 이행하게 할 만큼 충분한 영향력이 있느냐는 점이다. 이들 쟁점은 다음 절에서 다뤄질 것이지만 여기서는 우선 상당수 경제학자들의 비판, 즉 경제이론에 근거해 공정무역 접근이 원리상 정확할 수 없다는 주장을 짚고 넘어가기로 하자. 경제학자들은 낮은 먹거리가격은 과잉생산의 결과이고 따라서 공정무역은 가격을 인위적으로 높임으로써 문제를 영속화하고 악화시키는 셈이 된다고 본다. 공정무역이 가격보장을 함으로써 가격신호가 효과적으로 기능할 수 없게 만들기 때문이라는 주장이다. 더구나 공정무역은 최저가격을 보장함으로써 생산자들이 자신이 만든 제품의 질과 생산성을 향상시킬 유인을 제거한다(Economist, 2006). 비슷한 맥락에서, 패리시 등(Parrish et al., 2005)은 공정무역의 강점은 공급 측의 생산효율을 높이기보다는 수요 측의 시장창출을 지지하는 데 있다고 주장한다. 결국, 상대적으로 덜 효율적인 생산자들이 공정무역의 지지를 받은 결과 시장에 남아 있게 되는데, 시장신호가 효율적으로 기능한다면 그들은 진작에 다른 활동으로 전환했으리라는 것이다. 다른 이들은 이를 너무나 좁은 경제학적 시각으로 간주하고, 소생산자들의 성공적인 역량강화(Taylor et al., 2005)는 특히나 권력의 불균형 때문에 시장이 공정하게 작동하지 않을 때는 시장의 제 기능만큼이나 중요하다고 주장한다. 이들 연구자는 공정무역 접근이 불공정한 시장기제를 효과적으로 변환시킬 수 있을지에 더 큰 관심이 있다.

공정무역의 변환 능력

공정무역이 원래 의도한 것은 가난한 생산자들의 이득을 위해 지구적 먹거리시장에서 작동하는 남반부-북반부 간 불균형을 바꾸는 일이었다. 이 같은 목표는 공정무역이 주변적인 틈새시장으로 남아 있거나 주류시장에 포함되기 위해 덜 엄격한 표준을 채택한다면 이루기 어려울 것이다.

공정무역이 틈새시장에 머문다면, 공정무역 체계가 불러일으킬 긍정적인 영향은 관련된 농부들과 노동자들에게 한정되는 반면, 여기서 배제된 사람들은 불공정한 교역관계 속에서 일해야만 할 것이다. 현재, 여전히 작은 비중의 생산자만이 공정무역 체계에 포함돼 있고 이들은 종종 지역공동체에서 가장 가난한 생산자가 아니다(Wright, 2009; Nelson and Pritchard, 2010). 그러나 공정무역 표시가 관련 표준을 따를 수 없는 생산자들을 배제한다고는 해도(Goodman, 2004), 이 같은 공정무역 생산자집단은 가장 가난한 농부들의 교육과 자원이 개선되는 과정 속에서 확장될 수 있다. 북반부에서, 공정무역은 대안 농식품을 위한 틈새시장에 그치고 말 위험에 노출돼 있다. 브라이언트와 굿맨(Bryant and Goodman, 2004)은 공정무역의 변환 가능성에는 한계가 있을 수밖에 없다고 주장한다. 공정무역 프리미엄이 소비자의 제품 구매의욕을 꺾어서는 안 된다는 것이다. 이러한 경제적인 주장과 나란히, 굿맨(2004)은 자신의 구매행위에 대해 (계급과 교육, 지식 측면에서) 유연한 위치에 있지 않은 소비자 또한 배제된다는 점을 보여준다. 이에 대해 레이놀즈(Raynolds, 2000)는, 공정무역이 재량소득을 가지고 긍정적인 구매 결정을 내리는 소비자를 겨냥할 게 아니라 수용가능한 생산 및 무역 관행의 본성에 대한 긍정적인 집단결정을 사람들이 내릴 수 있는 시민정치 영역으로 들어가야 한다고 주장한다. 이것이 실현되자면 남반부/북반부 간 격차를 중심문제로 다룰 두 갈래 길의 소통과 교환 네트워크가 필요하다.

이와 대조적으로, 공정무역 운동이 의도했던 대로 시장점유율이 증가할 경우 대안으로서 지녔던 각이 뭉툭해지고 애초의 원리가 느슨해질 수 있다는 상당수 사람들의 우려가 있다(Low and Davenport, 2005; Renard, 2005; Wright, 2009). 상당수 사람들은 대안적 농식품네트워크가 심지어 "기업화"(Jaffee, 2010)되고 있다고 증언하기도 하는데, 이 와중에 거대 상업 행위자들은 대안 먹거리의 틈새들과 이들 틈새가 소비자들에게 보여주는 응집성을 이용하지만, 동시에 그 응집성을 구성하는 표준들의 변환력을 중화시킨다. 네슬레의 공정무역 커피 마케팅과 세인즈베리의 공정무역 바나나 판매, 스타벅스가 공정무역 커피 구매량 배가를 위해 공정무역 조직들과 맺은 파트너십은 이들에겐 모두 공정무역이 대기업에게 먹힌 사례로 간주된다(Jaffee, 2010). 이들 비판론자는 공정무역 제품을 파는 데 관심을 보인 민간기업들이 공정무역의 표준과 편제에 공식적으로나 비공식적으로 영향을 끼칠 수 있음을 우려한다(Taylor, 2001).

관행화(기성 시장으로의 통합)로 공정무역 원리가 퇴색되는 것을 막고자, 많은 이들은 모든 소농의 삶을 향상시킬 공정무역 표준이 전세계 모든 기업에게 부과되도록 공공당국이 강제하고 제도화해야 한다는 견해를 선택했다(Levi and Linton, 2003). 자발적인 편제에 기댈 경우 공정무역의 표준과 상징들이 기성 시장에 재흡수되는 건 필연적이다(Renard, 2003). 그러나 다른 이들은 공정무역의 사회운동적 성격에 더 신뢰를 보내는데, 공정무역 표준의 비국가적인 본성이 조문화된 법보다 사회 전반에 끼치는 영향 면에서 더 나은 전망을 제공하기 때문이다(Taylor, 2005; Jaffee, 2010). 이들은 기성 시장에서 활동하면서도 공정무역의 대안적 접근법을 취하는 데서 발생하는 긴장이 잠재적으로 건설적이라고 생각하는데, 이 때문에 공정무역 활동가들은 대안적인 논리를 지키기 위해 여러 도전과 끊임없이 마주하게 되기 때문이다. 이 같은 대안적 성격을 강화해줄 한 가지 구체적인 제안은, 생산자들과 소속 조직들을 공정무역 라벨 제품을 상업화하는 데 보다 적극적으로 관여하게 하는 것이다(Raynolds and Ngcwangu, 2010). 이는 먹거리 생산자와 소비자 간의 (사회적) 거리 또한 줄일 것이다.

공정무역 기준의 발전에 대한 생산자의 역할

마지막으로 중요한 쟁점은 공정무역 표준과 마케팅 편제에 대해 생산자들의 영향력이 제한적이라는 것이다. 공정무역 표준은 수입국가의 공정무역 라벨링 조직에서 규정하는데, FLO는 이들 간에 통일된 표준이 세계에 확산되는 데 절대적인 역할을 했다. 또한, 북반부 국가는 팔기로 한 제품의 종류와 질, 교역시기, 부피를 좌우할 힘이 있고 남반구 국가의 생산자들은 그저 따라야만 했다. 슈렉(Shreck, 2008)은 옛 식민지적 관계들이 새로운 외관을 쓴 채 지속 중이며 시장을 변화의 엔진으로 삼음으로써 시장 안에 존재하는 구조적 불균형이 영속화한다고 주장한다. 공정함과 동등한 교환이라는 이상을 생산현장의 구체적 관행들로 조작화하는 것은 문제가 있는 것으로 밝혀졌다(Getz and Shreck, 2006). 공정무역 표준은 엄격하고, 생산자들의 다양한 환경에 걸맞은 변이들을 허용할 유연성이 작은 것으로 간주된다. 그리고 공식 인증 절차를 거칠 때 생산자들은 (시간적, 금전적으로 모두) 높은 비용과도 마주해야 한다.

앞서 언급한 것처럼, 이에 대해 FLO는 FLO 안에서 진행되는 과정과 자원이 거의 없는 소규모 생산자들에게도 접근가능한 표준을 정하는 데 생산자조직들이 보다 명시적으로 관여하도록 시도하고 있다.

나가며

공정무역은 전통적인 구매자-판매자 관계보다 더 폭넓은 생산자-소비자 관계를 구축하려 한다는 점에서 지속가능한 지구적 먹거리공급에 기여하려는 흥미로운 시도다. 그것은 혁신적으로 편제된 거버넌스 제도로, 먹거리흐름의 지구적 특성을 유지하는 세계적 연계망을 구축하면서도 지속가능성과 관련한 구체적인 개선을 이끌어낸다. 공정무역은 통상의 방식으로 운용되는 시장기제 및 파트너들, 그리고 더 많은 사회정의와 환경적 변화에 대한 수요 사이에서 생기는 긴장을 명시적으로 다룬다. 공정무역은 이렇게, 영양학적이고 경제적인 가치의 측면뿐만 아니라 동등함과 지속가능성이라는 가치 측면에서도 소비자들이 먹거리와 관계 맺고 있다는 이해에 기반해 있다(Renard, 2003). 남반부와 북반부 어느 쪽에서든 공정무역 지지자들은 이렇게 서로 다른 가치를 가지고 참여하는 가운데 생산적인 관계를 북돋우고자 한다(Jaffee et al., 2004). 보다 평등한 지구적 먹거리무역을 조직하고자 시민 행위자와 민간기업들, 일국 단위와 다자 단위에서 작동하는 여러 제도로부터 이뤄진 기여들이 서로 맞물려 있다.

시장점유율 성장이라는 측면에서 공정무역이 이룬 성공은 새로운 도전들을 부르고 있다. 지구적 먹거리무역의 사회적·환경적 영향을 우려하는 소비자들에 대한 반응으로서, 소비자와의 신뢰를 유지하는 것은 공정무역 조직과 기업들에게 항구적인 도전이 됐다. "소비자들에게 더 공정해진 세계라는 발상으로 구매하기를 요청하는" 공정무역의 사회적 마케팅은 앞으로 훨씬 더 중요해질 텐데, 시장 몫이 더 커진다면 선택된 사회적 범주들만이 아니라 더 많은 주류 소비자들도 포함될 것이기 때문이다.

또 다른 도전은 공정무역이 어떻게 더 나은 방식으로 가난한 생산자들이 개선된 시장기회를 이용하고 빈곤에서 벗어나게 할 수 있느냐다. 이는 기존 시장의 (가격과 품질 면의) 발전과 연계된 공정무역 내부의 표준과 절차에 대해 비판적인 검토가 이뤄져야 함을 뜻한다. 하지만 이는 공정무역이, 가령 우츠처럼 민간기업들이 급속히 채택하고 있는 다른 인증제도들과의 관계에서 자신의 입지를 고려해야 한다는 뜻이기도 하다.

공정무역은 앞으로도 기성 먹거리시장의 유일하고도 실질적인 대안으로 간주될 수 있을까? 혹은 세계 먹거리시장의 작동방식을 바꾸는 특정한 압력집단의 기반이 될 수 있을까?

꼭 기억하기

- 공정무역이 혁신적인 이유는 사회적·환경적 목표를 이루고자 세계 먹거리시장을 활용하기 때문이다.
- 공정무역 표준들은 사회적인 향상에 초점을 맞추지만, 환경영향에 대해서도 점점 주목하고 있다.
- 공정무역 운동은 주류가 되는 것이 목표이긴 하지만, 이 목표를 사회운동 특유의 대안적이고 변혁적인 성격을 유지한 가운데 이루는 방법과 관련해 도전받고 있기도 하다.

더 깊이 읽기

- Raynolds, L. and Murray D. (2007) *Fair Trade: The Challenges of Transforming Globalization*, Routledge, Loddon : 공정무역 운동의 역사적 배경과 현황을 전반적으로 소개한다.
- Ruben, R. (ed) (2008) *The Impact of Fair Trade*, Wageningen Academic Publishers, Wageningen : 공정무역의 영향에 대한 실증적 연구결과를 제공한다.

8장

지속가능한
수산물공급

이 장의 목표는

- 지구화된 먹거리공급의 예시적 사례로서 수산업을 살펴보고
- 어업과 양식업의 지속불가능성을 감축하기 위해 도입되는 공공 거버 넌스와 민간 거버넌스 제도가 어떻게 다른지 검토하며
- 다양한 공적·사적 거버넌스 도구의 정당성과 유효성을 비교하는 것이다.

들어가며

수산물fish은 지구화시대에 발생하는 먹거리공급의 역동성을 드러내는 흥미로운 사례다. 이는 장소와 시간에 한정되었던 어업활동과 수산업 관리 방식들이 전통적인 지역적 맥락에서 벗어나 점점 지구적 네트워크와 흐름 속으로 재편입되고 있기 때문이다. 본국의 연안에서 먼 곳에서 이루어지는 원양어획이 일반화되고, 연어, 메기, 새우 같은 수산물은 전 세계에서 판매되고 있다. 세계 수산물무역은 거대 민간기업이나 소매유통업체를 비롯하여 종종 엄청나게 먼 거리에서 작용하는 다수의 행위자들을 포함하고 있다. 그러나 동시에 어류를 잡고 키우는 일은 여전히 특정한 국지적 생태와 기후조건에 많이 의존하고 있다. 또한 생선의 소비

역시 대개는 아직도 고유한 지역 식습관이나 문화적 규범에 따라 이루어진다. 국제 수산물무역과 지역 수산업의 실제는 해양생물의 지구적인 이동 관계의 역동성을 따라 상호 긴밀하게, 또 복잡하게 얽혀 있다. 동시에 현재 수산물공급은 잘 알려진 대로 어족자원의 감소나 심지어 멸종, 항생제를 이용하는 양식養殖 등 지속가능성에 충격을 주고 있다. 따라서 수산업의 지속가능성을 확보하는 일은 비록 지난하지만 너무나 명백한 과제가 되고 있다.

이 장은 먼저 어업과 양식업, 양자를 통해 일어나는 지구적 수산물공급의 현재 상태를 개관한다. 이어 수산업관리와 양식에 좀더 세부적인 사항을 검토한 후, 지속가능성 문제를 해결하기 위한 다양한 시도를 검토한다. 첫째, 할당제quotas나 일시 (어장)폐쇄temporary closures 등 민족국가나 국제협정의 의무적 규제를, 특히 WTO의 역할을 중심으로 논의한다. 다음으로, 해양보존협회MSC의 인증제나 소비자가이드 같은 민간 거버넌스 제도를 살펴본다. 그 과정에서 우리는 특히 각 방식이 지속가능성과 먹거리, 또 상이한 이해당사자들의 역할을 어떻게 이해하는지에 초점을 맞출 것이다.

결론적으로, 우리는 상이한 지구적 수산물거버넌스 제도를 비교하고, 세계 수산물 생산과 소비의 지속가능성에 대한 그들의 영향력을 평가한다.

지구적 수산물공급

생선은 세계인의 식단에서 필수적인 단백질 공급원인 만큼 수십억 명의 사람들에 의해 정기적으로 소비되고 있다(〈표 8.1〉 참고). 수산물은 사하라 이남 아프리카 19개국을 포함하여 세계 39개국, 12억 5000만 명의 사람들에게 동물성 단백질 공급량의 35% 이상을 책임지고 있다(Tacon, 2010). 그에 더해 약 4400만 명의 사람들이 자신의 생계를 위한 주업 또는 부업으로 어업과 양식업에 종사하는데, 그 대부분은 개발도상국에서 소규모의 장인적 활동으로 이루어진다(Love, 2010).

〈표 8.1〉은 전체 어업생산이 실질적으로 증가하지만, 어획된 해산물의 총량은 유지되고 있음을 보여준다. 생산물의 주요 어종은 안초베타 anchoveta, 즉 페루와 칠레 연안에서 많이 잡히는 멸치로 주로 동물사료로 이용된다. 2004년의 생산량은 1070만 톤인데, 이는 세계에서 두 번

〈표 8.1〉 세계 어업과 양식업 생산량과 이용량 (100만 톤)

	2002	2003	2004	2005	2006
생산량					
내수면(inland)					
어업	8.7	9.0	8.9	9.7	10.1
양식업	24.0	25.5	27.8	29.6	31.6
내수면 총생산량	**32.7**	**34.4**	**36.7**	**39.3**	**41.7**
해수면(Marine)					
어업	84.5	81.5	85.7	84.5	81.9
양식업	16.4	17.2	18.1	18.9	20.1
해수면 총생산량	**100.9**	**98.7**	**103.8**	**103.4**	**102.0**
어업 전체	93.2	90.5	94.6	94.2	92.0
양식업 전체	40.4	42.7	45.9	48.5	51.7
세계 총생산량	**133.6**	**133.2**	**140.5**	**142.7**	**143.6**
이용량					
식용	100.7	103.4	104.5	107.1	110.4
식용 이외	32.9	29.8	36.0	35.6	33.3
인구수(10억)	6.3	6.4	6.4	6.5	6.5
1인당 식용 수산물공급량(kg)	16.0	16.3	16.2	16.4	16.7

해조류 생산량은 제외한 수치다.

출처: FAO(2009, 3쪽)

캄보디아 톤레삽 호수의 어업

캄보디아 톤레삽Tonle Sap 호수에는 고기잡이를 통해 생계를 유지하는 유동적인 어부 공동체들이 있다. 그들은 생산물을 전통시장과 수출시장에 판매한다. 전통적인 국내 수산시장은 기업가적 기술·경영 수준이 제한되어 있어 수산물의 품질도 낮고 가격도 저렴하다. 대조적으로 수출시장에서는 효율적이고 자본집약적인 거대 수출상과 무역 인협회에 의한 통제가 커지고 있다. 정부의 인허가와 관련된 광범한 영업권에 지불해야 하는 고율의 비공식 세금과 사례금으로 인해 어부들은 두 시장 모두에서 주변화되어 있다. 거래시스템도 매우 복잡하고 산만하기 때문에 영세 어부들이 그런 거래관계의 역동성을 이해하고 시장기회로 활용하기는 어렵다.

출처: Bush and Minh(2005)

째로 많이 잡히는 어종이자 식용으로 소비되는 알래스카대구 어획량의 4배에 이른다(Love, 2010). 1980년대 중반 이후 개발도상국은 선단船團의 팽창과 자국 내 양식업시스템의 강화를 통해 어업생산량에서 선진국을 추월했다. 수산업에서 이런 개도국의 부상에는 1977년에 이루어진 배타적 경제수역EEZs 설정이 크게 기여했다. 그 이후로 개도국이 자국의 자연적 부를 더 잘 보호할 수 있었기 때문이다(Ahmed, 2006). 또한 많은 개발도상국은 상당한 양식업과 내륙어업을 갖고 있는데, 그 각각은 고유한 특색을 갖추고 있다(《상자 8.1》 참고).

세계 어업생산량의 평준화에도 불구하고, 국제무역은 지속적으로 증가해서 1975년 100억 달러였던 무역액이 2004년에는 860억 달러 전후로 상승했다(FAO, 2006). 상대적으로 보면 수산물은 국제 먹거리무역에서 가장 중요한 품목의 하나가 되었다. 2004년의 경우 세계 수산물생산량의 40% 이상이 국제무역에 투입되었다.* 개발도상국이 세계 수산물

---

* 이는 세계생산 중 10% 미만만 국제무역 대상이 되는 육류와 대조된다.

〈표 8.2〉 세계 10대 수산식품* 기업

	회사명	국적	시가총액(100만 달러)
1	Maruberi Corp	일본	8,450
2	PAN Fish ASA	노르웨이	3,004
3	Nutreco Holding NV/ Marine Harvest	네덜란드	2,278
4	Toyo Suisan Kaisha Ltd	일본	1,728
5	Nichirei Corp	일본	1,706
6	Nippon Suisan Kaisha Ltd	일본	1,641
7	Katokichi Co. Ltd	일본	1,324
8	Cermaq	노르웨이	1,288
9	Austevoll Seafood ASA	노르웨이	1,148
10	Dalian Zhangzidao Fishery Group Co. Ltd	중국	1.146

출처: OECD(2010, 113~114쪽)

수출에서 차지하는 비중은 1976년 37%에서 2001년 50%로 증가했다 (OECD, 2010). 그 결과 수산물은 커피, 설탕, 쌀 같은 이들 나라의 전통적인 수출농산물의 수출액을 능가했다. 이들 국가는 새우, 바닷가재, 참치 같은 고가 어종은 물론이고 메기 같은 염가 어종도 수출한다.

초국적 기업은, 대부분 양식업이기는 하지만 조직화된 수산물공급에 영향력을 행사한다. 어업이 국가영토와 관련된 어업권에 기반하기 때문이다. 이 거대 기업들은 수확에서 마케팅까지 수직적 통합에 관여한다. 〈표 8.2〉가 그중 가장 큰 수산식품기업들의 현황을 보여준다. 여기서 아시아 지역, 특히 일본과 중국이 세계 수산물 생산과 무역에서 커다란 역할을 하고 있음을 알 수 있다.

세계의 생선소비량은 계속 상승하고 있지만 어업생산량은 그것을 따

---

* 영국의 경우 'seafood'는 해산물과 그 가공품을 의미하지만, 미국에서는 해산물뿐 아니라 내륙의 담수어종과 가공품까지 모두 포함한다. ― 옮긴이

라갈 수가 없다. 남획으로 인해 어족자원이 축소되었기 때문이다. 사실 1950년대 이후 선상 냉동설비와 합성섬유 어망의 도입 등 기술혁신이 이뤄지면서 해양의 어획량은 급격하게 증가해왔다. 그러다 1980년대에 스칸디나비아의 청어나 뉴펀들랜드의 대구 등 몇몇 어군魚群의 소멸을 보면서 세계는 이 같은 지속적인 어획증산 노력이 부정적 결과를 낳았다는 것을 갑자기 깨달았다(OECD, 2010). 1970년대와 1980년대 동안 과잉이용, 고갈, 복구 어군의 비중이 사실상 모두 증가했지만, 그래도 지난 15년간은 비교적 안정된 상태가 지속되었다.* 2007년에도 어족자원의 약 28%가 과잉이용(19%), 고갈(8%), 복구(1%) 상태이고, 52% 정도가 완전이용 상태다(FAO, 2009). 세계 어업생산량의 30%를 차지하는 가장 인기 있는 10개 어종의 자원은 이미 충분히 이용되거나 과도하게 이용되고 있다. 남획은 기존의 수산자원과 자연적 재생산능력을 축소시키며, 장기적으로는 필연적으로 어획량 감소를 초래할 것이다. 해상에서의 가공활동으로 인한 오염, 저인망 어획으로 인한 서식지 파괴, 금지된 조어釣魚방법의 사용도 문제를 가중시킨다. 게다가 연안역coastal area, 습지, 맹그로브 지대가 파괴되면서 해양 어족자원을 보충하는 이들 지역의 자연적 산란장 및 생육장 기능도 손상되고 있다(Garcia et al., 1999). FAO에 따르면 모든 자연산 어획종에 대한 어업 산출은 이미 거의 정점에 달했다. 따라서 멸종위기에 처한 어종을 복원하고 해양 생물종의 다양성

---

* FAO는 해역·어장·어군별로 세계 어족자원의 일반적 상태를 6가지 수준으로 판단한다. 과소이용(Underexploited, U), 중간이용(Moderately exploited, M), 완전이용(Fully exploited, F), 과잉이용(Overexploited, O), 고갈(Depledted, D), 고갈 후의 회복 또는 복구(Recovering, R)가 그 범주다. 과소이용은 어종·어군이 그 잠재력보다 미개척된 상태, 중간이용은 어획량이 비교적 낮은 수준으로 추가적인 개척 여지가 더 있는 상태, 완전이용은 추가적인 확대 여지 없이 거의 적정한 (최대)산출이 이루어지는 상태, 과잉이용은 장기적으로 지속가능성을 해치는 수준의 과잉산출 상태를 말한다. — 옮긴이

을 유지하기 위한 어업관리법의 증진은 긴급한 과제다. 특히 참치처럼 공해公海를 넘나드는 고도 회유성 어종은 지극히 복잡한 관리 문제를 제기한다.

양식업

어획으로 얻는 생선공급량이 정체됨에 따라 증가하는 수요를 충족하기 위해 양식업생산이 성장하고 있다. 못pond이나 가두리cage에서 수생동물과 식물을 기르는 양식업은 세계 동물성식품 생산 중 가장 빠르게 성장하는 부문으로서, 1961년 이래 연평균 성장률이 8.1%에 이른다. 양식업이 공급하는 식용 생선은 1995년부터 2007년 사이에 1인당 4.3kg에서 7.5kg로 증가했다(Tacon, 2010). 2007년에는 금액으로 945억 달러에 이르는 6520만 톤이 생산되었는데, 그 산지는 대부분 아시아 지역이다(〈그림 8.1〉 참고).

양식으로 생산되는 어종의 대부분은 메기, 민어, 잉어 등 잡식성이나

〈그림 8.1〉 세계 양식업 생산비중 (%, 2007년)

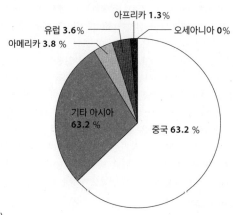

출처: Tacon (2010)

초식성으로서 환경에 미치는 영향이 상대적으로 약한 편이다. 그러나 연어 같은 일부 육식성 어종은 환경영향이 훨씬 크다. 이런 동물의 양식은 사료나 종묘 투입재용 원료를 어업에서 조달하기 때문이다.

양식은 부정적인 환경영향을 끼칠 수도 있는데, 그 대부분은 어종과 양식방법 그리고 국가적 제도에 달려 있다(Tacon, 2010)(〈상자 8.2〉 참고). 주요 환경문제는 양식장 조성으로 인한 서식지 유실, 화학재 사용과 과잉 사료로 인한 오염, 질병이나 유전자 교환을 통해 야생 생물군을 위협할 수 있는 사육 동물의 탈출 등과 관련된다. 자원 이용과

상자 8.2

태국의 새우양식업

세계 새우생산액은 70억 달러에 이르는데, 그것은 세계 수산물무역 총액의 20%를 차지한다. 새우생산을 주도하는 국가는 중국, 인도, 태국, 인도네시아 등이다. 그중에서도 태국은 가장 큰 수출국의 하나로, 2010년 신선·냉동 새우 수출액은 20억 유로로 달했다.

새우양식은 몇 가지 환경위험을 수반하는데, 맹그로브 숲의 파괴나 관행화된 양어장 내 항생제 사용이 대표적이다. 이 때문에 태국 정부는 1991년부터 새우생산을 규제하기 시작했다. 명령-통제 방식command-and-control approach을 채택하여 정부 당국이 맹그로브 지대 침입을 직접 통제하고, 양식업과 경쟁하는 관광지, 쌀 생산지 및 여타 활동 공간을 보호하기 위한 공간계획 등을 실시한 것이다. 그런 노력은 계속되었지만 기대한 효과는 별로 나타나지 않았다. 생산자들의 호응이 없었기도 했고, 광역·지방정부의 강압이 비효율적이었을 뿐만 아니라 세계적 경쟁이 그런 일방적 조치를 위험하게 만들기도 했기 때문이다. 태국 새우가 세계시장에서의 지위를 잃을 수도 있다는 것이다. NGO들은 새우양식업의 지속불가능한 관행을 수정하는 작업에서 얻은 그런 제한된 결과를 비판하면서 그에 대한 대응으로 지속가능한 양식법 확산을 위한 인증제를 도입하거나 관행 양식새우의 불매운동을 벌이기도 했다. 세계양식동맹Global Aqualcultural Alliance으로 조직된 생산자들 역시 지속불가능 관행을 시정하기 위한 행동강령을 만들기 시작했다. 시간이 지나면서 그런 운동들은 양어장의 경영관행을 향상시켰는데, 여기에는 유럽과 미국의 수입업체들이 행사한 압력도 영향을 미쳤다.

출처: Sriwichailamphan (2007)

관련된 관심은 사료 선택, 물, 토지와 에너지 사용, 또 야생 종묘의 채집 등을 포함한다. 사회적 사안으로는 연안 지역사회의 해체, 해산물가격의 폭락, 지역 먹거리공급과 먹거리보장, 음용수 및 지하수의 염화salinization, 사회적 배제, 관광·휴양업 및 상업화된 어업과의 갈등 등이 있다. 중금속, 오염물, 화학물질, 의약품 및 병원균의 오염가능성은 잠재적인 식품안전 문제이기도 하다. 요컨대 양식업은 많은 다양한 문제를 야기할 수 있지만, 그 대부분은 적절한 생산방법을 통해 완화되거나 최소화될 수 있다.

수산업관리

어업에 대한 관행적인 규제는 다년간 남획문제 완화에 집중되어왔다. 특정 어군을 어획할 권리를 일부 선발된 어부나 선단에 개체별로 분배하는 것, 즉 할당제가 그것이다. 이런 제도는 각 어선이 주어진 어군에서 더 많은 수산물을 잡기 위한 경쟁에서 남획이 발생한다는 관념에 기초한다. 남획은 '공유지의 비극'의 전형적인 사례다(3장 참고). 따라서 개인의 권리에 기반한 접근방식을 도입함으로써 지속가능한 어업자원을 어획단위들이 공유하고 그 결과 '수산물을 향한 경주'가 끝날 것으로 기대하고 있다. 할당된 개별 몫들의 합계가 해양과학적 측정을 통해 지속가능한 산출의 최대치가 되도록 결정되기만 한다면, 이 정책은 확실히 남획을 방지할 것이다. 개인들 역시 어획 대상에서의 자기 몫을 안정적으로 보장받는다면, 추가적인 이익이 되지도 않을 고기잡이 경주에 군이 나서지 않을 것이다. 또 경세적 이익을 최대회히기 위해서는 그런 개인의 권리, 이를테면 '개별 양도 할당량indivisual transferable quota'을 통해 타인에게 자유롭게 양도하는 것이 허용되어야 할 것이다.

여러 어업계에서 수년 전부터 이 같은 규제를 도입했음에도 여타의 어군, 특히 공해상의 어족자원에 대한 압력은 여전히 줄어들지 않고 있다. 따라서 세계 수산업 생산과 무역을 관리하고 지속가능성을 증진시키기 위해 더 효과적인 방법을 찾는 것이 시급한 과제가 되었다. 수산업관리를 위한 다자간 협정은 수십 년 전부터 발전해왔는데, 최근에는 인증제, 라벨링, 소비자 가이드처럼 시장에 기반한 민간 관리제도가 수립되는 추세다.

다국간 수산업거버넌스

수산업거버넌스는 수산자원 접근성의 개방적 특징으로 인해 복잡하다. 어군이나 어획선단은 국가 간 경계를 쉽게 넘나들고 또 어업의 특징인 수많은 변이성 때문에 어업 관련 협정은 실행되기가 어렵다.

각국 정부는 자국산 수산물이나 수입 수산식품에 대해 엄격한 일방적 규제를 부과하곤 하지만, 시장지위를 보호하고 좋은 무역관계를 유지하는 일에서 몇 가지 난제에 직면한다. 우선 국가주권이라는 원칙으로 인해 정부는 타국의 수자원 또는 어업관리 시스템에 간섭하기가 어렵다. 이 때문에 다자간 입법 프레임이 도입되어 기존의 일국적 규제를 보완하고 또 세계 수산정책 체제를 만들기도 했다. 지구적 거버넌스는 본질적으로 기존의 지역적·국가적 정부규제 체제에 한 층의 거버넌스를 덧입힌 것으로, 국경을 초월하는 문제들을 조절하기 위한 것이다. 물론 그런 초국가적 수준의 체제는 지역 및 국가 수준의 권력을 일정 정도 이전함으로써 설립할 수 있었다.

세계적 수산업거버넌스는 1982년의 유엔해양법협약UNCLOS에서 시작되었지만, 효력 있는 국제 수산업관리 체제를 만들 필요성은 1992년 유엔환경개발회의UNCED에서 공인되었다. 남아프리카공화국 요하네스버그에서 열린 2002년의 '지속가능 개발 세계정상회의WSSD'에서는 대양oceans거버넌스를 위한 구체적 행동계획이 마련되었다. FAO와 유엔의 후원하에 기존의 어족자원을 보호하기 위한 지침이 확정되었고, 공해와 경계 왕래 자원straddling fisheries*을 관리하기 위한 다수의 해역별 어업관리기구regional fisheries management organizations, RFMOs가 설립되었다. 현재 100여 개 이상의 다자간·지역별·양자간 조약이 UNCLOS과 국내법을 지지하기 위해 존재하는데, 여기에는 대양관리를 (부분적) 자기책임으로 하는 유엔의 14개 기관과 19개 국제기구도 포함된다(Peterspn, 1993). 그러나 관리조직의 수적 증가에도 불구하고 그런 국제협정들의 효과는 여전히 미약한데, 협정의 도입에 미적거리는 나라도 있고 도입하더라도 협정 내용대로 실행할 역량이 부족한 나라도 있기 때문이다. 사실 수산업관리는 전반적으로 정부 의제들 중 우선순위가 낮은 편이고, 직접적인 이해당사자들 외에는 대중의 관심도 별로 끌지 못하는 나라가 대부분이다(Allison, 2001). 게다가 국제 수산물무역에 대한 정부의 직접적 개입은 WTO 협정으로 제한되기 때문에, 수산물은 사실상 적절하게 작동하는 세계적 관리체제 없이 세계적으로 거래되는 먹거리가 되었다(Bush and Oosterveer, 2007).

WTO와 수산업관리

WTO에는 수산업만을 전담하는 특정한 협약은 없지만, 수산업 관련 현안을 포괄할 수 있는 몇 가지 일반적인 협정이 있다. 그런 협약들은 국제 자유무역을 증진하는 것을 목표로 하지만 국가주권을 제한하는

---

* 참치처럼 배타적 경제수역과 공해를 회유하는 어족자원 ― 옮긴이

것은 회피한다. 다자간 협상을 통해 WTO는 회원국 간의 경쟁을 위한 '평평한 경기장'을 구축함으로써 불공정한 무역장벽을 감축하고자 한다. 이를 위해 WTO는 회원국 정부가 제품과 관련된 특성에 기초해서 국제무역에 개입하는 것은 허용하지만 생산방법에 따라 무역을 규제하는 것은 허용하지 않는다(〈상자 4.2〉의 참치-돌고래 사례 참고). 따라서 정부들은 무역 규제에서 지속가능한 어업과 지속가능하지 않은 어업을 구별할 수 없다.* WTO 내에서 어업은 무역상 기술장벽TBT과 식품동식물검역규제SPS 협정에 구속될 수 있다(4장 참고). 그것은 기술적 조정이나 공중보건 및 안전조치가 초래할 수 있는 불필요한 무역장벽을 애초 배제하는 것이다. 그러나 '정어리sardines'의 정의定義를 놓고 벌어진 EU와 페루 사이의 논란**을 제외하면 그 특정한 합의들은 사실 국제 수산물무역과는 거의 관련성이 없다.***

그럼에도 수산물 무역과 관리는 보조금 및 상계조치 협정Subsidies and Countervailing Measures, SCM에 의해 명시적으로 WTO의 적용을 받는다(Ponte et al., 2007). 이 협정은 2001년부터 도하라운드의 의제였으며, 관련 협상은 수산업보조금을 줄이거나 없애는 것을 목표로 하고 있다. 수산업에 대한 직접지불보조금은 상당한 수준으로, 생산비용이나 국제무역상의 경쟁력 지위를 왜곡하는 효과를 갖는 것으로 파악된다.**** 세계적

---

* 그러나 새우-거북 분쟁이 보여주는 것처럼 매우 예외적인 조건에서는 물고기의 어획과 가공에 관련된 활동도 여기에 포함될 수 있다(FoEI, 2001).
** 2001년 페루는 EU의 정어리 정의와 관련, 페루산 제품에 'sardine' 용어 사용을 금지한 것에 대해 국제 식품규격을 근거로 페루의 'sardinops sagax'종은 'sardine'으로 표기할 수 있음을 주장했다. WTO는 해당 조치가 TBT 협정 위반이라며, 양자합의를 권고했다. ― 옮긴이
*** 그럼에도 수산물에 대한 민간의 품질 및 안전 기획은 국제 수산물무역에 점점 더 장애가 되고 있다. 선진국의 수입업체는 고도의 복잡한 품질 요건뿐 아니라 건강 및 안전성 요건도 생산자에게 부과한다(Ponte et al., 2007). 개발도상국은 그런 요건이 더 유리한 조건으로 국제 수산물시장에 참여하는 데 또 다른 장벽이 되지 않을까 우려하고 있다(Potts and Haward, 2007).
**** 2005년 12월 18일에 발표된 WTO 홍콩각료회의 선언의 부속서 D, 제9조 참고.

으로 연간 수산업보조금은 340억 달러에 이르며, 그중 20억 달러가 과잉 어획을 직접 지원하는 것으로 간주된다. 보조금이 많은 국가로는 일본(53억 달러), EU(33억 달러), 그리고 중국(31억 달러)이 있다. 보조금이 남획의 직접적 원인으로 보이는 이유는 그것이 선단들의 과잉설비 보유를 촉진하기 때문이다(FAO, 2000; Potts and Haward, 2007). 수산업보조금의 규율을 강화하기 위해 WTO의 규범협상그룹에서 몇 가지 안이 논의된 바 있다. '물고기의 친구들Friends of Fish' 그룹을 구성한 일부 국가들*은 몇몇 제한된 경우를 제외하고는 모든 보조금을 포괄적으로 금지하자고 제안했다. 이 안은 뉴질랜드, 칠레, 아이슬란드 같은 주요 수산물 교역국가나 환경의제를 가진 국가들뿐만 아니라 환경 NGO들, 특히 세계자연보호기금WWF과 지구의 벗 국제본부Friends of the Earth Internatioal, FoEI의 지지를 받고 있다(Ponte et al., 2007). '물고기의 친구들'의 제안은 수산업보조금의 발본적 철폐가 무역에 도움이 될 뿐 아니라 "해양환경을 보호하여 지속가능한 개발을 가능하게 한다는 추가적 가치를 갖는다"고 주장한다. "수산업이 중요한 경제 부문인 나라들이 매우 많기 때문"이다(US ambassador to the WTO quoted in ICTSD, 2007, 4쪽). 혹독한 수산업보조금 정책은 미래 세대를 위한 지속가능한 어업자원을 유지하기 위한 강력한 어업관리 프로그램의 본질적 보완책으로도 간주된다. 그것이 과잉어획의 속도를 늦추기 때문이다. 대조적이게도 협상 과정에서 일본, 한국, 대만 등은 국제경쟁의 관점에서 명확하게 문제가 된 것을 제외하고는 수산업보조금에 대한 포괄적 금지는 필요 없다고 주장해왔다. 본질적으로 기존 어획능력의 초과분을 야기한 보조금만 금지되어야 한다는 것이다(*Bridges Weekly*, 2007, 2008). 즉 단순한 일괄적 금지를

---

* 호주, 미국, 아르헨티나, 칠레 등. ― 옮긴이

도입하는 것 대신에 피해를 야기하는 특정 보조금을 먼저 식별하고 그것을 금지하자는 주장이다. 개발도상국들의 주장에 따르면, 이들 나라의 영세어업이나 중소기업형 수산업이 남획 및 과잉어획 설비에 미치는 영향은 아주 미미하기 때문에 환경보호를 위한 포괄적인 보조금 금지조치는 사실 개발도상국 입장에서는 부당한 처벌이다(Potts and Haward, 2007).

이상에서 본 것처럼 현재의 국제 수산물무역과 보조금 체제에서 WTO의 관여는 국제 수산업관리에 직간접적인 영향을 미친다. 직접적인 결과는 기존 협정의 이행과 보조금 폐지를 둘러싼 논쟁에서 야기된다(Allison, 2001). 간접적인 결과는 공공연한 환경 목표를 포함하는 무역 규제를 배제하는 것 또는 최소한 저지하는 것에서 발생한다. 수산업거버넌스에 대한 WTO의 기본적 접근방식은 국제무역의 조건을 일치시켜 자유시장을 창출하는 것이고, 환경적으로 유익한 효과는 단지 그런 변화 과정의 부산물로 기대될 뿐이다. 그러나 알래스카대구 어업의 시장규율적 관리 사례를 분석한 맨스필드(Mansfield, 2006, 37쪽)에 따르면, 그런 과정은 다양한 시장적 인센티브를 창출하며 그중 "어떤 것은 환경보호 효과를 가져올 수 있지만 다른 것은 그렇지 않다." 세계 수산물공급의 지속가능성을 높이고 기존 어족자원을 효과적으로 관리하기 위한 다층적 수준의 노력들은 이처럼 아주 제한된 성과만을 내고 있다. 다른 운동들이 출현할 수밖에 없는 이유다.

지역사회에 기반한 수산업관리

공식적인 생물과학 및 일반적인 경제학적 원칙에만 기반하는 수산업관리는 점점 더 의문시되고 있다. 그런 관리로는 어족자원의 지나친 남용을 방지하지 못했기 때문이다. 사실 그런 접근은 본질상 현재의 문제를 해결할 수 없다. 목적이 정의되는 방식이나 해당 목적과 방법의 근거가 되는 지식, 또 상명하달식의 실행방식 등에 한계가 있기 때문이다. 하나의 대안은 수산업관리를 분권화하여 지역사회와 공동으로 관리하는 것이다. 수산업관리의 책임을 정부와 지역의 어촌공동체들이 공유하는 질서를 만들자는 것이다(Hoof, 2010). 공동관리는 이해당사자들이 참여하기 때문에 더 민주적이고, 또 실무자들의 지식을 통해 관리조치의 수용가능성과 적용가능성이 높아지기 때문에 더 효과적인 것으로 간주된다.

지역사회에 기반한 관리는 생태계 기반 접근을 더 용이하게 만들기도 한다. 그것은 기존의 전통적 어업관리보다 인간활동의 더 넓은 범위를 관리함으로써 어업활동 자체가 초래하는 부정적 외부효과에 더 주목하는 접근법이다. 따라서 성공적인 생태계 기반의 수산업관리 과정에는 수산업뿐만 아니라 다른 부문 행위자들의 개입이 필요하다(Juda, 2002).

그러나 생태계 기반 접근을 현실화하기 위해 시도된 노력들은 현재 몇 가지 문제점에 직면하고 있다. 상이한 수준의 거버넌스 간 관계를 어떻게 조율할 것인가, 또 지역사회 내부의 갈등을 어떻게 해결할 것인가라는 문제가 대표적이다.

수산물 라벨

최근 몇 년간 지속가능한 어업을 촉진하기 위해 몇 가지 민간 라벨과 인증제가 도입되었다.* 이런 수단들이 할당제나 어업중지moratorium를 비롯한 정부의 다른 공식적 수단들보다 점점 더 선호되는 듯하다. 민간 주도의 그런 방식은 표준 설정이나 감시·감독 역할에서 자발적 협력에 기

---

* 에코 라벨 인덱스(www.ecolabelindex.com/ecolabels, 2010년 8월 10일 접속)는 총 328개의 에코 라벨을 제시하고 있는데, 그중 12개가 수산물 범주에 속한다.

라벨링으로 돌고래 살리기

참치를 어획할 때 돌고래까지 죽이는 일을 줄이기 위해 도입된 라벨에는 '돌고래를 해치지 않는 참치dolphin-safe tuna'와 '국제돌고래보존계획Agreement on the International Dolphin Conservation Program, AIDCP'의 두 가지가 있다. 양자는 모두 참치 조업자들의 비의도적인 돌고래 살해를 예방하기 위해 만들어졌다.

미국의 환경단체인 어스아일랜드연구소The Earth Island Institute, EII는 1990년 국제 감시 프로그램을 시작했는데, 세계 선적·어획량을 감시하면서 '돌고래를 보호'하는 방식으로 참치잡이가 이루어졌다는 사실을 기업과 소비자들에게 알리기 위해서였다. 이 단체의 감시 활동과 승인에는 낚시 및 운반 용구 일체, 처리·저장·환적 시설 전체, 또 참치의 구매, 가공, 보관, 운송, 판매와 관련된 모든 기록이 활용된다. 또한 이 조직은 개별 회사를 위한 '돌고래 안전' 정책을 수립하기 위해 수입상협회, 선단, 통조림 제조업체나 판매업체 등 참치 관련 기업들과도 협동하기도 하는데, 이는 세계적으로 가장 큰 민간 먹거리감시 시스템의 하나다.

AIDCP에 참가하는 회원국과 지역경제통합체는 동태평양에서 잡히는 참치가 AIDCP의 지침, 즉 돌고래를 죽이거나 심각한 위해를 주지 않고 어획된 것임을 확인하고 표시하는 프로그램을 실행한다. 이 AIDCP 돌고래안전 참치 인증은 소비자신뢰의 최대화를 위해 회원국 정부와 조약기구가 담당하는 포괄적이고 투명한 다자간 추적·검증 시스템에 의해 지원되고 있다.

출처: Accenture(2009); UNEP(2009)

초하며, 다층적 수준에서 설립된 네트워크를 통해 다양한 행위자가 참가한다는 것이 특징이다. 환경 라벨링의 시작은 1970년대로 거슬러 올라가지만(Rubik and Frankl, 2005; Boström and Klintman, 2008; Parkes et al., 2009), 수산물 라벨링은 비교적 최근에 시작되었다(Roheim and Sutinen, 2006). 지속가능성 라벨을 부착한 최초의 수산식품은 '돌고래를 해치지 않는 참치dolphin-safe tuna'다. 이 제도는 1990년 미국에서 해당 참치가 (부산물로서) 돌고래를 죽이지 않고 잡은 것임을 소비자에게 보증하기 위해 도입되었다(《상자 8.3》 참고). 이후 일반 어업과 양식업에서도 몇 가지 다른 민간 라벨이 개발되었다(Accenture, 2009).

수산물의 지속가능한 국제무역은 생태계의 역동성과 연결된 시장 지향적 조정을 필요로 하며, 어업의 실행과 수산자원 관리의 지속가능성을 증가시킬 수 있다. 인증제는 지구화된 공급사슬 전반에 걸쳐 지속가능한 어업을 촉진하기 위한 일관된 제도적 배치를 제공한다. 연계관리 chain of custody 인증까지 잘 된다면,* 인증제는 어획이 실행방법상의 표준을 정확히 준수하여 이뤄졌음을 확인해주고 또 라벨을 통해 해당 수산식품이 그런 어업 산물로 생산되었음을 보증한다(Potts and Haward, 2007). FAO(2005)에 따르면, 수산물의 에코 라벨은 소비자에게 환경정보를 전달하는 자발적인 제품 라벨로서, 더 나은 수산업관리를 위한 시장 친화적 인센티브 창출을 추구한다. 실제로 최근 몇 년간 시장에서는 에코 라벨을 단 수산식품이 증가하고 있으며, 더 넓은 범위의 내용을 표시하는 라벨도 출현하고 있다. 그런 상이한 인증 범위는 다각적 방면의 활동가들과 사용자들이 반응하는 인센티브의 다양성을 반영한다(Parkes et al., 2009). 수산물 라벨은 구매자가 모든 세부사항을 다 이해할 필요는 없는 정보를 제공하며, 그것의 성공 여부는 소비자가 라벨을 신뢰하는가에 달려 있다.

대표적인 수산물 라벨은 MSC와 '바다의 친구Friends of the Sea, FOS인데, 그 외에도 새로운 기획들이 종종 도입되고 있다.** 상이하고 다변화된 수산물 라벨의 존재는 그만큼의 품질 표준을 요구하기 때문에 소매업자와 소비자는 정보에 입각한 선택을 할 수 있다. 이에 FAO는 해양 어류와

---

* 연계관리 인증(chain of custody, CoC)의 핵심은 산지와 생산방법 등에서 인증을 받은 제품이 이후 공급사슬의 어느 단계에서도 비인증 제품과 섞이지 않는다는 것, 즉 이력관리를 보증하는 데 있다. — 옮긴이
** 일례로 가장 큰 표준개발기관인 ISO 역시 어업과 양식업 부문의 지속가능한 발선을 쇠하고 있다(Accenture, 2009).

그 산물로 만들어진 가공품의 에코 라벨링을 위한 지침을 개발했는데 (FAO, 2005), 그것은 수산물 라벨을 위한 가장 포괄적인 벤치마크로 간주된다. 그 지침에 따르면, 라벨은 관련 국제협약과 일관되어야 하고, 국가의 주권적 관리를 인정하는 동시에 모든 준거법을 따라야 한다. 나아가 라벨은 과학에 기초한 투명성을 가지고 모든 이해집단의 공정한 참여를 허용하는 비차별적인 것이되 세계시장에 진입하는 데 불필요한 장애물을 만들어서는 안 된다.

현재 지속가능한 수산물 라벨링을 지배하고 있는 것은 MSC 라벨인데, 아래에서 그 현황과 여타의 몇 가지 라벨을 살펴본다.

MSC

해양보존협회MSC는 가장 잘 알려지고 널리 정착된 지속가능 수산물 라벨에 속하며, 세계적인 수산물남획 문제를 해결하기 위해 1997년 유니레버와 세계자연보호기금WWF이 시작한 것이다. 이 조직은 초기 설립자들이 철수한 1999년에 독립적인 민간단체로 발전했다(Gulbrandsen, 2009). MSC가 에코 라벨과 수산물 인증을 시도한 이유는 "지속가능한 어업방식을 인정하고 보상함으로써 사람들의 수산식품 구매관행에 영향을 미치는 한편, 수산물시장을 더 지속가능하게 바꿔나가도록 파트너들과 협력함으로써 세계 대양의 건강에 기여하기 위한" 것이다.* 지속가능한 어업을 촉진하기 위해 환경적·상업적·사회적 이해를 결합하려 한 것이다.

MSC 표준은 신빙성을 강화하기 위해 야생 어종의 어획에만 적용된다. 이 조직은 비가시적인 제품의 특성을 파악하고 어업의 지속가능성을 결정하기 위해 과학에 기반한 접근방식을 채택한다. MSC 라벨은 특

---

* www.msc.org/about-us/vision-mission(2011년 2월 16일 접속) 참고.

정 어군과 그 산물의 어획 및 거래에 관계된 다양한 사회적 행위자들 간의 협력을 통해 이뤄진다(Gulbrandsen, 2009). 제도의 도입과 홍보는 주로 공급자들, 즉 어업자, 가공업자, 무역업자들에 의해 주도되고, 소비자는 단지 지속가능성 라벨을 부착한 생선을 사도록 요청받는다. 그러면 먹거리공급의 지속가능성을 더 높일 수 있다는 것이다. MSC 라벨 자체는 전적으로 환경지향적이다. 이 조직의 주장에 따르면, 현행 국내법 수준이 요구하는 것보다 더 높은 사회·경제적 성과를 요구하는 것은 관행 어업에 비해 지속가능 어업에 대한 선호를 더 약화시킨다. 경제적·사회적 혜택은 오히려 부차적 효과로 보이는데, MSC 인증을 받으면 생산자는 자신의 어획물을 더 고가품 시장에서 팔 수 있기 때문이다. MSC의 방식은 과거에는 알려지지 않았던 생산과 소비 사이의 연결고리를 확립하고 수산물의 공급사슬을 더 지속가능하게 만드는 과정에서 생산자와 소비자를 다시 연결하기 때문에 혁신적이다. 소비자 구매력은 공적 규제보다 생산자의 행동을 표적으로 행사될 때 더 효과적인 것으로 간주된다.

환경적으로 책임 있는 수산업관리에 대한 보상을 위해 MSC는 '지속가능 어업의 원칙과 기준Principles and Criteria for Sustainable Fishing'을 독립적이고 자발적인 제3자 인증 프로그램의 표준으로 개발했다. 그 세목과 기능 배분은 생산 및 가공 방법에 대한 정확한 기준을 제시하고 필요한 지식 요건까지 코드화하고 있다. 이 표준의 개발과 홍보는 거의 공급자에 의해 주도됐다. NGO와 어업인, 기업이 기준과 절차, (녹색의) 본질 identities을 설계했고, 그것이 그대로 시민소비자들에게 '제안됐다.' 그런 구도에서 시민소비자는 더 지속가능한 수산업관행을 따로 지지하거나 어업에 고유한 지속가능성 시안을 더 배울 필요가 없다. 광범위한 인증 절차를 거쳐 주어지는 제품 라벨은 5년간 유효하며 갱신이 가능하다. 특정 수산업에 관한 인증 및 라벨링 과정은 세 가지의 일반적 원칙에 기초한다.* 첫째, 어획은 대상 개체군의 남획 또는 고갈에 기여해서는 안된다. 둘째, 어획은 대상 어군이 속해 있는 생태계를 유지하는 선으로 행해져야 한다. 마지막으로, 어획은 지역, 국가 및 국제 수준의 법규와 표준을 준수하는 효과적인 관리시스템으로 이뤄져야 한다. 특정 수산업에 관련된 모든 이해당사자가 이 일반적 원칙을 해당 어종의 경우에 적합하게 번역·구체화하고 더 세부적인 관리계획을 세우는 데 개입한다. 그리고 결과물로 나온 관리계획은 독립적인 인증기관에 의해 평가되어야 한다. 그런 계획은 어류를 언제, 어떻게, 얼마나 많이 잡을지에 대해, 또 필요한 후속조치와도 관련하여 관계된 모든 행위자의 동의에 기초한다. 모든 이해당사자가 그 과정에 참여해야 하지만, MSC는 '우리의 프로그램이 산업계에 그들이 기대하는 신빙성을 주는지'와 관련하여 특히 환경단체들의 지지를 결정적인 것으로 생각한다(MSC, 2002, 1쪽). 따라서 인증기관은 그들과 접촉하고 또 전체 과정에 그들의 참여를 이끌어내도록 노력해야 한다.

2010년 12월 현재 102곳의 수산업이 MSC 라벨을 받았는데, 남아프리카, 베트남, 멕시코의 세 곳을 제외하면 모두 OECD에 속한다. 또 평가가 진행 중인 어업도 132곳이다.** 수산식품이 MSC 인증의 연계관리 사슬을 통해 판매되면 소비자는 파란 MSC 라벨을 단 생선을 살 수 있다.

---

* MSC(www.msc.org/track-a-fishery/what-is-a-fishery, 2011년 2월 16일 접속)에 따르면, '수산업(fishery)'은 한 개 이상의 '인증 단위'를 포함할 수 있다. 인증 단위는 일반적으로 다음을 참조하여 정의된다.
  - 대상 어종과 어군
  - 어업의 지리적 구역
  - 어획방법, 선구(gear), 실행, 그리고/또는 어선의 유형
** www.msc.org(2010년 12월 22일 접속) 참고.

그것은 그 생선이 인증받은 지속가능 어업에서 온 것임을 보증한다. 선진국의 슈퍼마켓과 수산물 전문소매점에서는 MSC 라벨 생선품목이 5,000여 가지에 이른다. 이 기구의 주장에 따르면, 2009년 현재 세계 전체의 야생 식용 어획물의 12% 또는 700만 톤 이상의 수산식품이 MSC 프로그램의 일부다(MSC, 2009, 2010).

MSC 활동에 대한 비판은 WWF 같은 세계적 환경단체와 함께 유니레버 같은 초국적 기업이 관여한다는 데 모아진다. 그런 기업은 사실 사적이거나 심지어 상업적인 이해관계를 조장하며 국민국가의 민주주의 제도를 우회하기 때문이다. 또 일부 비판가들은 MSC의 기준이 그 적용에서 충분히 엄격하지 않다고 지적한다(Constance and Bonanno, 2000). MSC의 활동이 북반구의 소매업체(Bush, 2010)나 중상층 소비자(Iles, 2004)를 향해 편중되어 있기 때문에 더 가난한 생산자와 소비자는 상대적으로 무시하는 경향이 있다는 지적도 있다. 인증과 라벨링에 소요되는 높은 비용은 더 가난한 소규모 어업자들은 주변화할 것이기 때문에 이 기구가 선택한 전략은 아무래도 분배 측면에서는 부작용을 가질 수 있다(Vandergeest, 2007; Boström and Klintman, 2008).* 영세어민의 관여는 더욱 복잡한 문제다. 인증의 단위는 어업활동 전체이지 개인 어부는 아니기 때문에 협동을 거부하는 대규모 조업단위와 동일 어군을 두고 경쟁할 경우 어민들은 간혹 인증을 받지 못하기도 한다. 한편 인증절차가 노동조건이나 지역사회에 미치는 포괄적 영향 등 여타의 사회적 이슈를 포괄하지 못한다는 점도 비판의 대상이 되고 있다.

---

* 특히 개발도상국의 소규모 부문은 인증절차의 기초를 구성하는 환경 관련 자료 제공에 어려움이 크다. 또한 이들은 기술석 또는 새무적 요건에 부응할 능력이 부족한 경우가 많다. 이 같은 의도하지 않은 결과 때문에 MSC는 '자료가 빈약한' 어업을 위한 특별한 인증절차를 도입하고 있다.

그럼에도 불구하고 MSC가 특정 어종의 어업과 무역에 종사하는 상이한 행위자들을 포괄하는 혁신적 네트워크를 수립함으로써 통제되지 않는 지구화된 수산물의 생산과 소비가 야기하는 부정적인 환경영향을 감소시켰다는 것은 확실하다. 각 행위자들이 활동하는 지리적 규모는 제각각이지만 그 모두는 지속가능 수산업이라는 공통의 이해관계로 수렴된다. MSC 라벨을 통해 환경보호는 지역의 생산공간, 즉 어법漁法과 결합되었고, 동시에 흐름의 공간을 통해 작동하는 세계 수산물시장도 그 존재가 인정되었다. 그러지 않았다면 익명으로만 가득했을 세계 수산물시장에서 하나의 새로운 '녹색' 제품정체성Product Identity, PI이 창조된 것이다.

기타 수산물 라벨

특정 어종의 지속가능성을 높이기 위해 MSC에 이어 최근에는 몇 가지 다른 수산물 라벨도 시작되었다. '바다의 친구FOS', KRAV, 마린에코 라벨 저팬MELJ, 와일드피시Wildfish, 페어피시Fair-Fish 등이 그것이다. 이들은 각자의 특색을 가지고 있지만 에코 라벨링과 관련해서는 대부분 FAO의 가이드라인을 따른다(Accenture, 2009; Parkes et al., 2009). 그러나 FOS를 제외하면 시장에서 이들 라벨이 차지하는 비중은 아직 유의미한 수준이 아니다.

FOS 인증제는 양식 어류와 자연산 어류 모두에 대해 동일한 인장을 승인한다. FOS는 MSC와 경쟁하면서 특히 남반구와 소규모 어업인에게 중요한 지속가능 인증제가 되고 있다. 스웨덴의 환경 라벨링 조직인 KRAV 역시 MSC에 대한 불만족 때문에 또 다른 수산물 인증제를 도입했다. MSC가 인증제를 실행할 수 있는 어업인의 여건에 대해서 충분히 배려하지 않는다는 이유에서다. KRAV의 표준은 MSC에 비해 어선과 선

페어피시

2000년에 스위스에서 동물복지단체에 의해 정초된 페어피시Fair-Fish는 지속가능성에만 초점을 둔 인증제와 근본적으로 다르다. 그것은 수산업의 환경적, 사회적 측면과 동물복지를 인증 기준에 도입함으로써 일반적으로는 세계시장에 접근할 수 없는 소규모 어업인들에게 더 나은 기회를 제공한다. 페어피시가 수산업에서 고려하는 동물복지 기준은 다음과 같다.

> 우리는 …… 잡은 물고기를 선구에서 오랫동안 보유하지 않고 물에서 건져올리자마자 바로 기절시켜 죽이는 고기잡이 방법을 채택한다. 해안이나 호수에서의 전통적인 고기잡이 방법은 선한 의도와 지속가능한 어법이라는 점에서 이 같은 기준에 부합할 수 있다. 반면 산업화된 어획은 이 기준에 거의 대처하지 못할 것이다.*

이 인증제는 공정무역 조건을 설정하여 어민과 그 가족에게 최소한의 고정가격을 보장하는 동시에 수산자원을 보존하기 위한 것이다. 그 출발은 2004년부터 세네갈에서 시도된 해안가 어민부족의 대對유럽 '페어피시' 수출 프로젝트와 관련된다. 소량이긴 하지만, 세네갈로부터 처음 수입한 수산물은 2006년 3월 스위스의 슈퍼마켓 미그로스Migros가 직구매한 것이었다.

출처: Accenture(2009)

구船具의 지속가능성에 특히 주의를 기울인다(Thrane et al., 2009). MELJ는 수산식품의 가장 큰 시장의 하나로서 일본의 역할이 중요하며, 따라서 일본의 이해당사자들이 그들 자신의 에코 라벨링 제도를 설립·실행할 필요가 있다는 인식에 기초한다.** MELJ는 주로 관리시스템이 적절한가를 입증하는 데 주력하지만, 아직 널리 쓰이고 있지는 않다. 나투르란트Naturland의 와일드피시 에코 라벨 표준은 자연자원의 책임 있는 관리와

---

* www.fair-fish.ch/files/pdf/english/ff_short.pdf (2010년 8월 13일 접속) 참고.
** 일본은 수많은 소규모 어업인과 어신뿐 아니라 수산업이 대상이 되는 위청나게 다양한 어종에 대한 지식을 갖추고 있다. 공식적인 정책틀은 어민과 여러 자원이용자들이 그런 자원을 관리하도록 장려한다(Accenture, 2009).

온두라스의 틸라피아 양어장

온두라스에 있는 레갈스프링스Regal Springs의 틸라피아* 양어장 아쿠아핀카Aquafinca
는 시장생태학연구소Institute for Marketecology, IMO에 의해 2009년 12월 틸라피아 양
식 관계자들 사이의 대화로 '책임 있는 틸라피아 양식을 위한 국제 표준International
Standards for Responsible Tilapia Aquaculture, ISRTA'의 준수 여부를 심사받은 첫 번째 양식
장이다. 이는 WWF와 GlobalGAP이 합의하여 계획한 일련의 '실험용' 심사 중 첫 번
째 사례였다. 이 심사를 맡은 IMO는 스위스에 본부를 둔 세계적 유기농 인증기관으
로서, GlobalGAP 양식 표준의 인증기구로 인정받은 기관이자 ISRTA가 규정하는 인
증기관 요건을 갖춘 기관이다. 이 양어장은 또한 2011년 시작된 양식업관리협의회The
Aquacultural Stewardship Council, ASC의 소비자용 라벨을 첫 번째로 받을 작업장 중 한 곳
이다.

출처: ASC(2010)

전체 수생생태계의 보호뿐만 아니라 수산업의 사회적 측면에 대해서도
관심을 갖는다. 한편 페어피시 라벨은 어업의 사회·경제적 측면까지 고려
하는 것을 목표로 한 단계 더 나아간 수산물 인증제다(〈상자 8.4〉 참고).

양식업자와의 대화를 통한 라벨링

지금까지 대부분의 수산물 라벨은 어획물에 제한되어 있었다. 그러
나 양식업의 성장이 지속가능성 문제를 제기함에 따라 양식과 그 생산
물의 인증제를 위한 활동도 생겨났다. WWF는 책임 있는 양식업을 위
한 일련의 원칙을 개발하고자 포럼을 조직했는데, 이것이 결국 양식수산
물의 인증 표준을 만드는 기초가 된다. 새우, 연어, 민어, 메기 등 총 8개

---

* 틸라피아(tilapia)는 나일강을 원산으로 하는 농어목의 민물고기로서, 번식과 생육의 속도가 빨
라 세계적으로 양식이 가장 활발한 어종 중 하나다. 국내에서는 '역돔'으로 불리기도 한다. — 옮
긴이

양식 어종에 대해 생산자, 구매자인 유통업체, NGO와 과학자 등 핵심적인 이해당사자 집단들이 참여하여 최선의 실행 표준을 만든 것이다 (Belton et al., 2010)(틸라피아 양식과 관련된 사례는 〈상자 8.5〉 참고).

다양한 양식업 대화aquaculture dialogues가 충분한 영향력을 가진 신뢰성 있는 인증제로 귀결될 것인지 결론짓기에는 아직 이르다. 그럼에도 이 같은 대화들은 양식생산의 지속가능성을 증진하기 위해서는 반드시 필요한 제일보일 것이다. 물론 난제들은 여전히 수두룩하다. 소규모 생산자를 어떻게 포함할 것인지, 각 지역마다의 고유한 맥락을 어떻게 비교할 것인지, 무엇보다 수산물 소비량은 가장 많지만 아직까지 지속가능성에는 거의 관심이 없는 아시아의 사람들을 어떻게 참여시킬 것인지가 특히 중요한 문제다.

수산물 라벨링 검토

자발적인 시장 기반적 수산물 라벨링이 급속히 확산되면서 그것은 세계 수준의 친환경 수산물거버넌스의 중요 수단으로 자리 잡았다. 그러나 이 같은 성장과 동시에 그런 라벨들이 수산자원의 지속가능성 증진에 실제로 유효한지, 정당성은 있는지, 또 상쟁하는 다양한 라벨의 존재를 어떻게 처리할 것인지를 둘러싼 논란도 일어나게 되었다.

에코 라벨링이 정말로 수산자원을 더 지속가능하도록 관리하는지 여부는 적어도 부분적으로는 지속가능성 기준의 제정과 실질적 적용을 담당하는 NGO나 인증기관 상근자들의 전문성에 달려 있다(Belton et al., 2010). 지식 수준에 격차가 있고 상이한 이해관계가 결합되어야 하는 복잡한 수산문제를 취급할 때 그런 의식은 특히 중요하다. 그런 경우에 수산물 라벨링단체는 대개 딜레마에 처하기 때문이다. 한편으로는 표준과 그 적용법이 합리적이고 강건해서 다른 경쟁자나 소비자, 기타 이해당사자들의 면밀한 감식안을 감당할 수 있어야 한다. 그러나 다른 한편으로, 표준이 너무 엄격하게 집행되면 라벨링은 이미 지속가능하게 관리되는 어종에 대해서만 인증의 여지를 줄 뿐 멸종위기에 처한 종은 놓치게 된다. 그는 수산물의 지속가능성 증진에 기여할 가능성을 스스로 제약하는 결과를 낳을 것이다. 게다가 표준의 엄격한 적용은 충분하고 믿을 만한 자료를 필요로 하는데, 이는 정보가 빈약한 수산업, 특히 개발도상국의 수산업을 배제하는 경향을 갖게 된다. 또한 일부 논평가들이 주장하는 것처럼 라벨은 수산물의 과소비라는 근원적인 문제는 다루지 않기 때문에 수산물공급의 지속가능성 문제도 궁극적으로는 해결하지 못할 수 있다.

공식적인 규제와 달리 수산물 라벨의 정당성은 형식적인 민주적 절차보다는 그것이 의도했던 산출에 더 기초한다. 인증제는 객관적이고 과학적인 방법의 사용, 특히 모든 이해당사자의 참여에 기반하여 수산물공급의 미래 지속가능성을 보증한다는 공공연한 목표를 달성하기 위해 그 방법을 투명한 절차에 따라 적용한다는 데에서 자신들의 권위를 주장한다. 물론 일각에서는 그런 라벨들이 수산업거버넌스에서 정부의 책임과 권한을 훼손한다고 주장한다. 또한 인증 과정에서 과학적 정보를 선택적으로 활용함으로써 사적인 이해관계에 편중될 위험이 잠재돼 있다는 지적도 있다. NGO나 인증기구는 어찌되었든 인증된 수산물의 수를 늘리려는 이해관계를 갖고 있기 때문이다.

나아가 비판자들은 앞서 살펴본 것처럼 너무나 다양한 민간 인증제도가 존재한다는 사실에 우려를 표한다. 그런 상태는 소비자뿐 아니라 생산자에게도 혼란을 초래할 수 있기 때문이다. 각각의 인증 기획은 서로 다른 표준을 적용하며 상이한 방법론을 사용하여 다소 상이한 요소를 인증한다. 따라서 소비자는 라벨을 획득한 수산식품을 고를 때 어려움을 겪을 수 있는데, 각 라벨이 정확히 무엇을 대표하는지를 완전히 확신할 수 없기 때문이다(Iles, 2007). 지속가능성에 관한 소비자의 관심사는 상이할 수 있기 때문에 라벨링 기획들의 표준화는 복잡한 문제다. 생산자들 또한 특정 라벨을 선택해야 한다는 데 부담을 갖는다. 수산기업은 대체로 인증과 그 과정이 부과하는 조건을 충족시키는 비용을 감내한다. 이것은 그들이 잠재적인 비용과 이익에 대한 평가를 기반으로 하여 시장에서 얼마나 잘 인정받을지를 고려하며 오직 하나의 인증제만 선택한다는 의미다. 생산자의 선택이 필연적으로 최선의 환경적 인증제로 귀결되지 않는 것도 이 때문이다.

마지막으로, 인증제는 의도하지 않은 사회·경제적 결과를 초래할 수 있다. 앞서 말한 바와 같이 소규모 어업인이나 지식이 부족한 어민들은 인증에 필요한 자료를 제공할 수 없고 결국 그들의 수확물을 팔 매력적인 시장에 접근할 기회를 거부당할 수 있다. 또한 가난한 소비자들도 더 비싼 지속가능 라벨의 수산물에 접근하기가 어렵다. 따라서 그들은 관행 수산물에 의존할 수밖에 없는데, 이는 환경에 더 부정적인 결과를 낳을 수 있다.

지속가능성을 증진하는 공급사슬 행위자들

몇몇 수산물가공기업과 외식서비스 및 소매기업들은 더 지속가능한 수산업을 장려하는 데 스스로 매진해왔다(Parkes et al., 2009; UNEP, 2009). 일례로 거대 식품가공회사인 유니레버의 경우 MSC를 발족시키는 데 이미 관여했고 이후로도 가공원료로 쓰이는 생선을 지속가능하게 관리되는 어업에서만 조달하고 있다. 납품업체들로 하여금 해당 생산물이 지정된 구역에서 적법하게 어획된 것인지, 나아가 멸종위기 어종을 잡지는 않았는지 등을 확인하게 하는 것이다.

세인즈베리와 카르푸의 지속가능 수산물 조달정책

영국의 슈퍼마켓 체인 세인즈베리는 자신들이 어떤 수산물을 조달할 것인지를 이해관
계자들과 함께 결정하기 위해 의사결정 분지도decision tree를 개발했다. 그들은 주간 수
산물 매출의 80%를 차지하는 대구, 해덕(대구와 비슷하나 그보다 작은 바닷물고기), 연어,
참치, 새우 등 이른바 '빅5'를 선정하고 그 품목들의 100%를 지속가능한 원천에서 조
달하기로 했다. 각 수산물이 해당 어군과 생태계, 또 더 넓은 환경에 대해 최소한의 영
향만 가지도록 어획 또는 양식된 것이어야 한다는 것이다. 또한 세인즈베리는 스리랑
카와 몰디브에서 MSC 인증에 충분할 만큼 신선한 통조림 참치를 만들기 위해 공급업
체, 어부, 선박소유자 및 정부가 협력하는 프로젝트도 진행하고 있다. 이 회사는 통조
림용 참치의 100%를 외줄낚시pole-and-line로 잡도록 요구한다.

프랑스의 카르푸Carrefour 그룹은 2004년에 '책임 있는 어업pêche responsable'이라는 이
름으로 자체의 책임성 어업 표준을 시작했다. 그 표준은 아이슬란드에서 잡혀 프랑스
와 벨기에의 카르푸 슈퍼마켓에서 판매되는 선별된 어종에 대해서만 적용되었는데, 책
임 있는 어업을 보증했고, 최적의 이력추적과 어장관리를 보장했을 뿐 아니라 생태계
에 대한 존중을 표하는 것이었다. 그러나 이 같은 노력에도 불구하고 그 기획은 그다지
성공하지 못했다. 이후 카르푸는 점차 자사 표준을 철회하고 대신 MSC와 FOS 인증품
목을 장려하고 있다.

출처: Accenture(2009); Parkes et al(2009)

테스코, 월마트, 카르푸, 아홀트와 카우플란트Kaufland 등 상당수의 대
형 슈퍼마켓 체인도 종종 MSC 인증 제품을 판매하면서 지속가능한 수
산업을 지지하겠다고 선언했다(세인즈베리와 카르푸의 사례는 〈상자 8.6〉 참
고). 2007년 12월 네덜란드에서는 소매업계 전체가 오직 지속가능한 생
선과 수산물만 파는 방향으로 2011년까지 4,500개 이상이 되는 그들의
매장을 바꿔나가겠다고 합의했다.*

---

* 그때까지는 수산제품에 스티커가 부착된다. 가까운 미래에 모든 종류의 지속가능 수산제품을
구비하기 위해 소매 부문이 필요한 단계를 밟고 있다는 것을 소비자에게 알려주는 스티커다.

수산물 월렛카드: 지구적 환경거버넌스에의 소비자참여

환경단체들은 수산업의 지속가능성을 위해 다른 수단도 도입했다. 소비자 가이드 또는 '수산물 월렛카드fish wallet-cards'*를 통해 사람들이 수산물을 구매할 때 환경친화적인 선택을 함으로써 해양생물 보호에 참여하도록 장려하는 것이다(Oosterveer and Spaargaren, 2011). 몬터레이베이Monterey Bay 수족관연구소가 표명한 것처럼 "세계의 어업관행이 어종의 개체군을 고갈시키고 서식지를 파괴하며 해수를 오염시킴으로써 우리의 대양을 해치고 있지만, 지각 있는 소비자는 그러한 조류潮流를 역전시킬 수 있다."** 또한 수산물선정동맹Seafood Choices Alliance처럼 다음과 같은 지향을 위해 노력하는 것이다.

세계 수산물 부문에서 시장의 힘을 동원하여 해양보존을 지지하는 긍정적 행동을 촉진하기. 우리의 비전은 모든 이해당사자가 바다와 그 생태계, 또 거기에 의존하는 지역사회에 미치는 부정적인 영향을 최소화하며 책임을 공유하는 하나의 지구적 시장이다.***

월렛카드는 다양한 형태에서 파생되었지만, 모두 신호등시스템을 사용하여 환경문제에 대한 특별한 고려 없이 사도 좋은 어종과 피해야 할 어종을 구분한다. 그런 안내서 일부의 소비자용 정보는 여전히 다소 불완전하며 공급사슬의 생산자나 행위자로부터의 정보흐름과 잘 연결되지 않는다. 하지만 관심 있는 소비자들은 상세 정보를 위해 웹페이지를 방

---

* 일종의 포켓 메뉴얼로서 한두 단 접으면 호주머니나 지갑에 넣고 다닐 수 있는 크기의 수산물 선택·구매지침서다. ― 옮긴이

** www.montereybayaquarium.org/cr/seafoodwatch.asp(2009년 12월 22일 접속) 참고.

*** www.seafoodchoices.com/whoweare(2009년 12월 23일 접속) 참고.

문할 수 있다. 웹사이트에서는 어종별로 주요 어장, 어획방법과 환경적 조건에 관한 풍부한 자료를 제공하며 가끔은 요리법과 영양지침에 대한 정보도 제공한다.

월렛카드 외에도 NGO들은 소비자가 더 쉽게 읽을 수 있는 도구를 개발하기 위한 노력을 아끼지 않고 있다. 이를테면 좋은 것과 나쁜 것을 더 간단하게 구별해주거나 지역시장에서 이용가능한 수산물을 알려주는 식이다. MSC 라벨과 마찬가지로, 수산물 월렛카드는 수산물공급을 소비관행과 다시 연결하되 사슬의 반대쪽 끝인 소비자에서 출발하여 재연결하려는 시도다. 여기서도 다시 소비자 선호의 변화가 수산물소매의 지구적 관행과 고기잡이의 지역적 관행을 모두 변화시킬 것으로 기대된다. 그럼에도 수산물 월렛카드 역시 동일한 비판에 직면하고 있다. 생선을 구매할 때 선택권을 가질 수 있는 소비자에게만 그것이 유용한 도구라는 점, 따라서 지속가능한 수산업을 장려하기 위한 수단으로서 그 유효성은 제한된다는 점이 그것이다.

나가며

수산물의 생산과 소비는 점점 더 지구적 수준에서 조직되고 있으며, 따라서 증가하는 세계적 수요에 부응하는 수산물공급과 수산자원의 미래 지속가능성에 대한 보증을 결합시키는 일에서 국민국가에 기반한 규제는 점점 부적절해지고 있다. 동시에 그런 목표를 더 효과적으로 달성하는 혁신적 거버넌스는 필수적인 보완물이 되었다. 이 장에서는 지구적 수산물공급의 지속가능성을 확보하는 일에서 당면한 주요 과제를 제시하고, 그런 규제의 간극을 메우기 위한 몇 가지 시도를 소개했다.

새로 도입된 제도들은 지구적 환경거버넌스와 관련된 다층적 수준과 다각적 행위자들에 기초한다. 시장 기반 논리의 광범한 활용을 보여주는 수산물 라벨과 수산물 월렛카드는 환경단체와 소비자가 공동의 관리자이자 변화의 추동자라는 관점을 시사한다. 그런 수단들은 수산물 공급과 관련된 생산, 가공, 무역 등 모든 측면에서 지속가능성을 염려하는 소비자들이 활용할 수 있는 적절하고 믿을 만한 정보를 만들고자 한 노력의 산물이다. 이처럼 세계적 수준에서 활동하는 환경단체들은 국가 간 경계와 문화를 가로지를 수 있으며, 때로는 지구적 지속가능성 의제의 일부를 구현하기 위하여 개별 국가에 간섭을 하기도 한다. 복잡한 수산물 공급사슬에 포함된 다양한 행위자집단 사이의 신뢰를 만들어내는 것이 최선이지만, 시간·공간적으로 먼 거리 때문에 지난한 과제이기도 하다. 환경단체들은 그런 변화 과정을 보완할 뿐 아니라 때로 국가기구와 민간기업을 대신하여 그런 조정 역할을 하기도 한다.

새로운 민간 거버넌스 제도들은 비록 공식적인 민주적 정당성에서는 취약하다 해도 정부와의 상호작용이 잘 이루어지는 한, 환경파괴를 예방·감축하는 데 중요한 역할을 해왔다. 정부가 관할하는 해양보호구역, 규칙에 기반한 수산자원 접근, 엄중한 분배기획 및 불법적·일탈적·비공식적 어업에 대한 정부규제는 여전히 본질적이다. 이 같은 측면에서, 국제협약은 수산물무역의 촉진보다는 수산자원의 보호에 더 중점을 두어야 한다. 미래 세대를 위한 건강한 먹거리의 원천으로서 수산자원의 이용가능성을 보장하려면 그런 다자간 협력, 나아가 그것과 민간의 사적 활동과의 조화가 필요하다.

▌꼭 기억하기

- 지구적 수산물공급은 지속가능성이 무역관행에도 적용될 필요가 있다는 것, 즉 단지 생산자의 관행을 규제하는 데만 의존해서는 안 된다는 것을 보여준다.
- WTO 같은 다자간 기구는 지속가능성 문제를 지구적 수준에서 정식화할 수 있는 유리한 발판을 제공하지만, 현재의 그 제도적 틀은 그런 작업의 효과적 수행을 가로막고 있다.
- 민간 인증제를 위한 명확한 표준의 부재는 지속가능성에 대해 서로 경합하는 복수의 기획들을 추동할 수 있다. 그 결과가 반드시 부정적이라고 할 수는 없지만, 생산자와 소비자에게 혼란을 초래할 수도 있다.

▌더 깊이 읽기

- Kurlansky, M. (1999) *Cod: A Biography of the Fish that Changed the World*, Vintage Books, London : 뉴펀들랜드 인근에서 대구어업이 사라진 것을 다룬 고전이다.
- Myers, R. and Worm, B. (2003) 'Rapid worldwide depletion of predatory fish communities', *Nature*, vol 423, pp280-283 : 세계 어업의 쇠퇴에 대한 실증적 정보를 제공한다.
- Naylor, R., Goldburg, R., Primavera, J., Kautsky, N., Beveridge, M., Clay, J., Folke, c., Lubchenko, J., Mooney, H. and Torrellet, M. (2000) 'Effect of aquaculture on world fish supplies', *Nature*, vol 405, ppl017-1024 : 양식업의 환경영향을 전반적으로 검토한다.

3부

미래 전망

9장

지속가능한 먹거리공급을
위한 생산자의 역할

이 장의 목표는
- 먹거리 공급사슬과 농업정책에 있어서 먹거리 생산자들의 역할을 논의하고
- 유전자조작 작물, 광역 먹거리, 유기농업, 식량주권의 증진을 통한 다양한 생산자전략을 보여주고
- 미래에 지속가능한 먹거리공급을 늘리기 위해 생산자가 감당할 수 있는 몇 가지 역할을 검토하는 것이다.

들어가며

오늘날 농민들은 먹거리와 관련하여 지구화되고 있는 세계에서 활동해야 하는 자신을 발견하며 다양한 도전을 받는다. 이 도전에는 미래의 농장과 생계, 지역공동체를 보호하는 것뿐 아니라 더 지속가능한 먹거리를 공급하는 것까지 포함된다. 무역업자와 가공업자, 소매업자가 주도하는 거대한 공급사슬의 한 부분으로 역할을 수행하면서, 농민들은 이 도전에 대응해야만 한다. 그런 압력과 요구에 대응하면서, 농민들은 각기 다른 전략을 세운다. 환경부담을 줄이기 위해, 어떤 이들은 첨단기술을 활용하는 데 집중하는 반면, 다른 이들은 지역공동체와 지역생태계에 자신의 생산활동을 조화시키려 한다. 이 장에서는 지구화 및 지속가능

성에 관련된 이슈 중 일부를 설명하기 위해 영농과 먹거리의 미래에 대한 과학적이고 공적인 논쟁에서 중요한 요소인 생산자전략 몇 가지를 선택했다.

먼저, 최근 기술혁신으로 회자되는 유전자조작 문제를 다루고, 이어서 광역 먹거리의 라벨과 다원적 기능, 마지막으로 지속가능성을 높이는 전략인 유기농업을 폭넓게 검토할 것이다. 국제무역을 다룰 때 우리는 소농의 관점을 고려하여 생산자전략으로서 식량주권food sovereignty을 도입할 것이다. 마지막으로, 미래의 생산자들이 취하는 전략 속에 반영해야만 하는 중요한 목표를 간단히 재언급하면서 마칠 것이다.

먹거리 생산자, 먹거리정치 그리고 먹거리 공급사슬

농민들은 공급사슬 내에서 자신의 지위를 지키기 위해 생산성을 높여야 한다는 압력에 직면해 있다. EU에서 공동농업정책CAP이 이전부터 실시해온 가격보장 제도는 1980년 이후 점점 축소되어, 가격변화가 심하고 생산자가격이 하향 조정되는 경향을 보이고 있다. 이런저런 이유로, 유럽의 농민 수는 급격하게 감소하고 있다. 현재 남은 농민들은 점점 더 분화되고 있다. 한 부류의 집단은 매우 집약적인 생산방법을 적용하고, 다른 부류의 집단은 환경, 사회 혹은 건강뿐 아니라 관광이나 먹거리직거래 같은 활동을 농업과 결합시킨다.

미국에서도 유사한 경향이 나타났지만, 흥미롭게도 농장의 수는 감소하지 않았고, 오히려 2002년에서 2007년 사이에 4%가 증가했다. 이렇게 새롭게 늘어나는 농민의 대부분은 소규모 농장을 운영하는데, 전체 농장의 36%는 거주/라이프스타일형, 21%는 은퇴형으로, 이들 모두 매

〈표 9.1〉 세계 종자시장의 상위 10대 기업 (2007)

	기업	종자 판매액 (100만 달러)	브랜드 종자 중 세계시장에서의 점유율(%)
1	Monsanto(미국)	4964	23
2	Dupont(미국)	3300	15
3	Syngenta(스위스)	2018	9
4	Groupe Limagrain(프랑스)	1226	6
5	Land O'lakes(미국)	917	4
6	KWS AG(독일)	702	3
7	Bayer Crop Science(독일)	524	2
8	Sakata(일본)	396	〈2
9	DLF-Trifolium(덴마크)	391	〈2
10	Takii(일본)	347	〈2
	총계	14,785	67

출처: ETC(2007)

〈표 9.2〉 세계 10대 농화학기업 (2007)

	기업	농화학재 판매액 (100만 달러)	브랜드 중 세계시장에서의 점유율(%)
1	Bayer(독일)	7458	19
2	Syngenta(스위스)	7285	19
3	BASF(독일)	4297	11
4	Dow AgroScience(미국)	3779	10
5	Monsanto(미국)	3599	9
6	Dupont(미국)	2369	6
7	Makhteshim Agan(이스라엘)	1895	5
8	Nufarm(호주)	1470	4
9	Sumitomo Chemical(일본)	1209	3
10	Arysta Lifescience(일본)	1035	3
	총계	34,396	89

출처: ETC(2008)

년 25만 달러 이하를 판매하고 있다. 이 기간 동안, 농민의 구성이 더 다양해졌는데, 더 많은 여성과 다양한 인종집단의 구성원이 농장 운영자가 되었다(USDA, 2009).

선진국의 거의 모든 농민은 농사를 지을 때 종자나 화학약품, 비료와 같은 외부투입재를 매우 많이 사용하며, 농민들은 이런 투입재를 농화학기업과 종자기업으로부터 구입한다. 시간이 흐를수록, 농업투입재를 취급하는 시장이 급속도로 집중화되었기 때문에, 농민들은 점점 소수의 민간기업에 더 의존하게 된다. 예를 들어, 2007년 세계 종자시장에서 판매된 종자 중 80% 이상이 브랜드 제품이었고, 이 지분의 70%가량은 단지 상위 10개 기업에 속했다. 〈표 9.1〉과 〈표 9.2〉는 시장이 얼마나 집중화되어 있는지, 그 기업이 어디에 소속되어 있는지를 보여준다. 공적 논쟁을 보면, 가장 큰 종자기업이며 다섯 번째로 큰 농화학기업인 몬산토는 농업 분야에서 민간기업의 역할을 전형적으로 보여주는 잘 알려진 사례가 되고 있다.

이런 기업에 경제적·정치적인 권력이 집중되는 것이 비판을 받지만, 산업화된/현대적인 형태의 선진화된 먹거리공급은 더 많은 외부투입재를 사용하면서 지난 60년 동안 생산량이 엄청나게 증가하는 데 기여했다. 그러나 그린 등(Green et al., 2003, 148쪽)은 먹거리체계가 발전하는 단일한 논리체계는 없고, 각기 다른 사회가 자신의 현재 수준과 발전단계에 맞는 저마다의 먹거리 공급체계에 따라 복잡하고 우발적인 결합을 이룬다고 주장한다. 그들은 유기농 먹거리와 함께, 새로운 산업적인 전략을 농산업화의 대안으로 여긴다. 이런 새로운 산업적 패러다임은 작물을 관리하는 집약적인 방법으로 현대기술(생명공학, 정보와 커뮤니케이션 기술, 새로운 물질의 사용을 포함)을 사용하도록 부추긴다. 이 전략은 생산량을 높이고 노동을 적게 투입하는 것을 지향하지만, 식품위생과 질에 중점을 두고 생물다양성을 높이는 생태지향적인 접근을 시도하기도 한다. 그래서 대규모의 산업적인 기업농과 소규모 유기농을 단순히 대립시키는 것은 지속가능성을 높이는 것을 목표로 하는 전략 안에 있는 다양한 측면을 제대로 평가하지 못하게 한다.

농민 그리고 기술혁신: GMO 사례

최근의 기술혁신인, 유전자조작 생물과 작물로 대표되는 유전자조작 GM 기술은 공공영역에서 폭넓은 논쟁을 일으켰다. GM 작물은 1970년대와 1980년대에 일어난 과학적 혁신의 결과물이고, 이는 1986년 처음으로 야외실험으로 이어졌다. 1994년 시장에서 이용가능하게 된 첫 GM 작물은 '잘 무르지 않는 토마토FlavrSavr'인데, 일반 토마토보다 유통기한이 더 길다. 이 시도 이후 더 많은 GM 작물이 개발되었다. 대부분 작물의 농약, 제초제 혹은 살진균제에 대한 저항성을 키워서 화학물질 사용을 줄이는 것과 같은, 작물학적 특성을 향상시키려는 의도였다. 예를 들

〈그림 9.1〉 세계 유전자조작 작물

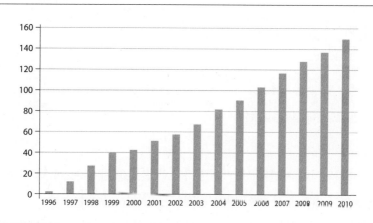

출처: ISAAA(2010)

〈표 9.3〉 1997~2009년 GM 작물 재배면적 분포

국가	1997		2000		2009	
	면적 (100만ha)	전세계 면적 중 비중(%)	면적 (100만ha)	전세계 면적 중 비중(%)	면적 (100만ha)	전세계 면적 중 비중(%)
미국	8.1	64	30.3	69	64.0	47.8
브라질	-		-		21.4	15.9
아르헨티나	1.4	11	10.0	7	21.3	15.9
인도	-		-		8.4	6.2
캐나다	1.3	10	3.0	7	8.2	6.1
중국	1.8	14	0.5	1	3.7	2.8
파라과이	-		-		2.2	1.6
총계	12.8	100	44.2	100	134	100

총계에는 이 표에 나오지 않은 나라의 생산도 포함되었다.

출처: ISAAA(2009)

〈표 9.4〉 유럽의 GM 작물(대부분 옥수수) 재배면적 (헥타르)

국가	2006년 면적	2008년 면적	2009년 면적
스페인	55,667	79,269	76,057
체코	1290	8380	6480
루마니아	90,000	7146	3994
포르투갈	1250	4851	5202
독일	947	3137	0
폴란드	100	3000	3000
슬로바키아	30	1900	875
전체	149,284	107,683	95,608

루마니아는 유전자조작 콩 생산과 관련하여 중요한 지역이지만 2007년 EU에 가입할 때, 이를 포기해야 했다. 유럽공동체 내에서는 허가되지 않았기 때문이다.

출처: GMO Compass (2008); FoEI(2010).

어, 비타민이나 자연에 있는 다른 유용한 물질을 함유하도록 하기 위해, 작물의 유전적 구성 안에 다른 특성을 주입하는 것이다.

'잘 무르지 않는 토마토'는 더 이상 재배되지 않지만, 다른 많은 GM

작물은 계속 생산되고 있으며, 첫 시도 이후 15년이 지난 지금, GM 작물의 경작지는 2009년 1억 3400만 헥타르로 매우 빠른 속도로 증가해 왔다. 또 GM 작물은 25개국에 퍼졌고, 1400만 농민들이 이용하고 있다. 〈그림 9.1〉은 이런 빠른 성장을 보여준다.

전세계에서 GM 작물을 경작하는 지역이 확장되고 있지만, GM 작물의 경작을 지배하고 있는 곳은 여전히 미국이다. 〈표 9.3〉을 보면, 비록 브라질, 아르헨티나, 인도에 있는 생산자들도 GM 기술 사용을 계속 늘리고 있지만, 미국은 여전히 전체 재배면적 중 거의 절반을 차지하고 있다.

상자 9.1

미국과 EU 사이의 유전자조작 식품 논쟁

미국은 GM 작물이 전통적 작물과 근본적으로 다르지 않다고 간주한다(이를 '실질적 동질성'이라 부른다). 그러므로 전체적으로 다른 범주를 만드는 특별한 조치를 취할 필요가 없으며, 변화가 있는 요소만 조치를 취하면 된다. 반대로 EU는 GM 작물이 전통적 작물과 다르다고 본다. 따라서 EU는 0.9% 이상의 GM 작물이 포함된 식품에는 표시 (라벨)를 요구하고, 그런 생산품을 EU에 거래하는 수출업자들 역시 이 요구를 준수하도록 강제한다.

유전자조작 식품 규제를 다루는 이런 차이로, 국제무역에서 문제가 발생한다. 미국은 WTO 체제 아래에서, EU의 라벨링 요구는 받아들일 수 없다고 주장한다. 왜냐하면 그 요구가 합당한 과학적 증거 없이 부과됨으로써 잠정적으로 왜곡된 무역효과를 초래하고 비관세 무역장벽을 만들기 때문이다. 이에 근거해서, 미국은(캐나다, 아르헨티나와 함께) WTO에서, EU에게 항의서를 제출했다. WTO 분쟁해결사무국WTO Settlement Panel 은 EU 정책(그리고 그 토의)이 승인 절차에서 받아들일 수 없는 지연을 유발하고 (프랑스, 독일, 오스트리아 등에 의한) 국가적 금지조항은 WTO가 승인하지 않는 것WTO-non-compliant이라고 결론 내렸다. 분쟁해결사무국은 EU 정책에서 과학적 증거 부족에 대한 어떤 판단도 내리지 않았고, 따라서 라벨링 요구 그 자체가 거부된 것은 아니다. 이 문제는 캐나다(2009)와 아르헨티나(2010)가 유전자조작 농업에 대해 토론하기 위해 EU와 정기적이고 쌍방의 회의를 한다고 합의했을 때 해결되었다. EU와 미국은 유사한 합의에 도달하는 것을 목표로 한다.

출처: *Bridges Weekly*, ICTSD, Geneva(various issues)

〈표 9.5〉 전세계 GM 작물과 재배면적 (2009)

작물	전체 재배면적 (100만ha)	GM 작물 재배면적 (100만ha)	전체 면적 중 GM 재배 비중(%)
콩	90	69.3	77
옥수수	158	41.1	26
목화	33	16.2	49
카놀라/평지씨	31	6.5	21

출처: ISAAA(2009)

유럽의 국가들은 〈표 9.3〉에 표시되지 않았다. 어떤 이들은 유럽 국가가 GM 작물을 전혀 경작하지 않는다고 생각한다. 하지만 대규모 경작지 생산자들과 비교했을 때 좁은 지역일 뿐, 유럽의 몇몇 국가도 GM 작물을 재배하고 있다(〈표 9.4〉 참고).

GM 작물 경작에 있어 미국과 EU의 뚜렷한 차이를 설명할 때, 보통 유럽 농업에서는 훨씬 작은 규모로 GM 작물을 재배하는 것을 들지만, 주로 유럽의 소비자들이 식품안전에 대해서 더 민감하게 반응한다고 설명하기도 한다(〈상자 9.1〉 참고).

GM 기술이 적용되는 정도는 작물에 따라 매우 다양하다. GM 기술은 콩생산을 지배하게 되어 현재 해당 지역에서 생산되는 콩의 80%가량이 GM 작물이지만(〈표 9.5〉 참고), 가장 중요한 식량작물에는 GM 기술이 적용되지 않았다. 목화의 경우, 전체 재배면적의 거의 50%가 GM 목화이며, 옥수수와 카놀라는 대략 20%에서 25%를 차지한다. 흥미롭게도, GM 기술이 도입된 이후 이 작물들은 기술개발에서 지배적인 위치를 점하게 되었다.

지난 20년 동안 GM 작물의 도입은 논란이 많은 주제였다. 어떤 이들은 GM 기술이 매력적인 혁신을 불러왔다고 생각했다. 이 기술 덕에 농부들은 생산량을 높여서 수익을 올리고, 농약을 적게 사용해서 비용을

황금 쌀

2000년, 스위스 생명공학 기업인 신젠타Syngenta는 전통적인 쌀보다 베타카로틴을 더 많이 함유한 GM 쌀인 황금 쌀golden rice을 발명했다. 베타카로틴은 인간의 몸 안에서 비타민A로 변하여 시력저하를 예방한다. 황금 쌀은 비타민A 결핍으로 인한 시력저하가 만연한 동남아시아 농부들에게 무료로 제공되었다. 이 발명 이후, 황금 쌀은 개발도상국을 위한 GM 기술의 가능성을 설파하는 공개행사에 사용되었다. 그러나 지금까지 농민의 논에서 사용되고 있지는 않다.

2002년, 다우Dawe는 몇 가지 풀리지 않는 문제를 연구했는데, 여전히 풀리지 않은 채 남아 있는 듯하다. 첫째, 만약 사람들의 선호도가 달라서 완전히 황금 쌀만 먹는 것이 않는다면, 황금 쌀이 함유한 비타민A의 양은 효과가 나타날 수 있을 만큼 증가해야 한다. 둘째, 황금 쌀과 같은 다른 차원의 상품을 다양한 소비자가 받아들이는 것이 필수적이지만, 소비자들은 이 과정에서 무시되었다. 셋째, 베타카로틴이 오랜 기간의 저장과 준비 이후에도 여전히 이용가능한지가 불명확하다. 마지막으로, 황금 쌀을 생산하는 데 추가되는 비용으로 인해 가격이 더 오른다면, 비타민A의 결핍을 감소시키는 수단으로서 황금 쌀의 매력은 감소할 것이다.

출처: www.gmo-compass.org/features(2007년 12월 17일 접속); www.foodnavigator.com, 'New golden rice has 20 times more beta-carotene'(2005년 3월 25일 접속; Dawe(2002)

줄이는 반면, 자신의 노동력을 다른 곳에 사용할 수 있는 유연성이 증가할 것이기 때문이다. 더욱이 이 혁신은 강한 가뭄이나 염토 같은 가혹한 조건에서도 작물의 생산량을 향상시킬 수 있다. 농약 사용을 줄이고, 자연 그대로 오염되지 않은 지역에 부담을 줄이는 등 생태적인 이점도 기대할 수 있다. 마지막으로, 어떤 이들은 세계기아를 줄일 수 있다고 하는데, 더 많은 먹거리가 안전한 토대 위에서 제공될 것이기 때문이다. 먹거리의 질도 더 좋아질 것이며 소비자와 소매업자의 요구에도 더 적합하게 될 것이다.

다른 이들, 특히 환경운동 지지자들은 GM 기술을 사용할 때 발생하는 위험을 강조한다. 이 기술늘이 사람들의 건강과 환경, 그리고 사회경제에 초래할 수 있는 잠재적 결과들을 지적하는 것이다. 예기치 않은 독소, 알려지지 않은 알레르기성 단백질이 먹거리 안에 있을 수 있고, 생물다양성을 해치면서 비의도적인 유전자가 다른 작물들에게 퍼진다. GM 기술은 농민들이 농화학기업들에게 훨씬 더 의존하도록 만드는데, 특정한 농약에 반응하는 종자를 구입해야 하기 때문이다.*

지금까지 개발도상국의 농민들은 면화생산을 제외하면 GM 기술을 거의 활용하지 않았다. 그럼에도 불구하고 몇몇 지지자(예를 들어 Borlaug, 2000)는 GM 작물이 생산량을 늘리고 특정한 영양문제를 해결해 기아를 퇴치할 수 있다고 기대한다(황금 쌀에 관한 〈상자 9.2〉 참고).

연구자들은 GM 작물이 생산자, 소비자, 환경에 이득을 가져다줄 수 있지만, 3~5년 정도라고 기대했던 것보다 더 많은 시간(10~15년)이 소요될 것이라고 결론 내렸다(Eicher et al., 2006). 래니(Raney, 2006), 레이볼드와 케마다(Raybould and Quemada, 2010)는 개발도상국 농민들이 GM 작물을 이용하며 이득을 얻을 수 있지만, 농민들이 경쟁을 하는 기간 동안 적합한 기술적 진보에 접근할 수 있도록 보장해주는 상당히 높은 제도적 역량을 요구할 것이라고 결론 내린다. 일반적으로 먹거리보장에 가장 취약한 가난한 농민들은 GM 기술을 통해서 이득을 얻는 것이 거의 불가능하게 보인다.

---

* 토착 작물에 관한 특허는 여기서 더 이상 자세히 서술하지는 않을 것이지만, 여전히 핵심적인 이슈다. GM 기술을 이용할 때 부과하는 특허는 생물자원 수탈(bioprospecting)과 연관 있는 토착적인 생물다양성과 전통적 지식을 노출시킨다. 토착적인 공동체와 지역공동체에 사전 동의를 얻도록 요구하는 것, 그리고 생물다양성 협약(CBD)과 WTO의 무역 지적 재산권에 관한 협정(WTO TRIPS)이 포함하는 내용인, 출원지(origin)와 출처가 알려진 것만으로는 이것을 막기에 충분하지 않다(Kamau and Winter, 2009).

산업적 먹거리로부터 멀어지기

지역적 혹은 광역적 정체성을 활용하는 것은 지속가능성을 향상시키는 또 다른 전략이다. 지역적 정체성을 이용하면 전통적인 생산 방식과 장인적인 가공기술을 강화할 수 있다. 산업적 먹거리를 거래하는 익명의 세계시장에서, 지역 생산품은 특별하게 부각된다. 지리적 표시는 그 생산품을 생산하는 특정한 장소와(그 지역만의 자연적 조건과 문화, 미식 전통 등) 생산 과정(장인의, 전통적인, 농장 기반 등)과 연결한다(Renting et al., 2003). 원산지표시를 통해 소비자들은 특정한 질적인 측면을 인지하고 생산품과 그것을 만드는 데 사용한 가공방법에 대한 정보를 얻을 수 있다. 이런 것들은 기존의 생산품에서는 거의 얻을 수 없는 것들이다.

1919년, 프랑스는 원산지 명칭appellation d'origne 라벨을 도입해서 지역 생산품을 보호하는 국가시스템을 최초로 도입한 나라다. 따라서 특정한 지리적 영역에서 그 특징을 부여받은 먹거리는 다른 지역에서는 합법적으로 생산할 수 없게 되었다. 그런 먹거리는 역사적 전통을 지닌 그 지역만의 특성과 연결되고 좋은 취향, 다양성, 소비자와 생산자 사이의 개별적 관계성, 인공적 첨가제나 방부제의 무사용 등의 특징을 포함한다. 강조점은 특정한 먹거리와 특정한 영토, 공통의 역사 그리고 생산과 소비에서 관계적 호감을 연결하는 데 있다. 즉 '테루아*'에 속한 제품 produits de terroir'이다(Desoucey and Téchoueyres, 2009).

---

* 테루아는 땅(land)에 해당하는 terre에서 나온 말이다. 작물의 유전적 요소와 상호작용하면서 특정한 장소의 지리, 지질, 기후가 와인이나 커피, 담배, 초콜릿, 칠리페퍼, 홉(맥주 제조 원료), 아가베(네킬라와 메즈킬을 만드는 원료의 하나), 투마토, 헤리티지 밀(heritage wheat), 메이플 시럽, 차 그리고 종종 대마초와 같은 농산물의 특별한 특징을 나타낼 때 사용된다(Wikipedia, http://en.m.wikipedia.org/wiki/Terroir). ― 옮긴이

시간이 흐르면서, EU는 먹거리 생산자들을 위해 농산물 원산지 표시protected designation of origin, POD와 농수산물 지리적표시Protected geographical indication, PGI를 등록하고 합법적으로 보호할 수 있도록 포괄적인 시스템을 만들었다. 다른 나라들이 잇따라서, 최근 많은 식품이 EU에 등록되었다. 이런 경향은 먹거리세계에서 일어난 포괄적인 '질적 전환'을 이끌었고, 뒤이어 생산자들은 표준화된 먹거리와 구별되는 품질을 지향하게 된다. 지역 생산자들은 원거리시장에 있는 소비자들의 관심을 끌고(Friedmann and McNair, 2008), 산업적 방식으로 생산된 경쟁상품보다 더 높은 가격에 팔기 위해 원산지와 그 식품의 질을 강조한다. 더욱이, 로컬푸드는 지역의 전통과 문화가 이어지도록 돕는데, 그것들을 공동으로 소유하고 기존의 공급사슬을 우회하기 때문이다.

로컬푸드를 향상시키는 것은 유럽에서 상당히 중요한 전략인, 다원적 기능을 담당하는 농업의 발전이라는 보다 큰 목표에 부합한다. 삭스와 산타리우스(Sachs and Santarius, 2007)는 농업의 다원적 기능이 새로운 것은 아니라고 주장한다. 왜냐하면 농업은 항상 다원적 기능을 지닌 활동이었고 작물 생산에 국한되거나 돈의 언어로 환원돼서는 안 되기 때문이다. 그러나 이 관점이 농업정치에서 잘 드러난 것은 아니다. 농업의 다원적 기능은 농사가 먹거리뿐 아니라 생계수단, 그 지역의 풍경, 의미 역시 만들어낸다는 점을 강조한다. 다양한 사회적 맥락 내에서 각각의 농업체계는 물 순환과 토지 회복에 직접적인 영향을 주고, 식물과 동물의 유산을 조건 짓고, 언덕과 계곡을 만든다. 이런 농업이 가져다주는 비경제적인 역할을 보호하기 위해 다원적 기능은 농업정책에 반드시 포함되어야 한다. 시장은 상품과 서비스를 효과적으로 생산하고 유통시키는 데 그 무엇과 비교할 수 없을 정도로 뛰어나다. 그러나 그 자신만으로는, 공동체나 공평함, 먹거리보장이나 지속가능성, 신성함이나 아름다

움을 만들 수 없다. 그것은 그러한 공동선이 보호되고 재생산될 수 있도록 부단히 애쓰는 시민과, 정부 그리고 정치가에게 달려 있다.

유기농업

유기농업은 먹거리와 관계된 독립된 시장을 형성하면서, 먹거리공급의 지속가능성을 증진시키는 또 다른 전략이다. 유기농업은 기존의 산업적 먹거리사슬과 확연히 다른 단절을 지향하며 최근 빠른 속도로 증가하고 있다. 세계에서 유기농업을 하는 지역은 1999년 1100만 헥타르에서 2008년 3500만 헥타르로 증가했다(〈표 9.6〉 참고). 이 면적은 세계 모든 농지 중 중 0.82%를 차지한다(Willer and Kilcher, 2010).

유기농법organic farming은 1920년대 독일에서 루돌프 스타이너의 생명역동농법biodynamics*으로부터 나온 한 갈래로 시작되었다. 하지만 학생들과 청년들의 저항운동이 활발했던 1960년대에 들어서 보다 대중적으로 이 농법에 접근하게 되었다. 1960년 이후 수십 년 동안 이런 노력은 전문화되었고, 먹거리를 생산하는 대안적인 방법으로 등장했다. 1980년대 초, 유기농산물이 미국, 유럽, 일본의 슈퍼마켓에서 나타나기 시작했다. 다른 나라에서도 이런 현상이 잇따랐을 때, 유기농은 많은 국가에 있는 생산자와 소비자들이 참여하는 세계 먹거리 공급사슬의 일부분이 되었다. 먹거리불안, 환경 및 무역에 관해 더 늘어나는 관심은 유기농 부문의 성장을 촉진시켰다(Morgan and Murdoch, 2000).

---

* www.ifoam.org/growing_organic/definitions/pionners/rudolf_steiner.php(2011년 3월 15일 접속) 참고.

<표 9.6> 대륙별 유기농 면적 (2008)

대륙	지역(100만 헥타르)
북아메리카	2.5
라틴 아메리카	8.1
유럽	8.2
아프리카	0.9
아시아	3.3
오세아니아	12.1
총계	35.1

출처: Willer and Kilcher(2010)

처음에는 유기농업에 관해서 공식적으로 합의된 정의가 없었는데, 유기농은 기본적으로 모든 농민이 자신만의 방법으로 적용하는 일반적인 목표와 원칙에 기초하기 때문이다. 그러나 시간이 지날수록, 유기농산물과 비유기농산물을 구분하기 위해 복잡한 식품분류 시스템이 개발되었다. 이 분류는 제3자 인증에 기초를 뒀고, 따라서 독립적이고 이해관계가 없는 기관이 그 농사 행위가 유기농 표준에 적합한지 아닌지를 확인한다. 인증은 유기농산물 부문이 확장되고, (국제)무역과 슈퍼마켓에 진열된 상품 범위 안에 수록되도록 도왔다. 유기농 인증 모델은 독특한데, 대부분의 다른 인증제도와 달리 정부(미국과 유럽이 진행하는)가 공식적인 표준을 정하기 때문이다(Albersmeier et al., 2009).

유기농 인증을 통솔하는 기구는 1972년 독일에서 설립된 국제유기농운동연맹International Federation of Organic Agriculture Movements, IFOAM인데, IFOAM에 따르면 유기농업은 다음과 같이 정의된다.

토양, 생태계와 사람의 건강을 지속시키는 생산체계다. 부정적 영향을 미치는 투입물을 사용하기보다 생태적 과정, 생물다양성, 그리고 지역 조건에 적합한 순환에 토대한다. 우리가 공유하는 환경을 이롭게 하고 공정한 관계를 향상시키며 관련된 모든 생명의 질을 더 좋게 하는 전통, 혁신과 과학을 결합한다.[*]

이 정의는 네 가지 원칙으로 번역될 수 있다.[**]

- 건강 – 유기농업은 토양, 식물, 동물, 인간, 지구의 건강을 분리될 수 없는 하나로 보고 이를 유지하고 향상시켜야 한다.
- 생태계 – 유기농업은 살아 있는 생태계와 그 순환에 기초해야 하며, 그들과 함께 일하며 그 논리를 따르고, 지속할 수 있도록 돕는다.
- 공정 – 유기농업은 공동의 환경과 생명의 기회와 관련하여 공정함을 지키는 관계를 세워야 한다.
- 돌봄 – 유기농업은 현재와 미래 세대와 환경의 건강과 안녕을 보호하는 예방적이고 책임 있는 방법으로 운영되어야 한다.

유럽의 유기농산물 시장이 확장되면서, 유기농의 국제무역 역시 증가하고 있다. 특히 기후나 계절적인 이유로 자국에서는 생산할 수 없는 먹거리가 이에 해당된다. 만약 유럽 혹은 미국에서 공인된 표준을 개발도상국 생산자들이 인정받는다면, 개발도상국 생산자들은 유럽이나 미국에 수출할 수 있는 기회를 얻게 된다.[***] 비록 그런 복잡한 유기농 인증 과

---

* www.ifoam.org(2011년 1월 3일 접속) 참고.
** 인증을 공식화하려는 노력에도 불구하고, IFAOM은 비인증 유기농이 계속 존재한다는 사실을 인지하고 있다. 재정적 혹은 원칙의 이유로 일부러 인증을 거절하는 농민들이나 자연스럽게 유기농 원칙을 실천하고 있는 농민들 사이에, 그러한 비공식적 유기농이 존재한다.
*** 브라질은 유럽으로 유기농산물을 보내는 주요 수출국이다. 브라질 유기농산물의 90% 가까이가 수출시장을 위해 생산된다(Albersmeier et al., 2009, 313쪽).

비용을 절감하는 단체인증

인도유기농협회Indian Organic Farming Federation는 소농이나 주변부의 농민들이 감당할 수 없을 만큼 비싼 인증비용을 줄이기 위해 단체인증을 도입했다. 이 참여적 보증제도 Participatory Guarantee System는 지속적인 감시를 효과적으로 수행한 단체에게 인증서를 부여한다. 유기농업을 하기 위한 기반시설을 만들고 유지하는 데 발생하는 비용을 제외하면, 인증을 받는 데 필요한 추가비용은 없다. 이 시스템을 투명하고 신뢰할 수 있도록 하기 위해, 모든 농민은 단체식별번호와 하위식별번호를 부여받을 예정이다.

출처: *Indian Express*(2010)

정이 직간접적인 비용 때문에 문제가 될 수 있지만, 종종 농민집단에서 개발한 특별한 인증제도의 지원을 받기도 한다(《상자 9.3》 참고). 여전히, 이것과 관련된 도전과 비용은 더 많은 농민들이 이런 수출기회로부터

유기농업이 세계를 먹일 수 있을까?

현재 세계 먹거리 중 아주 작은 부분만이 유기농으로 생산되고 있지만, 세계의 기아를 줄일 수 있는 잠재성은 훨씬 더 큰 주목을 받아왔다. 이를 비판하는 이들은, 유전공학과 화학비료, 살충제를 포기한 유기농업이 당연히 세계를 먹일 수 있을 만큼 충분한 먹거리를 생산할 수 없을 것이라고 주장한다. 그런 외부투입재는 필수적일 수밖에 없으므로, 그것들 없이는 생산력이 감소할 것이라는 주장이다. 유기농 옹호자들은 기술집약적 농업으로 최근까지 세계 먹거리생산이 증가했지만 심각한 환경적·사회적 비용 때문에 장기적이고 지속가능한 해결책이 필요하다고 맞대응했다. 매킨타이어 등 (McIntyre et al, 2009)은 관행적인 집약화전략이 초래한 생태계 기능저하는 이제 생산성 향상을 제한하거나 오히려 감소시킬 것이라고 주장한다. 따라서 자연자원 관리가 먹거리생산과 보다 밀접하게 통합되어서 지속가능한 방법으로 생산성이 증가될 필요가 있고, 그때 유기농 원칙이 의미 있는 틀을 제공할 것이라는 주장이다. 배드글리 등 (Badgley et al, 2007)은 현재 활동을 근거로 한 자료를 기초로 유기농으로 가능한 세계 생산량을 계산했고, 유기농으로 먹거리를 생산하면 현재 농업에 사용되는 땅을 기준으로 할 때, 토양비옥도를 유지한다는 가정하에 현재와 미래의 인구를 먹이는 데 실질적으로 기여할 것이라 결론 내렸다.

출처: Borlaug(2000); Badgley et al(2007), McIntyre et al(2009)

더 쉽게 이득을 얻을 수 있음을 의미한다.

유기농산물 수출은 소비자들이 지불하는 높은 가격에 합당한 질 좋은 먹거리를 농민들이 개발하고 유지하도록 한다(Bray et al., 2002). 따라서 유기농 도입이 자원을 관리하고 노동생산성을 최대화하는 농민들의 기술을 향상시키는 것은 명백하다. 영농활동에서의 이와 같은 향상은 유기농법의 잠재성에 대한 논쟁을 불러일으키기도 했다(〈상자 9.4〉 참고).

유기농업의 발전은 단일하게 이루어지지 않았고, 세계의 여러 지역에서 매우 다양하게 일어나고 있다. 그러므로 보다 자세히 미국, 유럽, 아프리카에서 펼쳐진 이런 역동성을 기술하는 것은 유용할 것이다.

미국의 유기농

미국에서 유기농은 사회운동의 측면에서 산업적 농업에 반대해왔으며, 최초 주창자인 월리스Henry Wallace와 로데일J. I. Rodale 이후 산업화 이전의 원리와 지식, 기술로 농업을 재설계하려 시도해왔다. 유기농 운동은 특히 환경문제, 질 낮은 먹거리, 동물의 비인도적인 취급 등에 책임이 있는 화학물질 기반 농업의 구체적인 대안으로 소규모 유기농이 발견된 시기인 1960년대와 1970년대 퍼져나갔다. 오늘날 유기농은 엄청나게 확장되고 있다. 현재 관행농법으로 농사짓던 농민들이 유기농으로 전환하면서 유기농민의 수가 크게 늘었지만, 많은 이들이 완전히 유기농으로 전환하지는 않고 혼합해서 농사를 짓고 있다.

유기농의 선구자들은 초기에 유기농법에 관한 자신들만의 지식을 발전시켰고, 그 생산물을 구입하는 소비자들과 직접 소통해왔다. 이렇게 개별적으로 설정한 정의는, 수십 년이 흐르면서 다양한 논쟁, 연구, 실험을 거치며 진화해왔다. 유기농 생산자들은 **유기농이기 위한 요구조건**의 정직성과 가치를 결정하는 복잡한 전통들을 발전시켜왔다. 그러나 1990년대 들어 각 주와 지역의 다양한 표준을 바꾸라는 압력이 높아졌다. 또한 더 큰 시장에 접근하고 기존 농산물이 가격 프리미엄으로 이득을 얻는 유기농으로 팔리는 오용을 막기 위해 전국 표준을 개발하라는 압력도 거세졌다. 이런 이유로 2002년 전국 유기농 표준이 실행되었다.

전국 표준을 설정하는 것은 대중의 혼란을 줄일 수 있다는 이점이 있지만, 많은 이들은 미국 농무부USDA가 공식적으로 지정한 유기농 정의가 유기농 원칙을 흐리게 한다고 비판한다. "전국 유기농 표준은 유기농에 대한 요구사항 중 최소 수준의 공통분모를 근거로 설립되었고, 인증과 관련해서 가장 철저한 수준에서 행해지는 경쟁을 없애고 있다"(Howard, 2009, 14쪽). 비판론자들은 유기농업이 관행 먹거리의 공급체계에 통합될 것이라 예상한다. 이는 곧 본래 저항적 형태로 출발한 유기농의 진정한 특성이 약화되고 관행화되는 결과를 초래할 것이다. 유기농을 관행화하거나 주류화하는 것은 효율성, 표준화, 가격경쟁에 기초를 둔 산업적·상업적 관습을 따르는 대규모 농장에서 그런 먹거리를 생산한다는 의미다. 또한 슈퍼마켓뿐 아니라 초국적 무역업자나 가공회사를 포함해서, 일반적인 유통경로를 통해 판매된다는 의미다. 덜 철저한 사람에게 적용될 때, 이런 경향은 모든 것을 표준으로 환원하거나 표준을 수준 이하로 떨어뜨리는 압력을 유발한다. 시장의 동학은 "기술적으로 편리하며, 생산성과 이윤을 극대화하기 위해 경제적으로 효율적인 영농체계를 지향하는 방향으로 유기농업을 조종하며, 이는 원래의 유기농의 이상과 대립하는 길이다"(Allen and Kovach, 2000, 225쪽). 굿맨(Goodman, 2000)과 구스먼(Guthman, 2004)은 (특히 캘리포니아에서) 노조도 없고 비정규직이며 이주민인 임금노동자를 고용한 대기업농이 최소주의적 접근만을 따라 유기농을 하는 경향을 관찰했다. 이들은 단지 허용된 외부투입재의 목록에만 의존했을 뿐이었다. 동시에, 전국 표준과 인증에 높은 비용이 필요한 유기농을 공식화하는 것은 소농들에게 추가적인 압력을 부과한다(Klintman and Boström, 2004 참고). 이런 현상은 지속가능한 농업 운동이 지향하는 세계의 대안적인 비전과 사회적으로 변혁지향적인 정치와 상반되는 것으로 간주된다. 그럼에도 불구하고, 유기농 생산자를 포함해 모든 농민은 더 큰 경제논리 안에서 활동하며 헥타르당 더 많은 생산을 해야 한다는 압력과 같은, 지구화가 초래한 많은 결과들과 맞서야만 한다. 그러나 경험적인 연구에 기초해볼 때, 하워드(Howard, 2009)는 유기농이 농산업에 참여하게 되는 것은 기본적인 생산영역보다 가공영역에서 일어나고 있다고 결론 내린다. 유기농의 관행화는 필요한 자본에 관련된 위험뿐 아니라 유기농 인증요구 때문에 복잡해진다.

유기농의 사회운동적인 성격을 강조할 때, 몇몇 사람은 관행적 유기농을 대안적 유기농과 구분할 것을 제안한다. 그들은 정치적·사회적·경제적인 구조 및 관계에서 더 근본적인 변화가 필요하다고 생각한다. 그렇지 않으면 기존의 시장체계는 유기농의 진정한 진보를 없애버릴 것이다. 많은 이들은 유기농으로 먹거리를 생산하는 것뿐 아니라, 농촌과 도시의 연계 혹은 대안적인 생산자-소비자 네트워크를 구성하는 유기농의 더 폭넓은 '과정적' 접근에까지 이르러야 '진정한' 유기농 농민이라고 생각한다.

따라서, 미국에서는 본래적인 운동의 기본원칙들을 고수하는 정통적 유기농업과 '아류 유기농업'으로의 분화가 일어나고 있고(Guthman, 2004), 이 아류는 신흥 대중시장을 위해 유기농산물을 대규모로 생산하는 유망한 방식이라고 여겨지는 분야다.

유럽의 유기농

유럽에서 유기농이 점하는 위치는 다양하지만, 1980년대 초반부터 상당히 확장되었다. 이런 빠른 성장은 불가피하게 EU의 광범위한 개입을 유도했다. 유기농 운동 내부에서의 주저함에도 불구하고, 공식적 규제가 1993년에 도입되었다(Mikkelsen and Schlüter, 2009). 이 규제(EEC 2092/91-EU의 유기농식품 인증)는 EU 내에서 동일한 원칙하에 유기농 먹거리 생산이 이루어지도록 했고, 수입된 농산물에도 동일한 기준이 요구되었다. 초기 규제는 2009년 'EC 834/2007'로 대체되었는데, 이는 유기농산물에 EC 로고를 부착하는 것을 포함해서, 유기농 부문을 발전시키기 위한 더 포괄적인 전략이었다. 유기농 먹거리 부문의 성장은 지역공동체에서 유기농 생산자들의 지위를 변화시켜(Banks and Marsden, 2001), 그들은 지역공동체 안에서 보다 진보적이고 혁신적인 존재로 인정받고 있다. 유기농 생산자들은 신흥시장의 도전에 적절히 대응하며 불안이 심화되는 상품시장에 직면한 자신들의 미래를 보호하는 진취적인 걸음을 내딛고 있다.

아프리카의 유기농

전세계의 인증받은 유기농지 중 3% 정도가 아프리카에 있다고 집계되었다. 그러나 아프리카 농민들은 전세계의 인증받은 유기농민 전체 중 거의 20%를 차지하고 있다(Lyons and Burch, 2008). 인증받은 유기농지 중 대부분은 동아프리카, 특히 우간다에 위치하고 있으며, 우간다는 아프리카에 있는 모든 유기농지의 절반을 차지한다(〈상자 9.5〉 참고). 아프리카의 더 많은 농장이 실제로는 유기농으로 운영되지만, 수출지향적으로 생산되는 농산물만 인증받았을 뿐이다.

대부분의 아프리카 국가에서 농업정책은 유기농을 지지하지 않고 있

우간다의 유기농

우간다는 수익성 있는 유기농업에 큰 잠재력이 있는 곳이다. 다른 국가들에서는 관행 농을 유기농으로 전환하기 위해서 3년에서 7년의 시간이 필요하지만 우간다 북쪽 지역은 1년도 걸리지 않으며, 대부분의 농업은 자연스럽게 유기농으로 이루어지고 있다. 우간다에서 인증된 유기농지는 2003년 12만 2000헥타르에서 2008년 20만 헥타르 이상으로 증가해왔고, 아프리카에서 가장 큰 유기농 지역이 되었다. 이와 같은 확장의 원동력은 수출이며, 이 기간 동안 해마다 평균 65%씩 수출이 증가해왔다. '우간다 국민 유기농업 운동NOGAMU'이 유기농업을 발전시켰고, 지역에 '유기농 매장'을 설치했다. 또 인증된 지역기업UgoCert의 창업이 활성화되도록 했고, 우간다 유기농 표준을 설정했다. '우간다 국민 유기농업 운동'은 농민이 유기농으로 전환해서 수입을 늘리고 생활을 향상시키는 데 목적을 두고 있다.

으며, 때로는 적극적으로 방해하기도 한다. 유기농산물에 대해 거의 보조금이 없고, 유기농업에 대해 충분히 규제하는 나라는 거의 없다. 따라서 NGO와 민간기업은 아프리카에서 유기농 먹거리 생산의 성장을 추동하는 주요 행위자다. 그들은 국제적 유기농 표준과 지역의 영농 지식 및 관행 사이에 존재하는 차이를 메우고, 직접적 지원이나 기타 재정적 자원에 접근하기 쉽도록 도와주며 소농들이 인증을 받는 데 드는 비용을 줄여주는 역할을 할 수 있다.

가난한 국가에 있는 소농들은 수출기회를 얻을 수 있기에 유기농 인증을 받는 것에 매력을 느낀다.* 특히 공정무역 라벨링과 결합될 때 그렇다. 아프리카에서 소농들은 전통적으로 화학적 투입물을 적게 사용하고, 지식과 역량 강화를 위한 투자가 바로 영향을 주기 때문에, 생산량을 증가시킬 수도 있다(Bolwig et al., 2009; Vaarst et al., 2009). 유기

---

* 예를 들어, 공정무역을 의무화하는 유기농 라벨링 조직인 나투르란트(Naturland)가 만든 가이드라인(Naturland, 2009)과 유기농과 공정무역 공급사슬을 지원하는 Organic & Fairtrade Competence Centre의 가이드라인(www.organicandfair.irg 2011년 1월 17일 접속) 참고.

농 작물을 수출용으로 생산하는 농장은 관행적 생산을 하는 농장보다 훨씬 수익성이 뛰어나다고 판명되었다. 그러나 수출을 하면서 얻은 그들의 성공은 계약농장 시스템에서 인증된 유기농산물을 생산하는 것과 관련 있다.* 아프리카 농민들과 공동체 사이에서 최근 느슨한 법적 틀과 무분별한 사용으로 몸에 해로운 영향을 미치는 농약 사용에 대한 우려가 점점 더 커지면서 유기농이 더 촉진되고 있다(Oosterveer et al., 2011).**

무엇보다, 많은 외부투입재를 사용하는 근대 농업방식은 아프리카에서 늘어나는 인구를 먹이는 데 필요한 먹거리생산의 증가량을 따라잡지 못했다(UNCTAD and UNEP, 2008). 만성적으로 기아에 허덕이는 인구의 대부분은 자신이 먹는 것 중 많은 부분을 스스로 생산해온 소농들이며, 이들은 너무 가난해서 투입재를 살 수 없으므로 생산자시장으로부터 주변화되고 있다. 따라서 구체적인 생존조건으로부터 출발하는 전략을 선택하는 것이 지혜로운 일이다. 소농들이 가격 프리미엄에 맞서 자신의 생산품을 확실히 팔 수 있을 때, 저비용 농업기술의 보급이 용이해지고 불확실성은 감소할 것이다. 여러 연구는, 아프리카의 전통적인 영농체계로부터 전환해도 생산량이 안정적으로 유지될 것이기 때문에 유기농업이 매력적일 수 있음을 보여준다. 시간이 지나면서 생산량이 증가한다면, 유기농은 투입재에 의존하는 집약적인 관행농체계와 대결하면서 전통적인 영농체계를 뛰어넘을 것이다. 유기농업으로 인해 개별 농장에서

---

* 실제로 아프리카에서 유럽으로의 유기농산물 수출은 종종 운송에 필요한 에너지가 지구온난화를 초래한다며 비판받는다.
** 베트남의 농업을 연구한 호이 등(Hoi et al., 2009)의 보고서에 따르면, 인간건강에 미치는 잠재적 효과를 알고 있을 때, 채소 생산자들은 그들이 사용하는 살충제의 독성에 대해 걱정한다. 이들은 살충제 사용을 전적으로 억제하지 않는 대신, 선택적으로 사용한다.

더 많이 먹거리를 생산하고 잉여 농산물을 지역시장에 판매하게 되면, 가난한 아프리카의 농촌 가정의 먹거리접근성도 향상될 것이다.

더 비판적인 견지에서, 베이크웰스톤 등(Bakewell-Stone et al., 2008)은 올바른 환경에서 인증된 유기농업은 실제 로컬푸드에의 요구와도 맞닿아 있으며, 자연자원의 보호와 지속가능한 이용을 가능하게 할 것이라 결론 내린다. 그러나 현재 유기농 부문은 수출지향적 농업이 주도하고 있으며, 작물생산의 다양성과 생활에 필요한 더 큰 이점을 제공하는 농생태학적 접근을 발전시키지는 못하고 있다.

유기농업에 대하여

전세계적으로 유기농업은 먹거리 생산자들에게 매력적인 선택지가 되고 있다. 그것은 다양한 문제에 해답을 제시하고, 폭넓은 의제가 통합되도록 한다. 더 높은 소비자가격과 생산자들에게 돌아가는 잠재적인 이윤의 증가는 경제적인 관점에서도 매력적이지만, 환경적 부담을 줄이기도 한다. 소비자에 대하여, 유기농은 건강한 생활양식과 환경적인 관심 모두를 마케팅 수단으로 내걸 수 있다(11장 참고). 시공간을 넘어서 알아볼 수 있고 구별할 수 있는 정체성을 동시에 유지하면서, 상업적 파트너와 사회운동, 정부와 협력하기에 충분히 유연하다. 유기농은 인증제도를 통해 공식화될 수 있다. 그러나 이런 공식적인 수단 없이 지역 수준에서 운영될 수도 있다.

유기농 운동은 그 근본적 원칙을 고수하는 한편, 유기농산물 세계의 확장이라는 도전에 늘 직면해왔다. 유기농 부문이 커지는 가장 확실한 방법은 기존의 공급사슬을 활용하는 것이다. 이 성공은 그 핵심원칙을 느슨하게 지키는 이들에게까지 기회를 확장하지만, 생산자와 소비자 관계의 전환이라는 보다 근본적인 의제를 옆으로 밀어낼 위험이 있다. 유기농의 성장이 지속되면서, 이 딜레마는 아마도 미래에 더 긴박한 문제가 될 것이다.

소농과 국제 먹거리무역: 축복인가 저주인가?

개발도상국은 종종 먹거리수출을 경제성장 촉진과 국가수입 증가의 매력적인 수단으로 간주한다. 따라서 어떤 이들은 농업에 대한 국가 지원을 줄이고 OECD 국가들의 (무역)보호주의 완화와 개발도상국의 농업시장 개방을 더 확실히 하면서, 농업무역을 자유화해야 한다고 주장한다. 다른 이들은 이 전략에 심각하게 의문을 던지는데, 대개 시장은 경제학 이론에 따라 움직이지 않기 때문이다. 따라서 개발도상국의 수출을 늘리면 농민들이 실제 더 많은 수익을 얻을 수 있을지에 대해 의문을 제기한다. 많은 개발도상국은 수출농업이나 혹은 (대부분 가공되지 않은) 몇몇 농산품에만 의존하는데, 이런 방식은 가격폭락이나 흉작에 매우 취약하다. 게다가 지구적 공급사슬 내에서 권력은 대개 생산자보다 무역업자나 소매업자 쪽에 있다. 최소한 2008년까지, 대체로 이런 농산품은 세계 시장가격이 하락할 때마다 피해자가 되었다(세계 상품가격에 대한 보다 상세한 토의는 2장 참고). 이런 경향은 세계적인 생산증가와 맞물려 수요가 침체되었기에 발생했다. 개발도상국의 만성적인 가난, 기아와 더불어, 먹거리수출에서 오는 수익의 부족 때문에 식량주권에 대한 요구가 제기된다. 다음 장에서 개발도상국의 먹거리수출을 바라보는 관점을 논의하고 이것이 지속가능성을 증가시키는 데 도움이 되는지 논의할 것이다. 그리고 식량주권에 대해 검토한다.

수출용 먹거리

지난 20년 동안 개발도상국들이 전세계에서 차지하는 먹거리 생산과 수출은 전체적으로 증가해왔다. 신선 과일과 채소는 영양분을 더 잘 제공하고 인간건강에 기여하기 때문에 수요가 더 많았고, 이윤이 상대적으로 높았기 때문에 생산자들에게 매력적이었다. 슈퍼마켓은 과거 계절에 따른 제약을 받던 먹거리를 포함돼 거의 모든 신선식품이 연중 계속 공급되는 것을 목표로 한다. 이런 먹거리 중 일부를 생산하는 것은 개발도상국의 소농들에게 매력적이다. 그들의 생산활동은 규모의 경제에 거의 영향을 받지 않고, 계절과 노동집약적 부문에 대개 더 유연하게 반응하기 때문이다(Gioé, 2006). 생산자들은 이렇게 증가하는 수출기회로부터 이득을 얻어왔고, 또한 질과 생산성을 향상시키는 데 기여해왔다.

오켈로와 오켈로(Okello and Okello, 2010)가 케냐 껍질콩 재배농민의 사례에서 보여주듯이, 수입시장에서 요구하는 엄격한 먹거리의 질과 안전 기준은 생산자들의 생산활동에 긍정적인 영향을 미쳤다. 케냐 농민들은 이미 수십 년 동안 유럽에 껍질콩을 수출해왔다. 그러나 1990년대 농약의 무분별한 사용에 관한 우려가 증가하면서, EU는 정교한 농약 표준을 개발했고, 이는 케냐 수출업자들을 압박했다. 이에 따라 케냐에서는 위험한 농약 사용을 줄이고 대안적인 병해충관리를 실행하도록 했다.

수출을 위해 작물을 생산할 때, 소농들은 여전히 다양한 문제를 접하게 된다. 기반시설이 없거나 더욱 악화되기도 하는데, 이 때문에 특히 신선식품의 운송이 복잡해지고 물류비용이 증가한다. 더욱이, 소농은 시장의 압력으로 어려움에 처할 위험이 있다. 생산품의 신뢰도를 보장할 수 없거나 공식적인 표준과 특히 민간의 표준을 충족하지 못할 수 있기 때문이다. 그런데 이 표준들은 수출을 위해 요구되는 것이다. 이 조건들

국제 먹거리무역에 관한 세부 계약사항의 예

네덜란드의 신선과일 수입업자인 '토털 프루트Total Fruit'는 씨 없는 백포도를 인도로부터 수입하는데, 그에 대한 계약은 생산 요구조건, 선적 준비, 포장 설명, 생산가격 그리고 선적에 필요한 문서 등에 관한 다양한 세부사항들을 포함한다.

생산 요구조건은 매우 자세하다. 일반적 특성과 관능적 특징, 물리적 품질을 명시한다. 어떤 특징을 만족시켜야 하며, 어떤 개선이 필요한지, 어떤 특징에서 벗어날 때 포도를 반품시킬 수 있는지를 분류한 상세한 표시도 있다. 포장 안내는 마분지 박스와 그 박스에 부착하는 라벨, 그 박스를 쌓는 방법 등 구체적인 차원을 명시했다.

출처: Total fruit(2010)

은 먹거리의 질과 안전성, 그리고 수출 절차와 관련된 표준을 추적하고 찾아내는 것과 관련된다(그러한 요구의 예는 〈상자 9.6〉 참고).

현재의 조건에서, 일반적으로 수출용인 신선과채와 기타 먹거리는 북반구의 특권적 이익을 영구화하고 남반구에 있는 생산자들의 이익은 주변화시킨다. 특히 수입 소매업자들은 생산자보다 국제무역에서 더 강한 힘과 통제력을 가지는 듯하다. 세계시장에서 농산품가격이 하락하는 추세는 생산자들이 생산력을 높이고 낮은 이윤을 받아들이도록 계속 압박한다. 아니면 다른 수출작물을 찾아야만 한다. 게다가 더 높은 이익을 좇는 시장에서 수입관세는 가공되지 않은 생산물에는 낮게 책정되지만 가공도가 높을수록 높게 책정되며, 이 때문에 개발도상국은 먹거리수출을 통해 더 높은 수익을 얻는 데 어려움에 처하곤 한다. 이는 개발도상국의 생산자들은 비가공 먹거리의 공급자로 한정된 채 남아 있음을 의미하는데, 비가공 먹거리는 가치가 낮고 경제적 수입이 적기 때문이다. 수출기회가 더 많아지는 데서 오는 이익은 고품질 먹거리를 생산하고 향상된 포장기술과 가공기술을 활용하는 능력을 생산자가 계속 키우도록 요구한다. 개발도상국의 농민 대부분은 이 가능성을 실현할 기회가 거의 없는데, 교육과 투입재 제공, 자금조달에 관한 적절한 제도적인 지원이 부족하기 때문이다. 다수의 국가에서 충분한 제도가 만들어지지 않았으며, 특히 개도국 정부는 농업교육에 거의 관심을 두지 않는다.

때때로 대안적인 세계 농식품네트워크의 증진이 미래로 향하는 길로 간주된다. '생태적 지속가능성과 사회정의가 사업의 기본적인 조건'이 되는 세계 농식품체계를 만들려 하는 NGO와 사적 기구가 이 네트워크를 주도하고 있다(ISEAL, Hatanaka에서 인용, 2010, 706쪽). 그런 대안적인 세계 농식품네트워크의 예는 공정무역(7장 참고)과 세계 유기농 거래(이상 참고)다. 그런 대안적인 세계 농식품네트워크에 속한 소농의 지위를 강화하기 위해서는 정치적·경제적 이해관계를 보호하고 교육과 역량강화를 지원하고 물류시설와 기반시설을 개선하도록 돕는 강한 농민운동과 협동조합에 참여하는 것이 필요하다.

식량주권

먹거리보장은 국제 먹거리정치에서 중요한 원칙이지만, 공적 논쟁에서의 최근 관심은 식량주권으로 이동하는 것처럼 보인다(《상자 9.7》 참고). 식량주권은 소농 운동의 국제연합체인 비아캄페시나가 1996년 세계정치의 공론장에 도입한 개념으로, 선진국과 개발도상국 모두를 지배하는 세계시장의 힘에서 독립해 모든 국가가 자신의 먹거리, 농업, 가축, 수산물 체계를 가질 권리로 정의된다.

FAO에 따르면 먹거리보장은 "모든 사람이 항상, 활력 있고 건강한 삶을 위한 식단과 선호식품 수요를 충족시킬 수 있는 충분하고 안전하며 영상기 있는 먹거리에 물리적으로, 경제적으로 접근할 수 있을 때" 가능하다(FAO, 2010, 8쪽). 그러나 이 정의는 먹거리가 어디서 와야 하며 혹

식량주권

비아캄페시나가 주창하는 식량주권의 일곱 가지 원칙은

- 먹거리는 모든 이에게 주어지는 기본권이며, 개별 국가는 안전하고, 영양이 풍부하며, 문화적으로 적절하고, 양과 질의 측면에서 충분한 먹거리에 모든 이가 접근가능해야 함을 헌법의 권리로서 선언해야 한다. 기본영역의 발전은 이런 기본권의 구체적 실현이 가능하도록 보장되어야만 한다.
- 농업 개혁은 토지 없이 농사짓는 사람들에게 자신들이 일하는 땅에 대한 소유권과 통제권을 보장하는 것을 요구한다.
- 자연자원, 특히 토지, 물, 종자, 가축육종을 보호하는 것이 필수불가결하며, 농지에서 일하는 사람들은 이를 실천해야 한다.
- 먹거리는 우선적으로 영양소 공급을 담당하며, 부차적으로 무역상품일 뿐이므로, 먹거리무역은 재조직되어야 한다. 각국의 농업정책은 국내 소비와 먹거리자급을 위한 생산에 우선순위를 둬야만 한다.
- 다자간 기구(WTO, 세계은행, IMF)와 초국적 기업이 농업정책에 미치는 영향력이 커짐에 따라 발생하는 기아의 지구화는 종결되어야 하며, 식량주권이 더 이상 그들 때문에 약화되면 안 된다.
- 사회평화, 모든 이는 폭력으로부터 자유로울 권리가 있고, 먹거리는 무기로 사용되어서는 안 된다.
- 민주적인 통제는 소농들이 농업정책을 구성하는 데 모든 차원에서 직접적으로 제언하도록 허용하는 것을 뜻한다.

출처: La Via Campesina(2008)

은 어떻게 생산되는지 혹은 누가 생산하는지에 대해서는 이야기하지 않는다. 따라서 모든 이에게 먹거리에 대한 접근을 보장하기 위해서, 식량주권의 목표가 수립되었고, 이 개념의 지지자들은 "기아와 가난을 제거할 수 있는 유일하고 지속적인 방법은 지역의 경제발전을 통해 가능하다"고 주장한다(Rosset, 2003, 1쪽). 식량주권은 개별 국가의 특수하고, 사회적이며, 문화적이고, 생태적인 조건에 부합하는 먹거리를 생산하기 위해서, 자신의 농식품체계를 규정할 수 있는 모든 국가의 사회권으로 이해된다.

식량주권의 전략은 지역의 가용자원 및 지역 문화·전통과 조화를 이루면서 지속가능한 생산을 하는 소농과 가족농 모델에 기초하고 있다. 소농과 가족농은 지역의 자원을 이용하는 오랜 역사적 경험을 바탕으로 영농활동을 하며, 따라서 외부투입물을 거의 사용하지 않고도 지역 안에서 최적의 양과 질의 먹거리를 생산할 수 있다고 간주된다. 농업생산은 주로 가족소비와 국내시장을 위해 계획되어야 하고, 반면 수출은 그저 잉여농산물을 판매하는 선택지여야 한다. 이런 목표를 이루기 위해서, 비아캄페시나의 활동가들은 먹거리와 농업은 WTO나 NAFTA와 같은 국제 무역협정에서 제외되어야 한다고 요구한다. 그들은 이 협정이 오로지 국제 먹거리무역을 활성화할 뿐이며, 미국이나 유럽처럼 정부로부터 엄청난 보조금을 받는 수출업자들이 자국 시장(식량 수입국)에 싼값으로 판매한 먹거리로부터 식량주권을 보호하려는 정부의 자율성을 제약한다고 주장한다.

근원적인 질문은, 식량주권이 과연 특정 지역을 넘어서는 것이 가능한가라는 점이다. 이 목표를 실현하기 위해 요구되는 기본 원칙과 제도적 협정 모두 명확하지 않기 때문에, "다층적이며, 개인에서 집단에 이르는 주권에 관한 요청이 혼란을 불러일으킨다"(Boyer, 2010, 331쪽). 그럼에도, 식량주권은 농업정책을 위한 구체적인 대안틀로 기능하면서 먹거리공급의 지구화와 지역화 사이의 갈등을 더 심화시키고 있다.

나가며

이 장에서, 우리는 긴급하게 요청되는 몇몇 지속가능성과 관련된 도전을 다루면서, 먹거리 공급사슬에서 (특히 소농)생산자들의 지위를 강화하는 데 목적을 둔 다양한 전략을 살펴보았다. 그렇게 선택적으로 검토한 것이 제한적일 수 있지만, 그럼에도 다양한 전략이 존재하고 각기 다른 배치 가운데 시장기회, 기술적 현실, 소비자와 지속가능성이라는 관심이 그 전략들과 결합되고 있다는 것을 보여주고 있다. 이런 다양한 선택지가 있다는 것은 대안농업과 주류농업 사이에 있는 강한 대립을 바탕으로 논쟁 구도를 설정하는 것이 부적절함을 이야기한다. 두 농업 유형 모두 진화하고 있는데, 관행농업을 단지 고정된 것으로 틀 지으면, 한 단계 더 발전하고 다양한 전략이 결합/통합되는 대안의 고안을 막게 된다. 지구화라는 조건 아래서, 기아를 줄이고 지속가능성을 향상시키고 생산자들의 지위를 강화하는 농업을 만드는 묘책은 없는데, 전략과 생산자의 특정 조건을 조합하는 다양한 결합이 가능하기 때문이다. 이런 이유로 보다 통합적인 접근이 필요하다.

주류농업 혹은 다양한 대안농업 내에서 농업의 기술적 변화가 종결될 것이라고 예상할 이유는 없다. 따라서 미래에도 혁신은 생산자들에게 지속적으로 가능할 것이다. 지속가능성에 관한 관심은 과거보다 더 분명히 기술적 발전과 결합되어야 한다. 기술적인 낙관론 혹은 경제적인 낙관론이 기술혁신을 전망하는 데 충분한 기준이 될 수는 없기 때문에 부작용도 설명되어야 한다. 이 과정에서 농민의 경험과 전통적 실천들에 더 많은 관심을 쏟아야 하는데, 이것들은 특정한 혁신이 초래할 수 있는 부정적 결과에 대한 정보 차원에서 유용한 자원으로 역할을 할 수 있기 때문이다.

■
꼭 기억하기

• 먹거리 생산자는 농민으로서 자신들의 미래를 보장하는 다양한 전략을 발전시켜왔다. 이는 소규모 및 저기술 의존적 선택지에서 고기술 의존적 선택지까지 다양하며, 몇몇 방법에서는 사회와 생태적 영향 모두를 통합한다.

• 유기농업은 빠른 속도로 발전하고 있으며, '지속가능한 농업'의 대명사가 되고 있다.

• 대안적인 생산자전략은 스스로 주류적인 것에 편승하지 않고 어떻게 관행농업이 지닌 문제를 해결할 수 있는지를 설명하는 데 어려움이 있다.

■
더 깊이 읽기

• Bomsma, M.(2008) *Sustainable Procurement from Developing Countries: Practices and Challenges for Business Support Agencies*, KIT Publishers, Amsterdam : 생산자와 무역업자, 소매업자를 함께 다루면서 지속가능성을 높일 수 있는 노력의 구체적인 예를 보여준다.

• McIntyre, B., Herren, H., Wakhungu, J. and Watson, R.(2009) *International Assessment of Agricultural Knowledge, Science and Technology for Development(IAASTD): Global Report*, Island Press, Washington, DC : 농업의 지속가능성을 향상시키는 전략에 대해 검토한다.

• Rosset, P.(2006) *Food is Different: Why We Must Get the WTO Out of Agriculture*, Zed Books, London and New Your : 국제 먹거리정치라는 영역에서 먹거리 생산자들의 역할을 논의한다.

10장

먹거리공급의 구조조정
: 슈퍼마켓과 지속가능성

이 장의 목표는
- 세계 먹거리공급에서 소매기업이 수행하는 핵심적 역할을 이해하고
- 국가별 소매업체의 상이한 행태를, 특히 지속가능성의 측면에서 살펴보며
- 개발도상국에서 소매업체와 소농의 변화하는 관계를 검토하는 것이다.

들어가며

고작 지난 몇 십 년 사이에 슈퍼마켓은 식품매매의 중심에 서게 되었다. 미국과 유럽에서 슈퍼마켓이 식품소매를 지배한 지는 꽤 되었지만, 최근에는 개발도상국이나 구 사회주의권에서도 그런 현상이 나타나고 있다. 슈퍼마켓의 확산은 소득 증가, 도시화, 여성의 노동시장 참여 증가, 서구문화 모방에 대한 열망 등 몇 가지 상이한 사회적 추세가 복합적으로 작용한 결과다. 슈퍼마켓의 규모와 수의 확대는 먹거리공급의 지구화와 더불어 슈퍼마켓이 식품판매의 대다수에서 필연적 통과점이 되었다는 것을 의미한다.

실제로 슈퍼마켓의 확산은 먹거리가 공급되는 방식을 근본적으로 변

화시키고 있다. 슈퍼마켓은 영농, 가공, 소매, 무역과 소비 등 거의 모든 단계에 심대한 영향을 미치고 있으며(Traill, 2006), 또 그에 따라 먹거리 공급사슬을 조정하는 핵심적인 역할을 맡게 되었다.

이 장에서는 이 같은 변화를 분석하기 위해 먼저 슈퍼마켓의 성장과 먹거리공급에서 그들의 지배적 역할에 대한 몇 가지 배경정보를 제시한다. 이어 각 나라에서 슈퍼마켓이 쓰는 전략들을 검토하는데, 특히 그들이 지속가능성을 어떻게 다루는가에 초점을 맞춘다.

슈퍼마켓의 성장

슈퍼마켓이라는 개념은 1916년 미국에서 처음 도입되었는데, 이 모델이 확산된 것은 2차 세계대전 이후였다. 서유럽에서 슈퍼마켓의 성장은 1960년대 시작되어 1990년대까지 지속되었는데, 이들 국가에서 슈퍼마켓은 식료잡화grocery 매출의 거의 대부분을 책임지고 있다. 슈퍼마켓을 통한 식료잡화 판매의 팽창은 사업체의 규모를 증가시키고 소수 거대 소매업체로의 집중을 낳았다. 그런 기업 중 일부는 세계적 운영망을 갖추고 있기도 하지만 대부분은 여전히 자국의 국경 내에서 활동한다. 2009년경 가장 큰 소매기업 10개의 총매출 5조 9000억 달러는 상위 100대 기업 전체의 식료잡화 판매의 40%를 차지했다(〈표 10.1〉 참고).

현재까지 세계 최대의 식료잡화 소매기업은 월마트로서, 세계 15개국에서 연간 총매출이 4260억 달러에 이르며 200만 명 이상을 고용하고 있다. 규모로만 보면 월마트는 사실 세계에서 가장 큰 기업이다. 식품가공기업 중 가장 큰 네슬레의 경우 2007년 총매출이 900억 달러로서 월마트에 비하면 난쟁이 수준이다(〈표 10.2〉 참고).

<표 10.1> 세계 10대 식품소매기업

순위	회사	농식품 매출 (2007)(10억 달러)	모국	진출국 수 (n)	점포 수 (n)
1	Walmart	426	미국	15	8,451
2	Carrefour	152	프랑스	36	14,215
3	Metro Group	104	독일	32	2,127
4	Tesco	98	영국	13	4,835
5	AEON	93	일본	10	15,743
6	Seven & I	86	일본	4	26,371
7	Schwarz(Lidl)	82	독일	24	9,878
8	Kroger	81	미국	1	3,619
9	Costco	79	미국	8	560
10	Rewe Group	78	독일	14	13,041

출처: Retail Planet(2010); 진출국 수는 Deloitte(2009)

<표 10.2> 세계 10대 식품산업기업 (2007)

	회사	본국	음식료 매출 2007 (10억 달러)	총매출 (10억 달러)
1	Nestlé	스위스	84	90
2	PepsiCo	미국	39	39
3	Kraft Foods	미국	37	37
4	The Coca-Cola Company	미국	29	29
5	Unilever	네덜란드/영국	27	50
6	Tyson Foods	미국	27	27
7	Cargill	미국	27	88
8	Mars	미국	25	25
9	Archer Daniels Midland Company	미국	24	44
10	Danone	프랑스	20	20

출처: ETC Group(2008)

흥미롭게도 세계 상위 10대 식품소매업체 중 미국계 기업은 3개뿐이고 5개가 유럽계인데, 이는 세계 식품산업의 대다수를 미국계 기업이 지배하고 있는 현실과 매우 대조적이다. 서유럽 국가 대부분은 식료잡화 판매가 고작 3~5개 정도의 소매업체를 통해 실현된다. 또 그중 일부 회사만 세계화 전략을 취하고 있는데 카르푸가 대표적이다(〈상자 10.1〉 참고).

소매기업은 서로 연관된 세 가지 방법을 활용하여 자신의 국내시장을 다른 국가로 확장시키는데, 세계화, 시장 자유화 그리고 친기업적 규제가 그것이다(Lawrence and Burch, 2007). 세계화는 신선과채처럼 더 비싸고 상하기 쉬운 먹거리의 공급망이 확대되는 것으로 나타난다. 큰 소매기업은 작은 기업에 비해 국제적 공급을 조정하여 비용-가격 차이로 수익을 얻기 쉽고 자신의 브랜드명을 활용하여 외국인 고객도 더 쉽게 끌어들인다. 시장 자유화는 금융, 보험, 의약 등 새로운 분야로의 기업합병 또는 신규진출을 용이하게 해준다. 친기업적 규제는 본질적으로 탈규제를 의미한다. 농업과 먹거리에 대한 적극적인 개입주의 정책에서 벗어나 민간 표준을 통해 자발적으로 규제하려는 것이다(Marsden et al., 2010).

소매업의 집중은 거대 소매업체에게 규모의 경제라는 이점을 제공한다. 납품업체supplier와의 협상, 전자·소프트웨어 기술혁신에 대한 투

상자 10.1

세계적 소매기업, 카르푸

프랑스 슈퍼마켓으로 시작한 카르푸는 소매업 세계화의 선두주자가 되었다. 이 회사는 유럽과 라틴아메리카, 아시아의 36개국 이상에서 거의 1만 5000여 개 점포를 운영하며 49만 명 이상의 고용인을 거느리고 있어 프랑스 내 매출이 전체 매출의 절반에 불과하다. 카르푸는 하이퍼마켓, 슈퍼마켓, 초저가할인점, 무배달현금도매점cash and carry 등 다양한 소매업태를 구사하고 있다.

출처: ETC Group(2005); Aberdeen Group(2008)

<表 10.3> 유럽의 병목형 공급사슬(2003)

소비자	160,000,000
고객	89,000,000
대형 직매장(outlets)	170,000
슈퍼마켓	600
매입대리점	110
제조업체	8,600
중간 제조업체	80,000
(산지) 공급업체	160,000
농민/생산자	3,200,000

출처: Vorley(2003)

자, 신용 조달, 물류 조직화 등은 모두 규모가 클수록 유리하다. 소매업체의 강력한 지위를 보여주는 한 가지 지표가 '병목형 공급사슬'이다. 유럽 내 먹거리공급이 소수 소매업체의 매입대리점buying desk을 통해 통제되는 것이다(<표 10.3> 참고).

기업의 소매권력

과거 슈퍼마켓은 단순한 식품유통업자였을 뿐이지만 현재 그들은 먹거리 공급사슬의 조정에서 점점 더 핵심적 위치를 차지하며 생산자 쪽에서 소매업자와 소비자 쪽으로 역학적 균형을 이동시키고 있다. 슈퍼마켓이 하는 일은 그저 시장에서 팔릴 것을 사들이는 것만이 아니다. 지금 그들은 어떤 공급자가 어떤 조건에서 어떤 상품을 배달할지까지 결정한다. "제도적 권위자institutional authority"(dixon, 2007) 같은 소매업체의 이런 새로운 역할에는 "야누스 같은 양면성"(Harvey, 2007)이 있다. 소매기업은 소비자와 맺는 **하류**downstream의 세력관계를 **상류**upstream의 경제행위자들과 연결시키지만, 양자는 각자의 동학을 갖기 때문이다.*

상류에서 소매기업의 영향력은 제조업체의 브랜드를 대체하는 소매업체의 자체 브랜드private brand, PB, 일명 '홈브랜드'의 도입에서 가장 뚜렷이 나타난다. GlobalGAP(4장 참고) 같은 농민과 가공업체용 안전·품질·환경 표준의 설정도 마찬가지다. 슈퍼마켓은 효율성 향상을 위해 공급업체와 '전략적 제휴' 관계도 시도한다(Lawrence and Burch, 2007). 농민에 대한 슈퍼마켓의 영향력은 특히 신선과채류를 공급하는 농민에게서 가시적으로 나타난다. 반면 우유, 곡물, 설탕 같은 더 일반적인 농산물은 소매점에 도달하기 전 가공 공정을 거쳐야 하기 때문에 이런 부문에서 소매업의 영향은 가공산업을 경유하는 간접적인 형태로 조직된다.

하류에서 소매기업의 영향력은 상품의 가격대와 매력성뿐만 아니라 먹거리에 대한 접근성과 이용성을 좌우하는 점포의 입지와 구성방식, 상품 구색, 시가와 경품에 대한 슈퍼마켓의 결정에서 잘 나타난다. 슈퍼마켓 운영자는 기술혁신과 관리기법의 변화를 통해 소비자의 선호에 더 잘 부응할 수 있었고, 동시에 "단순히 부응하는 데 그치지 않고 소비자요구consumer demand를 창조"하는 능력까지 키웠다(Hawkes, 2008, 682쪽). 슈퍼마켓은 또한 새로운 상품과 서비스를 도입하는 데도 앞장섰다. '가정용 즉석식품home-ready meals' 같은 편의식품, 또 요리강좌나 고급 무가지無價紙 발간, 이색 식료품의 진열·시식 같은 '오락' 서비스가 각각을 대표한다. 이런 변화들이 어떻게 일어나는가에 딱히 일관성이 있는 것은 아니다. 새로 출현하는 다양한 판매 형태들은 각자의 독특한 공

---

* 상류는 먹거리제품의 공급자를 가리키는데 농민, 가공업자, 무역업자 등을 포괄한다. 반면 하류는 슈퍼마켓을 통해 팔리는 먹거리제품의 최종사용자들로서 소비자를 의미한다.

간적 소재와 사회적 동학을 가지고 있다(Harvey, 2007; Hawkes, 2008).

일부에서는 소매업체의 점증하는 권력이 농민이나 소비자의 이익을 침해하면서 주로 기업의 이윤을 불리는 데만 기여한다고 주장한다(Wailes, 2004; Young, 2004; Patel, 2007). 그러나 다른 이들은 그런 변화가 단순히 선형적인 공급사슬에서 나타난 노골적인 권력이동의 표시라기보다는 '복잡하고 유동적인 기업 간 관계들의 **네트워크**' 속에서 출현한 소매계retailing world의 권력의 동학이라고 주장한다(Coe and Hess, 2005, 453쪽). 기업의 소매권력retailer power은 다양한 방식으로 행사될 수 있기 때문에 도구, 구조, 담론이라는 면에서 다차원성을 보인다(Clapp and Fuchs, 2009). **도구적** 차원의 소매권력은 의사결정 과정에 영향을 미치기 위한 자원 활용에서 잘 드러나는데, 구체적으로 보면 네 가지 수준으로 나뉜다. 먼저, 가장 넓게는 소매업체가 수직통합이나 납품업자에 대한 표준 부과를 통해 공급을 아예 조직하는 능력을 갖는 것이다. 두 번째 수준은 상품의 공급이 제한된 소수의 소매기업으로 집중되는 것이다. 세 번째는 '일처리방식'이나 마케팅, 매대 구성 등 점포 운영에서의 혁신이다. 마지막으로, 소매기업이 갖는 네 번째 도구적 권력은 슈퍼마켓 매장의 입지를 결정하는 영향력이다. 입지는 특정 범주의 소비자를 유인하는 데 결정적이다. **구조적** 차원의 소매권력은 의제의 설정과 확산에서 기업이 발휘하는 광범위한 영향력과 관련된다. 예를 들어 지구화의 과정에서 거대 소매기업은 전세계 식품의 동질화를 위한 품질 표준이나 라벨링방식을 개발·확산시키는 데 능동적으로 관여한다. 한편, 소매권력의 **담론적** 차원은 정치적 정당성을 획득해가는 과정에서 소매기업이 논의의 틀과 쟁점을 주도하는 것을 말한다. 예를 들어 슈퍼마켓은 전반적인 통제시스템을 필요로 하는 식품안전성을 핵심이슈로 부각시키는 데 상당히 기여했으며, 자신들의 사례를 들어 정부보다 민간기업이 주도하는 통제시스템이 더 효율적이라고 주장할 수 있었다(Marsden et al., 2010).

소매기업이 여러 차원·수준의 권력을 가지면 공급자와 최종사용자의 배열형태configurations가 달라질 수 있다. 서로 상반되는 현대적 소매의 두 가지 모델이 그것을 잘 보여준다. 하나는 월마트나 알디Aldi[*]가 대표하는 원격 '유통자 모델'(Harvey, 2007)로서 전통적인 소매유통업자의 역할을 중심으로 조직된다. 이런 소매업체는 최신 통신기술을 활용하여 규모의 경제와 적시 조달을 최적화하는 것을 목표로 하며, 가격경쟁으로 자신들의 시장점유율을 높이는 전통적 방식을 고수한다. 납품업체는 이런 소매업체의 특정한 요구조건에 순응하든가 아니면 자사 상품의 판로를 상실할 위험을 무릅써야 한다. 즉 공급업체와 소매업체의 책임소재가 엄격히 분리된 형태다. 이와 상극을 이루는 모델은, 가격과 품질에서 매우 다양한 PB식품들을 입수하기 위해 슈퍼마켓이 상류나 하류 또는 양방향 모두에 긴밀하게 개입하여 유연하고 신속한 공동혁신의 동학을 확립하는 방식이다. 이는 '착근 소매자 모델'(Harvey, 2007)이라 할 수 있는데, 테스코가 최고의 사례다.

지속가능성, 먹거리 그리고 소매기업

소매업의 상이한 모델이나 공급자와 소비자의 다양한 배열형태는 소매업체가 먹거리공급의 지속가능성에 얼마나, 또 어떻게 관여할 수 있는가에도 영향을 미친다.

최근에는 슈퍼마켓 대부분이 지속가능성을 일정 정도 자신들의 사업전략에 반영하는 추세인데, 유기농 먹거리나 여타 지속가능성 라벨링 먹

---

[*] 독일에서 시작된 슈퍼마켓 기업으로 초저가할인(hard discount)이 특징이다. — 옮긴이

거리의 매출이 늘고 있다는 것이 가장 가시적인 지표다. 관행체계의 슈퍼마켓은 1980년대부터 유기농 먹거리를 판매함으로써 지속가능한 먹거리공급에 개입하게 되었는데, 영국의 소매업체인 테스코와 세인즈베리가 그 포문을 열었다. 처음에는 미미한 수량에 불과했지만 20년이 지나자 관행체계 내 소매점 매출이 영국 내 전체 유기농 먹거리 판매의 80% 이상을 좌우하게 되었다(Lyons, 2007). 동시에 점포 운영과 물류에서의 에너지절약, 음식물쓰레기와 포장폐기물의 감축 같은 다른 진보도 나타났다.

오늘날 많은 소매업체는 먹거리의 지속가능성이 중요하다고 인정하지만, 모든 나라의 모든 슈퍼마켓이 위 사례와 유사한 전략을 취하는 것은 아니다. 매장에서 제공하는 지속가능 먹거리의 가짓수, 판매전략에서 지속가능성이 갖는 중요성, 상점 직원의 열성이나 준비 수준 등에서 슈퍼마켓마다 상당한 차이가 있다(Lyons, 2007). 홀푸드Whole Foods Markets 같은 소매업체는 소비자에게 능동적으로 개입하면서 자신의 전략에 동참하라고 초대한다. "지역사회에 참여하고, 환경을 보호하며, 근린 농민의 먹거리를 활용하고, 고용인의 복지를 증진하는 동시에 맛있는 음식을 기분 좋게 먹고 싶어하는 고객의 욕망에 봉사"하여 더 지속가능한 미래를 함께 만들자는 것이다(Johnston, 2008, 248쪽). 이 회사에 따르면, 고객은 그럼으로써 '건전한 먹거리whole foods의 옹호자'가 될 수 있다.

월마트 같은 소매업체는 '소비자의 등 뒤에서' 활동하는 방식을 취한다. 2005년 월마트는 지속가능성과 관련된 전략을 완전히 수정했다. 그 이전까지 월마트는 자신들 사업의 환경적·사회적 성과에 대해 너무 무심하다고 환경운동가들의 격렬한 비판을 받아왔다. 이에 회사는 자신들의 정책을 수정했고, 이제는 자사 웹사이트에서 "월마트의 환경목표는 단순하고 직설적이다. 100% 재생가능한 에너지 사용, 제로 쓰레기, 우리의 자연자원과 환경을 지키는 상품 판매이다"라고 자처할 정도다.* 월마트는 환경영향의 약 90%가 공급사슬에서 발생한다고 주장한다. 그리고 그에 따라 몇몇 분야, 이를테면 공급망 관리, 물류, 농촌지역과의 관계 등에서 자신들의 사업 접근법을 근본적으로 변화시켰다. 능동적 방식으로 소비자에게 개입하지는 않지만 더 책임 있고 지속가능한 방식으로 소비자에게 고품질·저비용 제품을 서비스하겠다는 의도를 가진 전략이다.

한편 다른 소매업체, 이를테면 벨기에의 슈퍼마켓 체인인 콜루이트 Colruyt는 중도적인 전략을 취한다(《상자 10.2》 참고). 이 경우 소비자는 단순히 슈퍼마켓에서 지속가능한 먹거리 쇼핑을 즐기면 될 뿐, 헌신적인 친환경 고객이 되겠다고 굳이 애쓸 필요는 없다.

요컨대 소매기업은 먹거리공급에서 지속가능성을 증진하기 위해 다양한 전략을 취할 수 있다. 그러나 그런 행동의 대부분은 소비자의 관심, 기후변화나 환경문제와 관련된 사회적 요구**, 아니면 재무적 비용을 절약할 기회에 의해 추동***된다. 소비자나 NGO는 다양한 윤리적 소비 캠페인을 통해 지속가능성 증진에 기여해왔다. 브랜드 평판, 경쟁자의 행동, 규제를 미리 피하고자 하는 욕망, NGO의 직접적 압력 등은 슈퍼마켓이 운영방식을 바꾸는 데 모두 한몫을 했다. 그러나 푹스 등(Fuchs et al., 2009)이 밝힌 것처럼 대부분의 소매업체는 여전히 최소한의 전략을

---

* www.walmartstores.com(2009년 2월 11일 접속) 참고.
** 오늘날 OECD 국가들에서 먹거리공급을 담당하는 조직은 '소비, 소매, 생산뿐만 아니라 시민사회와 미디어에서 유통되는 윤리적 가치'에 점점 더 영향을 받고 있다(Hughes et al., 2008, 363쪽).
*** 소매업체는 관심이 많은 소비자를 끌기 위해, 그리고/또는 비용 절감, 이를테면 에너지 사용을 줄이기 위해 환경 표준을 채택할 수도 있다. 에너지절약 같은 것은 경제적 기여가 상당하나(Iles, 2007).

바이오슈퍼마켓 콜루이트

벨기에의 슈퍼마켓 체인인 콜루이트는 벨기에 소매시장에서 상당한 지분을 가지고 있는 가족기업이다. 비공식적이지만 좀더 현실적인 지속가능성 전략으로, 이 회사는 바이오슈퍼마켓 개점을 천명했다.

• 100% 유기농 먹거리와 지속가능한 공산품을 7,000가지 이상 판매한다(예를 들면 재생가능 물질로 만든 제품, 유기농 섬유, 동물실험을 하지 않는 화장품, 천연성분으로 만들어진 제품 등).
• 가능한 한 포장은 재활용한다.
• 소비자의 질문에 적절하게 대답할 수 있도록 직원을 훈련시킨다.
• 제품, 유기농, 라벨과 레시피에 대한 추가정보를 점포 내 벽과 기둥에 전시한다.

출처: Colruyt, www.bioplanet.be/bioplanet/index.jsp(2009년 10월 7일 접속)

채택한다. 지속가능성을 지극히 협소하게 이해하는 것이다. 지속가능성에서 우선시되는 것은 고객의 전반적 특징에 달려 있고, 고객은 주로 영양이나 안전성 문제에 신경 쓴다. 따라서 종합적으로 판단하면, 환경적 지속가능성은 대체로 생태적 효율성eco-efficiency으로 이해될 뿐, 기업 자신의 현재 사업운영 범위나 규모가 환경문제의 근원적 원천일지 모른다는 사고는 조금도 찾아볼 수 없다. 물론 유럽의 많은 소매업체는 최소한의 법적 요건을 넘어서 자신의 평판과 시장지위를 유지하는 데 본질적인, 일관된 품질·안전 표준을 충족하는 먹거리를 제공하려 한다. 민간표준이 그것을 달성하는 가장 흔한 수단인데, 소비자가 직접 눈으로 확인하는 것이 회사 평판에 가장 유리하기 때문이다(Fulponi, 2006). 그 전략을 지배하는 것은 대개 식품안전이나 품질이지만, 일부 업체는 노동 표준 같은 사회적 기준이나 동물복지 같은 환경적 기준을 적용하기도 한다. 따라서 지속가능성에 대한 소매기업들의 정의, 차원, 전략은 결코 동질적이지도, 표준적이거나 보편적이지도 않다. 그것은 특정한 맥락에 따라 달라지고 또 진화하는 역동적인 것이다. 소매업체가 지속가능성 사안을 어떻게 행동의 형태로 번역하는가를 파악하려면 그런 역동성을 고려해야 한다. 라이온스(Lyons, 2007)에 따르면, 슈퍼마켓 운영전략에서 지속가능성이 고려되는 방식은 세 가지다.

- 가능한 많은 종류의 지속가능 먹거리를 구비하고 그것을 품질, 건강, 환경 속성에 따라 판촉하는 최대화 전략. 여기서 지속가능성은 주로 홍보에 쓰이지만 그래도 교육적이고 고취하는 역할을 한다.
- 가치와 가격에 따라 중간 정도 가짓수의 지속가능 먹거리를 팔되 소비자에 대한 정보, 교육 등은 별로 없는 기본화 전략.
- 내구성 있는 건조식품류 외에는 지속가능 먹거리를 취급하지 않으며 직원의 지식이나 도움도 거의 없는 최소화 전략.

다각적 소매전략

슈퍼마켓은 잠재적으로 먹거리공급의 녹색화에 기여할 수 있는데, 그 방식은 매우 상이할 수 있으며 종종 해당 국가의 특정한 동학과 관련된다. 따라서 우리는 다수의 유럽 국가와 미국, 또 아프리카와 아시아의 일부 국가들을 비교할 것인데, 특히 각 슈퍼마켓 체제의 특수성과 지속가능성을 위한 전략의 존재 여부에 초점을 맞춘다.

유럽의 동학

영국
영국은 상위 네 개의 소매업체가 엄청난 시장점유율을 보인다는 점에서 독특하다. 이 나라는 자체 브랜드상품의 매출이 세계에서 가장 높고, 즉석냉장 식품의 경쟁이 가장 치열하며, 주간 1회의 원스톱쇼핑이 유독 활성화되어 있다는 점에서도 눈에 띈다(Harvey, 2007). 영국의 최고 소매업체, 특히 테스코와 세인즈베리는 가격-품질의 격차라는 점에서 광범위한 자사 브랜드제품을 갖추고 있는 것이 특징이다. 가장 낮은 층의 '절약economy'제품에서 가격과 품질이 구별되는 2~3개 층의 제품군에 이어 자사의 품질브랜드를 특장점으로 하는 최고 수준의 제품까지 모든 제품군이 다양한 선택지를 갖추고 있다. 영국의 소비자는 상품을 대량구매할 때 특정 소매업체에 대한 충성도가 높기 때문에 이 같은 전략은 대단히 성공적이다.

영국의 또 하나의 큰 특징은 소매업체가 소매와 관련된 먹거리의 생산·거래·물류·소비의 조직화방식, 즉 하류의 소비자시장이나 상류의 생산·유통 과정 모두에 매우 깊숙이 관여한다는 것이다. 지난 20여 년간 도매시장 같은 중간형태가 모두 없어지고, 소매업체가 모든 것을 통제하는 새로운 유통체계가 급속히 확산되었다. 그 결과 많은 경우 농장에서 가게에 이르는 배송이 과거의 몇 주나 걸리던 것에서 당일치기로 바뀌었다. 또 소매업체와 생산자 사이의 장기적 전속관계는 해충방제, 재배, 품질통제를 위한 공정의 확립을 촉진했을 뿐 아니라 여러 방면의 공동 혁신과 실험을 가속화했다. 슈퍼마켓은 그런 변화를 통해 먹거리 소비자의 새로운 트렌드에 시시각각 대응함으로써 기존의 식품가공회사를 능가할 수 있었다.

다른 나라와 비교하면 영국의 슈퍼마켓은 먹거리공급의 녹색화에서도 주도적인 역할을 하는 것이 특징적이다. 공급사슬에 대해 환경 표준을 설정하고 소비자의 반응을 체크하여 그 수준을 점점 끌어올리는 일을 소매기업이 하고 있는 것이다. 예를 들어 영국의 소매업체는 GM 성

선두를 위한 경주

2000~03년에 전개된 '선두를 위한 경주Race to the Top' 프로젝트에서 영국의 소매업체들은 먹거리와 관련된 공통의 지속가능성 지표를 개발하는 데 열성적으로 참여했다. 이 프로젝트는 영국 슈퍼마켓들의 사회적·환경적·윤리적 성과를 추적하여 국내 농식품 및 관련 부문의 변화를 촉진하고자 한 농업, 자연보존, 노동, 동물복지, 지속가능 개발 같은 다양한 분야 단체들의 연맹에 의해 발의됐다. 프로젝트의 목적은 슈퍼마켓이 실행한 최선의 방안을 식별·증진하여 공공정책의 입안은 물론이고 소비자, 투자자, 소매업체, 활동가들에게도 벤치마크를 제공하는 것이다. 객관적인 데이터와 분석을 제공하는 것도 목적이다. 프로젝트에서는 환경, 생산자, 노동자, 지역사회, 자연, 동물, 건강의 7개 지표군이 확립됐다. 또 독립적 전문가들로 이뤄진 자문단이 연구를 지원하며 그 품질통제를 보증했다. 그러나 영국 소매업체들은 초기의 적극적 태도와 달리 프로젝트 결과—합의된 지표에 대한 각 업체의 점수—의 첫 공표일이 다가왔을 때 대부분 프로젝트에서 빠지고 코옵Co-op, 세이프웨이Safeway, 소머필드Somerfield만 남았다. 최종보고서에서 프로젝트 책임자들은 슈퍼마켓 부문이 "극단적으로 소비자지향적이어서 오히려 다른 이해당사자 집단의 이익을 몰아낼 위험이 있다"고 결론 내렸다(Fox and Vorley, 2004, vi쪽). 예를 들어 슈퍼마켓 관련 논쟁과 전략들에서 납품업체의 이익이나 소비자와 무관한 사회적, 환경적 영향은 배제될 위험에 있다는 것이다.

출처: Fox and Peterson(2004)

분을 함유한 식품의 구입을 거부하고 자체브랜드 식품의 공급사슬에서도 GM 성분을 쓰지 않기로 결정했다(Oosterveer, 2007). 다른 사례인 테스코의 탄소발자국 기획은 2008년 몇 가지 식품을 포함하여 20가지 상품에 대해 개발되기 시작하여 나중에는 슈퍼마켓 선반에 진열된 7만 가지 제품 모두에 적용되었다. 이 라벨은 단순한 '푸드마일'이 아니라 해당 상품이 생애과정 전체에 걸쳐 온실가스를 얼마나 배출했는가를 그램 단위의 탄소량으로 표시한다. 이 방법은 독립재단인 카본트러스트와의 공동작업으로 개발되었다. 나아가 영국의 슈퍼마켓은 유기농 먹거리의 유통에서도 핵심적인 역할을 맡게 되었다(Torjusen et al., 2004). 이런 변화는 영국에서 녹색먹거리 공급으로의 전환이 점점 더 소매기업의 주도로 이뤄지고 있으며 정부 당국은 매우 제한된 역할만 한다는 것을 시사한다. NGO 역시 슈퍼마켓의 실질적 성과를 모니터링하고 그에 따라 순위를 매기는 역할 정도만 한다. 슈퍼마켓 기업은 그런 NGO의 웹사이트에 공개된 실적 리스트를 지속적으로 반영하여 더 엄격한 환경기준을 채택하는 등의 조치를 취한다. 예컨대 생산 공정에 쓸 수 있는 살충제의 품목을 정부가 허용하는 기준보다 더 엄격하게 제한하는 것이다(Lang and Barling, 2007). 물론 '선두를 위한 경주' 프로젝트가 보여주는 것처럼, 영국의 소매업체 역시 자신을 지속가능성 전략에 완전히 개방하는 데는 한계가 있다(〈상자 10.3〉 참고).

소비자의 욕망으로 인식된 것과 자동적으로 연결되지 않는 의제들에서 슈퍼마켓이 어떤 변화를 가져온다는 것은 난제였고, 따라서 좀더 강건한 정부의 개입이 필요한 것으로 보였다. 그러나 영국 정부는 슈퍼마켓이 더 넓은 지속가능성 이슈를 추구하도록 강제하는 데 필요한 주요 역할들에 별 관심이 없었다(Young, 2004). 기후변화와 관련된 몇 가지 공공 캠페인을 제외하면, 영국 정부는 식품소매업에서 지속가능성을 증진시키는 일에서는 방관자적 접근을 고수했다.

전반적으로 봤을 때, 영국에서 더 지속가능한 먹거리공급을 촉진하는 일은 다른 어떤 사회적 행위자보다도 소매기업에 의해 주도되었다. 따라서 그것은 먹거리공급의 급진적 변형을 가져오지는 못했다. 그 본질은 오히려 먹거리의 생산·무역·소매 부문의 사회-기술적 특질을 재배치하고 먹거리의 품질과 지속가능성을 고려한다는 작업 현장의 이미지를 구축하는 데 있었다. 식품안전성이나 환경영향 감축에 관한 소비자의 관심에 대응하는 것이 변화를 추동한 압도적인 지향이었던 것이다.

독일

독일의 식품소매업은 영국과 선명한 대조를 이룬다. 독일의 슈퍼마켓은 한편으로 규모의 경제, 또 (있다면) 자체브랜드 제품에 집중된 떨이 bargain 등 고도의 가격할인 전략을 취한다. 이런 소매업체는 크게 세 그룹으로 나뉜다. 메트로Metro, 텐겔만Tengelmann, 알디, 리들Lidl처럼 국제적 수준에서 활동하는 중앙집권적 재벌기업들, 국제적 또는 국내적 수준에서 운영되는 협동조합 단체들, 마지막으로 전국적 또는 지역적 수준에서 영업하는 더 작은 현지branch 기업들이 그것이다(Spiller and Gerlach, 2006). 다른 한편으로 독일에는 수많은 소규모 직매점outlets이 있어서 전통적인 품질을 가진 녹색 대안농산물이나 지역농산물을 판매하는데, 이들은 강력한 소농단체의 지지에 기반하며 이따금씩 이뤄지는 녹색당 또는 기독민주당의 정치적 지원도 강한 편이다.

과거 독일 당국은 먹거리공급을 보장하는 데 강력하게 개입했으나 1980~90년대에 그런 정책은 그다지 유효하지 않았다. 그러다 2001년 광우병 위기를 계기로 먹거리공급에서 정부의 역할은 갱신되지 않을 수 없었다(Oosterveer, 2007). 식품안전성을 보장하고 소비자를 보호하며 지속가능성을 증진시키라는 여론의 강력한 압력이 있었던 것이다. 농무부는 소비자식품농업보호부Ministry of Consumer Protection, Food and Agriculture로 바뀌었다. 또 공식적인 '바이오Bio' 라벨이 도입되어 그동안 혼동을 초래하던 많은 에코 라벨을 대체했고, 유기농 먹거리의 시장점유율을 10년 이내에 3%에서 20%로 끌어올린다는 정책목표도 수립됐다. 소매업자에게는 훈련기회를 비롯하여 유기농 먹거리의 판촉을 위한 방대한 프로그램이 제공됐고, 이에 관심 있는 모든 사회적 행위자를 망라하는 시장조사가 실시되었다. 나아가 다기능 농업에 입각한 광역적 먹거리공급 사례를 창출하기 위한 시범지역이 선발되었고, 관행농업을 위한 품질 라벨도 도입되었다(Gerlach et al., 2006). 그 결과 그동안 대개 소규모의 전문 소매업자에 의해 공급되며 틈새시장으로 유지되어오던 독일의 유기농 먹거리 시장이 변화했고, 2000년대 이후로는 거대 소매기업도 유기농 먹거리를 공급하고 있다.

독일 사례는 확실히 정부에 의한 직접적인 국가개입이 이뤄질 때 먹거리공급이 어떻게 더 지속가능성을 추구할 수 있는가를 보여준다. 그럼에도 독일 당국은 EU의 공동농업정책CAP의 테두리 내에서만 활동해야 했고 당국의 권고를 수용할지 여부를 알아서 결정하는 슈퍼마켓의 독립성은 인정해야 했다.

네덜란드

네덜란드는 세계에서 가장 큰 소매업체의 하나인 아홀트—네덜란드에서는 알베르트 하이엔 슈퍼마켓Albert Heijn supermarket으로 운영된다—의 모국이다. 알베르트 하이엔은 두 개의 다른 소매조합체와 더불어 네덜란드의 신선 과일과 채소 시장을 지배하고 있으며 점점 더 그 집중도를 높여가고 있다. 경매를 비롯하여 네덜란드의 전통적인 신선과채 유통체계는 구매조합들로 조직된 생산자와 소매자 간의 직거래 및 직접계약에 급속히 밀려났다. 지금은 신선채소의 단 5%만 경매를 통해 판매된다(Bunte, 2009). 지난 10년간 일어난 이 같은 발전의 한 가지 중요한 영향은 구매가격과 판매가격 사이의 마진이 커지면서 소매업체의 수익은 높아졌지만, 소비자가격은 낮아지기보다는 물가인상요인이 있을 때 재빨리 같이 오르는 경향만 확실해졌다는 것이다.

네덜란드의 슈퍼마켓은 가격경쟁에만 너무 몰두하기 때문에 서유럽 다른 나라의 소매업체에 비해 먹거리 녹색화에는 뒤처진 것으로 알려져 있다. 알베르트 하이엔은 지속가능성을 자신의 기업문화에 반영하겠다

NGO가 네덜란드 슈퍼마켓에 가하고 있는 압력

동물권리단체인 바커디르Wakker Dier*는 송아지고기 생산이 농민들로 하여금 동물친화적이지 않은 사육법을 쓰게 한다고 주장했다. 고기를 창백하게 만들기 위해 송아지에게 건전하지 못한 사료를 먹이고 그 결과 농장의 송아지들이 빈혈로 고통을 겪는다는 것이다. 이에 바커디르는 2008년 9월에서 이듬해 3월까지 슈퍼마켓이 그런 송아지고기를 더 이상 팔지 못하게 하는 캠페인을 벌였고, 결국 거의 모든 슈퍼마켓으로부터 약속을 받아냈다. '동물에게 비우호적인animal-unfriendly' 육류를 판매하는 특정 슈퍼마켓 체인을 고발하는 라디오 광고를 통해 여론이 형성됐던 것이다. 즉 그 캠페인은 해당 슈퍼마켓 체인의 이미지를 위협함으로써 성공할 수 있었다.

출처: www.nu.nl(2009년 3월 15일 접속)

고 공언했지만 소비자에게까지 개입하지는 않았다. 이 회사에 따르면 네덜란드 소비자는 단순히 더 좋고 안전하고 맛있는 음식을 살 뿐이다. 그들은 되도록 적게 지불하고 싶어할 뿐 어떤 상품의 지속가능성 성취도가 적힌 라벨을 읽는 데는 관심이 없다. 따라서 네덜란드에서 먹거리공급의 지속가능성 증진을 이끄는 이들은 슈퍼마켓도 정부도 아닌 NGO들이다(〈상자 10.4〉 참고).

네덜란드에서 슈퍼마켓 내 지속가능성의 동학은 확실히 NGO에 의해 추동되어온 것으로 보인다. 환경단체들은 주로 대중매체와 소비자 직접 압력이라는 수단을 활용했고, 대부분의 슈퍼마켓은 결국 그 요구에 반응했다. 그러나 이런 운동은 슈퍼마켓이 스스로 더 적극적으로 움직이게 만들지는 못했다.

---

* 동물경보(Animal Alert)라는 뜻이다. — 옮긴이

미국의 동학

슈퍼마켓은 미국에서 가장 먼저 출현했지만, 사실 2000년대 초 이전까지 미국의 슈퍼마켓은 먹거리 공급체계를 재편하는 데에서 주변적인 역할만 담당했다. 엄격한 공공규제기구의 존재로 특히 1950년대부터 1990년대 중반 사이에는 소매 부문의 집중이 상당히 까다로웠다. 즉 그 기간 동안에는 먹거리 공급사슬에서 제조업자의 지배가 유지되었고, 1990년대 말에 이르러서야 비로소 소매기업으로 권력이 이동했다. 서유럽에 비해 10여 년이 뒤진 셈이다(Reardon and Hopkins, 2006). 그 결과 미국의 소매 부문은 전국적으로는 여전히 분절화되어 있으며 광역적으로만 집중되어 있다. 심지어 현재도 월마트와 크로거Kroger만 진정한 전국적 체인일 뿐, 나머지 소매업체는 지역 수준의 조직체. 아홀트나 들레이즈Delhaize* 같은 외국계 소매기업이 그런 지역 소매업체에 투자하여 잠시나마 미국시장에서 강력한 지위에 있을 수 있었던 것도 그런 사정 때문이었다.

물론 2000년대 들어서는 미국의 슈퍼마켓에서도 급속한 집중이 일어났다. 법적 제약이 자유화되었고 기술과 관리방식의 혁신이 도입된 것이다. 특히 물류의 혁신은 직접적으로 규모의 확대를 촉진했다(Konefal et al., 2007). 시장 기반적 공급형태는 공급사슬 관리라는 더 통합적인 모델로 대체되었다. 특히 월마트의 경우 물류비용을 대폭 절약하는 정보·관리 시스템을 개발함으로써 소매산업을 혁명적으로 바꿔놓았다. 유통센터가 더 작아지고 수송차량은 더 효율적으로 쓰이게 되었다. 슈퍼마켓은 진열공간을 더 넓히고 취급하는 상품의 종류와 양을 늘렸다.

---

* 벨기에의 대형 슈퍼마켓 체인으로, 벨기에 유통기업 중 세계(미국)로 가장 먼저 진출했다. ― 옮긴이

먹거리사막

'먹거리사막food desert'이라는 용어는 개인이나 가구가 건강하고 적절한 식단에 애초 접근할 수 없는 구역을 지칭한다. 일부 도시와 농촌 빈민, 또는 더 일반적으로 빈곤지역에 사는 사람들은 신선과채나 통곡물, 신선우유나 육류 등 건강한 식생활에 필요한 다양한 식품을 제공하는 슈퍼마켓이나 식료잡화점 또는 여타 식품소매점을 접할 수가 없다. 대신 그들은 패스트푸드 식당처럼 한정된 품목의 먹거리만 공급하는 식품소매업체에 의존한다. 농촌지역에서는 건강한 먹거리를 파는 가게를 찾아 사람들이 먼 거리를 움직여야 한다는 것이 주된 문제인 반면, 도시에서는 대개 빈곤이 문제다. 예컨대 해당 빈곤구역에서 괜찮은 슈퍼마켓이 있는 구역으로 이동하는 데 필요한 버스비가 문제가 되는 것이다.

전 품목을 제공하는 식료잡화점은 상대적으로 접하기 어렵고 패스트푸드나 편의식품만 쉽게 접할 수 있기 때문에, 먹거리사막은 빈곤한 식단과 연결되고 결국 비만이나 여타 식원성 질병으로 이어진다고 알려져 있다.

출처: www.fooddeserts.org/(2011년 1월 13일 접속); USDA(2009)

그 결과 슈퍼마켓의 평균 규모는 더 커진 반면 전체 점포 수는 줄었다. 1977년 미국 내에서 최고 3만 개에 달하던 슈퍼마켓 수는 2000년에는 2만 5000개도 되지 않았다(Kaufman, 2002). 이 같은 집중 및 대형화의 한 가지 잠재적 결과가 '먹거리사막'이다. 저소득층 가구가 몰린 구역에서는 영양가 있는 식품을 살 만한 가게를 아예 찾아보기가 어렵게 된 것이다(〈상자 10.5〉 참고).

미국에서는 상위 5개의 슈퍼마켓 체인이 전체 소매시장의 28%를 통제한다(월마트의 경우 2005년 19%의 시장점유율을 보였다). 2009년 한 해를 보면, 상위 20개 식품소매업체의 매출이 미국 전체 식료잡화 매출의 64%를 차지하여 1992년의 39%보다 많이 증가했다.*

---

* www.ers.usda.gov/Briefing/FoodMarketingSystem/foodretailing.htm(2011년 1월 6일 접속) 참고.

미국의 슈퍼마켓은 초기에는 식품류를 팔지 않았다. 그들은 1960년 대부터 건조식품류를 팔기 시작했고 이후 신선식품까지 취급하게 됐다. 최근 들어서는 외식시장이 급속하게 성장하여 전체 먹거리지출의 절반을 차지하고 있으며, 슈퍼마켓의 즉석식품류도 덩달아 매출이 증가하고 있다. 지난 몇 년 동안 미국 식품소매업계의 경쟁은 주로 가격경쟁 형태였고, 슈퍼마켓들은 거래비용 감축을 위해 지속적으로 혁신해왔다. 그런데 유럽과 유사하게 미국에서도 2000년대 초부터 품질과 시장 세분화를 통한 경쟁이 심화되었다. 그 과정에서 소매업체들은 품질과 안전성을 위한 민간 표준도 활용했는데, 유럽의 슈퍼마켓들과 달리 제3자 인증보다는 자체인증제를 발전시킨다. 또한 미국의 슈퍼마켓은 유럽의 소매기업처럼 별도의 환경보고서를 작성하지 않으며, 심지어 일반 연간보고서에도 환경 관련 실적을 기재하는 난이 없다(Iles, 2007). 지속가능성에 대해 공개적으로 관심을 표한 미국 소매업체라 해도 구체적인 전략, 통계, 트렌드 분석을 제시하기보다는 대체로 폭넓은 일반적 진술과 특정한 사례를 언급한다. 전체적으로 볼 때 애초부터 지속가능성을 기업 정체성의 일부로 삼은 몇몇 업체를 제외하면, 미국의 슈퍼마켓에서 지속가능성은 여전히 일상적 사업경영에서 사소한 역할만 한다고 할 수 있다.

남반구의 슈퍼마켓

1990년대 이후 남반구의 많은 국가에서도 대도시를 중심으로 슈퍼마켓이 증가했다(Boselie et al., 2003; Reardon and Hopkins, 2006; Minten, 2008). 자국계든 외국계든 그런 슈퍼마켓의 출현은 첫째, '재래시장wet market'이 특징인 전통적 식품소매 옆에 이 깔끔한 소매업태를 도입함으로써, 둘째, 신선과채 중심으로 슈퍼마켓의 자사 공급망을 조직하여 지역 농민의 삶을 크게 변화시킴으로써 이들 지역에 상당한 영향을 미쳤다.

슈퍼마켓의 성장은 남반구의 대륙에 따라, 또 대륙 내부에서나 심지어 각 국가 내부에서도 불균등한 양상을 보인다. 물론 그럼에도 전반적인 추세는 확인된다. 대략 1990년대 중반부터 라틴아메리카 국가들에서 슈퍼마켓이 등장하기 시작했고, 아시아가 뒤를 이었다. 그리고 아프리카는 근 10년 뒤에야 그 흐름을 이어받았다. 대부분의 OECD 국가들과 상황이 유사한 남아프리카공화국을 제외하면, 아프리카의 슈퍼마켓 수는 비록 증가하고는 있지만 아직 상대적으로 적다(아프리카의 슈퍼마켓 소매업에서는 상대적으로 발전된 국가에 속하는 케냐의 사례는 〈상자 10.6〉 참고).

더 빈곤한 경제에서 슈퍼마켓의 성장을 가져온 동학은 부유한 나라에서와 크게 다르지 않다. 도시화, 여성의 임노동 증가, 중산층의 성장

상자 10.6

케냐의 소매 부문

급속한 인구성장, 도시화, 중산층의 성장 그리고 금융에 우호적인 기업환경을 배경으로 최근 몇 년간 케냐의 식품소매 부문은 뚜렷한 성장세를 보이고 있다. 2010년의 경우 슈퍼마켓 부문이 전체 소매의 3분의 1을 차지했는데, 거의 300개에 이르는 하이퍼마켓과 슈퍼마켓, 또 대도시와 읍에 위치한 다수의 편의점이 그 주축을 이룬다. 이런 소매업태의 성장은 케냐에서 생산되는 대다수의 신선과채류가 수출만큼이나 슈퍼마켓을 통해서도 판매됨을 의미한다. 부유층이나 중산층 소비자뿐 아니라 빈곤층 소비자도 이런 슈퍼마켓을 이용하는데, 다만 빈도나 지출액은 떨어진다.

케냐의 슈퍼마켓 부문은 동아프리카에서 가장 선진적이며, 나쿠마트Nakumatt나 우추미Uchumi 같은 일부 소매기업은 이웃 나라인 우간다, 탄자니아, 르완다에도 투자하고 있다. 그런 투자를 통해 이 나라들은 현대적인 먹거리 유통체계를 만들어가고 있는 것이다.

출처: Reardon et al(2003); USDA(2010)

과 하부구조의 개선, 그리고 특히 현저한 인구증가가 그 요인들이다. 라틴아메리카와 아시아에서 슈퍼마켓 성장은 1990년대 많은 나라에서 이루어진 해외직접투자 자유화의 결과이기도 하다. 그 이후로 외국계 거대 소매기업의 투자가 이뤄진 것이다. 그런 회사들은 자국의 시장포화와 극심한 경쟁을 피해 자신의 마진을 증가시킬 해외시장을 찾아나섰다. 비OECD 국가의 더 유복한 소비자의 경우 더 안전하고 질 좋은 먹거리에 대한 요구도 있지만, 주로 가격이나 편리성이라는 측면에서 슈퍼마켓에 끌리고 있다(Reardon and Hopkins, 2006). 슈퍼마켓이 신용카드나 다른 금융서비스를 제공하는 경우, 그런 선호는 더욱 강화된다.

일반적으로 보면 대부분의 슈퍼마켓은 처음에는 면류, 우유, 음료수, 곡물 같은 가공식품이나 포장식품만 제공한다. 이후 슈퍼마켓이 자신의 공급망을 조직하여 전통적 (재래)시장과 경쟁할 수 있게 되면 신선식품류도 판매한다. 슈퍼마켓의 상품조달은 전통적 먹거리시장에서 이뤄지던 생산자의 역할을 변화시켰다. 현대적 소매업체는 더 높고 일관된 품질, 연중 공급, 더 큰 물량, 더 높은 안전 표준의 준수, 더 엄격한 지불조건 등을 요구한다. 슈퍼마켓이 확산되는 초기 단계에는 두 개의 상이한 소매업이 구획된다. 하나는 먹거리시장에서 작은 비중을 차지하는 선도적 체인들의 작은 무리다. 이들은 생산자에 대한 특정한 요구조건과 인센티브를 명료화하며 자신의 조달체계를 현대화해나간다. 이 집단과 이웃하여 더 하급의 체인과 전통적 소매상들로 구성된 더 큰 무리가 존재한다. 먹거리시장의 더 넓은 영역을 통제하는 이들은 시장조건이나 생산자의 자격에서 전통성을 대변한다. 그러다 슈퍼마켓이 계속 확산되면서 상태가 역전되고, 농민은 선도적인 슈퍼마켓 체인들이 지배하는 먹거리시장에 직면하게 된다(Viteri, 2010). 신선과채 판매와 관련된 경우를 제외하면, 슈퍼마켓이 진출했던 거의 모든 나라에서 작은 가게들이 그렇게

베트남 도시에서 슈퍼마켓의 고전

베트남에서 신선식품은 전통적으로 대도시 전역에 흩어진 수많은 도·소매시장을 통해 공급되어왔다. 1990년대 중반 자국계와 외국계의 슈퍼마켓이 도입되었지만 10년이 지난 뒤에도 신선과채류 시장에서 그들의 점유율은 여전히 사소한(고작 2%라고 한다) 수준이다(Cadilhon et al, 2006). 2004년 하노이의 경우 2만 9211명의 상인이 전통적인 도·소매시장에서 일하는 반면 현대적 소매업의 고용인은 1,917명에 불과하다. 이런 예상치 못한 발전양상은 베트남 소비자들이 상품의 선도鮮度를 매우 중시한다는 것, 반면 익명성이 더 큰 슈퍼마켓은 품질과 안전성을 갖춘 신선과채에 대한 자신의 공급능력을 보증하지 못했다는 것으로 설명될 수 있다.

출처: Cadilhon et al(2006); Moustier(2006); Hoi(2010)

대거 사라졌다(Humphrey, 2007)(이런 일반적 추이에서 벗어나는 베트남의 사례는 〈상자 10.7〉 참고).

일부 연구보고서(예를 들어 D'Haese and Van Huylenbroeck, 2005)가 밝힌 것처럼 소비자가 먹거리구매에서 슈퍼마켓에 더 끌리는 이유는 슈퍼마켓의 식품가격이 평균적으로 지역사회 가게보다 더 낮기 때문이다.* 또한 슈퍼마켓이 제공하는 먹거리의 품질(이미지), 원스톱 쇼핑의 가능성, 더 깨끗한 쇼핑환경도 슈퍼마켓을 매력적이게 만드는 요인들이다.

슈퍼마켓과 신선과채의 수출

남반구에서 북반구 슈퍼마켓들로의 신선과채 수출은 개발도상국 농

---

* 이런 관찰은 Minten(2008)의 연구와는 상반된다. 그에 따르면, 슈퍼마켓의 식품가격은 전통적인 소매시장보다 일관되게 더 높다.

민에게 흥미로운 소득기회를 제공한다. 1990년대 이래로 신선 과일과 채소는 식품판매에서 몇 안 되는 성장기회로서 슈퍼마켓 간 경쟁의 핵심 분야가 되었다(Dolan and Humphrey, 2000). 슈퍼마켓은 최대한 저가로 상품을 조달할 수 있는 공급망을 갖추려 노력하는 것 외에 상품의 다양성이나 포장, 품질과 안전성을 가지고도 경쟁하는데, 이는 농민에게 슈퍼마켓이 요구하는 기준을 맞추라는 압력으로 작용한다. 소매기업은 모든 신선과채의 연중 조달을 중시하며, 따라서 상이한 지역에서 물량을 조달하는 동시에 그 품질, 다양성, 포장의 동질성을 보증해야 한다. 품질과 안전성의 보장은 초기에는 공급사슬에 대한 명시적인 조정을 통해 소매업체가 직접 조직하는 방식으로 이루어졌지만, 1990년대 중반 이후로는 대개 독립적 인증을 통해 이루어지고 있다. 처음에 선호된 인증제도는 식품안전성을 위한 HACCP(4장 참고)이었고, 이후 품질관리를 위한 ISO 9000, 환경보호를 위한 ISO 14000, 사회적 공헌을 위한 SA 8000 같은 경영 표준들이 보완되었다. 그리고 시간이 지나면서 그런 표준의 다수는 대략 GlobalGAP(4장 참고)으로 병합되었다. 대부분의 슈퍼마켓은 그런 인증제를 장려하면서 인증과 관련된 추가비용은 농민이 감당하도록 강제했다. 슈퍼마켓으로서는 자사 고유의 표준을 부과하기보다 제3자 인증을 활용하는 것이 더 유리하다. 제3자 인증제는 대중적 인지도를 강화할 뿐 아니라 유사한 표준을 시장 내에 확산시켜 적수들과의 경기장을 평준화하는 데 기여하기 때문이다. 물론 미국이 보여주는 것처럼 일부 소매업체는 자체 표준의 개발과 활용을 더 선호하기도 하며, 그것으로써 자신의 경쟁력을 강화한다.

시간이 지나면서 슈퍼마켓의 현행 조달방식은 다음과 같은 네 축을 본질로 하게 되었다(Reardon et al., 2003).

- 사슬에 의한 조달의 집중

- 전통적 도매시장 같은 현지시장spot market에 대한 의존에서 벗어나 전문화된 도매상을 활용함으로써 조정비용 절감, 민간 표준 강제, 슈퍼마켓에 유리한 계약 체결
- 자신에게 헌신적인 도매상이 선호하는 공급자를 활용함으로써 비공식적이지만 효과적인 계약을 체결
- 민간 품질·안전 표준 활용

소매기업은 점점 일군의 우호적인 납품업체만 선별하여 자신의 공급망을 조직한다. 그러면 공급자들은 여전히 생산의 위험은 대부분 자신이 감당하지만 생산물에 대한 안정된 판로는 확보하게 된다. 따라서 이런 배열에 끼지 못하는 생산자의 지위는 점점 더 취약해지는데, 그들은 가격변동이 심한 현지시장에 계속 의존하기 때문이다. 그러나 전체적으로 보면 소농이라고 해서 반드시 슈퍼마켓 체인과의 거래에서 배제되는 것은 아니다. 슈퍼마켓이 요구하는 품질, 안전성, 생산 및 배송 관련 세부사항을 충족할 수 있다면, 소농들도 슈퍼마켓과 거래할 수 있다. 특히 신선과채 부문에서는 장비를 잘 갖춘 소규모 생산자가 규모가 더 큰 재배업자에 대해 비교우위를 가질 수도 있는데, 유연성과 전문성으로 품질을 보증할 수 있기 때문이다. 게다가 슈퍼마켓 체인은 소규모 생산자와의 거래에 더 호감을 가질 수도 있다. 자사가 사회적 책임을 다하고 있다고 과시할 수 있을 뿐 아니라 소수 대형 농장에 완전히 의존하는 것보다는 공급처를 다변화하는 것이 더 유리할 수 있기 때문이다. 나아가 소매업체는 소농장에 대해 투입물을 지원하면서 농장경영 능력의 향상을 도와 생산물의 품질보증과 적기배송도 꾀할 수 있다. 생산자를 지지하는 공공서비스가 별로 없는 나라에서 그런 전략은 특히 유용하다. 그럼에도 불구하고 슈퍼마켓 공급사슬은 전통적인 시장경로보다는 훨

씬 더 단선화streamline된 것이어서, 관계된 공급자나 도매상의 수를 줄이면서 필연적으로 규모가 큰 재배업자의 지위를 상승시킨다(Boselie et al., 2003). 큰 공급자일수록 소매업체의 요구조건에 부응하기가 더 용이하고, 역으로 농장 역시 규모가 클수록 협상에서 자신의 이해관계를 더잘 개진할 수 있다. 물론 소농의 경우에도 그럴 가능성이 없는 것은 아닌데, 단 개별적 행동이 아니라 집합적으로 조직된 경우에 한한다. 요컨대 신선과채의 생산과 수출이라는 맥락에서 재배자는 복수의 전략을 취할 수 있다(Jaffee and Masakure, 2005). 시장의 변화와 지구적 공급사슬이 조직되는 방식에 적용할 준비만 되어 있다면 말이다. 반면 그런 필요조건을 충족하지 못하는 생산자에게 남는 선택지는 하나밖에 없다. 생산물을 비공식적인 현지시장에 내다팔면서 더 큰 불확실성 그리고 보통은 더 낮은 가격을 받아들이는 것이 그것이다.

기업의 사회적 책임

지난 10년간 기업의 사회적 책임Corporate Social Responsibility, CSR이라는 개념이 점점 더 관심을 끌고 있다. 일반적으로 그것은 오늘날 슈퍼마켓의 행동을 바꿀 중요한 추가적 동력으로 간주된다. 다른 많은 민간기업과 마찬가지로 다양한 식품소매업체도 사회에 긍정적으로 기여하고 싶다는 의향을 표명하고 있다. CSR에 대한 정확한 정의는 아직 없지만 그들의 포부는 사회와 민간기업이 분리된 실체가 아니며 사회와 환경에 대한 책임 역시 기업임무의 핵심에 속한다는 이해에 기초해 있다(Jones et al., 2006). 그것은 '공급사슬 전체와 관련해서 기업활동이 낳는 사회적·생태적·경제적 결과에 대해 기업이 책임을 지고 그 결과들을 알리며

소매업의 환경 지속가능성 규약

유럽소매원탁회의European Retail Round Table에 의해 개발된 자발적인 '소매업 환경 지속가능성 규약'은 지속가능한 생산과 소비의 증진을 목표로 한다. 테스코나 카르푸처럼 이 규약에 서명한 업체는 다음과 같은 부분에서 그들 활동의 환경적 흔적footprint을 감축하기 위한 조치를 마련하기로 약속한 것이다.

- 조달: 환경적 지속가능성이 더 나은 제품을 조달하기
- 자원 효율성: 소매점포 내에서 친환경 실적을 향상하기
- 운송과 배급: 유통의 친환경 실적을 향상하기
- 폐기물 관리: 폐기물이 환경에 미치는 영향을 방지 또는 감축하는 조치를 실행하기
- 의사소통: 더 지속가능한 소비를 장려하는 고객지향적 의사소통을 증진하기
- 보고: 위 사항들의 실적을 정기적으로 보고하기

출처: EuroCommerce and European Retail Round Table(2010)

또 이해관계자들에게 건설적으로 개입하는 과정 전반'을 함의한다.* CSR 은 때로 '인간, 지구, 이윤' 또는 '마지막 세 줄'이라고도 축약되는데,** 그 의도는 기업들이 자신의 'CSR 실적'에 대해 작성하는 보고서를 통해 표현된다. CSR을 신경 쓰는 소매업체는 종종 자신과 계열회사 그리고 거래업체들에게 식품안전성 요건을 비롯한 최소한의 사회적 표준을 부과한다. 그런 표준의 존재와 그 의무적 실행은 공급사슬 전체와 관련된 다양한 생산자와 기업에게 사회적 측면을 환기시켜 관련 성과로 이어진다 (소매업의 지속가능성 규약에 대해서는 〈상자 10.8〉 참고).

컨설팅회사인 애버딘(Aberdeen Group, 2008)에 따르면, 전반적으로 사회적 책임을 강화한 기업은 비용절감을 통한 경쟁력이라는 인상적인

---

* http://mvoplatform.nl/what-is-csr(2011년 1월 6일 접속) 참고.
** 기업은 이윤추구가 목적이기 때문에 일반적으로 손익계산서의 마지막 줄(bottom line)인 세후 순이익을 중시한다. 이를 빌린 표현 '마지막 세 줄(triple bottom line)'은 경제적 성과뿐 아니라 경제·사회·환경적 성과를 가리키는데, 그것은 기업의 지속가능성 지표로 간주된다. — 옮긴이

이득을 돌려받을 뿐 아니라 고객의 충성심과 신규 고객의 확보, 고객의 보유와 만족도 향상 같은 현저한 추가 이득을 얻을 수 있다. 물론 CSR에 의한 비용절감은 기업의 연간 재무보고서에 즉각 반영되는 데 비해 다른 이득은 덜 가시적이다. 따라서 기업은 그런 비재무적 결과를 연간 보고서나 웹사이트, 다른 형태의 출판물을 통해 자본화capitalize하려고 노력한다. 예를 들어 ISO 14001 같은 인증은 소매기업이 자신의 환경적 성과를 객관화하는 데 가장 흔히 쓰는 수단이다. 실제로 다른 소매 부문에 비해 식품산업의 CSR 성과에 대해서는 소비자의 인정도가 상대적으로 높은 것 같다.*

CSR 운동에 대한 한 가지 비판은 소매업체가 자신을 위해 세우는 기준과 목표에 대해 외부 파트너들이 영향을 미칠 수 있는 메커니즘이 없다는 것이다. 소매업체는 스스로 자체 표준을 설정하지만 소규모 생산자는 그것을 따라가는 것만도 벅차다. 소생산자는 특히 행정적 체계에 적응하는 것을 비롯하여 표준을 달성하는 데 필요한 비용의 충당에서 어려움을 겪는다. 한편 자기 실적에 대한 외부 모니터링을 요청하지 않으면 소매기업이 자기 목표를 실제로 달성했는지 여부를 확인할 기회는 별로 없다. 기업에 의해 세워진 표준은 진정한 지속가능성 변화보다는 '녹색세탁greenwash'을 위한 최소한의 것일 뿐이라는 지적은 이런 맥락과 관련된다. 마지막으로, 공적 규제의 공백을 채운다는 CSR의 진의眞意와 관련된 논평이 있다. 구체적인 대안을 개발하여 민간기업이 정부의 공적 개입과 경쟁하고, 그럼으로써 리스크가 약화된다는 것이다.

---

* www.foodnavigator-usa.com/Financial-Industry/Food-industry-well-respected-for-CSR-efforts-Survey(2010년 4월 2일 접속), Food-navigator-USA(2010.3.31) 참고.

나가며

이 장에서는 국제무역에서, 또 궁극적으로는 지속가능성의 증진에 미치는 강력한 영향까지, 현재 먹거리공급에서 슈퍼마켓이 차지하는 핵심적 위치를 살펴보았다. 그 다변성과 복잡성은 특히 1차 생산자와 소매업체의 관계 정립과 관련하여 슈퍼마켓이 취하는 다양한 전략과 맥락으로 나타난다.

세계 먹거리공급이 조직되는 방식에 미치는 직접적인 영향을 통해 지구화는 소매기업의 중심적 지위를 강화한다. 물론 그 과정에서 소매업체는 고정비용 감축과 유연성 향상을 위한 업무 외주화와 납품받는 먹거리에 대한 통제력 상실 사이의 긴장에 직면하기도 한다. 소비자는 여전히 소매업체가 먹거리의 품질과 안전성을 책임진다고 생각하기 때문에, 그런 통제력 상실은 소매기업에게 상당한 문제가 된다. 따라서 먹거리공급사슬에서 자신이 맡는 역할을 고려할 때 소매기업은 유연성과 통제력 사이에서 균형을 잡아야만 한다. 슈퍼마켓이 민간 표준의 주요한 추동자 중 하나가 되는 것도 이 때문이다. 민간 표준이 도입된 이후 생산자의 관행은 국내법과 대내 규제를 넘어선 방향타를 가지게 되었다.

슈퍼마켓은 먹거리공급 전략의 지속가능성을 증진시킬 이유도, 증진시키지 않을 이유도 다 갖고 있다. 소매기업의 본래 지향은 되도록 싸게 먹거리를 공급하는 것이고 따라서 법이 요구하는 이상의 뭔가를 하는 데 관심이 덜할 수 있다. 그러나 지속가능성에 대한 관심을 높이면 기업은 비용절약이나 고급상품에 대한 추가적 지불도 기꺼이 감수하는 고객의 확보 등 금전적인 보상을 받을 수도 있다. 지속가능성을 포함하여 더 양질의 먹거리를 원하는 소비자시장의 상류층에 초점을 맞춤으로써 마진을 더 많이 남기는 것이다. 그러나 현재 소매기업의 모든 변형 시도가 경제적 동기로만 설명되는 것은 아니다. NGO나 소비자의 항의를 미리 피하여 기업의 긍정적 이미지를 지키는 것 같은 비경제적 성찰 또한 작용하기 때문이다. 또 지속가능성이나 미래의 먹거리공급과 관련하여 기업 내부에서 제기된 관심사에 대응하는 과정에서도 다른 변화들이 시도될 수 있다.

지구화, 급속한 도시화, 기술혁신, 더 건전하고 다양한 먹거리에 대한 소비자요구로 인해 현행 먹거리 공급체계의 영속적인 변형에서 슈퍼마켓은 당분간 핵심적인 행위자로 남을 것이다. 또 바로 그 때문에 지속가능성으로의 전환에 슈퍼마켓을 관여시키는 것은 본질적 중요성을 갖는다. 소매기업이 먹거리공급의 녹색화에 기여할 잠재적 가능성은 현재 수준보다 더 진지하게 받아들여져야 한다. 각 단계마다 분리해서가 아니라 먹거리의 1차 생산에서 최종소비 및 폐기에 이르는 네트워크상의 핵심 결절점node이라는 측면에서 소매기업의 기여가능성이 고려되어야 하는 것이다. 슈퍼마켓 매장은 먹거리 공급체계가 소비자와 직접 조우하는 지점이기 때문에 지속가능한 먹거리에 관한 인식과 실천이 (재)창조될 수 있는 곳이다. 영국의 '선두를 향한 경주' 프로젝트가 보여주는 것처럼 슈퍼마켓은 지속가능성에 더 적극적으로 기여할 수도 있다. 물론 그런 활동은 주로 소비자의 관심에 대응하기 위한 것이었다. 지속가능성에 대한 슈퍼마켓의 해석이 시간에 따라 진화해오긴 했지만, 생산자와 관련된 사회적 결과보다는 여전히 식품안전성, 지속가능성, 동물복지에 더 초점을 두고 있는 이유다.

먹거리공급의 녹색화에서 거대 소매기업의 기여는 생산자 유도나 정부 유도, 소비자 유도 등 다양한 경로를 통해 강화될 수 있다. 어떤 경로가 가장 좋을 것인가는 대체로 해당 민족의 문화, 정치적 발전 수준, 식품소매 부문이 조직되는 특정한 지역적 또는 전국적 맥락, 나아가 나라마다 또 지역마다 유지되는 슈퍼마켓 간의 놀라운 차이, 즉 그 고유한 특색 등에 의해 좌우될 것이다.

이 같은 맥락에서 슈퍼마켓과 정부 사이의 변화하는 세력균형이 인정되어야 한다. 다양한 거대 소매기업들이 국가당국의 통제를 벗어나서 영업하고 있다. 따라서 개별 정부 수준에서는 그들에게 공익을 명분으로 지속가능성 조치를 취하도록 강제할 수 없다. 다방면의 사회적 행위자들 간의 조정된 협력이 필요한 시점이다.

꼭 기억하기
- 슈퍼마켓은 세계의 먹거리공급에서 핵심적인 결절점이 되었다.
- 거대 소매기업의 다수는 대개 정부와 NGO의 압력으로 인해 또는 그들의 시장지위를 강화하기 위해 자신들의 사업방식에서 크건 작건 지속가능성을 고려한다.
- 먹거리의 지속가능성을 증진하는 소매업체의 활동은 개발도상국 소생산자의 실적을 개선시킬 수 있지만 새로운 관행의 채택과 관련된 많은 비용부담을 강제하기도 한다.

더 깊이 읽기
- Burch, D. and Lawrence, G. (2007) *Supermarkets and Agri-food Supply Chains: Transformations in the Production and Consumption of Foods*, Edward Elgar, Cheltenham and Northampton : 개도국을 비롯하여 각 대륙권 수준에서 슈퍼마켓의 힘을 논하고 있다.
- McCullough, E., Pingali, P. and Stamoulis, K. (eds) (2008) *The Transformation of Agri-Food Systems: Globalization, Supply Chains and Smallholder Farmers*, Earthscan, London : 슈퍼마켓의 지구적 공급사슬이 개도국의 소농에 미치는 영향과 관련하여 사례연구를 제시한다.

11장

지속가능한 먹거리공급에서 소비자의 참여

이 장의 목표는
- 지구적 현대성하에서 소비자역할의 변화를 검토하고
- 소비자행동을 분석하기 위한 사회적 실천 접근을 제시하며
- 지속가능한 먹거리공급을 지향하는 다양한 소비자전략을 소개하는 것이다.

들어가며

먹거리소비는 일상적 습관, 문화적 관행, 경제적 계산과 모두 관련되어 있고, 따라서 지속가능한 먹거리공급에서 소비자의 위치와 역할이란 복잡미묘한 것이다. 일례로, 연구자들은 선진국 소비자의 지속가능한 먹거리구매에 관해 일관되게 긍정적 태도를 표명하지만, 실제로 그런 구매자는 소수에 불과하다. 그렇다면 소비자는 왜 스스로 표명한 가치관에 따라 구매하지 않는 것일까? 한 가지 설명은 소비자가 일상적 습관을 바꾸고 싶어하지 않는다는 것이다. 대체로 거대 소매기업들이 주도하는 마케팅에 의해 조작manipulate된 습관은 '대안'을 신뢰하지 않는다. 또는 먹거리가 더 지속가능하다는 이유로 더 높은 가격을 지불하려 들지도

않는다. 물론 이런 설명의 정확성 여부는 확인하기 어렵다. 그것은 소비자와 지속가능한 먹거리를 연결하는 수많은 의제 중 하나에 불과하다. 사회학적 관점에서 먹거리소비를 분석하는 일은 여전히 시작단계다.

1990년대까지도 사회학자들은 (먹거리)소비를 대체로 독립적인 연구 분야로 인정하지 않았고, 그저 영양학이나 경제학, 심리학에 맡겨두고 있었다. 그러나 지금은 많은 사회학자들이 (먹거리)소비와 소비자행동을 분석하고 있다. 소비자는 핵심적인 사회적 관행을 형성하는 데 능동적으로 참여하는 사회적 행위자라는 것이다. 먹거리소비는 상품·서비스의 구매에서 운송, 조리, 섭식, 또 최종적으로 잔여물의 폐기나 재활용에 이르기까지 광범위한 활동을 포괄한다. 또 각 활동은 수많은 편차를 보이며 시간에 따라 변화하는데, 보통 소득 증가, 문화의 발전, 통신과 해외여행의 증가, 가구 구성 및 분업의 변화 등이 그 원인으로 지적된다.

소비가 환경정책의 주제로 광범위하게 부상한 것은 1990년대였는데, 1992년 리우데자네이로에서 열린 유엔환경개발회의UNCED의 실천강령(Agenda 21)에 포함된 것이 계기였다.* 그리고 두 번째 새천년이 시작되면서 환경 분야의 사회과학자들 역시 소비자행동을 조사하고 더 지속가능한 소비를 위한 전략 개발에 나서게 되었다(일례로 Shove, 2003; Spaargaren, 2003).

이 장은 우선 광의의 사회이론에서 먹거리소비가 차지하는 위치와 그 연구에 활용되는 핵심적인 분석틀을 개괄한다. 다음 절에서는 구조화structuration 관점에 기반한 개념적 도구를 제시하고, 그것을 유기농 먹거리의 소비와 식단 변화에 적용한다. 마지막으로 더 지속가능한 먹거리공

---

* 소비는 물론 그 이선부터 주목받긴 했다. 1960~70년대에 과학자와 활동가들은 중독(e.g. Marcuse, 1964)이나 과잉소비(e.g. Moore Lappé, 1971)로서 소비에 관심을 가졌다. 그럼에도 그런 문제제기가 환경정책과 연결되기까지는 20여 년이 더 필요했다.

급을 촉진하는 일에서 소비자가 할 수 있는 역할에 대해 성찰해본다.

지구적 현대성에서의 먹거리소비

사회과학자들이 먹거리소비에 관심을 갖기 시작한 이래 수년간 음식문화, 먹거리보장, 보건 같은 주제들이 광범위하게 탐구되었다. 최근의 연구에 따르면, 부유한 국가의 관행적 식습관은 1970년대 이후 급격하게 변화했다(Counihan and Esterik, 1997). 생소한 과일과 채소가 일상적인 먹거리가 되었고, 외국산 수입식품 이용도 대중화되었다(Millstone and Lang, 2003). 이국적인 조리법이 평범한 요리로 변했고(James, 1996), 레스토랑이나 구내식당에서의 외식은 일상사가 되었다(Warde and Martens, 2000). 물론 가정식을 위한 먹거리구매도 여전히 중요하다(오늘날 미국의 먹거리소비 사례는 〈상자 11.1〉 참고).

지난 몇 십 년간을 보면, 특히 OECD와 이행기 국가들에서 먹거리소비

상자 11.1

미국의 먹거리소비 통계

미국인들은 수입의 10분의 1을 식품구매에 쓰는데, 그 소비패턴은 다음과 같은 몇 가지 측면에서 지속불가능한 것으로 판단되고 있다.

• 2007년 현재 평균적인 미국인은 하루에 2,775kcal를 섭취하는데, 이는 1970년 이래 28% 증가한 수준이다.
• 2007년 현재 평균적인 미국인은 1인당 연간 91kg의 육류를 섭취하는데, 이는 1970년 대비 10% 이상 증가한 양이다.
• 2006년 현재 미국의 모든 성인 중 67%가 과체중 또는 비만이다.
• 먹을 수 있는 모든 식료품의 4분의 1 이상이 최종소비 단계에서 폐기된다.

출처: Center for Sustainable Systems(2009)

의 두 가지 추세가 확인된다. 하나는 소득이 증가할수록 가계수입 중 먹거리에 지출하는 몫이 작아지고 육류소비는 늘어난다는 것이다. 소비자의 대다수가 기본적인 영양 욕구를 충족하게 되면 더 새롭고 다양한 먹거리에 대한 요구가 증가한다. 일례로 판 오테를로(Van Otterloo, 2000)에 따르면, 네덜란드의 경우 대부분의 사람이 일상적 활동에 충분한 먹거리를 확보하게 된 것은 고작 20세기 초였다. 그리고 불과 몇 십 년 만에 먹거리가 차고 넘치는 풍요의 상태가 도래했다.* 계속 소득이 상승한 20세기 후반기 동안 네덜란드에서는 더 비싼 식품, 또 더 다양한 성분으로 더 많이 가공된 식품에 대한 선호가 높아졌다. 공급사슬은 더 길어지고, 거대 산업은 더 분화되는 동시에 더 많이 생산했다. 두 번째 새천년의 말기에는 거의 모든 네덜란드 시민이 1만 5000가지 이상의 식품을 접하고, 우유와 감자 대신 육류, 치즈, 신선과일을 더 많이 소비하고 있었다.

영국(Cheng et al., 2007)과 벨기에(Mestdag, 2005)를 비롯하여 다른 유럽 국가에서도 유사한 변화가 일어났다. 고도로 발전한 식품산업이 제공하는, 획일화된 식품의 대량생산과 대량소비로 20세기 중반 먹거리는 점점 더 표준화돼가는 듯했다. 제품 수명을 늘리는 깡통, 건조, 냉동을 통해 국제교역도 가능할 만큼 균질성과 내구성을 갖춘 식품의 생산에 기초하여 단순 현대화 단계가 전개된 것이다. 그러나 1990년대 이후로 이 같은 추세는 다소 주춤하게 된다. 먹거리공급은 여전히 대규모의 산업화된 형태가 많았지만, 소비자요구와 소매전략의 다양화가 지금처럼 가속화된 것이다. 먹거리의 생산과 소비 패턴은 생산기법상의 유연성과

---

* 1920~60년대 사이에 기존의 다양한 지역음식을 대체하면서 단일한 민족식(民族食) 패턴이 나타났다. 그 표준이 네덜란드 전체로 확산되고 난 후에는 지속적인 소득증가와 슈퍼마켓의 확산에 힘입어 즉석조리식품의 소비가 증가하는 형태로 다시금 재분화 과정이 시작되었다(Van Otterloo, 2000).

개인별 식성 차差에 더 민감하게 적응해야 했다(Fine et al., 1996). 나라가 달라도 이 같은 추세는 유사했는데, 그것이 지구화, 도시화, 소득증가, 젠더관계의 변화 등 더 큰 추세와 관련된 현상이었기 때문이다. 그러나 일반적 추세의 영향은 지역에 따라, 심지어 한 지역 내에서도 가구에 따라 상당한 차이를 보인다. 먹거리의 생산, 가공, 무역에 대해서는 물론이고 조리법*과 폐기물 재활용에 관한 지식도 가구마다 차이가 크다. 그런 지식은 심지어 가구 내에서도 차이가 큰데, 젠더, 연령, 소득, 사회계급이 모두 부분적으로는 그것과 연관되기 때문이다.

먹거리의 생산과 소비가 시간·공간적으로 점점 더 멀어지고 과학과 기술의 적용이 점점 더 강화되는 현상, 즉 먹거리공급 지구화의 일반적 특징으로 지적되는 그런 변화는 소비자 수준에서 새로운 관심사를 낳고 있다. 이를 설명하려면 먼저 먹거리소비를 이해할 필요가 있다.

사회이론에서 먹거리소비

사회과학자들은 먹거리의 소비방식이 어떻게 지속가능성을 향해 진화해나가는가에 관한 몇 가지 상이한 논의들을 발전시켰다(Jackson, 2005. Tansey and Worsley, 1995; Howes, 1996; Atkins and Bowler, 2001; Sassatelli, 2007; Shove et al., 2009도 참고할 것). 그런 문헌은 크게 세 가지 논리로 구별할 수 있는데, 각각 (1) 개인소비자, (2) 공급체계, (3) 사회적 소비관행에 초점을 맞추고 있다.

---

* 조리기술의 편차는 환경적 지속가능성을 위한 식단 선택(Caraher et al., 1999)과 식재료(Goodland, 1997; Duchin, 2005)에 영향을 미친다는 점에서 더 주목받을 필요가 있다.

합리적 행위자로서 개인소비자

일부 경제학자와 심리학자는 소비자를 합리적 행위자로 간주하고 개인의 태도와 구매행동 사이의 관계를 규명하고자 한다. 먹거리소비에서 그것은 개인을 주요 개입단위로 간주하는 접근이다. 소비자가 녹색상품과 녹색관행의 운명을 결정한다는 것이다. 태도와 행동 사이의 불일치에 주목하면서(Padel and Foster, 2005), 사회과학자들은 지속가능한 먹거리에 대한 소비자의 제한된 반응을 설명하고자 한다.* 이 관점에 따르면 개인은 합리적 행위자로서 구매를 결정한다. 그런 구매결정에는 규범적 신념, 습관, 특정한 선택에 대한 비용과 혜택의 자각이 영향을 준다(Lunt, 1995). 이런 관점에서 보면, 지속가능한 먹거리소비가 느리게 진전되는 이유는 더 지속가능한 먹거리가 가져다주는 혜택에 대해 소비자가 얻을 수 있는 구체적인 정보가 부족하거나(Vermeir and Verbeke, 2006), 전통적인 소매경로를 통해서는 그런 상품을 사기 어렵다는 점, 또는 관행적인 먹거리와 지속가능한 먹거리의 가격 차이 때문이다(Padel and Foster, 2005)(지속가능 먹거리의 구매결정에서 가격 변수의 독자적 중요성 문제는 〈상자 11.2〉 참고).

소비자는 '지속가능 먹거리'를 주요한 구매기준으로 고려하지 않는다. 소비자선택에 중요한 두 요소인 맛이나 유통기한에서 그것이 기존의 먹거리보다 특별히 더 낫다고 보지 않기 때문이다. 게다가 유기농 먹거리에 대한 선호와 행동 역시 환경적 혜택에 대한 고려보다는 건강상의 혜택과 더 밀접히 관련된 것 같다(Shepherd et al., 2005). 흥미롭게도 같은 부류의 소비자들 내에서도 (선택)동기와 장벽의 상대적 중요성은 상품

---

* 일례로 호주식료잡화점협의회(Australian Food and Grocery Council)(AFGC, 2010)의 보고서에 따르면, 응답자의 무려 84%가 자신의 구매결정이 세상에 미칠 영향에 대해 신경 쓴다고 했지만, 실제 녹색상품을 구매하는 이는 13%에 불과했다.

가격이 지속가능 먹거리의 판매를 결정하는가?

네덜란드농업경제연구소Dutch Agricultural Economics Institute, LEI는 가격인하가 유기농 먹거리 판매에 어떤 영향을 미치는가를 실험했다. 그들은 식료품점의 유기농산물·식품 가격을 40% 인하했다. 그 결과 달걀, 쇠고기, 곡물의 경우 작지만 유의미하게 판매량이 증가한 반면, 토마토, 버섯, 우유, 쌀과 돼지고기의 경우에는 별다른 변화가 없었다. 연구자들은 유기농 먹거리 판매에서 가격설정이 중요하지만, 반드시 결정적인 것은 아니라고 결론지었다. 상품이미지 같은 다른 요소들도 중요하다는 것이다.

출처: Baltussen et al(2006)

범주마다 매우 상이한 것으로 나타난다. 예컨대 가공식품보다는 신선식품을 구매할 때 지속가능성이 더 중요한 기준으로 고려된다(Padel and Foster, 2005).

소비자행동에 관한 이 같은 개체주의적 관점은 매우 대중적이지만 사실 여기엔 심각한 약점이 있다. 예컨대 지속가능성을 위해 소비자행동을 변화시키려는 공공 캠페인을 조직할 때 그런 한계점은 가시적으로 드러나는데, 정보만으로는 실질적 행동을 거의 바꿀 수 없기 때문이다. 소비자의 의사결정, 특히 먹거리 같은 지극히 일상적인 영역에서의 의사결정은 대개 시간 제약과 인지적 한계 속에서 이루어지기 때문에 그때의 합리성이란 언제나 몇 가지 제한된 선택지를 재빨리 검토하는 데 국한된다. 또한 개인의 행동에 초점을 맞추면 소비자행동을 이해하는 데에서 사회적 동학의 작용을 놓치게 된다. 의사결정은 종종 집합적으로 이루어지고 소비활동은 진공에서가 아니라 사회구조의 영향을 받는 조건에서 일어나기 때문이다.

먹거리 공급체계

또 다른 사회과학자들은 시장에 기반한 현행 먹거리 공급체계의 구조적 특징을 중심으로 먹거리소비를 설명하고자 노력한다(Seyfang, 2006). 여기서 소비자는 수동적이거나 '포획된captive' 존재로 개념화되어, 지배적인 먹거리체계에 지극히 의존적인 것으로 간주된다. 지배적인 먹거리체계는 초국적 식품가공기업, 거대 소매기업, 그리고 기타 거대 기업에 의해 통제된다(Pollan, 2008; Roberts, 2009). 현실적 소비의 대부분은 일반인이 별로 영향력을 가질 수 없는 사회·문화·경제·제도적 하부구조에 배태되어 있다. 또는 홉슨(Hobson, 2002, 103쪽)이 말하는 것처럼, "복잡하고 견고한 개인의 소비행위는 지속가능한 삶의 방식과는 전혀 무관한 맥락과 하부구조 속에 위치하고 있다." 지배적 공급체계의 논리는 그에 연루된 모든 행위자의 행동에 결정적인 것으로 간주된다. 이 체계의 변형은 거의 가망이 없어 보이는데, 시장에 기반한 관행체계에 내재하는 권력분점과 단기이익 추구라는 내적 논리는 지속가능성의 증진이라는 요구와 모순되기 때문이다. 이 관점에 따르면 먹거리공급의 녹색화에 더 유망한 전략은 대안적 체계를 창출하는 것이다. 즉 직접 교환, 소비자의 능동적 참여, 정치적 개입의 병행 등으로 먹거리문제에 접근하는 것이다. '사회적으로 배태된' 장소의 경제를 추구함으로써 먹거리공급의 환경영향을 감축하고 지역사회를 확립·강화하려는 로컬푸드 네트워크나 지역공동체지원농업CSA이 대표적이다(Lebel and Lorek, 2008). 그런 대안적 로컬푸드 네트워크는 경제적 지구화와 그 환경영향에 대한 풀뿌리 반응의 일부이기도 하다(6장 참고).

이런 다차원적 반응은 기존의 경제에서 가능했던 것보다 더 다양한 가치, 목표, 동기를 표출할 공간을 창출한다. 그것은 그 자체로도 가치 있는 실험적 적소이자 지속가능한 소비를 위한 디 급진적인 변혁적 충동의 저장소다(Seyfang, 2006, 394쪽).

그러나 먹거리의 소비자와 생산자를 다시 연결하는 일은 만만치 않다. 사실 소비자는 이미 몸에 익은 먹거리소비 방식의 맥락에서 그런 일을 평가하기 때문이다(Hinrichs, 2000; Eden et al., 2008). 대안적 공급사슬을 만드는 것 말고 강고한 먹거리 공급체계의 동학에 영향을 미칠 수 있다고 기대되는 유일한 방법은, 정부가 개입하여 거대 기업을 통제하는 것이다. 따라서 앞서 제시한 첫 번째 관점이 개별 소비자의 특색을 강조한다면, 이 두 번째 관점은 내부로부터의 변화가능성을 제한하는 시장체계의 구조적 특징을 강조한다고 할 수 있다.

그러나 두 관점은 모두 실질적으로 취약하며, 따라서 개별 행위자와 사회구조라는 이분법을 넘어설 필요가 있다. 일단 개체 관점에서 소비자 행동을 분석하는 것은 부적절하다. 또 최근 연구자들이 비록 행동의 사회적 배경에 점점 더 주의를 기울이고는 있지만 잘 알려진 태도·행동 모델(Ajzen, 1991)에 의거하는 것도 한계가 있는데, 가치와 행동의 상관성이 미약하기 때문이다. 체계론적 관점에서의 소비자행동 연구도 계속 예상치 못한 결과에 부딪치는데, 소비자의 행위는 이론모형이 예측하는 것보다 훨씬 다양하기 때문이다.

먹거리소비에 관한 사회적 실천 관점

먹거리공급에서 소비자의 역할을 분석하기 위한 세 번째 관점은 사회적 실천social-practice 모델로, 이제까지 살펴본 개체주의 접근과 구조주의 접근 사이의 균형을 찾으려는 시도다. 인간의 행동은 하나의 공유된 '실천praxis'으로 이해되어야 한다. 왜냐하면 인간은 타인과 공유하는 사회적 행위들 속에 연좌連坐되어 있기 때문이다. 사회적 행위에서 개인과 구조는 불가분하게 연결되어 있고 어느 한쪽도 다른 쪽에 대해 논리적 우위를 갖지 않기 때문에, 그 동학은 개인의 논리와 구조의 논리에 의해 동시적으로 결정된다. 즉 사회적 실천 모델은 시간과 장소라는 상황-특수적인 사회적 활동으로서 행동에 초점을 맞춘다(Spaargaren, 2003). 사회구조는 행동을 부추기기도 하고 제약하기도 한다. 개별 소비자의 행동은 재화와 서비스를 공급하는 사회구조와의 긴밀한 관련conjunction 속에서 이해된다. 먹거리소비는 습관화된 사회적 실천의 한 사례다. 그것은 단순히 재화와 서비스를 사고 쓰는 것만으로 구성되지 않는다. '안락, 편리, 위생, 영양 같은 사회적 구성물'이 그 속에서 같이 추구되기 때문이다(Wilk, 2010, 46쪽; Shove, 2003도 참고). 사람들은 다른 목적, 이를테면 사회적 의무감이나 젠더역할 기대를 충족시키기 위해서도 소비한다(Wilk, 2010). 달리 말해 소비는 그 자체가 목표인 활동이 아니다.

사람들은 다양한 사회적 실천에 연루되어 있고, 그런 사회적 행위의 결집은 각각을 연결하는 '서사story'와 결합하여 생활양식lifestyle을 이룬다. 생활양식은 서로 다른 사회적 행위들에 응집성과 유의미성을 부여하는 개인의 스토리이자 모두의 스토리이기도 하다. 인간은 '인생의 상이한 경험과 역할들을 한데 묶기를 시도'함으로써 일상생활의 의미를 창조하고 재생산하는 데 함께 관여하기 때문이다(Halkier, 2001, 802쪽). 경험적 측면에서 생활양식은 사회적 지위, 태도와 행동을 결합한다. 구체적인 사회적 행위는 특정한 사회적 구조와 환경의 탐색에 결부되고 그럼으로써 상이한 (그리고 지속가능한) 생활양식으로 결집된다. 달리 말해 환경적으로 각성한 (추상적) 시민 일반이란 존재하지 않는다. 환경 변화에 대한 (구체적) 개인의 성향과 사회구조 속에서 만들어진 기회가 항상 연결되어야 하는 것이다(〈상자 11.3〉 참고).

먹기eating가 지극히 **판에 박힌** 사회적 행위라는 점에서 먹거리는 특별한 소비 영역이다. 슈퍼마켓의 쇼핑공간만 봐도 명확하다. 소비자는 이미 익숙한 제품과 잘 아는 브랜드만 산다. 물론 그렇다고 해서 이것이 먹

상자 11.3

유기농 먹거리 소비에서 소비자와 생활양식

독일의 한 마케팅회사는 유기농 먹거리의 시장점유율이 상승할 잠재력을 알아보기 위해 소비자와 그들의 생활양식에 대한 조사연구를 실시했다. 이전 연구들에서 소비자는 대개 그들의 소득수준에 따라 구분되었지만, 이 연구는 소득 및 가치관의 조합으로 소비자를 구분했다. 그리고 그 결과 소비자들이 내적으로 대단히 정교하게 분화된다는 사실을 발견했다. 유기농 먹거리에 관심을 가질 만한 생활양식 집단을 식별해냄으로써 표적에 더 적합한 마케팅전략을 개발할 수 있게 된 것이다(〈그림 11.1〉 참고).

〈그림 11.1〉 생활양식 집단

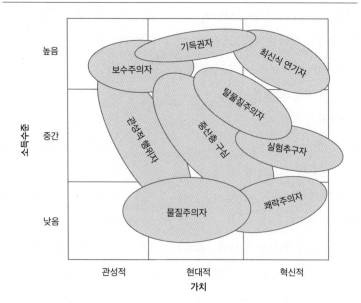

출처: Bio Verlag(2006)에 기초

이 연구에 따르면, 독일의 모든 생활양식 집단 중에서 '중산층 구심middle class certre' 집단과 '최신식 연기자modern performers', 그리고 '탈물질주의자post-materialist' 집단이 유기농 먹거리의 구매·소비에 가장 관심이 크다.

출처: Bio Verlag(2006)

거리소비의 불변성을 의미하는 것은 아니다. 먹거리에 대안적인 의미가 도입되면, 또는 익명의 안내, 낯선 제품, 재배치된 하부구조 등이 도입되면 사회적 행동의 변화가 촉발될 수 있다. 소비자가 먹거리의 질을 취급하는 방식은 일부 연구자들이 가정했던 인지적 합리성 이상으로 사회·문화적 폭을 갖는다. 종교적·윤리적·사회적 고려 등이 모두 포괄되기 때문이다. 먹기가 인간 육체의 일부를 만드는 과정이라는 사실, 즉 음식물이 고감도의 특정한 인체조직으로 전환된다는 사실이 보여주는 것처럼, 먹거리소비는 필연적으로 인간과 자연 사이의 긴밀하고 복잡한 관계를 내포한다(Beardswroth and Keil, 1997). 실제 소비하기 전에는 결코 알 수 없기 때문에, 사람들이 식품의 품질과 안전성을 항상 신뢰해야만 먹거리소비가 지속된다. 그런 신뢰는 한번 확립되었다고 해서 계속 단순히 주어지는 것이 아니라 능동적으로 계속 유지되어야 한다(Kjaernes et al., 2007). 신뢰는 먹거리의 판매자와 구매자 사이의 대면관계를 통해서도 구축될 수 있지만, 과학적 연구, 경영체계 그리고 정부규제를 통해서도 형성될 수 있다. 첫 번째 경우가 **인격적**personalized 신뢰라고 한다면 두 번째 경우는 **제도적**(또는 **추상적**) 신뢰라고 할 수 있다(Giddens, 1990). 과거부터 먹거리와 관련된 신뢰는 대부분 인격적 관계를 통해 조직되었지만, 오늘날의 먹거리공급에서 그것은 더 이상 사실이 아니다. 원거리의 무역과 복잡한 가공·유통체계는 생산자와 소비자 사이의 직접적인 상호작용을 배제하기 때문이다. 전문가시스템에 기초한 제도화된 신뢰가 지구적 현대성에서는 필수불가결하다. 그런데 그것은 인격적 신뢰보다 더 모호하고 위기에 더 취약하다. 지구적 현대성 안에서 먹거리소비는 지속가능성에 미치는 영향을 비롯하여 멀리서 오는 생산물의 질과 그 생산방법을 평가할 때 사람들이 추상적 체계, 과학적 전문성 그리고 여러 가지 정보시스템에 더 의존하게 만든다. 많은 대안적 먹거리 공급체계가 인격적 기초 위에서 소비자신뢰를 (재)창출하기 위해 노력할 때, 다른 집단은 인증제를 도입하는 등 제도화된 보증방식을 시도한다. 그렇게 누구를, 무엇을 믿어야 할지에 대해 많은 소비자가 불확실성을 느끼면서 먹거리체계의 모호성 또는 신뢰와 위험 사이의 균형 잡기는 오늘날 먹거리공급에서 태생적인 특질이 되었다. 전문가시스템이나 그 대표자들과 상호작용할 때 소비자 같은 일반인은 일정한 유보 또는 양면성을 견지한다. 신뢰가 아주 일시적으로만 나타난다는 것이다. 먹거리(에 관한 정보)에 대한 소비자신뢰는 더 넓은 사회적 동학과의 상호작용 속에서 진화해왔으며, 다양한 요인에 의해 상이한 형상으로 나타날 수 있다. 달리 말해 먹거리 공급체계에 대한 소비자의 개입은 '구조적 양면성ambivalence'을 갖는다. 그것은 복수의 의미, 딜레마, 협상으로 가득 차 있다. 그런 상태는 먹거리를 이용하여 공적 공간으로부터 일정 정도 자율성을 갖는 가내 영역을 구축하고 싶은 욕망과, 그러나 그 욕망의 실현을 위해서는 시장에 기반한 공급체계에 의존해야 한다는 사실의 조합에서 비롯된다(Cook et al., 1998).

그런데 먹거리소비같이 매우 진부한 사회적 관행조차 때로는 예기치 못한 사건에 의해 붕괴될 수 있다. 식량위기나 중대한 생애사적 변화는 나날의 먹거리소비 일상을 중단시킨다. 이른바 탈일상화de-routinization다. 그 경우 임시적인 성찰적 국면에서 새로운 관행이 의식적으로 구축될 수 있다. 행정당국과 먹거리사슬의 여러 행위자에서 발원하는 의사소통을 독립적인 (정보)원천, 가족, 친구들, 동료들과 비교하면서 말이다. 그런 새로운 관행은 다시 새로운 일상으로 발전할 수 있다. 즉 재일상화re-routinization다(Spaargaren, 2003). 물론 그 경우 상이한 실천들은 소비자 자신의 사회적 맥락, 일대기, 일상생활 속으로 능동적으로 번역되어 들어와야 한다. 그러면 그 변화하는 실천에 내포된 다양한 요인으로 인해 소비자는 자신의 식습관을 바꾸기로 결정하거나 전통적 경로 또는 대안적 공급체계—직구매, 인증식품 등—로 대안적 먹거리를 사야겠다고 결정할 수도 있을 것이다.

현대적 일상에서 먹거리공급은 소비자의 접시에 당도하기 이전까지 먹거리가 수많은 단계를 거치게 하기 때문에, 생산자와 소비자 사이의 직접적 상호작용은 점점 더 파악하기 어려운 것이 되고 있다. 그러나 비록 먹거리 공급사슬이 원료에서 최종재까지 각각 사회적 관행으로 간주될 수 있는 다수의 단계를 포괄한다 하더라도 소비자가 공급체계를 실제 대면하는 지점은 각별히 주목받을 만하다. 먹거리 공급자의 세상이 먹거리 소비자의 세상과 만나는 지점이 바로 그 접촉면, 즉 소비라는 접점(Schwartz-Cowan, 1987)이기 때문이다. 과학에 기초하고 경제적으로 합리적인 체계의 논리에 의해 지배되는 공급자의 세상은 최종소비자의 살림 논리domestic logic, 즉 특별한 관심사와 매일의 습관으로 채워진 소비자와 그들의 가구라는 세상과 연결되어야 한다. 〈그림 11.2〉는 그런 각자의 논리를 가지고 소비자와 공급자가 만나는 대면지점을 보여준다.

소비자는 각자의 관심사와 생활양식을 특징으로 하는 인간 행위자인 반면, 공급자는 공급체계의 대표자로서 먹거리의 생산·가공·무역 단계와 모두 연루되어 있다. 양측의 명백한 권력 불균형에도 불구하고 소비자가 전혀 힘이 없다거나 단순히 공급체계의 희생자가 되는 것은 아니다. 〈그림 11.2〉에서 우리는 이 체계를 바꾸려고 할 때 소비자들이 활용할 수 있는 가능한 권력 원천에 특별히 주목한다. 그러나 공급자들 역시 상이한 방식으로 지속가능성 전환에 참여할 수 있다(Spaargaren and Van Koppen, 2009). 독자적인 생산공정을 만들어 생산물을 더 지속가능하게 만들 수 있을 뿐만 아니라 지속가능성에 대한 자신들의 동기와 책임성을 더 넓은 맥락에 적극적으로 위치시킴으로써 더 지속가능한 소

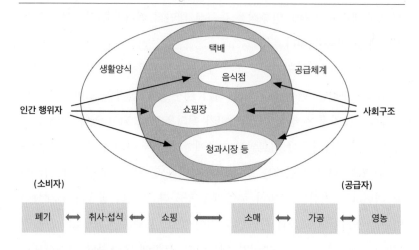

생활양식
택배
공급체계
음식점
인간 행위자
쇼핑장
사회구조
청과시장 등

(소비자)
(공급자)

| 폐기 | ⟷ | 취사·섭식 | ⟷ | 쇼핑 | ⟷ | 소매 | ⟷ | 가공 | ⟷ | 영농 |

출처: The authors and Spaargaren(2003)

비패턴과 생활양식을 장려하는 것이다. 전통적인 유통경로에서도 녹색 먹거리가 점점 더 활용가능해지는 것은 공급자의 그런 진취적인 행동과 직결되어 있다. 그들은 정부규제와 사회적 압력에 대응하면서 사람들, 즉 새로운 상품과 서비스를 위한 평탄한 경기장을 창출하려 한다(공급자, 특히 소매업자의 역할을 더 자세히 보고자 한다면 10장 참고).

지속가능한 먹거리소비

소비자들 사이에서 지속가능한 먹거리에 대한 관심이 점점 높아지고는 있지만, 음식과 관련하여 지속가능한 소비를 정확하게 정의하기란 여전히 어려운 일이다. 지속가능한 소비에 관한 네 가지 정의는 〈상자

11.4)에 제시해놓았다.

이런 다양한 정의들의 공존은 지속가능한 먹거리소비를 둘러싼 논란의 복잡성을 보여준다. 논쟁의 중요한 요소는 지속가능한 생산물과 생산 방법의 활용도를 높여 기존 소비패턴의 환경적 효율성을 증진시키는 데 초점을 맞출 것인가, 아니면 소비패턴 자체의 변화에 더 주안점을 둘 것인가라는 문제다. 달리 말하면 지속가능한 소비가 다르게 소비하기인가, 덜 소비하기인가라는 쟁점이다. 소비자의 사생활 영역과 그들의 개인적인 선택의 자유에 대한 개입을 회피하기 위해 많은 이들이 지속가능한 소비를, 소비 그 자체의 규모volume를 줄이기보다는 자연자원 활용의 효율성을 어떻게 높일 것인가와 연결시킨다.*

따라서 소비자는 더 지속가능한 먹거리소비 관행을 창출하는 데 결정적 역할을 하게 된다. 소비자는 자신이 먹는 먹거리의 안전성, 품질, 맛, 가격에 대해 항상 신경 써왔다. 식품가공의 산업화는 그런 우려를 심화시켰다. 1970년대 이래 많은 가공식품에 쓰이는 화학물 첨가제와 1990년대에 도입된 GMO는 심지어 식품의 가공 과정 및 공식적 규제의 신빙성에 관련된 위험을 더욱 공적인 쟁점으로 만들었다. 이에 더해 최근에는 기후변화, 생물다양성, 동물복지 등 시간에 따라 변화하고 진화하는 다양한 환경 관련 주제들이 가세했다. 그 결과 오늘날에는 점점 더 많은 소비자가 먹거리의 품질에 대해 단순히 상품의 객관적 특질로 규정하기를 넘어 환경이나 동물복지에 미치는 영향, 그리고 사회적 효

---

* 그러나 일부 학자들은 자연자원 이용의 효율성 증진이 지속가능한 소비도 보장할 것이라는 견해가 지나치게 낙관적인 예측이라고 본다(York et al., 2003). 예를 들어 중국처럼 이제 막 부상 중인 경제권의 소비자들이 너 시구적 식단을 채택하면 더 효율적인 영농방법의 이득은 금방 사라질 수 있다. 따라서 진정으로 지속가능한 소비가 이뤄지기 위해서는 생활양식과 소비패턴이 보다 근본적인 변화가 반드시 필요할 것이다.

지속가능한 소비에 대한 정의

지속가능한 소비란,

기본욕구와 더 나은 삶의 질에 충실한 재화와 서비스 사용, 동시에 생애 전반에 걸쳐 자연자원의 활용과 독소물질·폐기물 및 오염원을 최소화하여 미래 세대의 수요를 결코 위태롭게 하지 않는 것.

— S. Ofsted, Symposium: Sustainable Consumption(1994)

재화와 서비스를 고르고 쓰고 버리는 경제활동에 특별히 관심을 갖는 것이자 그것이 어떻게 사회와 환경에 이익이 되도록 변화할 수 있는가에 대한 것.

— International Institute of Environment and Development(1998)

덜 소비하기가 아니라 다르게, 더 효율적으로, 그리하여 더 나은 삶의 질을 갖도록 소비하기에 관한 것.

— United Nations Environment Programme(1999)

균형 잡기. 환경을 보호하고 자연자원을 현명하게 사용하며 미래 소비자의 생활을 해치지 않으면서 현재 생활의 질을 증진하는 방식으로 소비하는 것.

— *National Consumer Council*(UK)(2003)

출처: Jackson(2006)

과까지 포함하여 생각한다. 환경 관련 사안들은 먹거리의 안전성, 품질, 맛, 가격에 대한 소비자의 우려를 더 강화하는 동시에 그에 적응해온 것이다. 물론 환경과 관련된 먹거리 관심사는 그것이 시간에 따라 변화하고 진화하기 때문에 일반적인 용어로 정의하기가 어렵다. 그러나 그것은 대부분의 소비자와 관련되고 또 서로 배제하지 않는 동기라는 차원에서 다섯 가지로 구분될 수 있다(〈상자 11.5〉 참고).

지속가능한 먹거리소비 관행을 (재)구성하기 위해서는 지속가능성에 대한 소비자의 관심과 먹거리 공급체계 내 환경 변화가 그 대면지점(〈그림 11.2〉 참고)에서 연결되어야 한다. 그런 실천은 지속가능한 상품의 판매 및 구매, 생산·가공·무역에 관한 정보의 공유, 또 지속가능성 사안

먹거리의 지속가능성과 관련된 소비자의 복수의 관심사

지속가능한 먹거리와 관련된 소비자의 관심사는 대체로 다음과 같은 다양한 요소의 조합으로 구성된다.

- 자연성: 혼입물이 없는 '천연natural' 먹거리
- 식품안전: 전통적이거나 현대적인 식품위해요소로부터의 안전
- 동물복지: 동물의 권리 또는 본성에 대한 존중
- 환경(생태계): 현재의 생태계와 미래 세대의 권리에 대한 존중
- 먹거리생산에서 노동자와 소농에 미치는 사회적 영향의 고려

모든 소비자가 이 같은 관심사를 공유하는 것은 아니다. 그러나 그들 대부분은 적어도 일생의 어떤 시기에는 이런 관심을 어느 정도 공유한다. 물론 지역과 소비자의 범주에 따른 큰 차이는 있다.

출처: Oosterveer et al(2007)

이나 지속가능성 서사 및 이용방법에 관한 의사소통과 관련된다. 소비자의 가장 큰 관심사는 시간, 장소, 생애단계, 그리고 다른 요인들에 따라 천차만별이다. 녹색먹거리 소비자주의consumerism의 그런 다차원성은 인정받지 않으면 안 되지만, 또한 동시에 난제도 내포한다. 상이한 관심사는 각자의 방식으로 채워질 수 있다. 그것은 그 자체로 각 방법 사이의 비교와 더 의식적인 의사결정의 필요를 강화할 것이다. 게다가 소비자가 자신의 개인적 지속가능성 관심에 따라 상이한 선택을 하게 되면 그런 관심사를 정당화할 필요성 역시 커지게 된다.

지속가능한 먹거리를 둘러싼 관례, 행동, 서사의 다양한 조합은 그에 상당하는 상이한 녹색 생활양식으로 범주화할 수 있다. 실제로 생활양식에서 더 큰 다양성을 지향하는 최근의 추세는 먹거리소비 관행에도 큰 영향을 미쳐왔다. 각각의 먹거리소비 관행이나 먹거리제품의 범주, 또 특정한 소비자 관심사를 정식화할 수도 있는데, 그것은 공급자가 각자의 공급전략을 개발할 때 활용될 수 있다. 소비자는 또한 상이한 상황

에서 표출된 지속가능성 관심사(의 상이한 차원의 중요성)에서도 차이를 보일 수 있다. 가정의 저녁식사 같은 가족적 맥락에서 표명하는 관심사와 직장의 구내식당 같은 전문적 맥락에서 표명하는 관심사는 다를 수 있다. 또 신선과채에 대한 관심과 즉석식품에 대한 관심이 다르듯 상이한 상품군에 대한 관심사도 다를 수 있다. 그 결과 상이한 소비자관행에서 지속가능성의 중요도를 이해하기란 매우 복잡한데, 특히 소비자가 해당 먹거리를 접하는 장소에서 어떤 활동을 하는가가 추가적으로 분석될 필요가 있다. 소비자는 유기농 먹거리를 전통시장에서 살 수도 있고, 직거래사슬을 창출하는 데 능동적으로 참여할 수도 있으며, 나아가 수확과 운송 등 생산 과정의 일부를 직접 담당할 수도 있다. 또한 소비자는 어떤 식품은 지속가능성에 특화된 특정 소매점에서 구입하면서 다른 식품은 일반적인 슈퍼마켓에서 구매할 수도 있다. 일부 관찰자들이 소비자행동의 일관성 결여에 대해 불평을 제기하거나 "다루기 힘든 소비자"(Gabriel and Lang, 1995)라고 우려를 제기하는 것도 이 때문이다. 그런 혼동을 줄이려면, 연구자들은 소비자행동을 고립된 것이 아니라 더 넓은 사회적 관행들에 배태된 것으로 분석해야 할 것이다.

요컨대 먹거리소비를 녹색화한다는 것은 단순히 자발성, 즉 개인(소비자)의 선택 문제가 아니다. 사회적 실천 관점을 적용하여 지속가능한 먹거리소비를 분석한다는 것은 상이한 사회적·동기적 배경에 기반한 사람들이 다양한 맥락 속에서 수행하는 일련의 복잡한 행위집합을 연구한다는 것을 의미한다. 환경적 관심, 생활양식, 생활양식 정치와 관련된 먹거리구매에서 상이한 사회적 관행들이 출현할 수 있는 것도 그 때문이다. 단 하나, 지속가능한 먹거리의 구매만 보고자 한다면, 우리는 이미 네 가지의 상이한 경로를 식별할 수 있다. 농민장터 또는 직판점을 통한 구매, 가정에서의 주문·택배와 착불제, 대안적 경로를 갖는 전문점이나 전통적인 슈퍼마켓 소매점에서의 구매, 레스토랑과 외식서비스 구매가 그것이다. 상이한 먹거리제품은 각 경로에 대한 제안이며, 실제 그 내부에서마다 지속가능 먹거리에 대한 서사가 개발되어왔다. 각각의 경로는 그 자체 사회적 행위자, 먹거리제품, 그리고 지속가능성 관심사(와 관련된 서사)의 배치로 구성되어 있는 것이다.* 수많은 대면지점의 존재와 소비자의 복수의 지속가능성 관심사는 먹거리소비 방식을 과거보다 더욱 성찰적이게 만드는 데 기여한다.

지속가능한 먹거리소비 장려하기

지속가능한 먹거리소비를 장려하기 위한 혁신적 거버넌스는 정부의 국가적 규제 다음에, 또 그것을 넘어서 출현한다. 소비자 관심사의 확대는 지구적 동학에 대한 의존성 심화와 함께 기존의 일국 기반 규제방식에 까다로운 과제를 제기한다. 민족국가는 자신의 국경 밖의 일에 개입할 능력은 제한되어 있기 때문에 그런 관심을 다룰 수 없는 것처럼 보인다. 또 바로 그런 이유로 더 많은 소비자가 (새로) 개발되는 대안적 거버넌스 제도에 점점 더 적극적으로 관여하게 된다. 시민사회 조직과 함께 소비자가 지속가능한 먹거리소비 관행을 창출하는 공동관리자가 되는 것이다. 소비자는 생태적 시민ecological citizen으로서나 정치적 소비자로서, 또 생활양식 정치를 통해 참여할 수 있다(Spaargaren and Mol,

---

* 오늘날 슈퍼마켓은 유기농 먹거리나 공정무역 먹거리 또는 여타 지속가능성 인증제품을 포함하여 수천 가지 식품을 제공한다. 그럼에도 슈퍼마켓은 상품의 구색, 상품의 진열대에서 지속가능 먹거리가 차지하는 위치, 선반 위의 전시방법, 제시되는 상품정보의 유형과 거기서 표출되는 이미지나 스토리의 종류에서 서로 다르다.

2008). 정치적 소비자주의는 지구적 현대성 안에서 소비자의 역할을 분석하기 위해 최근 개발된 개념적 도구로, 좀더 각별히 살펴볼 필요가 있기에 다음 절에서 다룬다.* 먹거리의 지속가능성을 증진하는 또 다른 대안은, 특히 '유기농'과 관련하여 더 하향식top-down 접근인 먹거리의 에코 라벨링을 강조하는 것이다.

정치적 소비자주의

먹거리거버넌스에 소비자의 관여가 증가하는 것은 시민성citizenship과 소비자주의가 더 이상 서로 대립적인 실천 또는 담론이 아니라는 점을 보여준다. 오늘날 '공적' 시민성과 '사적' 소비자주의 사이를 명확히 가르는 경계선 같은 것은 없다. 비판적인 시민은 소비자역할 속에서 새로운 형태의 행동을 실천한다. 그런 활동은 전통적인 공식 정치영역에 대해선 외재적이지만 '하부정치sub-political' 영역에서는 내재적인 것이다(Beck, 1992). 정치적 소비자주의(Micheletti, 2003)는 자발적이고 즉석에서 조직되며 대개 시민사회에 기반한 환경적 정치행동 형태를 말한다. 그 개념은 보다 직접적이고 가시적인 방식으로 생산-소비 연쇄망의 상류에 위치한 행위자의 환경적 활동을 최하류에 위치한 시민소비자의 관심과 활동으로, 또는 그 역의 방향으로 연결하는 다양한 정치 형태를 망라한다. 소비자는 시민사회, 시장, 국가에서 발원하는 다양한 행위자와 관심사를 묶어내는 다기한 네트워크를 통해 자신의 권력을 행사함으로써 세계적 환경변화의 공동관리자가 될 수 있다.** 이런 소비자는 시민으로서 더

---

* 환경적 시민성에 관한 더 많은 정보를 보려면 Dobson and Bell(2006)과 4장의 규제 관련 논의 참고.
** 현재로서는 소비자와의 신뢰관계를 형성하는 작업에서 시민사회 조직이 국가나 시장에 기반한 조직보다 더 유능한 것으로 보인다(Oosterveer and Spaargaren, 2011).

나은 역할을 하기 위해 소비자의 역할을 거부하지는 않는다. 오히려 그들은 소비의 정치를 더 책임성 강한 소비자가 되는 실천과 연결시킨다(Barnett et al., 2011). 지속가능한 소비는 추상적인 원칙을 일상의 행동을 옮기는 것과 나란히, 사회적이고 환경적인 헌신을 일상의 생활과 리듬에 깊이 새기는 것이다. 그것은 동시에 전략적 개입들을 조직화하는 장이기도 하다. 정치적 소비자주의는 사실 일상적 소비의 범상한 윤리적 성향을 재천명하려는 다양한 집합적 행위자들의 조직화 노력에 의해 성장했다. 그것은 두 차원을 갖는다. 이미 사람들의 소비행동을 규정하고 있는 준거틀과 관련된 **담론적** 개입 과정이 그 하나라면, 소비행동을 재조정하게 만들 수 있는 다양한 **장치**를 활용하는 과정이 다른 하나다. 지속가능 소비를 위한 캠페인의 지향은 사람들의 정체성을 '윤리적 소비자'로 완전히 바꿔내는 것이 아니라 다양한 특유의 행동을 만들어내는 데 있다. 지속가능한 소비는 단순히 개인적 또는 도덕적 행위가 아니라 전략적 동원과 캠페인으로 조직되는 장이기 때문이다. 그것은 사람들이 이미 갖고 있던 관심, 염려, 연대에 대한 성향을 지속가능성을 의제로 한 세계적 동원, 직접행동, 로비, 캠페인의 정치에 새겨넣기를 추구한다. 지속가능한 소비는 "그 자체가 목적이라기보다 목적으로 나아가는 수단"인 것이다(Barnett et al., 2011, 201쪽).

비판적인 먹거리소비자는 자신의 쇼핑능력을 일상에서 더 의식적인 선택을 하는 데 사용할 것이며, 그럼으로써 시장의 조직화에 직접 관여하고 이타주의의 공적 양상과 사적 양상을 결합시킬 것이다. 그런 소비자에게는 객관적으로 검증가능한 상품 자체의 속성을 넘어 생태, 연대, 공정성 같은 특정한 의미를 부가한 특정한 범주의 먹거리가 제공된다. 라벨과 표준을 활용함으로써 먹거리 생산지와 소비자 사이에는 판매자와 구매자라는 경제적 관계를 뛰어넘는 새로운 연계가 만들어질 수 있다.* 누군가에게는 그런 식품 라벨이 선택지를 제공하고 그들이 살고 싶은 대로 살도록 구매결정을 도와주는 단순한 판매수단이다. 그러나 다른 누군가에게 식품 라벨은 더 넓은 관심사를 표명하고 대안경제를 같이 만들어가는 수단으로 이해된다. 따라서 지구적 먹거리공급의 통치에서 소비자의 개입이 반드시 제품가격이나 식품성분에 관한 '객관적' 정보에만 기반할 이유는 없다. 그것은 '지속가능성', '사회적 형평성', '품질' 등 더 무형적인 가치들로도 이루어질 수 있다. 라벨 같은 도구를 활용하면 그런 개입활동은 더욱 용이해진다. 그런데 이런 방식으로 정치적 소비자로서 역할을 한다는 것은 일정한 지식, 정보, 쇼핑행동을 필요로 하며(Young et al., 2009), 따라서 모든 소비자가 쇼핑할 때마다 그런 개입 과정을 다 밟으려 하지는 않는다. 이에 대처하는 한 가지 방법은 개입요건을 단순화한 광범위한 라벨을 고르는 것인데, 유기농 먹거리 소비가 대표적이다.

유기농 먹거리의 소비

먹거리소비의 지속가능성 분석에서 유기농 먹거리의 등장과 팽창은 아주 흥미로운 사례다. 지난 30년간 유기농 먹거리는 먹거리의 지엽적인 대안적 생산방법에서 먹거리의 '자연적이고 지속가능한' 소비를 위한 지배적 준거모델로 진화했다. 유기농 먹거리는 몇 가지의 소비자 관심사, 특히 '자연성naturalness'과 관련된 문제를 해결할 수 있을 것처럼 보인다. 사실 지난 몇 년간 산업화된 먹거리 공급체계에 대한 소비자의 우려를

---

* 식품 라벨이 이미 너무 많다고 보는 사람들도 있다. 게다가 그런 라벨에 담긴 정보가 언제나 명료한 것도 아니다. 확실히 소비자는 모든 라벨에 다 신경 쓰지는 않는다. 소비자는 관심을 가진 특정 문제에 대해서는 선택적으로 주의를 기울이지만, 그 외의 산더미 같은 자료는 무시한다 (Ipsos Mori, 2010).

불식할 대처방안으로 가장 선호되어온 것이 유기농 먹거리다. 그것은 관행 먹거리체계의 핵심적 특징으로 지적되는 살충제 사용의 위험, 동물의 공장식 사육, 먹거리의 산업적 가공, 농촌경관의 악화, 또 광우병BSE이나 유전자조작 같은 식품안전 위험에 대한 대안을 제공한다. 또 무엇보다 유기농 먹거리는 구체적인 다른 선택지를 제시함으로써 소비자로 하여금 그들의 구매행동과 섭식행동을 성찰하도록 도와준다.

유기농업은 1920~30년대 유럽에서 그 주요 원칙이 확립되었고, '산업적 농작방식의 파괴적 본성을 비판하며 등장하여 지역 생산·유통·소비 체계를 소규모 유기농장이나 협동조합 유통, 꾸러미 택배, 농민장터, 건강식단' 등과 연계시키며 1970년대에 대중화되었다(Raynolds, 2004, 729쪽). 유기농은 2000년대에 들어와 세계 여러 지역으로도 확산되었다. 물론 그 산물의 주요 소비지는 여전히 선진국이지만, 최근에는 개발도상국에서 증가하고 있는 도시 중산층도 관심을 보이고 있다.

유기농에서 생산자와 소비자 사이의 대안적 관계는 특히 초기의 개척기에 많이 실험되었다. 꾸러미나 지역공동체지원농업CSA 같은 창의적 운동은 유기농산물 공급을 성장시키는 데 중요한 역할을 했다. 먼저, 꾸러미같이 주로 유럽에서 발전한 유기농산물 예약구매는 소비자에게는 믿을 수 있는 유기농 먹거리를, 또 농민에게는 안정적인 시장을 제공했다. 그것은 유기농 신선채소류를 매주 상자에 포장하여 소비자가 기명한 장소로 배달하는 방식이다. CSA는 주로 미국에서 발전했지만 현재는 다른 나라에서도 많이 등장했다. 그것의 목적은 지역공동체가 농장 운영을 지원하는 것, 즉 재배자와 소비자가 먹거리생산의 혜택과 위험을 공유하는 방식으로 서로를 지원하는 것이다. 대개 회원들이 농장 운영의 경비를 미리 대주고 농장의 생산물을 나중에 돌려받는 형태를 취한다. 때로는 회원들이 경작지와 직접 재연결되거나 심지어 농작에 몸소 참여하기도 한다(DeMuth, 1993).

　최근 들어 이런 운동은 국제유기농운동연맹IFOAM의 창립, 유기농업의
국가적 표준과 인증제도 수립(Boström and Klintman, 2008), 또 슈퍼마
켓을 포함한 관행적인 소매업체에서의 매출 증가 등을 통해 더욱 공고
화·제도화되고 있다. 물론 대중화에도 불구하고 유기농 먹거리가 전체
식품판매에서 차지하는 비중은 아직은 극히 작다.

　먹거리공급의 급격한 변화 사례로서 영국의 유기농 먹거리와 그 역
사적 궤적을 분석한 스미스(Smith, 2006)에 따르면, 영국에서 유기농 먹
거리 틈새시장의 발전 과정은 세 단계로 구분된다. 1단계(1946~70년)는
배양기로서 활동가들이 유기농식품을 개발하고 홍보한 시기다. 2단계
(1970~90년)는 개척기로 유기농 생산자들이 소규모 유기농시장을 창출
한 시기다. 마지막 3단계(1990~현재)는 주류 행위자들도 유기농에 관여
하게 된 시기다. 정확한 시점의 차이는 있지만 이 같은 단계 변화는 다
른 나라에서도 관찰된다.

　최근 10여 년간 유기농 먹거리 시장이 매우 팽창하면서 소비자도 변
화했다. 미국의 경우, 몇 년 전만 하더라도 전형적인 유기농 먹거리 소비
자는 교육수준이 높고 건강과 환경에 관심이 많은 중간계급 백인가족이

〈표 11.1〉 일부 국가의 유기농 먹거리 총매출 추이 (100만 유로)

	1997년	2003년	2005년	2007년
독일	1,600	3,100	3,900	5,300
영국	445	1,607	2,332	2,560
프랑스	508	1,578	2,200	1,900
네덜란드	167	395	420	500
미국	2,662	7,690	10,245	14,000

출처: Willer and Yussefi(2004); Willer et al.(2008); Biologica(2008)

었다(Dimitri and Oberholtzer, 2006). 그러나 요즘에는 소득수준, 민족적 배경, 연령대 등에서 훨씬 더 다양한 집단들이 관찰된다. 유기농 먹거리를 구매하는 동기에서도 환경 요인은 쇠퇴하고 건강, 취향, 식품안전성이 점점 더 지배적인 이유가 되고 있다. 경험적 연구들에 따르면, 유기농 먹거리의 정의나 그 형식적 요건에 대한 평균적인 소비자의 지식은 제한적이어서 그들은 종종 '유기organic'식품을 '천연natural'식품의 대용물로 간주한다(Aarset et al., 2004).* 그러나 동시에 지난 10~15년 사이에 유기농 먹거리 판매는 급속하게 증가했다. 〈표 11.1〉은 최근 몇 년간 일부 국가에서 유기농 먹거리 판매액의 실질적 성장을 보여주는데, 관행 먹거리 시장이 거의 포화된 최선진국들에서 그런 경향이 두드러진다는 사실을 알 수 있다.

매출액의 증가는 따라서 유기농 먹거리의 시장점유율 증가로 이어지는데(〈표 11.2〉 참고), 각각 5.3%, 6.0%를 보이는 오스트리아와 덴마크를 제외하면 아직 대부분의 나라에서 5%를 넘지 못하고 있다.**

소비자는 유기농 먹거리가 지속가능하고 환경친화적인 방식으로 건전하게 생산되고, 또 그것을 구매하는 것이 가족농을 지지해줄 것이라고 믿기에 기꺼이 높은 가격을 지불한다. 소비자 1인당 유기농 먹거리 지출액의 증가가 그것을 보여준다. 물론 그래도 그 액수는 전체 식비지출에 비하면 매우 작은 수준이다(유기농 먹거리에 대한 연간 지출의 개황은 〈표 11.3〉 참고).

---

* 스미스(Smith, 2006)는 유기농 틈새시장 자체의 특질보다는 지배적인 먹거리 생산체계의 문제점 때문에 유기농 먹거리 시장이 성장했다고 본다.
** 개별 품목의 시장점유율은 선체 시장점유율보다 더 높을 수 있다. 예를 들어 덴마크에서 유기농 우유의 시장점유율은 20%를 상회하며(Biologica, 2008), 독일에서 유기농 이유식은 전체 시장의 64%를 점하고 있다(Bakker and Bunte, 2009).

<표 11.2> 일부 국가의 유기농 먹거리 시장점유율 추이 (%)

	1997년	2003년	2005년	2008년
독일	1.2	2.2	3.0	3.4
영국	0.4	1.7	2.3	na
프랑스	0.4	na	1.1	1.7
네덜란드	na	1.0	1.8	2.1
미국	0.8	1.9	2.5	3.5

na= 활용가능한 자료 없음.

출처: Lohr(2001); www.organic-world.net(2009년 10월 8일 접속)

시간이 흐르면서 유기농 먹거리체계와 관행 먹거리체계 사이의 상호작용이 증가한 결과, 유기농 생산의 기본원칙이 유지되는 가운데서도 관행체계의 특징인 편리성, 입수가능성, 염가성廉價性에 대한 요구가 높아지고 있다. 슈퍼마켓에서의 유기농 먹거리 구매는 편리함을 지향하는 이런 추세에 잘 부합한다. 유럽의 관련 현황을 보여주는 <표11.4>를 보면, 슈퍼마켓이 유기농 먹거리 시장에서 차지하는 상대적 점유율은 나라별로 상당한 차이가 있지만, 슈퍼마켓 구매로 전환되는 추세 자체는 이탈리아를 제외한 모든 나라에서 확인된다. 또한 독일, 프랑스, 이탈리아, 네덜란드 같은 일부 국가의 경우 유기농 먹거리에 특화된 전문소매점도 상당히 많다.

슈퍼마켓을 통한 유기농 먹거리 판매와 그에 따른 유기농 생산이 증가하면서 과학자와 활동가들 사이에서는 격렬한 논쟁이 일어났다. 유기농 운동의 일부 진영은 그런 변화를 주류화로 수용한 반면 다른 진영은 대안적 공급망을 통해 유기농 먹거리 생산자와 소비자가 더 긴밀히 연결될 필요가 있다고 주장했다. 유기농의 통합적 비전을 유지해야 한다는 것이다. '진정한' 유기농 먹거리를 주창하는 사람들은 그런 유기농 생

<표 11.3> 1인당 유기농 먹거리 소비의 국가 순위 (2008년 전후)

순위	국가	1인당 연간 유기농 먹거리 소비(유로)
1	덴마크	132
2	스위스	119
3	오스트리아	97
4	룩셈부르크	85
5	리히텐슈타인	85
6	독일	71
7	스웨덴	68
8	미국	49
9	캐나다	41
10	영국	41
11	프랑스	41
12	뉴질랜드	33
13	이탈리아	33
14	네덜란드	33

출처: Willer and Kilcher(2010)

산방법만 확대되는 현상은 지나치게 기술관료제적인 반면 충분히 정치적이지는 않기 때문에 뭔가를 결여하고 있다고 본다(Goodman and Goodman, 2001).* 중요한 것은 생산자와 소비자 간 근거리 거래와 직접적인 사회적 접촉을 강화하고 유기농 먹거리 판매에서 슈퍼마켓에 대한 의존성을 줄이는 것이다. 생산자와 소비자 간의 물리적 또는 사회적 거리보다는 거래의 투명성·신뢰·정보교환 측면에 더 관심을 갖는 사람들도 있다. "먹거리생산이 소비자와 얼마나 떨어져 있는가가 난제가 아니

* 예를 들어 북반구의 NGO나 기업이 주도하는 '녹색' 라벨링과 인증제는 기존의 세세적 편력 불균형을 오히려 강화한다(Goodman and Goodman, 2001).

〈표 11.4〉 유럽 국가별 유통경로에 따른 유기농 먹거리 시장점유율 (%)

국가	슈퍼마켓		전문점		직매점	
	1999년	2008년	1999년	2008년	1999년	2008년
프랑스	45	39	45	37	10	24
이탈리아	25~33	25	33	52	33~42	20
독일	25	49	45	28	20	23
네덜란드	20	43	75	43	5	14
스위스	60	76	30	15	10	9
영국	65	75	17.5	13	17.5	12

출처: Lohr(2001); Richter(2009)

라 중개역할을 하는 보증기관이 소비자와 얼마나 떨어져 있는가가 더 중요한 문제다"(Eden et al., 2008, 1054쪽).

사실 유기농 먹거리가 성공하면 별 의식 없는 생산자들이 공식 규제를 최소화하거나 심지어 무시하면서 단지 높은 이윤마진에 이끌려 유기농을 시도할 위험이 커진다. 물론 그럼에도 유기농 로컬푸드에 대한 선호가 지속되는 것과 함께 슈퍼마켓을 통한 유기농 먹거리의 세계적 판매도 급속도로 증가하고 있다(Raynolds, 2004). 관행 먹거리체계의 소매부문을 지배하는 슈퍼마켓이 오늘날 유기농 먹거리에 대해서도 주된 판로가 되고 있는 것이다(Banks and Marsden, 2001).

일반적으로 유기농 먹거리 공급의 그 두 가지 형태, 즉 주류화와 최소주의에 기반한 대규모의 슈퍼마켓 유통 그리고 대안적인 엄격한 정통 기준에 기반한 소규모의 직접유통은 필연적으로 서로 대립적일 것이라고 생각된다. 그러나 일각에서는 두 형태가 서로를 강화하는 보완성을 가질수도 있다고 예상한다. 유기농 먹거리의 소규모 직거래가 활용가능한 선택지로 존재한다는 사실 자체는 기존 관행체계가 보여온 유기농 원칙에 대한 침식을 억제하게 만든다. 또 슈퍼마켓에 기반한 유통체계의 존재는 대안적 직거래체계가 자신의 가격 및 물류방식을 비판적으로 감독하도록 강제한다.

지속가능한 식단

먹거리의 지속가능성을 증진하는 또 하나의 전략은 환경에의 영향이 덜한 건강식단을 채택하는 것이다. 관행적인 서구식 식단보다 고기를 적게 사용하고 신선식품, 특히 지역이나 원산지에서 생산된 채소와 과일 중심으로 차려진 식단이 더 건강하고 환경영향이 적다는 것은 이미 많은 연구들에 의해 확증되었다(Duchin, 2005). 부유한 나라의 현행 식단은 먹거리의 섭취량이나 식품 간 조합방식 모두에서 지속가능한 식단과 사실상 차이가 있다. 특히 과도한 육식은 고기생산과 관련된 엄청난 물소비라는 측면에서 비판의 대상이 되고 있다.* 게다가 육식은 에너지효율성도 지극히 낮다.** 그래서 영국에 본부를 두고 있는 초국적 NGO인 옥스팜은 자체 개발한 식단을 제안하기도 한다(〈상자 11.6〉 참고).

그러나 식단을 변경하는 것은 단순한 일이 아니다. 먹거리선택은 가계의 일상적 행태, 생활양식, 지역문화 또는 민족문화와 밀접히 통합되어 있기 때문이다. 일례로 육류소비를 줄이라는 권고안은 유럽이나 미국에

---

* 일반적인 육식 식단용 고기생산에는 채식용 먹거리를 생산하는 것에 비해 주(週)당 1,000리터의 물이 더 들어간다(Marlow et al., 2009).
** 고기생산의 에너지효율성은 총 투입에너지 대비 가식부 식육의 에너지량으로 계산될 수 있는데, 전체 육류를 대상으로 추정하면 10%에도 미달한다(Eshel and Martin, 2006). 육류생산의 환경영향과 관련된 더 많은 정보는 FAO(2006) 참고.

인간과 지구를 위한 옥스팜의 식단

개발지원단체인 옥스팜은 선진국 소비자에게 자신의 먹거리선택이 사회와 환경에 미치는 영향을 고려해볼 것을 권유한다. 먹거리생산은 수백만 명의 가난한 농민과 노동자에게 사활이 걸린 소득원을 제공하지만 먹거리의 생산·가공·무역은 기후변화에 모두 부정적 영향을 미친다. 이 때문에 옥스팜은 소비자에게 매주 다음과 같은 네 가지의 간단한 행동을 하자고 제안한다.

• 음식물쓰레기 줄이기
• 육류와 낙농품 소비 줄이기
• 공정무역 제품 구입하기
• 개발도상국에서 온 다양한 먹거리 사기

처음의 세 가지 행동은 자명해 보인다. 네 번째 행동과 관련해서 옥스팜의 입장은 개도국의 농식품수출 증가가 빈민의 소득상승과 먹거리보장을 증진하는 반면, 먹거리의 여행 거리는 전체 환경영향을 보여주는 데는 조악한 지표라는 것이다.

출처: Oxfam GB(2009)

서 엄청난 논란을 불러일으켰는데, '정식good meal'의 핵심은 고기요리라고 생각해왔기 때문이다. 게다가 육식은 단순히 먹거리섭취의 문제만은 아닌 것이, 많은 사람들이 그것을 자기 정체성의 중요한 한 측면으로 간주하여 쉽게 바꾸지 않기 때문이다. 일반적으로 자신의 정체성에 부합하는 정보가 부합하지 않는 정보보다 더 설득력을 가지며(Abrahamse et al., 2009), 따라서 육식인에게 채식의 이득을 납득시키기란 매우 어려운 일이다.

조세를 통해 지속불가능한 먹거리의 가격을 인상하는 식의 정부 개입은 소비자의 행동을 변화시키는 데 기여할 수 있다(Duffey et al, 2010). 정보 제공과 의식 고양이 이뤄진 다음에 가격 메커니즘을 활용한다면 그것은 특히 매력적인 추가 수단이 될 것이다.

나가며

　오랫동안 소비자는 먹거리공급에 별 영향을 주지 못하는 수동적 이해관계자로만 여겨졌다. 그러나 유기농 먹거리 사례와 식단의 변화가 명확히 보여주는 것처럼, 소비자는 먹거리공급을 더 지속가능한 쪽으로 변화시키는 데 핵심적 역할을 할 수 있는 상당한 권력의 보유자다. 특히 지구화가 가속되고 먹거리의 생산, 가공, 무역의 영향에 대한 사회적 관심이 커지고 있는 지금의 조건에서 소비자는 무시될 수 없다. 소비자의 행동을 이해하려면 사회적 실천 접근이 필요하다. 소비자의 행동은 다른 사회적 행위자들, 또 권력의 균형이나 습관과 신뢰 등이 모두 얽힌 더 넓은 사회적 구조 속에 배태되어 있기 때문이다. 현재 먹거리공급은 정부나 생산자, 소매업자 같은 기존 행위자들의 역할을 변화시키고 있으며, 식품안전성이나 환경 및 사회적 영향에서 유례없는 난제들을 만들어내고 있다. 소비자는 이런 문제들에 대해 다양한 방식으로 반응한다. 상당수 소비자는 그저 익숙한 기존의 소비습관을 고수하지만, 더 혁신적인 반응을 고대하면서 조금 다른 먹거리를 구매하고 생산자와의 거리를 좁히거나 자신의 식단을 변화시키는 다양한 방식을 실험하는 사람들도 늘어나고 있다.

　그런 상이한 전략들은 먹거리소비 관행에 변화를 야기한다. 다소 급진적이든 겨우 가시적이든 간에, 그런 변화들은 모두 깊이 있는 연구의 대상이 될 만하다. 현행 먹거리공급의 변형을 분석하는 작업에서 그런 변화를 이해하는 것은 핵심적이기 때문이다. 공정무역 먹거리나 지속가능성 라벨링 먹거리를 소비하는 것은 모두 '거리를 염려'하는 행동으로 간주될 수 있다. 먹거리 공급사슬에 사회적 또는 환경적 고려를 추가하는 그런 행태는 '소비와 무역의 통치 과정 각각에 위치한 행위자들 전체'에 의해 창출된다(Hughes et al, 2008, 350쪽). 그런 행위자는 NGO, 공동체 조직, 사회운동단체와 매체를 포괄하며, 그 모두는 어떤 방식으로든 먹거리운동을 고취한다. 오늘의 시장 행위자들 역시 소비자의 진화하는 취향과 관심사에 신속하게 대응하며 그 범위는 때로 활동가들이 간과한 사안도 포괄할 정도다. '작은 정부가 더 좋은 정부'인 이 시대에는 지속가능한 먹거리소비 장려와 관련된 정부기구의 역할 역시 지속적으로 진화하고 있다. 특히 라벨링이나 인증, 교육 같은 간접적인 정책수단이 점점 더 선호되고 있다.

꼭 기억하기

- 소비자행동은 먹거리구매가 단순히 개인의 선택만이 아니라 사회적 관행에 배태된 것으로 분석할 때 더 잘 이해될 수 있다.
- 지속가능성은 점점 소비자행동의 한 양상이 되고 있지만, 그 다차원성으로 인해 내용이나 상대적 중요성 면에서 큰 격차를 보인다.
- 정치적 소비자주의는 지속가능한 먹거리소비를 증진하는 데 흥미로운 혁신적 전략을 제공한다.

더 깊이 읽기

- Barnett, C., Cloke, P., Clarke, N. and Malpass, A. (2011) *Globalizing Responsibility: The Political Rationalities of Ethical Consumption*, Wiley-Blackwell, Chichester : 윤리적 소비 또는 이 장에서 논의한 바와 같은 정치적 소비를 심도 있게 분석하고 있다.
- Berdsworth, A. and Keil, T. (1997) *Sociology on the Menu: An Invitation to the Study of Food and Society*, Routledge, London and New York : 사회학적·인류학적 시각에서 본 먹거리소비를 소개한다.
- Jackson, T. (ed) (2006) *The Earthscan Reader in Sustainable Consumption*, Earthscan, London : 지속가능한 소비를 전반적으로 조망한다.
- Sassatelli, R. (2007) *Consumer Culture: History, Theory and Politics*, Sage, London : 소비자와 소비자의 사회생활을 명료한 이론적 근거에 입각하여 통찰한다.

결론

들어가며

지금까지 지구화와 먹거리공급의 지속가능성에 대해 살펴보았다. 몇 가지 사례를 보건대, 지금과 같은 조건에서 지속가능한 먹거리공급을 보장하는 일은 확실히 중요한 과제가 되었다. 독자들이 이 과제의 본성을 충분히 이해하고 나아가 가능한 해결책을 모색하기 위해, 우리는 사회과학에서 개발된 몇 가지 개념적 도구를 소개했다. 그런 도구들은 먹거리공급에서의 고정관념과 관행을 보여주는 데 모두 도움이 된다. 또 책 전체를 통해 지구적인 동학과 지역적인 동학이 서로 결합되어 전개되는 과정을 분석했다. 양자는 현재를 이해하고 미래로 나아가는 데 본질적이다. 자연과학의 통찰 역시 요긴하다. 그것은 미래 먹거리공급의 지속가능성과 관련하여 지금 우리가 직면하고 있는 난제를 해명하는 데 깊이를 더해준다.

이 장에서는 전체 내용에서 가장 중요한 결과들을 요약한 후 먹거리

공급의 미래에 대해 논한다. 그리고 사회과학적 조망이 지구적 현대성에서의 먹거리 생산·무역·가공·소비에서 지속가능성을 증진하는 데 어떤 가치를 갖는가를 부연하는 것으로 결어를 대신한다.

연구의 1차적 결과

이 책은 지구화 및 지속가능성과 관련하여 현행 먹거리공급의 주요 추세를 개괄했고, 그런 추세를 분석할 주요 사회과학 개념을 소개했으며, 현재 진행 중인 사회적·정치적 관련 논쟁과 연결지어 추세와 개념을 연결했다.

지구화

2장에서 우리는 먹거리공급이 지구화되는 과정의 주요 특징을 검토했다. 1980년대 이후로 먹거리의 생산과 소비는 공간적으로나 사회적으로나 점점 더 멀어지고 있으며, 그와 동시에 예상치 못한 많은 난제가 나타났다. 그런 문제를 해결하기 위해서는 먹거리와 관련된 다양한 행위의 지속가능성을 포함하여 먼저 그 변화의 과정을 깊이 있게 이해할 필요가 있다. 이 목적에 활용할 수 있는 다양한 개념적 분석틀 중에서도 우리는 특히 네트워크와 흐름의 사회학이 유망한 것으로 판단한다. 네트워크라는 개념을 활용하면, 먹거리공급에 직간접적으로 관여하는 다양한 사회적 행위자들을 모두 연결할 수 있다. 행위자들은 상이한 장소와 다양한 수준에서 조직되는 먹거리와 관련된 무수한 사회적 관행에 개입한다. 흐름이라는 개념은 먹거리가 그런 다양한 사회적 행위들과 어떻게 연결되는지를 설명하는 데 도움이 된다. 먹거리의 흐름이란 '농장에서 식탁으로' 이어지는 먹거리의 물질적 측면뿐 아니라 그 물질의 흐름과 관련되는 금융, 문화, 정치, 정보/소통의 차원 등을 모두 포괄하기 때문이다. 이런 개념들을 통해 우리는 특정한 지역의 먹거리소비 방식이 지구 반대편의 먹거리생산에 어떻게 영향을 미칠 수 있는지를 설명할 수 있다. 그 역도 마찬가지다. 또한 우리는 그 개념들을 적용하여 먹거리 자체가 그렇게 멀리 이동하지는 않더라도 그것을 생산하는 방법이나 품질 요건 등은 여전히 지구화 과정의 큰 영향을 받는다는 사실에 대해서, 또한 따라서 지역의 특별한 먹거리 생산과 소비가 세계적 동학에 작용하는 방식에 대해서도 설명할 수 있다. 먹거리의 유기성이란 지역의 조건과 완전히 분리해서는 사고될 수 없다는 중요한 인식을 그 개념틀이 잘 알려주기 때문이다. 사실 먹거리는 처음부터 또는 적어도 일정 기간은 특정한 지역의 동학에 속박되어 있다. 즉 먹거리와 관련된 사안에서 지구적 동학과 지역적 동학은 확고하게 결합되어 있다. 그 결합이 비록 항상 조화로운 것은 아니더라도 말이다. 새로이 부상하는 글로벌 공간, 즉 사실상의 '흐름의 공간'에 먹거리가 통합되는 방식과 그 먹거리에 잔존하는 지역의 유기적 특성, 즉 그것이 재배되고 소비되는 '장소의 공간' 사이에 근본적인 긴장이 존재하는 것도 이 때문이다.

요컨대 지구적 현대성 안에서의 먹거리공급을 네트워크와 흐름의 구성체로 간주하는 개념적 분석틀을 통해 우리는 먹거리의 사회적 측면과 물질적 측면, 또 지역적 동학과 지구적 동학을 같이 고려하는 지속가능성 분석을 할 수 있다.

지속가능성

3장의 주제였던 먹거리공급의 지속가능성은, 사실 정의 자체가 어려운 주제다. 현재로서는 가장 폭넓은 수준의 지속가능성, 즉 현재 및 미래 세대의 경제적·사회적·생태적 이익을 최적으로 보장한다는 의미가 먹거리공급을 조직화하기 위한 포괄적 목표로 널리 받아들여지고 있다. 그러나 그런 일반적 정의를 더 구체화하고 정교화하기란 상당히 까다로운 작업이다. 다수의 상이한 정의가 제안되었지만, 어떤 것은 너무 광범위하고 또 어떤 것은 너무 제한적이었다. 지속가능한 먹거리공급이 과연 무엇을 의미하는지에 관해 합의된 이해가 전혀 없는 것이다. 시간이 지나며 정의가 계속 변화하고 새로운 요소들이 포괄된 결과 '지속가능한 먹거리'의 적확한 정의는 여전히 미래적 쟁점으로 남을 것 같다.

그럼에도 먹거리공급에서 지속가능성이 이해되는 방식에는 몇 가지 일반적 추세가 관찰된다. 시간이 흐르면서 환경과 개발에 관한 관심이 점점 더 통합됨에 따라 지속가능성은 더 이상 농업생산만의 문제가 아니게 되었다. 특히 오늘에는 먹거리 공급체계 전반이 중요한 관심사가 되고 있다. 지속가능성의 증진이 생산·가공·무역·소비에 이르는 먹거리공급의 각 단계와 모두 결부되기 때문에 통합적인 접근은 필수적이다. 이런 추세는 지구화 과정과도 관련이 있는데, 지속가능한 먹거리공급이 세계적 과제이자 모두의 책임이라는 전반적 각성이 확산된 것이다. 또 지구화는 동시에 환경적 위험이나 식품안전성 위험의 확산을 변형시켰다. 농산물이나 식품의 운송으로 원격지들은 서로 연결되고 있는 데 반해 개별 정부는 더 이상 그런 움직임을 충분히 통제할 수 없기 때문이다. 지구적 통신·교통 기술의 혁신이 가능하게 한 해외여행의 증가 또한 먹거리 생산자와 소비자를 더욱 가깝게 만드는 기회가 되고 있다. 양자 간의 물리적 거리와는 무관하게 말이다.

그 결과 지속가능성을 향상시키는 다양한 경로가 출현하고 있다. 먹거리가 농장에서 재배되는 방식은 물론이고 가공, 운송, 소비 각 단계마다 개선이 가능해진 것이다. 물론 각 단계는 저마다 상이한 제도로 구성되고 또 다양한 방식으로 관여하는 복수의 행위자들로 가득 차 있다. 먹거리의 생산관행에 적응하는 일에서나 환경영향을 내부화하고 생산자와 소비자를 지속가능한 개발로 전향시키는 일에서 정부, 시장, 시민사회는 모두 저마다의 방식을 보인다. 따라서 개선이 유효하기 위해서는 적절한 규모에서 조직되고 작동하는 적절한 피드백 메커니즘을 이들 제도와 사회적 행위자가 모두 갖춰야 한다. 예컨대 먹거리 공급체계의 규모가 클수록 그런 메커니즘은 지리적·시간적 거리를 제어할 수 있어야 한다. 또 정확한 조정책을 마련하기에 적당한 시간과 속도로 작동해야 한다. 바로 이런 요건 때문에 다수의 혁신적인 거버넌스 제도들이 급속하게 증가하고 있다. 대표적으로 식품 라벨이나 민간 인증제는 생산자와 소매자 또는 생산자와 소비자 사이의 간극을 잇고자 한다. 한편 먹거리공급의 지속가능성을 높이는 다른 경로로 생산자와 소비자 사이의 물리적 거리를 직접 단축하는 방식이 있다. 공급 과정에서 가공단계를 제한할 수 있는 곳이라면 어디서나 생산자와 소비자를 직접 연결하는 것이다.

지속가능한 먹거리공급을 확대하기 위한 이런 다양한 경로들은 생산자에서 소비자로, 또 농장에서 식탁으로 이어지는 공급사슬을 통합적으로 고려하고 재배치하는 것으로 그 관심사가 수렴된다.

식품규제

지구화는 특히 지속가능성의 증진이라는 목표와 관련하여 식품규제에서 초유의 과제들을 만들어내고 있다. 4장에서 살펴본, 현재 조건에서 일반적인 관행적 규제 또는 정부 주도 규제방식의 한계, 그리고 이제 막 도입되고 있는 다양한 대안적 거버넌스 제도와 관련된 쟁점들이 그것이다.

관행적 식품규제는 주권적 민족국가가 자국의 인구를 보호하고 경

제와 환경을 지키기 위해 도입하는 정책과 법적 조치에 기초한다. 그러
나 이런 접근은 가속되는 지구화라는 조건에서 점점 타당성을 잃고 있
는데, 개별 정부가 국제적으로 교역되는 먹거리를 적절하게 통제할 수
도, 먹거리와 관련된 환경문제를 자국의 힘만으로 해결할 수도 없기 때
문이다. 오늘날 국제 먹거리무역은 전통적인 공공기관이 제어하기는커녕
먹거리의 안전성과 지속가능성을 보증한다는 권위도 세우지 못할 만큼
거대하고 복잡하게 성장했다.

이에 많은 정부가 타국 정부와 협력을 도모하고 있다. 다자간 협의나
초국적 기구를 통해 국경을 넘나드는 문제를 처리하려는 것인데, WTO
를 통해 국제무역을 규제하거나 유엔기후변화협약UNFCCC을 통해 지구적
기후변화에 대처하려는 것이 대표적이다. 그러나 공통의 문제를 다루기
위한 그런 초국적 네트워크들은 정작 합의가 필요할 때는 너무 느린 의
사결정으로 인해, 또 각국의 주권을 존중해야 한다는 기본적 원칙으로
인해 제 기능을 못할 때가 많다. 먹거리공급의 지속가능성과 같이 복잡
하고 민감하며 논쟁적인 쟁점의 경우 초국적 의사결정 메커니즘에 사안
을 올리고 또 결정된 사항을 다자간의 유효한 합의로 번역하는 일은 특
히나 어렵다.

이 같은 상황 때문에 NGO나 민간기업 같은 여타의 사회적 행위자들
이 지구화 조건에서의 먹거리통치에 참여하게 되었는데, 그 과정은 '정
부'로부터 '거버넌스'로의 이행으로 알려져 있다. 그 결과 현재 먹거리거
버넌스에는 각국 정부뿐 아니라 초국적 기구, 다자간 협의체, 지방자치
단체를 비롯하여 광범한 민간단체들이 관여하고 있다. 상이한 수준에
서 활동하는 이들 다양한 행위자는 각자의 목표와 책임성 또 전략과 사
업방식을 가지고 있다. 그 결과 현재 우리는 다층적 수준에서 공존하
며 때로는 상호경쟁도 불사하는 다양한 먹거리거버넌스 제도를 목도하

고 있다. 물론 새로 도입된 먹거리거버넌스 제도들의 다수에서 각국 정부는 여전히 결정적인 역할을 하고 있다. 그러나 동시에 민간기업이나 소비자, 시민단체 등 다른 사회적 행위자들도 점점 더 많은 역할을 맡고 있다.

따라서 현재 먹거리 공급사슬의 다양한 행위자들은 수많은 공공 또는 민간 기획과 규제 및 라벨을 가지고 서로를 대면하고 있는데, 그중 많은 것들이 지속가능성 의제를 다루고 있다. 공공 부문과 민간 부문의 다양한 먹거리거버넌스 제도를 조화시키기란 지난한 일이다. 협의를 추진·실행하는 공인된 당국도 없고, 최종적으로 나타날 지구적 먹거리거버넌스의 궁극적 목표에 대해서도 합의된 바가 없기 때문이다. 따라서 다수의 민간 라벨링 및 인증제는 미래에도 지속될 것으로 보인다. 더 유연하다는 측면에서뿐만 아니라 민간 거버넌스의 틀이 아직 국가적 규제 사항에 오르지 못한 사회적 관심사를 다루는 데 특별한 유용성을 갖기 때문이다.

기후변화

처음의 네 개 장이 특별한 사례들을 다뤘다면, 5장은 지구온난화와 먹거리공급의 관계라는 전반적 문제를 다루고 있다. 앞서의 세 개 장에서 제시된 개념과 논쟁을 감안·적용하면 기후변화는 지구화와 지속가능성, 그리고 먹거리가 어떻게 상호 긴밀히 연관되는지를 보여주는 탁월한 예시라고 할 수 있다. 지구적 동학, 이를테면 인구성장, 소득증가, 에너지집약적인 기술사용의 증가, 장거리 항공운송 및 식단의 변화 등은 모두 먹거리공급이 기후변화에 미치는 영향을 좌우한다. 동시에 농업 역시 지구온난화의 영향을 받고 있다. 사하라 이남 아프리카 같은 취약지역의 조건이 이제는 먹거리를 생산하기에는 너무 가혹한 또는 너무 변덕스러운 환경이 되고 있는 것이 대표적이다. 따라서 기후변화에 대처하려면 먹거리공급을 고려하여 점증하는 환경적 위험을 역전시키는 방향으로 현행 농식품공급 관행을 조정하고, 또 그런 조치의 가능한 결과를 미리 보정할 필요가 있다.

근래 10여 년 사이에 먹거리공급의 기후영향을 완화하기 위해 다양한 소비자지향적 전략들이 발의되었다. '푸드마일'이나 '탄소발자국' 등 소비자의 구매행동에 영향을 미치고자 개발된 다양한 라벨링 제품이 그 명확한 사례다. 초기 수단이었던 푸드마일은 생산자에서 소비자로 먹거리가 이동하는 전체 거리를 감축하고 가능한 한 지역에서 생산된 먹거리 활용을 증진하기 위한 것이었다. 그러나 시간이 지나면서 상대적으로 단순한 그 수단은 논쟁의 대상이 되었다. 그런 수단이 효율적으로 사용될수록 저개발국 농민이 생산물을 수출할 기회가 축소된다는 비판적 견해가 제시된 것이다. 또 수출업자들은 유럽으로 향하는 먹거리 해상운송의 이산화탄소 배출량이 생각보다 미미하다는 것을 보여주기 위해 노력했다. 그 결과 소비자선택을 안내하는 더 믿을 만하고 정교한 대안으로서 탄소발자국이 부상했다. 탄소발자국은 특정한 먹거리제품이 생애 내내 만들어내는 환경영향에 대한 실측에 기초한다. 그러나 탄소발자국 역시 논란의 대상에서 벗어나지는 못했다. 생산현장의 실행방식 변화를 촉진할 동학을 만들어내기에는 라벨링 실행에 활용된 표준자료가 너무 일반적이었기 때문이다. 게다가 그런 라벨들은 아프리카 농민의 수출기회 감소는 물론, 먹거리의 생산지와 가공지의 지리적 분포도 급변시킬 수 있었다. 그것은 의도하지 않은 결과라고 할 수 있는데, 기후변화에 대적하는 부담을 기후변화에 전혀 책임이 없는 사람들에게 전가하는 것이기 때문이다.

그럼에도 탄소 라벨을 통해 제공되는 정보는 농식품기업이나 소매업체, 소비자와 정부기관 등 공급사슬의 행위자들에게 자신의 행동을 바꾸라는 호소력을 가질 수 있다. 즉 그런 라벨은 정보 면에서 유용한 도구가 될 수 있다. 물론 탄소 라벨이 더 폭넓은 전환적 과정으로 자리 잡지 못한다면 사람들의 행동을 실제로 바꿔내지는 못하지만 말이다. 게다가 탄소 라벨링에서는 누가 라벨을 소유하는지, 또 지표의 측정방법을 어떻게 결정할지도 종종 불명확하다. 다양한 도식들이 존재할 뿐 아니라 그 각각이 여전히 투명성을 결여한다는 사실이 특히 문제다. 여러 국가기구들과 관련 민간 행위자들 사이의 국제적 합의가 없다면, 결국 탄소 라벨은 지구화되는 먹거리공급의 지속가능성을 증진하는 유력한 거버넌스 수단이 되지 못할 것이다.

먹거리공급의 지역화

6장의 주제였던, 지구화되고 산업화되는 먹거리공급의 문제에 대처하기 위한 먹거리공급의 지역화는 오늘날 많은 소비자·사회 운동에서 대중적 의제가 되었다. 신선식품이나 제철 먹거리는 지역 내에서 생산, 소비될 수 있기 때문에 다양한 사회적 행위자들은 그처럼 더 짧은 공급사슬을 창출함으로써 먹거리의 지속가능성을 강화하고자 한다. 그런 대안적 공급사슬은 운송, 가공, 포장에 최소한의 에너지를 사용하면서도 최종적인 먹거리제품의 신선도와 품질은 최대화할 수 있을 것으로 기대된다. 또 로컬푸드를 생산할 때 영농기술도 지역 생태계와 식성에 더 부합하게 적용될 수 있고, 그럼으로써 환경영향도 감축할 수 있다고 주장된다. 나아가 로컬푸드 공급사슬은 활용가능한 다양성을 최적화하고 에너지요구량을 줄인다. 또 생산자와 소비자 간의 직접 소통을 증진하고 먹거리공급에서 시장농학의 역할을 제한함으로써 과잉공급이나 과소공급 문제를 예방한다.

먹거리 생산자와 소비자 간에 더 긴밀한 관계를 재정립하기 위한 다양한 시도는 폭넓은 지지를 받고 있다. 지역 수준의 농식품 공급사슬을 장려하는 사회운동은 산업적인 현행 먹거리공급 방식의 결과에 많은 사람들이 관심을 갖게 만들었다. 동시에 로컬푸드 운동은 관심을 공유하는 다수의 집단과 이질적인 동맹을 구성했는데, 여기에는 기업적 영농에 저항하며 지역사회를 보호하려는 농민과 활동가뿐 아니라 가급적 환경 영향이 적으면서 품질은 좋은 건강한 신선식품을 추구하는 소비자, 또 건강한 먹거리를 쉽게 접하지 못하는 빈민층의 영양실조와 비만을 감축하는 데 관심을 갖고 있는 일반 시민이 포함된다. 이런 동맹에서 활동가들은 먹거리의 품질, 식이와 관련된 보건 쟁점, 환경영향 그리고 현재의 지구화·산업화된 먹거리가 내포하는 사회적 정의나 윤리적 측면 등의 의제 해결을 목표로 한다. 따라서 그런 다양한 관심사는 한 가지 방식의 로컬푸드 공급으로는 모두 표현될 수 없다. 다양한 조직과 형태를 갖는 먹거리의 로컬 공급사슬에 공식화된 표준이나 절차가 거의 없는 것도 이런 사정과 관련된다.

한 가지 강조되어야 할 것은 지역의 먹거리공급을 지구적 먹거리공급과 완전히 분리해서는 이해할 수 없다는 점이다. 그들 사이에는 수많은 관계들이 있어 지식, 기술, 충격 등을 통해 서로 영향을 주고받는다. 사실 직접적인 영향관계를 넘어서 보면 지역의 정체성도 고정되어 있지 않다. 정체성은 관련된 사회적 행위자들의 활동에 의해 새로 만들어지거나 유지되기 때문에 지역정체성 역시 유동적이고 조형적이다. 물론 로컬의 정체성은 글로벌에 대항하는 저항의 기점인데, 그런 기점 자체는 지구화 과정에 의해 만들어진다. 따라서 먹거리공급의 지역성을 낭만화하거나 그것이 더 넓은 수준의 활동과 맺는 연속성을 무시하는 것은 전혀 도움이 되지 않는다.

공정무역과 소비자신뢰

7장에서 살펴본, 세계적으로 교역되는 먹거리에 대한 공정무역 라벨링은 지구화된 먹거리공급의 지속가능성을 증진하는 실천과 관련해서 세 번째로 선택된 구체적 사례다. 공정무역은 생산자와 소비자 간에 좀더 공평한 관계를 만들기 위한 노력이다. 최초의 도입 이후 공정무역은 시장에 기반하여 소비자를 움직이는 수단으로는 최선두에 서 있다. 생산자용 또는 소매자용 표준과 라벨을 통해 소비자는 시장이 경제적 원칙뿐만 아니라 형평성이나 지속가능성 같은 비경제적 가치도 고려하여 작동하게 할 구체적 수단을 보유하게 된다. 공정무역은 세계 먹거리공급에서 더 큰 사회적 정의와 환경적 지속가능성을 요구하는 것과, 그런 목표가 시장의 관행적 운영방식에 도입될 때 보이는 제한적 역량 사이의 간극에 다리를 놓는다. 그것은 특히 시민사회의 움직임이라는 구체적 지원을 통해 세계 먹거리 공급사슬에서 남반구 생산자들의 지위를 강화하는 것을 지향한다. 그 결과 경제적 관계 속에서도 시민적 행위자, 민간기업, 여타 생산자와 소비자가 다른 비경제적 가치로 합체된 곳에서는 혁신적인 편제가 출현했다.

공정무역 운동은, 이 운동에서 활용하는 라벨 및 여타 전략에 대한 소비자의 신뢰를 확보하고 또 유지하기 위해 노력하고 있다. 그러나 추상적이고 제도화된 신뢰란 당연시될 수 있는 것이 아니기 때문에 매우 지난한 과제다. 첫째, 추상적 신뢰는 비판적 논평이나 부정적인 사례에 항상 취약하다. 둘째, 성공하는 경우에도 공정무역은 헌신적 소비자라는 제한된 집단뿐 아니라 더 큰 주류집단의 호응을 구해야 하는데, 그런 소비자들은 개발도상국의 소농을 돕는 것 외에도 공정무역 라벨의 먹거리를 구매하는 데서 추가적인 보너스의 획득을 기대하는 경우가 많다.

최근 10여 년간 OECD 국가들에서 관련 매출이 급속도로 성장하면서, 공정무역 운동은 엄청난 성공을 거두고 있다. 그런 성공은 다른 관심사를 다루는 운동의 발의도 자극했는데, 다만 그것들은 지구적 먹거리 공급사슬의 변화를 실현하기 위해 소비자의 구매력을 활용한다는 동일한 전략을 채택하고 있다. 공정무역 운동은 먹거리무역의 환경영향 등으로 점점 더 주제를 넓혀가고 있지만, 그래도 개발도상국 생산자들의 사회경제적 지위를 변화시킨다는 취지에서는 여전히 독보적이다. 그러나 그런 사회경제적 목표는 공정무역 운동을 비판에 취약하게 만드는 약점이 되기도 한다. 농민들이 세계시장과 동시에 지역사회 일부에 편입되어 있다는 점에서 운동의 성공 또는 실패가 온전히 인증제나 라벨링 덕분일 수는 없기 때문이다. 즉 먹거리의 공정무역 라벨링은 지역의 생산조건과 세계의 상품시장을 같이 고려하는 더 포괄적인 전략을 통해 보충될 필요가 있다.

지속가능한 수산물공급

8장에서는 세계 수산물공급을 사례로 검토했다. 수산물은 다른 어떤 식품류보다 지구적 공급과 생태학적 지속가능성이 동등하게 중요한 역할을 하는 먹거리네트워크의 결정적 부분을 이룬다. 수산물수요의 증가는 많은 어종의 생존에 심각한 위협이 되고 있기 때문에 어족자원 관리를 위한 효과적인 조치는 특히 급박한 필요사항이다. 각국 정부는 수년간 수산업의 환경압력을 감축하기 위해 노력해왔지만 효과적인 조치의 도입에서 심각한 난관에 처해 있다. 수산업의 기득권과 다수의 해양, 특히 대양들 사이를 유효하게 넘나드는 정책 마련의 어려움 때문이다. 정부들은 엄격한 어획할당제와 해양보호구역 제도를 실행하면서 불법적이고 무분별한 비공식적 조업을 퇴치하기 위해 애써왔다. 그럼에도 불구하고 지난 수년간 압력에 처한 어족자원의 종류는 점점 증가하고만 있다.

환경·사회 운동은 이에 대처하기 위해 전통적인 로비활동을 보완하는 한편, 어족자원의 미래 지속가능성을 좀더 직접적으로 보장하고자 혁신적인 형태의 의식고양 캠페인을 시도하고 있다.

특정한 수산물공급의 지속가능성 여부를 소비자가 알 수 있도록 믿을 만한 정보를 제공하기 위한 인증제, 라벨링, 수산물 월렛카드 등이 그런 혁신적 시도의 일부다. 소비자와 더불어 환경 NGO들은 국가기구나 민간기업보다 더 효과적인 어업관리의 공동규제자이자 변화추동자를 자임한다. 그런 단체들은 세계적 수준에서 활동할 수 있을 뿐 아니라 다른 국가의 국경을 넘는 일에는 사실 정부보다 유능할 때도 있다. 또한 소비자의 구매력을 활용하여 지구적 지속가능성 의제를 확산시키려 노력할 때, 이들 단체는 심지어 개별 국가의 주권을 제약하는 월권을 저지르기도 한다. 이들 환경 NGO는 그런 유연성의 활용과 더불어 활동의 정당성 원천을 주로 과학에서 구함으로써 지속불가능한 관행에 압력을 가할 수 있는 것으로 보인다.

중요한 지구적 자연자원과 관련된 환경악화를 감축하고 예방하는 일에서, 민간 행위자들의 경험은 다른 조직에 대해서나 다른 생산물과 관련하여 유익한 학습의 견본을 제공한다. 환경·사회 운동이 발의한 인증제나 라벨링 계획, 또 여타의 소비자지향적 전략이 필연적으로 정부의 활동을 대체하는 것은 아니다. 그러나 그들이 미래 세대를 위한 건강한 먹거리의 원천으로서 수산물의 활용가능성을 보장하는 추가적 수단을 제공한다는 것은 확실하다. 그들의 주요 공헌도는 그들의 유연함에서 비롯된다. 세계 어업네트워크를 관리하는 공동규제자로서 소비자 같은 다른 행위자의 참여를 활성화할 기회를 제공한다는 것, 또 소비자들 사이의 신뢰 창출이라는 각별한 이점을 제공한다는 것이 특히 중요하다.

생산자의 미래 역할

9장은 다른 사회적 행위자의 관점에서 세계 먹거리공급의 미래를 검토하는 마지막 세 개 장의 첫 번째 장이다. 여기서는 그런 미래의 창조에서 생산자가 할 수 있는 역할을 다루되, 특히 소농의 지위에 각별한 관심을 기울였다. 먹거리 생산자들은 상이한 제도적 조건 속에서 자신의 지위를 강화하기 위해 시장기회와 기술혁신, 소비자와 지속가능성의 관심을 결합하는 등 다양한 전략을 구사할 수 있다. 배고픔을 달래기 위해서든, 지속가능성을 높이고 지구화 조건에서 생산자의 위치를 강화하기 위해서든, 농민들이 어떤 노력을 할 때도 마찬가지로 하나의 전략에만 의지하지 않는다. 다수의 목표와 생산자의 특정한 조건 사이에는 여러 가지 조합이 가능하기 때문에 전략은 다변화될 수 있다. 관행적인 주류 영농방식에 해당하는 전략 일반과 대안적 영농이라 할 수 있는 전략 일반을 구별하려 노력하는 것도 그다지 도움이 안 되기는 마찬가지다. 모든 먹거리 생산활동은 더 넓은 사회적 네트워크에 배태되어 있으며 영원히 고정된 것이 아니기 때문이다. 이른바 관행적인 영농방법 역시 항상 진화하며, 그중 고도의 수준에 이른 것은 지속가능성의 대안성을 띨 수도 있다. 또한 다양한 전략들의 잡종 또는 합병체도 상상이 가능하다. 유사한 맥락에서 기술적 발전도 배제되어서는 안 된다. 기술혁신은 그간 농식품 공급사슬의 환경적 실적을 악화시켜오기도 했지만 또한 지속가능성을 증진시키는 데 기여할 수도 있다. 지속가능성이 개발단계에서 이미 기술혁신의 목표로 간주되고 잠재적인 부작용만 충분히 고려된다면 말이다.

먹거리공급의 구조조정: 슈퍼마켓과 지속가능성

10장에서는 세계의 먹거리공급 네트워크에서 소매업체가 수행하는 핵심적인 역할을 분석했다. 1970년대 이래로 많은 국가에서 과거 생산자와 무역업자들이 차지하던 공급사슬에서의 핵심적인 지위가 거대 소매기업으로 넘어갔다. 오늘날 국가 당국의 통제를 넘어 활동하는 거대 소매기업은 다양하다. 소매업체들은 공식적인 법적 요건이나 품질 표준 규정을 넘어서는 건강과 안전성 조건을 만들어내고 있다. 또 그럼으로써 그들은 생산자들이 순응해야 하는 무역조건에도 심대한 영향을 미치고 있다.

그러나 동시에 지속가능성 의제를 처리하는 방식을 비롯한 소매전략에서 소매기업들은 상당한 편차를 보인다. 편차를 만들어내는 중요한 원인의 하나는 소매업체가 먹거리공급 자체에 관여할 때 직면하는 딜레마에 있다. 생산자나 가공업자에게 직접 개입하면서 납품업체에 대한 통제력을 강화하면 소매업체는 필요 규격을 갖춘 상품을 계획된 일정에 맞춰 조달하기가 쉽다. 그러나 이런 전략은 유연성이 매우 떨어진다. 시시각각 변화하는 시장조건에 대한 순응을 중시하는 소매기업이 외주방식을 훨씬 선호할 수밖에 없는 이유다. 두 가지 경쟁요구 사이의 타협책으로 등장한 것이 민간 표준과 인증제다. 일례로 HACCP은 모든 부문의 모든 공급업체에 적용될 수 있다. 그런 표준은 슈퍼마켓으로 하여금 상품의 정확한 품질 및 적절한 생산방법을 보증하게 하는 동시에 운영에서의 유연성도 여전히 보장한다.

일부 소매기업은 지속가능성을 소매전략의 목표와 원칙으로 삼는 것에 이끌리기도 했다. 경제적 기회 창출에 유리할 뿐 아니라 기업의 공공이미지 제고와 비용 절감도 가능하기 때문이다. 지속가능성이 높은 먹거리를 팔면 그런 먹거리에 추가적인 지불 의사가 있는 소비자를 끌어들일 수 있고, 그러면 소매업체는 고급식품에서 마진을 더 많이 남겨 이익을 얻을 수 있다. 또한 지속가능한 제품의 장려와 판매에 개입하는 것은

'낙인과 모욕'을 안기는 여론의 희생양이 될 위험에서 소매업체를 보호한다. 사실 소매기업은 지속가능한 개발이라는 원칙과 목표에 진정으로 헌신할 수도 있다.

실제 동기가 무엇이든 더 지속가능한 먹거리공급으로의 전환에 소매업체가 관여하는 것은 세계 먹거리네트워크에서 그들이 차지하는 핵심적인 지위 때문에 본질적인 중요성을 갖는다. 생산자의 사회적 지위 향상 같은 공언된 목표보다는 식품안전성, 지속가능성, 동물복지와 같이 소비자와 직결된 사안을 다룰 때 소매업체의 영향력은 더욱 쉽게 확대된다. 소매업체 같은 공급자는 스스로 녹색먹거리 공급으로 나아갈 수도 있지만 사회운동과 협업하는 정부나 소비자의 자극에 의해 그런 일보를 내디딜 수도 있다. 여기서 중요한 것은 지속가능성이라는 관심사가 어떻게 해석되고 실행으로 옮겨지는가, 또 생산자와 소비자 사이에서 그것이 어떻게 소통되는가이다. 사실 지금까지 공급체계의 과학적·기술적·경제적 합리성이 어떻게 소비자의 주관적이고 사회적이면서 가치지향적인 합리성으로 번역될 수 있는지, 또 그 역은 어떻게 가능한지에 대해 실질적으로 이해된 바는 거의 없다. 우리가 그 메커니즘을 더 잘 알게 된다면 세계적 먹거리공급에서 지속가능성을 높이는 전략의 효력을 획기적으로 높일 수 있을 것이다.

지속가능한 먹거리공급에서 소비자의 참여

11장의 주제인 소비자는 세계 먹거리네트워크에서 본질적이며 따라서 결코 무시되어서는 안 된다. 소비자는 다른 방식으로 세계의 먹거리공급을 변화시키는 데 건설적인 역할을 할 수 있다. 소비자는 공급사슬의 내적 발전, 이를테면 더 높은 지속가능성을 주장하는 먹거리의 도입이나 먹거리공급 방식의 조직화 자체에 대해 반응한다. 또한 소비자는 구매행동을 바꾸거나 또 사회운동이나 정부에 압력을 행사함으로써 지속가능성에 대한 자신의 관심을 표출한다.

이런 동학을 이해하기 위해서는 소비자와 공급자의 상호작용에 대해 사회적 실천으로 접근할 필요가 있다. 모든 소비자가 동일하게 행동하지는 않지만 그렇다고 모든 소비자가 서로 완전히 다르게만 행동하는 것도 아니다. 사회적 실천 접근은 소비자행동이 더 넓은 사회구조 속에 배태되어 있다고 간주하기 때문에 바로 그 양극단 사이의 중도를 찾게 해준다.

즉 지속가능한 개발을 가져오는 일에서 소비자가 하는 역할은 먹거리를 사고, 조리하고, 먹고, 음미하는 일상의 구체적 실천을 통해 연구되어야 한다. 그런 사회적 실천 각각은 사회적 행위자들, 담론들, 습관적 행동들, 세력관계, 그리고 다양한 형태로 존재하는 신뢰의 특정한 편제를 갖는다. 오늘 행한 이런 실천들은 지구화된 먹거리공급이라는 맥락에서 특정한 모양새를 띤다. 그것은 사회적 행위자들의 전통적 역할을 변형시키고, 먹거리의 안전성 및 환경적·사회적 영향과 관련된 낯선 과제를 만들어낸다. 그 결과 단골로 가는 슈퍼마켓에서 지속가능성 라벨을 단 제품을 구매하거나 유기농 매장, 농민장터, 직구매시스템 같은 전문화된 유통경로를 통해 지속가능 먹거리를 구매하는 소비자, 또 자신의 식단을 바꿔 시간제 채식주의자가 되는 소비자가 생겨나는 등 다양한 소비 실천들이 나타난다. 물론 자신의 습관을 바꾸지 않아도 될 다른 주장을 내세우며 구매나 소비에서 자신의 관행적 일상을 여전히 고수하는 소비자도 많다.

이 같은 소비자동학을 이해하기 위해서는 먹거리구매 실천에서의 궁극적 변화를 더 넓은 사회직 과정, 즉 NGO, 지역사회 집단, 사회운동 조직, 그리고 정치인과 미디어 등 다양한 사회적 행위자들이 지구적 현대성 내 지속가능 먹거리공급을 논하고 다투는 그런 과정과 연관시켜봐야 한다.

먹거리의 지속가능성을 위한 의제

지금까지 요약한 내용이 보여주는 것처럼 지구적 현대성이라는 조건에서 먹거리공급의 지속가능성을 증진하기는 개념적인 과제이자 동시에 정치적인 과제다. 더 부유한 국가들에서 최근 다년간 나타난 사례가 보여주는 것처럼 먹거리공급을 당연시하는 것은 더 이상 가능하지 않다. 우리는 우리의 농업이 증가하는 세계인구에 충분한 먹거리를 공급할 능력을 유지할 수 있다고 더 이상 장담할 수 없다.* 현재 농업과 먹거리가 지난 몇 십 년간을 통틀어 그 어느 때보다 두드러진 세계적 정치의제가 된 이유다.

다수의 정부, 전문기관 및 정책고문들은 먹거리공급의 전통적 모델을 긴급히 재고할 필요가 있다는 데 동의한다. 이들에 따르면, 브라질, 중국, 인도 같은 새로운 농식품 강대국이 출현하고 민간 부문은 극소수의 초국적 거대농기업으로 병합되는 등 먹거리시장의 지구화 안에서 근본적인 변화가 일어났다(Foresight, 2011). 동시에 불리한 기후조건, 바이오연료 생산을 위한 제한된 가용자원, **선물거래** 같은 금융적 수단을 통한 상품시장 투기(Ghosh, 2010 참조), 그리고 종종 식단의 변화**와 결합된

---

* 지난 수년간 농식품생산은 별다른 추가적 노력 없이도 꾸준히 성장할 것으로 기대되었다. 일례로 1980년 국제개발원조에서 농업이 차지한 비중은 17%였지만 2000년에는 4%에 불과했다(New York Times, 2009).
** 식단은 변화할 수 있다. 특히 단순한 전분식품 위주에서 고부가가치의 가공식품 위주로 식단이 바뀌면 공중보건 문제가 야기될 수 있다. 비만으로 인한 건강위험이 대표적이다.

중국 및 기타 신흥경제국의 먹거리수요 증가*로 인해 세계적 생산의 변동성이 더욱 높아지고 있다.** 신선한 수자원의 이용가능성 축소, 위협받는 (농)생물다양성과 생태계 서비스, 그리고 재생불가능한 자원에서 얻는 에너지 여분의 감소 등(Lang, 2010), 몇몇 환경문제의 심각성이 점증하면서 개입을 위한 맥락도 더 복잡해지고 있다.

이런 사태 전개에 따라 정부, 전문가, 사회운동은 동시적 해결이 필요한 다면적인 쟁점들에 직면하고 있다. 게다가 그들은 이 같은 쟁점을 지극히 불확실한 맥락에서 다뤄야 한다. 세계 먹거리체계의 미래 위협에 대처하는 데 있어 현재의 국제적 제도 배치가 얼마나 적합한가라는 것이 수많은 불확실성의 원천인데, 그중에서도 특히 다자주의적 제도를 효과적으로 가동시킬 정치적 의지가 충분한가라는 것이 여전히 불확실하다. 다양한 공공 및 민간 행위자들이 그들의 정책을 재고하며 미래를 위한 의제 정식화에 나설 수밖에 없는 이유도 그것이다. 최근까지 제시된 많은 먹거리의제 또는 정책 프로그램 중에서는 EU의 새 공동농업정책CAP이나 기후변화와 관련된 다양한 쟁점들이 두드러진다. 따라서 아래에서는 이 쟁점들을 좀더 상세히 검토한다.

EU 농업정책의 미래

EU는 수십 년간 지속적으로 농민을 지지해왔다. 그런 지원은 최근 수

---

* 세계인구는 계속 증가하고 있으며 2050년까지 25%가 더 늘어날 것으로 예상되고 있다. 동시에 도시화 역시 계속 급속하게 진행될 것인데, 이는 줄어드는 농촌인구에게 더 많은 식량을 생산하라는 압력으로 작용한다(Lang, 2010). 미래 경작에 필요한 노동력을 보장하는 것 역시 난제가 될 것으로 예상된다. 소득이나 사회보장, 노동의 안전성이라는 측면에서 농업종사자의 지위는 취약하기 때문이다. 이런 취약한 지위는 더 기술집약적인 영농에 필요한 양질의 노동자 유입도 가로막는다.

** 세계시장의 변동성을 강화하는 또 하나의 요인으로 토지 구매나 대여 형태로 이루어지는 국내 경작지에 대한 외국인 통제의 증가를 들 수 있다(Foresight, 2011).

년간에도 양적으로는 유지되었지만 생산통제와 가격보장을 통한 농민의 생산활동 지원에서 무역을 왜곡하지 않는 농가소득의 지원으로 그 지향이 변화하고 있다. 달리 말해 현재 유럽의 농민은 농산물 가격보장을 위한 개입 프로그램 대신 생산활동과 유리된 직접지불제를 통해 지원을 받고 있다.

2010년 EU는 2014년부터 실시될 개혁농정의 재검토 작업에 들어갔다. 제안서에서 유럽위원회(EC, 2010)는 세 가지 주요 목표를 정식화했는데, 활력 있는 먹거리생산, 자연자원의 지속적 관리, 기후 대처와 균형 잡힌 영토개발이 그것이다(*Bridges Weekly*, 2010 참조). 유럽위원회에 따르면, EU는 먹거리생산 능력을 유지할 필요가 있고, 그러나 동시에 국제무역의 증진과 발전에 부합하는 정책의 유지에도 헌신할 필요가 있다.[*] 구체적으로 보면, 이런 정책지향은 CAP에서 시장지향성이 전반적으로 강화되고 농민이 제공받던 소득보장이 과거보다 줄어든다는 것을 의미한다(Mattews, 2010).

이 제안서가 촉발한 공적 논쟁은 두 가지의 지속가능성 쟁점을 제기했다. 새로운 CAP의 생태적 결과와 사회적 결과가 그것이다.[**] 일례로 미래 CAP를 위한 대안적 제안에서 프랑스의 환경부(Ministère de l'

---

[*] 이런 제안이 개발도상국의 수출농민에게 무엇을 의미하는지 또 유럽 농민들에게 변화된 형태로 지속될 지원이 그들에게 정말 더 유리한 조건을 만들어낼지는 불명확하다. 매슈스(Matthews, 2010)는 EU의 농업무역 지위가 변화했다는 사실을 지적한 바 있다. 주로 고부가가치의 가공식품을 수출하고 농산물의 다수를 수입하면서 EU가 식량수출지역에서 다소 여유 있는 식량자급지역으로 변했다는 것이다.

[**] 200여 개의 NGO가 동맹하여 2010년 3월 16일에 발표한 '유럽의 먹거리 선언'도 참조할 것. 그에 따르면, "EU는 인구를 위한 먹거리공급에서 지속가능한 영농의 결정적 역할을 인식하고 또 지지해야 한다. 모든 사람은 건강하고 안전하며 영양가 있는 먹거리에 접근할 수 있어야 한다. 우리가 먹거리를 키우고 나누고 차리고 먹는 방식은 공정하고 지속가능하게 우리를 지탱하는 동시에, 유럽의 문화적 다양성도 기리는 것이어야 한다"(European Civil Society, 2010, www.europeanfooddeclaration.org, 2011년 3월 21일 접속).

Ecologie, 2010)는 다음과 같은 세 가지 핵심원칙을 정의했다.

- 먹거리보장과 환경보호 그리고 시민의 수요와 생산물 공급의 균형을 보증할 것
- 소득보조의 형평성을 높이고 생태적 서비스에 대한 지불을 더 균형적으로 할 것
- 생산체계의 전반적 지향을 지속가능한 농법(농생태적 농업)과 더 강력한 환경보호로 전환할 것

이 제안은 먹거리생산에서 경제적 차원은 크게 축소하고 대신 환경적 안보에 대한 지향을 더 강화한다는 내용을 담고 있다. 그것은 먹거리생산의 생태적 한계를 인식하는 것이 환경을 더 잘 보호하는 동시에 먹거리생산의 미래도 보장하리라는 것, 그리고 농촌인구의 소득기회도 생태적 서비스에 대한 지불증가를 통해 더 확대시킬 수 있을 것이라는 이해에 기초한다.

농업농촌협약Agricultural and Rural Convention, ARC이 제시한 대안적 정책의제(ARC, 2010)*도 이 같은 접근과 맥을 같이 한다. ARC(2010, 2쪽)는 미래의 CAP 목표를 다음과 같이 제안한다.

먹거리보장, 농민에 대한 공정한 보상, 먹거리품질과 공중보건, 지속가능한 농업 표준, 경지 보전, 전체론적 환경보호, 기후변화 완화, 농촌경제의 강화·다변화 및 지역사회들의 안녕.

---

* ARC는 "'브뤼즈그룹(Group de Bruges)'이라 불리는 농업정책 부문에서 일하는 유럽 싱크탱크들의 공동 발의"다. ARC의 시각은 유럽의 사회운동 및 다양한 이익집단으로부터 폭넓은 지지를 받고 있다(www.arc2020.eu, 2011년 3월 18일 접속).

이 NGO에 따르면, 증가하는 세계인구를 위한 먹거리보장은 고도의 생산성을 보이는 일부 제한된 지역으로 먹거리생산을 집중시키거나 수확 후의 대규모 운송과 유통에 의존하는 방식으로 이루어져서는 안 된다. 대신 그들은 식량자급도를 고도로 높여 지역, 광역, 국가 및 대륙 수준에서 식량주권을 실현할 것을 주장한다. 따라서 EU 역시 그들이 필요로 하는 기본 먹거리를 대부분 자급함으로써 식료품이나 사료의 수입을 대폭 제한해야 한다. 또한 CAP에서처럼 지속가능한 경영을 장려하여 농지의 장기적 이용가능성을 보장해야 한다.

CAP의 미래를 둘러싼 논쟁에서 EU의 초점은 결국 예산 지출을 통제하면서 활력 있는 농식품산업을 유지한다는 경제적 목표, 그리고 부정적 환경영향을 최소화하면서 유럽 인구의 먹거리를 보장한다는 사회적·환경적 목표를 어떻게 결합할 것인가에 맞춰져 있는 것으로 보인다. 이런 논의에서 지구적 동학은 별다른 역할을 하기 어렵다. 그것은 하나의 제약조건일 뿐 본질적인 구성요소가 아니기 때문이다.

기후변화와 관련된 먹거리정책 의제

기후변화가 농업의 지속가능성에 미칠 영향에 관한 관심이 세계적으로 높아지면서 많은 연구기관, NGO, 전문가들이 미래 농업정책의 방향을 더 성찰하게 되었다.

일례로 국제식량정책연구소IFPRI는 기후변화가 빈민의 먹거리보장에 대한 위협이 될 것을 예방하기 위해 당장이라도 공동 개입이 필요하다고 주장한다(Nelson et al, 2010). 빈곤인구의 소득을 늘리고 온실가스 배출량을 줄인다는 익숙한 목표 다음으로 IFPRI가 제안하는 것은, 기후영향을 완화하기 위해 농업생산성 개선에 더 투자할 것, 지속가능한 먹거리보장을 강화할 것, 또 지역마다 서로 상이하게 나타날 기후변화 효과를 상쇄하기 위해 국제무역 제도를 더 강화할 것 등이다.

아프리카 지역의 농업생산성 개선을 위한 좀더 집중적인 개입책은 영국의 채텀하우스Chatham House*에 제출된 헌트와 립턴의 보고서(Hunt and Lipton, 2011)에서 정식화된 바 있다. 이들은 토양비옥도의 회복 및 보호, 적절한 기술개발을 통한 물 사용 감축, 저투입농업 및 유기농 증진에 초점을 맞출 것을 제안한다. 나아가 소농의 토지임차권 보장을 지지할 것, 적당한 신용과 농법의 학습기회extension 및 영농투입재에 대한 접근성을 높일 것, 하부구조 개선으로 시장에 대한 접근도를 높일 것, 그리고 시장을 좀더 투명하고 자유롭게 만들 것 등이 제안되고 있다.

이런 제안들은 기술 및 정치의 동학을 통해 기후변화가 먹거리생산에 미칠 결과에 개입하는 일이 필요함을 보여준다. 그러나 행동의 시급성에 대한 강조에도 불구하고 이런 의제들은 그 내용이나 실질적 권고사항에서 여전히 관행적인 편이다. 이 책 각 장의 결론들을 감안하면, 논의의 장을 더 확대시켜 대안적인 정책틀 및 기술변화 경로도 고려할 필요가 있을 것이다.

미래의 먹거리의제에서 정책의 문제

지금까지 살펴본 의제들은 미래의 먹거리공급 정책과 관련된 논쟁의 현주소를 다소 예시적으로 보여준다. 그런 의제들은 대개 개별 국가의 정부 또는 국제적 기구의 정책적 조치에 의존하며 결국에는 다자간 협의를 통해 조정된다. 그러나 최근의 세계적 금융위기와 기후 및 화석연료 자원의 위기는 관행적인 대내정책이 국경을 넘나드는 문제를 해결하

---

* 정식명칭은 왕립국제문제연구소(the Royal Institute of International Affairs)이며, 영국의 대표적인 싱크탱크다. — 옮긴이

는 데 더 이상 적합하지 않다는 것을 보여준다. 먹거리공급의 미래 역시 그런 문제들 중 하나이며, 따라서 유사한 한계에 직면해 있다.

　비록 해결책은 단순하지 않지만, 정부, 정치인, 시민사회 조직 모두가 지구적 현대성이라는 조건에서 각자의 역할과 전략을 재고해야 한다는 것은 확실하다. 그러나 빈곤한 국가일수록 정부는 새로 출현하는 문제들에 대처할 수단이 부족한 경우가 빈번하다. 반면 부유한 국가는 나름 대처를 하지만 대부분 단기적인 해결책에만 집중할 뿐 더 근본적인 쟁점을 건드리는 데는 실패한다. 부유한 국가는 경제적 동학에만 집중할 것이 아니라 상이한 세계적 문화·사회·정치의 추세라는 측면에서도 신흥 강국들과 상호작용하는 방식을 재고해야 한다. 또 정부들은 그들이 더 이상 독자적으로 움직일 수 없으며, 지구적 현대성을 이루는 국가들의 네트워크 속에서 기능할 필요가 있다는 사실을 깨달아야 한다.

　우리의 지구적 사회는 지역을 포함하여 다층적 수준에서 조직된 비정부 행위자나 기업 등 초국적 공동체들의 영향을 점점 더 크게 받고 있다(Bieckmann, 2011). 그중에서도 시민사회 행위자들은 특히 무시되어서는 안 된다. 그들의 정치적 힘은 대중을 대변하는 데 있다기보다는 미디어와 소매업체들에게 자신들이 비판적 공중을 대변한다고 확신시키는 능력에 달려 있다. 바로 그 비판적 공중, 즉 대중의 선도적 부문이 농식품 소매업체의 조달과 판매방식에 결정적인 영향력을 갖는다(Freidberg, 2004). 국가를 뛰어넘는 먹거리공급 캠페인이 성공하려면 NGO는 세계적 관계와 지역적 동학을 연결해야 한다. NGO의 주장을 지지하도록 비판적 소비자들을 납득시켜야 하는 것이다.

　세계와 지역의 먹거리공급에서 농식품시장의 기능은 필수불가결하다. 오늘 세계인구의 대다수가 도시에 거주함에 따라 개인들은 먹거리조달을 주로 시장에 의존한다. 그러나 시장은 많은 경우 투명하지 않고, 특히 빈민에 대해서는 자주 불공정하고 비호의적이다.* 지구화라는 조건에서 시장의 권력이 거대 무역업자로부터 소매기업과 투입재공급 기업으로 넘어갔지만(Murphy, 2006), 소규모 생산자와 개인 소비자의 지위는 여전히 취약하다. 정부는 그런 권력 불균형의 시정을 시도할 수 있었지만, 그 과정에서 생산자보다는 소비자의 이해관계에 더 주목했다. 오늘날 대부분의 정부가 1차적으로 관심을 갖는 것은 예산을 통제하는 것 그리고 자국의 인구 전체를 위한 식단선택과 그것의 보건효과다. 권력 불균형이 시정되려면 생산자의 입장에서도 상이한 정부들 간의 세계적 조정이 필요하지만, 그것을 위한 적절한 정책수단을 어디서 어떻게 찾을 수 있을지는 불명확하다. 국가적 농업정책이 개별 농민의 행동을 완전히 통제할 수 없는 것처럼, 전지구적 먹거리정책 역시 구체적인 행위를 통제하지는 못할 것이다. 그럼에도 그것은 여전히 다양한 사회적 행위자들이 취해야 할 행동을 방향 짓는 틀은 제공할 수 있었다. 국가적 먹거리정책은 공유되는 전지구적 정책으로 대체될 필요가 있다. 공공과 민간 행위자 네트워크가 모두 참여하여 지구적 공공선으로서 먹거리보장을 지향하는 그런 전지구적 정책 말이다.

미래의 먹거리의제에서 기술의 문제

한 세기 이상 국가적 농업정책은 식량 증산에 초점을 맞춰왔다. 특히 1960년대 이후 정부와 전문가들은 농업생산성을 높이는 기술혁신이 큰 성과를 내리라 기대했다. 하나의 우상이 되다시피 한 녹색혁명이 대표적

---

* 세계 먹거리시장이 지속가능한 먹거리공급에 기여할 가능성에 대해서 근본적으로 회의하는 학자들도 있다. 예컨대 플뢰흐(Van der Ploeg, 2010, 104쪽)는 "세계시장"이 원칙의 조직에서 내재적으로 불안정하다고 주장한다. 바이오연료와 먹거리생산 사이에 필요한 조정의 창출에 실패한 사례가 보여주는 것처럼 그것은 끊임없이 불균형, 불안전, 교란을 낳는다는 것이다.

사례다(《상자 3.4》 참고). 그러나 1980년대 이래 농업기술 혁신에 대한 관심이 줄어들었다. 이 같은 추세는 역전될 필요가 있는데, 왜냐하면 기술 혁신에 더 주목할 필요가 있기 때문이다.* 단지 더 많은 과학과 기술을 추가하기만 하는 전통적인 기술혁신 모델은 기술발전의 더 포괄적인 경로로 대체될 필요가 있다.

활용가능한 기술의 적용은 오늘날에도 여전히 평균 수확량을 실질적으로 증가시킬 수 있다. 특히 아프리카와 러시아연방은 그럴 가능성이 높은 지역이다. 그렇지만 점증하는 세계인구를 부양하기 위해서는 한층 진보된 기술이 요구되며, 따라서 그 지향점이 전환될 필요가 있다. 성공적인 20세기 녹색혁명에 후속하는 21세기판 녹색혁명의 필요성이 제기되는 것이다. 또는 식량권right to food에 관한 특별조사위원인 올리비에 드 슈터가 UN보고서에서 선언한 것처럼 "농업에 돈을 퍼붓는 것만으로는 충분하지 않으며, 가장 가난한 농민들에게 도움이 될 수 있도록 저탄소 자원보존형 농업으로의 전환을 촉진하는 일보를 내딛는 것이 가장 중요하다"(De Schutter, 2010, 3쪽). 달리 말해 기술개발 프로그램의 개선은 단순히 수확량 증가뿐 아니라 물, 비료, 농약, 에너지 같은 **투입**집약적 농업에서 **지식**집약적 농업으로 농업모델을 전환하는 데 초점을 맞추어야 한다. 물론 먹거리의 공급체계가 상이하고 저마다 자기 조건에 맞는 기술혁신을 필요로 하기 때문에 기술발전의 단일한 경로 같은 것은 없다.** 게다가 가장 발전된 국가의 농업연구조차 대개 작물생산성 향상

---

* 1980년대 이래 농업 연구개발에 대한 공공투자는 실질적으로 감소했고, 기술혁신의 대부분은 민간 재원의 연구에 의존하고 있다.
** 더 지식집약적인 연구의 필요성을 보여주는 사례로 연구가 극소수 작물에 집중되면서 '고아(孤兒)' 작물이 무시되고 있다는 것을 들 수 있다. 기장이나 퀴노아 같은 고아작물은 오랫동안 연구개발에서 무시돼왔다. 그러나 그런 작물은 농업생산을 증진하는 데에나 회복력을 강화하는 데 실질적으로 기여할 수 있다.

아프리카를 위한 통합적 농업개발

앤드리세 등(Andriesse et al, 2007)은 아프리카의 농업을 위해 가능한 경로를 모색한 후 농업 증산에만 초점을 맞춘 기술개발로는 이 대륙이 갖고 있는 먹거리불안정의 구조적 원인을 해결할 수 없다고 결론 내렸다. 농민의 생산과 이익을 증진하기 위해서 중요한 것은 장소마다 기본 설비를 갖추고 생산에 필요한 도구에 농민이 더 쉽게 접근하게 만드는 것이다. 또 농업생산성 향상은 자원 및 서비스에 대한 접근성 그리고 빈민에게 유리한 시장과 통합될 필요가 있다. 농민은 진공 속에서 움직이는 것이 아니기 때문에 이런 과정이 가능하기 위해서는 아래 세 영역이 교차될 필요가 있다. 각 영역 모두에 영향을 미치도록 세 영역 각각의 제도적 배치를 개선하는 것이다(〈그림 12.1〉 참고).

〈그림 12.1〉 통합적 농업개발의 모델

생산성 향상	자원과 서비스에 대한 접근성 보장	빈민을 위한 시장 형성
지역, 국가/광역 그리고 국제 수준 각각에서 공식적인 또 비공식적인 제도적 배치		
토지·노동 생산성과 경제적 수입을 늘릴 수 있는 빈민친화적이고 지속가능한 기술 및 생산 체계의 개발과 적용	생산자, 지역기업가, 농촌 지역사회에 자연자원과 생계서비스에 대한 공정하고 안정적인 접근성 제공	소규모의 빈곤 생산자와 지역기업가의 접근과 참여를 가능하게 하는 무역 및 시장조건의 창출

출처: Andriesse et al(2007, 54쪽).

에반스(Evans, 2009)는 농민에게 필요한 핵심 자원을 다음과 같이 더 구체적으로 특정했다.
- 토지, 기계, 재생가능한 자원 등 자산
- 적절한 하부구조와 통신·정보망을 갖춘 시장
- 소농이 필요 투입물에 접근할 수 있게 해주는 신용
- 순회교육과 연구개발 등 지식
- 사회보장, 보험, 곡물저장 같은 리스크관리 수단

모든 기술혁신은, 특히 지속가능한 개발에 기여하고자 한다면 이 같은 복잡한 동학에 적합해야 한다.

을 지향할 뿐 소규모 자작농의 잠재력이나 그들의 특수한 조건은 경시한다. 소규모의 복합영농체계에 대한 인정에 기초하여 통합적 연구에 주력한다면 더 효과적인 기술혁신이 가능할 것이다. 그리고 그런 연구를 위해서는 목표가 분명한 공적 자금과 이해당사자들의 더 능동적인 참여가 필요하다(〈상자 12.1〉 참고).

먹거리공급과 관련된 기술변화는 주로 농업생산성 향상과 지속가능성 보장에 집중되곤 했지만 가공단계에서도 혁신은 가능하다. 또 가공기술의 발전은 1차 생산에 다시 영향을 미칠 수 있다. 그런 발전의 한 가지 결과는 먹거리생산에서 분기가 강화되는 것이다. 한편으로는 신선과채와 수산물과 같이 시장을 통해 직판될 고가·고품질 먹거리가 생산되고, 다른 한편으로는 식품을 비롯하여 광범한 최종재를 만들어내는 산업 과정에 투입물로 들어갈 농산물이 생산된다.* 최종 용도의 그런 상이함은 표적으로 삼는 기술혁신의 종류에 직접 영향을 미친다. 첫 번째 범주의 생산 과정에서는 품질, 안전성, 지속가능성 등이 1차적 지향점이 되겠지만, 두 번째 범주의 기술혁신은 본질적으로 더 높은 효율성과 일관성, 또 낮은 가공비용을 지향한다.

기술개발에 관한 의사결정은 "다양한 이해집단이 각자의 주장을 펼치는 경합적 공간에서의 사회적·정치적 선택"을 내포한다(Foresight, 2011, 16쪽).** 각각의 혁신은 또한 특정한 긍정적 외부성과 부정적 외부성을 모두 지니기에 기술적 전문가들에 의해서만 결정될 수 없다. 따라서 볼로

---

* 최근 수년간 농업은 점점 더 바이오경제의 일부가 되고 있는 것으로 보인다. 바이오경제는 식품, 연료, 산업용의 재생가능한 투입물을 생산한다. Langeveld et al(2010)을 참고할 것.
** GM 작물 사용이 그런 경합의 한 사례다. GM 작물은 먹거리의 미래에 나름의 한 역할을 할 것이다. 그러나 병충해통합방제, 최소경운, 점적관개, 통합토양관리 같은 생태학적 통합 접근은 종종 회복력이라는 측면을 더 높이 평가하기 때문에 종자기업보다는 농민의 손에 더 무게를 실어준다.

그Norman E. Borlaug가, 우리가 100억 인구를 모두 먹여 살릴 "활용가능한 또는 이미 상당히 개발이 진행된" 기술을 갖고 있음에도 "극단적인 환경 엘리트들이 그 적용을 가로막고 있다"고 말한 것은 사실과 다르다. 그런 모욕적인 논평이 환경 관련 사안 자체를 사라지게 만들지는 않는다. 달리 말해 먹거리생산을 증가시키고 자원이용의 효율성을 높일 기술의 개선은 필요하지만, 그런 개발이 더 넓은 사회적·제도적 동학과 분리되어서는 안 된다(Vellema and Danse, 2007).* 농업·먹거리에서 기술혁신을 논할 때에는 직접적으로 관계된 당사자집단 외에도 소비자, 지역적 기관, 지구적 거버넌스 제도 등이 모두 관여해야 한다는 것이다.

미래의 먹거리 의제에서 사회과학의 기여

앞서 제시한 미래의 먹거리 의제는 그 정치적·기술적 차원에 초점을 맞추었지만, 우리는 사회과학의 폭넓은 기여 역시 마찬가지로 고려되어야 한다고 주장하고자 한다. 지구적 현대성이라는 맥락에서 먹거리정책은, 상이한 사회적 실천에 관여하지만 이제껏 별로 이해되지 못한 많은 사회적 행위자들을 포괄한다. 게다가 기술의 발전이란 그 자체로 사회의 변화를 의미한다.

---

* 현재 기술개발의 촉진과 관련해서는 광범한 논쟁이 있는데, 그중 많은 부분이 지식이나 우발적 위험에 대한 공적 통제를 어떻게 향상시킬 수 있을까에 초점을 맞추고 있다. 그러나 벡(Beck, 1999)이 주장한 것처럼 지구적 현대성에서는 기술에 대한 엄격한 통제가 애초 불가능하다는 점을 인정하는 것이 더 나을지도 모른다. 알려진 것에서 알려지지 않은 것까지 인간 및 환경과 상호작용하는 현행 기술체계의 결과들이 너무나 많기 때문이다. 지금 우리의 사회는 전지구적 위험사회이기 때문에 사회적·환경적 영향(부작용)의 위험에서 균형을 잡기 위해서는 새로운 기술을 다룰 때 전문가의 조언뿐 아니라 더 광범한 참여와 공적 논쟁이 필요하다.

지구적 현대성은 해결되어야 할 많은 과제를 제기한다. 그런 복잡한 질문을 처리하기 위해서는 강력한 공적 제도가 필요하지만 많은 정부가 점점 취약해지는 상황에서 그것이 언제나 가능한 것은 아니다. 이 때문에 랭 등(Lang et al, 2009)과 티머(Timmer, 2008)는 먹거리의 미래를 위한 새로운 패러다임의 개발을 주장한다. 모든 문제는 어떤 식으로든 서로 연결되어 있기 때문에 전체론적 접근이 필요하다는 것이다. 이들은 과거의 생산주의productionist 패러다임을 '지속가능하고 공정하게, 또 건강하게 모두를 먹이는 것'을 지향하는 새로운 패러다임으로 대체하자고 제안한다. 미래의 먹거리체계는 "다양하고, 생태적으로 건전하며, 점증하는 환경적·경제적 변동성 또는 사회적 변동성에 대처하는 회복력을 가져야 하고, 따라서 강건하고 충분한 공급체계와 비축량을 창출해야 한다"(Lang, 2010, 95쪽). 이런 체계의 작동 원리와 방식은 "장기적으로 유지될 수 있기 때문에 단순히 보호에서 끝나는 것이 아니라 땅의 생산능력을 강화할 수 있는, 그리고 미래 세대를 위한 역량과 숙련을 그 위에 세울 수 있는" 것이어야 한다(Lang, 2010, 95쪽). 미래의 대안적 먹거리체계에 대한 이 같은 묘사는 매력적이다. 그러나 그것을 더 정교화하고 현실로 옮기려면 그 다양한 개념이 실제로 무엇을 의미하는지, 행위자들이 어떤 방식으로 서로 얽혀 있으며 또 상이한 견해와 이해관계가 어떻게 해결될 수 있는지에 관한 더 나은 이해가 필요하다. 또 이런 질문에 대답하기 위해서는 먹거리를 생산·가공·소매·소비하는 일상적인 사회적 행위들과 그 행위들의 구조화에 관여하는 다양한 제도를 연구할 수 있고 또 연구할 준비가 되어 있는 사회과학의 기여가 필요하다.

예를 들어 공정무역이나 글로벌 유기농 같은 대안적인 세계 농식품네트워크를 분석하려면 품질이라는 관념에 대한 재개념화 그리고 생산자와 소비자의 변화하는 관계에 대한 이해가 필요하다. 구체적인 경험적 조사 없이 그런 운동의 성공 또는 실패 여부를 일반적으로 판단하는 것은 어떤 도움도 되지 않는다. 먹거리의 품질 역시 단순한 일련의 제품특성 이상이라는 것이 증명된다. 그것은 공정하고 지속가능하며 민주적인 사회적 네트워크를 통해 표출될 것이기 때문이다. 생산자와 소비자가 경제적 행위자일 뿐만 아니라 사회적 파트너로서 협력하는 것은 더 나은 가격과 사회적·환경적 표준의 결합을 가능하게 한다. 공언된 목표가 개인들의 일상생활에서 정말로 실현되었는가 또 얼마나 실현되었는가는 오직 경험적 연구를 통해서만 알 수 있다.

주지하다시피 이해관계의 갈등, 권력의 차이, 공급에서의 다면적 역할 등으로 인해 먹거리의 미래에 대한 만장일치는 가망이 없다. 지구적 먹거리공급이라는 관점에서 본질적인 것은 개발도상국, 소농, 빈곤가구를 이 논쟁에 포함시키는 것, 그리고 지속가능성을 명료하게 정의하는 것이 영원한 과제라는 사실을 인정하는 것이다. 사회과학은 이런 논쟁과 갈등을 분석하고 이해하는 데, 나아가 그 쟁점들을 해결하는 데 결정적인 기여를 할 수 있다.

마치며

경제적 지구화가 강화될수록 지구의 증가하는 인구를 지속가능한 방식으로 먹이는 과제는 복잡해진다. 더 많은 사람들을 위해 더 많은 먹거리가 활용가능해야 하고 또 그 먹거리는 지금의 방식보다는 더 지속가능한 방식으로 생산된 것이어야 한다. 게다가 이 목표들은 우리에게 친숙하지 않은 조건들에서 현실화되어야 하게 될 것이다. 일국의 정부정책에 기초한 많은 관행적 전략과 시장 및 기술의 혁신은 현재 그 유효성의 많은 부분을 상실했다. 이 책은 그런 과제들을 검토하고 미래의 먹거리 공급을 분석, 개발, 실행하는 데 기여할 수 있는 다양한 혁신적 개념과 방식을 소개했다.

미래의 먹거리공급은 아마도 하나의 일관된 체계로 통합되지 못하고 다양한 방식의 짜깁기가 될 것이다. 새로이 도입되는 실천들의 일부는 지구적 공급사슬에 고도로 통합되고 반면 다른 것들은 더 자기조직적인 형태를 띨 것이다. 지구적 수준이든 지역적 수준이든, 먹거리체계의 지속가능성은 다양한 기술적 접근을 통해서만 개선될 수 있다. 더 지속가능한 먹거리공급으로 나아가는 다층적이고 혼종적인 경로가 개방될 가능성이 인정될 필요가 있다. 누가 그런 의제를 지배하는가에 대한 분석은 결코 무시될 수 없는 중요성을 계속 지니겠지만 말이다.

궁극적으로 우리는 모든 사람이 먹거리공급에 관여할 수 있는 행위자라는 사실을 인식해야 한다. 사회과학적 관점은 먹거리의 미래가 연구실의 실험 같은 기술혁신이나 추상적인 경제모델을 넘어서, 현실의 인간들이 일상의 생활을 통해 만들어가는 것이라는 사실을 보여줌으로써 지속가능성의 증진에 기여할 수 있다. 지구적 관점에서 먹거리공급을 지속가능하게 만들기 위해서는 그런 일상의 노력에 대한 인정과 지지가 필요하다. 지속가능한 먹거리의 미래는 지구적 차원에서 생태적 자원에 대한 민주적인 관리도 요구한다. 먹거리는 그 유기적 성격과 일상에서의 사회생태적 배태성으로 인해 종국에도 독특한 상품으로 남을 것이다. 지속가능한 먹거리의 성공을 위한 정책적 접근은 따라서 먹거리의 그 특별한 성격을 항상 고려해야 한다.

참고문헌

1장. 서론

De Schutter, O. (2010) Report Submitted by the Special Rapporteur on the Right to Food, United Nations General Assembly, Geneva

EC (European Commission) (2010) RASFF Alert, 2010.1771, European Commissions, Brussels

Economist (2011) 'The 9 billion-people question: A special report on feeding the world', *The Economist,* Feburuary, vol 398, no 8722

2장. 지구화, 먹거리 생산과 소비

Adam, B. (2000) 'The temporal gaze: The challenge for social theory in the context of GM food', *British Journal of Sociology,* vol 51, no 1, pp125-142

Anderson, K. (2010) 'Globalization's effect on world agricultural trade, 1960-2050', *Philosophical Transactions of the Royal Society: Biological Sciences,* vol 365, pp3007-3021

Appadurai, A. (1996) *Modernity at Large: Cultural Dimensions of Globalization,* University of Minnesota Press, Minneapolis and London

Bair, J. (ed) (2009) *Frontiers of Commodity Chain Research,* Stanford University Press, Stanford

Bauman, Z. (1987) *Legislators and Interpreters,* Polity Press, Cambridge

Beck, U. (1997) *The Reinvention of Politics: Rethinking Modernity in the Global Order,* Polity Press, Cambridge

Boltanski, L. and Thévenot, L. (1999) 'The sociology of critical capacity', *European Journal of Social Theory,* vol 2, no 3, pp359-377

Bonanno, A., Busch, L., Friedland, w., Gouveia, L. and Mingione, E. (eds) (1994) *From Columbus to ConAgra: The Globalization of Agriculture and Food,* University Press of Kansas, Lawrence

Born, B. and Purcell, M. (2006) 'Avoiding the local trap: Scale and food systems in planning research', *Journal of Planning Education and Research,* vol 26, pp195-207

Busch, L. and Juska, A. (1997) 'Beyond political economy: Actor networks and the globalization of agriculture', *Review of International Political Economy*, vol 4, no 4,pp688-708

Castells, M. (1996) *The Rise of the Network Society. Volume I of The Information Age: Economy, Society and Culture*, Blackwell Publishers, Malden and Oxford

Castells, M. (1997) *The Power of Identity. Volume II of The Information Age: Economy, Society and Culture*, Blackwell Publishers, Malden and Oxford

Castells, M. (1998) *End of Millenium. Volume III of The Information Age: Economy, Society and Culture*, Blackwell Publishers, Malden and Oxford

Castells, M. (2009) *Communication Power*, Oxford University Press, Oxford

Coe, N., Hess, M., Yeung, H., Dicken, P. and Henderson, J. (2004) '"Globalizing" regional development: A global production networks perspective', *Transactions of the Institute of British Geographers*, vol 29, no 4, pp468-484

Coe, N., Dicken, P. and Hess, M. (2008) 'Global production networks: Realizing the potential', *Journal of Economic Geography*, vol 8, pp271-295

Cook, I., Crang, P. and Thorpe, M. (1998) 'Biographies and geographies: Consumer understandings of the origins of foods', *British Food Journal*, vol 100, no 3, pp162-167

Counihan, C. and Esterik, P. (eds) (1997) *Food and Culture: A Reader*, Routledge, New York and London

Dalle Mulle, E. and Ruppanner, V. (2010) *Exploring the Global Food Supply Chain: Markets:l Companies, Systems*, 3D, Geneva

Daviron, B. and Gibbon, P. (2002) 'Global commodity chains and African export agriculture', *Journal of Agrarian Change*, vol 2, no 2, pp137-161

Deeg, R. and Jackson, G. (2007) 'Towards a more dynamic theory of capitalist variety', *Socio-Economic Review*, vol 5, no 1, pp149-179

Diop, N. and Jaffee, S. M. (2005) 'Fruits and vegetables: Global trade and competition in fresh and processed product markets', in M. Aksoy andJ. Beghin (eds) *Global Agricultural Trade and Developing Countries*, World Bank, Washington, DC, pp237-257

Dolan, C. and Humphrey, J. (2000) 'Governance and trade in fresh vegetables: The impact of UK supermarkets on the African horticulture industry', *Journal of Development Studies*, vol 37, no 2, pp147-176

Douglas, M. (2002) *Purity and Danger: An Analysis of Concept of Pollution and Taboo*, Routledge, Abingdon

Economist (2007) 'Food prices: The end of cheap food', *The Economist*, 6 December 2007

FAO (Food and Agriculature Organization of the United Nations) (2010a) *Food Outlook*, November, FAO, Rome

FAO (2010b) *Global Hunger Declining, But Still Unacceptably High. International Hunger Targets Difficult to Reach*, FAO, Rome

Friedland, W. (2005) 'Commodity systems: Forward to comparative analysis', in N. Fold and B. Pritchard (eds) *Cross-continental Food Chains*, Routledge, London and New

York, pp25-38

Friedmann, H. (1995) 'Food politics: New dangers, new possibilities', in P. McMichael (ed) *Food and Agrarian Orders in the World-Economy*, Praeger, Westport and London, pp15-33

Friedmann, H. and McMichael, P. (1989) 'Agriculture and the state system: The rise and decline of national agricultures, 1870 to the present', *Sociologia Ruralis*, vol 29, no 2, pp93-117

Gereffi, G., Humphrey, J. and Sturgeon, T. (2005) 'The governance of global value chains', *Review of International Political Economy*, vol 12, no 1, pp78-104

Gibbon, P. and Ponte, S. (2005) *Trading Down: Africa, Value Chains, and the Global Economy*, Temple University Press, Philadelphia

Giddens, A. (1990) *The Consequences of Modernity*, Stanford University Press, Stanford

Goodman, D. and DuPuis, E. (2002) 'Knowing food and growing food: Beyond the production-consumption debate in the sociology of agricuiture', *Sociologia Ruralis*, vol 42, no 1, pp5-22

Goodman, D. and Redclift, M. (1991) *Refashioning Nature: Food, Ecology and Nature*, Routledge, London and New York

Goodman, D. and Watts, M. (eds) (1997) *Globalising Food: Agrarian Questions and Global Restructuring*, Routledge, London

Granovetter, M. (1985) 'Economic action and social structure: The problem of embeddedness', *The American Journal of Sociology*, vol 91, no 3, pp481-510

Held, D., McGrew, A., Goldblatt, D. and Perraton, J. (1999) *Global Transformations: Politics, Economics and Culture*, Polity Press, Cambridge

Hughes, A., Wrigley, N. and Buttle, M. (2008), 'Global production networks, ethical campaigning, and the embeddedness of responsible governance', *Journal of Economic Geography*, vol 8, pp345-367.

Ilbery, B. (2001) 'Changing geographies of global food production', in P. Daniels (ed) *Human Geography: Issues for the 21st Century*, Prentice Hall, Harlow, pp253-273

Karkkainen, B. (2004) 'Post-sovereign environmental governance', *Global Environmental Politics*, vol 4, no 1, pp72-96

Kjaernes, U., Harvey, M. and Warde, A. (2007) *Trust in Food: A Comparative and Institutional Analysis*, Palgrave MacMillan, Houndmills

Lang, T. (2010) 'Crisis? What crisis? The normality of the current food crisis', *Journal of Agrarian Change*, vol 10, no 1, pp87-97

Latour, B. (2005) *Reassembling the Social: An Introduction to Actor-Network-Theory*, Oxford University Press, Oxford

Mansfield, B. (2004) 'Organic views of nature: The debate over organic certification for aquatic animals', *Sociologia Ruralis*, vol 44, no 2, pp216-232

Marsden, T. (1997) 'Creating space for food: The distinctiveness of recent agrarian 36 I CONCEPTUAL BACKGROUND developments', in D. Goodman and M Watts (eds) *Globalising Food: Agrarian Questions and Global Restructuring*, Routledge, London,

참고문헌 391

pp169-191

Massey, D. (2004) 'Geographies of responsibility', *Geografiska Annaler,* vol 86B, no 1, pp5-18

McCullough, E., Pingali, P. and Stamoulis, K. (eds) (2008) *The Transformation of AgriFood Systems: Globalization, Supply Chains and Smallholder Farmers,* Earthscan, London

McMichael, P. (1994) 'Introduction: Agro-food system restructuring: Unity in diversity', in P. McMichael (ed) *The Global Restructuring of Agro-Food Systems,* Cornell University Press, Ithaca and London, pp1-17

McMichael, P. (2000) 'The power of food', *Agriculture and Human Values,* vol 17, pp21-33

Mol, A. (2001) *Globalization and Environmental Reform: The Ecological Modernization of the Global Economy,* The MIT Press, Cambridge, MA

Morgan, K., Marsden, T. and Murdoch, J. (2006) *Worlds of Food: Place, Power, and Provenance in the Food Chain,* Oxford University Press, Oxford

Pollan, M. (2008) *In Defence of Food: The Myth of Nutrition and the Pleasures of Eating,* Allen LanelPenguin, London and New York

RaboBank Nederland (2010) *Sustainability and Security of the Global Food Supply Chain,* Rabobank, Utrecht

Reddift, M. (1987) *Sustainable Development: Exploring the Contradictions,* Methuen Press, London and New York

Renting, H., Marsden, T. and Banks, J. (2003) 'Understanding alternative food networks: Exploring the role of short food supply chains in rural development', *Environment and Planning A,* vol 35, no 3, pp393-411

Ritzer, G. (1996) *The McDonaldization of Society,* Pine Forge Press, New York

Robbins, P., Hintz, J. and Moore, S. (2010) *Environment and Society: A Critical Introduction,* Wiley-Blackwell, Malden and Oxford

Salais, R. and Storper, M. (1992) 'The four "worlds" of contemporary industry', *Cambridge Journal of Economics,* vol 16, no 2, pp169-193

Selwyn, B. (2008) 'Institutions, upgrading and development: Evidence from north east Brazilian export horticulture', *Competition & Change,* vol 12, no 4, pp377-396

Spaargaren, G., Mol, A. and Buttel, F. (eds) (2006) *Governing Environmental Flows: Global Challenges to Social Theory,* The MIT Press, Cambridge, MA, and London

Swinnen, J. and Vandemoortele, T. (2008) 'The political economy of nutrition and health standards in food markets', *Review of Agricultural Economics,* vol 30, no 3, pp460-468

Thévenot, L. (1989) 'Equilibre et rationalite dans un univers complexe', *Revue economique,* vol 40, no 2, pp147-197

Thévenot, L. (2007) 'The plurality of cognitive formats and engagements: Moving between the familiar and the public', *European Journal of Social Theory,* vol 10, no 3, pp409-423.

Tilly, C. (1975) 'Food supply and public order in modern Europe', in C. Tilly (ed) *The Formation of National States in Western Europe,* Princeton University Press, Princeton, pp380-455

Urry, J. (2003) *Global Complexity,* Polity Press, Cambridge

Wallerstein, I. (1974) *The Modern World-System; Capitalist Agriculture and the Origins of the European World-Economy in the Sixteenth Century,* Academic Press, New York

Watson,]. and Caldwell, M. (eds) (2005) *The Cultural Politics of Food and Eating: A Reader,* Blackwell, Malden and Oxford

Wilkinson, J. (2006) 'Network theories and political economy: From attrition to convergence?', in T. Marsden and]. Murdoch (eds) *Between the Local and the Global: Confronting Complexity in the Contemporary Agri-Food Sector,* Elsevier, Oxford, pp11-38

WTO (World Trade Organization) (2010) *International Trade Statistics 2010,* WTO, Geneva

3장. 먹거리 생산과 소비의 지속가능성

Aiking, H. and Boer, J. (2004) 'Food sustainability: Diverging interpretations', *British Food Journal,* vol 106, no 5, pp359-365

Atkins, P. and Bowler, I. (2001) *Food in Society: Economy, Culture, Geography,* Arnold Publishers, London

Barrett, c., Barbier, E. and Reardon, T. (2001) 'Agroindustrialization, globalization and international development: The environmental implications', *Environment and Development Economics,* vol 6, pp419-433

Boserup, E. (1985) 'Economic and demographic interrelationships in sub-Saharan Africa', *Population and Development Review,* vol 11, no 3, pp383-397

Buller, H. and Morris, C. (2004) 'Growing goods: The market, the state, and sustainable food production', *Environment and Planning A,* vol 36, pp1065-1084

Busch, L. (2000) 'The moral economy of grades and standards', *Journal of Rural Studies,* vol 16, no 3, pp273-283

Carson, R. (1962) *Silent Spring,* Houghton, Orlando

Carter, N. (2001) *The Politics of the Environment: Ideas, Activism, Policy,* Cambridge University Press, Cambridge

Clay, J. (2004) *World Agriculture and the Environment: A Commodity-by-Commodity Guide to Impacts and Practices,* Island Press,Washington, DC

Duchin, E (2005) 'Sustainable consumption of food: A framework for analyzing scenarios about changes in diets', Journal ofIndustrial Ecology, vol 9, no 112, pp99-114

Ecosanres (2008) *Closing the Loop on Phosphorous,* SEI, Stockholm

Eddleston, M., Karalliedde, L., Buckley, N., Fernando, R., Hutchinson, G., Isbister, G., Konradsen, E, Murray, D., Piola, J., Senanayake, N., Sheriff, R., Singh, S., Siwach, S. and Smit, L. (2002) 'Pesticide poisoning in the developing world: A minimum pesticides list', The Lancet, vol 360, no 9340, pp1163-1167

Foster, C., Green, K., Bieda, M., Dewick, P., Evans, B., Flynn, A. and Mylan, J. (2006) *Environmental Impacts of Food Production and Consumption: A report to the Department for Environment, Food and Rural Affairs*, Manchester Business School and DEFRA, London

Foster, J. (1999) 'Marx's theory of metabolic rift: Classical foundations for environmental sociology', *The American Journal of Sociology*, vol 105, no 2, pp366-405

Fresco, L. (2009) 'Challenges for food system adaptation today and tomorrow', *Environmental Science & Policy*, vol 12, no 4, pp378-385

Gerbens-Leenes, P., Nonhebel, S. and Ivens, W. (2002) 'A method to determine land requirements relating to food consumption patterns', Agriculture, *Ecosystems and Environment*, vol 90, pp47-58

Greenberg, J. and Park, T. (1994) 'Political ecology', *Journal of Political Ecology*, vol 1, pp1-12

Hardin, G. (1968) 'The tragedy of the commons', *Science*, vol 162, no 3859, pp1243-1248

Helms, M. (2004) 'Food sustainability, food security and the environment', *British Food Journal*, vol 106, no 5, pp380-387

Hoekstra, A. and Chapagain, A. (2007) 'Water footprints of nations: Water use by people as a function of their consumption pattern', *Integrated Assessment of Water Resources and Global Change*, vol 21, pp35-48

Hoi, P. (2010) *Governing Pesticide Use in Vegetable Production in Vietnam*, WUR, Wageningen

Horrigan, L., Lawrence, R. and Walker, P. (2002) 'How sustainable agriculture can address the environmental and human health harms of industrial agriculture', *Environmental Health Perspectives*, vol 110, no 5, pp445-456

IFPRI (International Food Policy Research Institute) (2002) *Reaching Sustainable Food Security for All by 2020: Getting the Priorities and Responsibilities Right*, IFPRI, Washington, DC

Johnson, R. (2006) 'Sustainable agriculture: Competing visions and policy avenues', *International Journal of Sustainable Development & World Ecology*, vol 13, pp469-480

Kessler, J., Rood, T., Tekelenburg, T. and Bakkenes, M. (2007) 'Biodiversity and socioeconomic impacts of selected agro-commodity production systems', *Journal of Environment & Development*, vol 16, pp131-160

Kirchmann, H. and Thorvaldsson, G. (2000) 'Challenging targets for future agriculture', *European Journal of Agronomy*, vol 12, pp145-161

Konefal, J., Mascarenhas, M. and Hatanaka, M. (2005) 'Governance in the global agro-food system: Backlighting the role of transnational supermarket chains', *Agriculture and Human Values*, vol 22, no 3, pp291-302

Lang, T. (2010) 'Conclusion: Big choices about the food system', in G. Lawrence, K. Lyons and T. Wallington (eds) *Food Security, Nutrition and Sustainability*, Earthscan,

London, pp271-287

Lawrence, G. (2005) 'Promoting sustainable development: The question of governance', in F. Buttel and P. McMichael (eds) *New Directions in the Sociology of Global Development,* Elsevier, Amsterdam, pp145-174

Leslie, D. and Reimer, S. (1999) 'Spatializing commodity chains', *Progress in Human Geography,* vol 23, no3, pp401-420

Leuck, D., Haley, M. and Harvey, D. (2004) *U.S. 2003 and 2004 Livestock and Poultry Trade Influenced by Animal Disease and Trade Restrictions,* USDA, Washington, DC

Malthus, T. (1798[1970]) *An Essay on the Principle of Population,* ed. Antony Flew, Penguin, London

Maxwell, S. and Slater, R. (2003) 'Food policy old and new', *Development Policy Review,* vol 21, no 5/6, pp531-553

McMichael, P. (2009) 'A food regime genealogy', *Journal of Peasant Studies,* vol 36, no1, pp139-169

Meadows, D., Meadows, D., Randers, J. and Behrens, W. (1972) *The Limits to Growth,* Universe Books, New York

Mol, A., Sonnenfeld, D. and Spaargaren, G. (eds) (2009) *The Ecological Modernisation Reader: Environmental Reform in Theory and Practice,* Routledge, London

Mrema, G., Baker, D. and Kahan D., (2008) *Agricultural Mechanization in Sub-Saharan Africa: Time for a New Look,* FAO, Rome, ppll-12

Nestle, M. (2002) *Food Politics: How the Food Industry Influences Nutrition and Health,* University of California Press, Berkeley

Oosterveer, P. (2007) *Global Governance of Food Production and Consumption: Issues and Challenges,* Edward Elgar, Cheltenham and Northampton

Ostrom, E. (1990) *Governing the Commons: The Evolution of Institutions for Collective Action,* Cambridge University Press, Cambridge

Picard, A. (2002) 'Pesticides banned many years ago still in some foods', Globe & Mail, Toronto, 15 October

Pillay, T. (1992) *Aquaculture and the Environment,* Fishing News Books, Oxford

Pimentel, D. (2009) 'Reducing energy inputs in the agricultural production system', *Monthly Review,* vol 61, no 3, pp92-101

Polanyi, K. (1944) *The Great Transformation,* Beacon Press, Boston

Pollan, M. (2007) 'Our decrepit food factories', *New York Times,* 16 December

Pretty, J., Brett, C., Gee, D., Hine, R., Mason, c., Morison, J., Raven, H., Rayment, M. and Van der Bijl, G. (2000) 'An assessment of the total external costs of UK agriculture', *Agricultural Systems,* vol 65, ppll3-136

Pretty, J., Smith, G., Goulding, K., Groves, S., Henderson, I., Hine, R., King, V., Van Oostrum, J., Pendlington, D., Vis, J. and Walter, C. (2008a) 'Multi-year assessment of Unilever's progress towards agricultural sustainability II: Indicators, methodology and pilot farm results', *International Journal of Agricultural Sustainability,* vol 6, no 1, pp37-62

Pretty, J., Smith, G., Goulding, K., Groves, S., Henderson, I., Hine, R., King, V., Van Oostrum, J., Pendlington, D., Vis, J. and Walter, C. (2008a) 'Multi-year assessment of Unilever's progress towards agricultural sustainability II: Outcomes for peas (UK), spinach (Germany, Italy), tomatoes (Australia, Brazil, Greece, USA), tea (Kenya, Tanzania) and oil palm (Ghana)', *International Journal of Agricultural Sustainability*, vol 6, no 1, pp63-88

Rees, W. (2003) 'Economic development and environmental protection: An ecological economics perspective', *Environmental Monitoring and Assessment*, vol 86, no 1, pp29-45

Reddift, M. (2006) 'Sustainable development (1987-2005): An oxymoron comes of age', *Horizontes Antropológicos*, vol 12, no 25, pp65-84

Robbins, P., Hintz, J. and Moore, S. (2010) *Environment and Society: A Critical Introduction*, Wiley-Blackwell, Malden and Oxford

Roberts, J. and Grimes, P. (2003) 'World-system theory and the environment: Toward a new synthesis', in R. Dunlap (ed) *Sociological Theory and the Environment*, Rowman & Littlefield, Lanham, pp167-194

Roberts, J. and Hite, A. (eds) (2007) *The Globalization and Development Reader: Perspectives on Development and Global Change*, Blackwell, Malden and Oxford

Schumacher, E. (1973) *Small is Beautiful*, Blond Briggs, London

Sonesson, U., Mattsson, B., Nybrant, T. and Ohlsson, T. (2005) 'Industrial processing versus home cooking: An environmental comparison between three ways to prepare a meal', *Ambio*, vol 34, no 4/5, pp414-421

Strosser, P., Pau Vall, M. and Plötscher, E. (1999) *Water and Agriculture: Contribution to an Analysis of a Critical but Difficult Relationship*, EC, Brussels

Sundkvist, A., Milestad, R. and Jansson, A. (2005) 'On the importance of tightening feedback loops for sustainable development of food systems', *Food Policy*, vol 30, pp224-239

Tilman, D., Cassman, K., Matson, P., Naylor, R. and Polasky, S. (2002) 'Agricultural sustainability and intensive production practices', *Nature*, vol 418, no 6898, pp671-677

Toronto Globe and Mail (2002) 'Our decrepit food factories', *Toronto Globe and mail*, 15 October

Unilever (2010) *Unilever Sustainable Agriculture Code*, Unilever, Rotterdam and London

Wackernagel, M. and Rees, W. (1996) *Our Ecological Footprint: Reducing Human Impact on the Earth*, New Society Publishers, Gabriola Island

WCED (World Commission on Environment and Development) (1987) *Our Common Future*, Oxford University Press, Oxford and New York

Williams, A., Audsley, E. and Sandards, D. (2006) *Determining the Environmental Burdens and Resource Use in the Production of Agricultural and Horticultural Commodities*, Cranfield University and DEFRA, Bedford

Xin, H. and Stone, R. (2008) 'Tainted milk scandal: Chinese probe unmasks high-tech adulteration with melamine', *Science,* vol 322, no 5906, pp1310-1311

4장. 세계 네트워크 사회에서 먹거리 규제하기

Appleton, A. (1999) 'Environmental labelling schemes: WTO law and developing countries implications', in G. Sampson and W. Chambers (eds) *Trade, Environment, and the Millennium,* United Nations University Press, Tokyo, pp195-222

Arts, B., Leroy, P. and Tatenhove, J. (2006) 'Political modernisation and policy arrangements: A framework for understanding environmental policy change', *Public Organization Review,* vol 6, pp93-106

Bernstein, S., Clapp, J. and Hoffmann, M. (2009) *Reframing Global Environmental Governance: Results of a CIGIICIS Collaboration,* CIGI, Waterloo

Bostrom, M. and Klintman, M. (2008) *Eco-standards, Product Labelling and Green Consumerism,* Palgrave MacMillan, Houndmills

Braithwaite, J. (2008) *Regulatory Capitalism: How it Works, Ideas for Making it Work Better,* Edward Elgar, Cheltenham and Northampton, MA

Bridges Weekly (2010) 'Private standards, mediation cause conflict at WTO committee meeting', *Bridges Weekly,* vol 14, no 25,7 July, ICTSD, Geneva

Burgiel, S., Foote, G., Orellana, M. and Perrault, A. (2006) *Invasive Alien Species and Trade: Integrating Prevention Measures and International Trade Rules,* CIEL and Defenders for Wildlife, Washington, DC

Buttel, E, Spaargaren, G. and Mol, A. (2006) 'Epilogue: Environmental flows and early twenty-first century environmental social sciences', in E Buttel, G. Spaargaren and A. Mol (eds) *Governing Environmental Flows in Global Modernity,* The MIT Press, Massachusetts, pp351-369

Campbell, H. (2005) 'The rise and rise of EurepGAP: European (re)invention of colonial food relations?', *International Journal of Food and Agriculture,* vol 13, no 2, pp1-19

Castells, M. (1996) *The Rise of the Network Society. Volume I of The Information Age: Economy, Society and Culture,* Blackwell, Malden and Oxford

Cerny, P. G. (1999) 'Globalization, governance and complexity', in A. Prakesh and J. Hart (eds) *Globalization and Governance,* Routledge, London and New York, pp188-212

Charnovitz, S. (2002) 'Solving the production and processing methods (PPMs) puzzle', in K. Gallagher and J. Werksman (eds) *The Earthscan Reader on International Trade and Sustainable Development,* Earthscan, London, pp227-262

Cheshire, L. and Lawrence, G. (2005) 'Re-shaping the state: Global/local networks of association and the governing of agricultural production', in V. Higgins and G. Lawrence (eds) *Agricultural Governance: Globalization and the New Politics of Regulation,* Routledge, London and New York, pp35-49

De Krom, M. (2010) *Food Risks and Consumer Trust: European Governance of Avian Influenza,* WUR, Wageningen

Dicken, P., Kelly, P., Olds, K. and Yeung, H. (2001) 'Chains and networks, territories and scales: Towards a relational framework for analysing the global economy', *Global Networks*, vol 1, no 2, pp89-112

Drahos, P. and Braithwaite, J. (2001) 'The globalisation of regulation', *The Journal of Political Philosophy*, vol 9, no 1, pp103-128

DuPuis, E. and Gillon, S. (2009) 'Alternative modes of governance: Organic as civic engagement', *Agriculture and Human Values*, vol 26, pp43-56

Echols, M. (2001) *Food Safety and the WTO: The Interplay of Culture, Science and Technology*, Kluwer, The Hague

French, D. (2002) 'The role of the state and international organizations in reconciling sustainable development and globalization', *International Environmental Agreements: Politics, Law and Economics*, vol 2, pp135-150

Fulponi, L. (2006) 'Private voluntary standards in the food system: The perspective of major food retailers in OECD countries', *Food Policy*, vol 31, pp1-13

Gawron, J. and Theuvsen, L. (2009) 'Certification schemes in the European agri-food sector: Overview and opportunities for Central and Eastern Europe', *Outlook on Agriculture*, vol 38, no 1, pp9-14

Gille, Z. (2006) 'Detached flows or grounded place-making projects?', in G. Spaargaren, A. Mol and F. Buttel (eds) *Governing Environmental Flows: Global Challenges to Social Theory*, The MIT Press, Cambridge, MA, and London, pp137-156

Goverde, H. and Nelissen, N. (2002) 'Networks as a new concept for governance', in P. Driessen and P. Glasbergen (eds) *Greening Society*, Kluwer, Dordrecht, pp27-45

Griffin, K. (2003) 'Economic globlization and institutions of global governance', *Development and Change*, vol 34, no 5, pp789-807

Gulbrandsen, L. (2004) 'Overlapping public and private governance: Can forest certification fill the gaps in the global forest regime?', *Global Environmental Politics*, vol 4, no 2, pp75-99

Hall, R. and Biersteker, T. (2002) 'The emergence of private authority in global governance', in R. Hall and T. Biersteker (eds) *The Emergence of Private Authority in Global Governance*, Cambridge University Press, Cambridge, pp3-22

Hatanaka, M., Bain, C. and Busch, L. (2005) 'Third-party certification in the global agrifood system', *Food Policy*, vol 30, pp354-369

Held, D. (2004) *Global Covenant: The Social Democratic Alternative to the Washington Consensus*, Polity Press, Cambridge

Held, D., McGrew, A., Goldblatt, D. and Perraton, J. (1999) 〈Global Transformations: Politics, Economics and Culture, Polity Press, Cambridge

Henson, S., Masakure, O. and Cranfeld, J. (2009) *Do Fresh Produce Exporters in SubSaharan Africa Benefit from GlobalGAP Certification?*, University of Guelph, Guelph

Humphrey, J. (2008) *Private Standards, Small Farmers and Donor Policy: EUREPGAP in Kenya*, IDS, Brighton

Karkkainen, B. (2004) 'Post-sovereign environmental governance', *Global Environmental*

Politics, vol 4, no 1, pp72-96

Kastner, J. and Pawsey, R. (2002) 'Harmonising sanitary measures and resolving trade disputes through the WTO-SPS framework. Part I: A case study of the US-EU hormone-treated beef dispute', *Food Control*, vol 13, pp49-55

Kjaernes, U., Harvey, M. and Warde, A. (2007) *Trust in Food: A Comparative and Institutional Analysis*, Palgrave MacMillan, Houndmills

Klintman, M. and Bostrom, M. (2004) 'Framings of science and ideology: Organic food labelling in the US and Sweden', *Environmental Politics*, vol 13, no 3, pp612-634

Krahmann, E. (2003) 'National, regional, and global governance: One phenomenon or many?', *Global Governance*, vol 9, pp323-346

Lang, T. and Heasman, M. (2004) *Food Wars. The Global Battle for Mouths*, Earthscan, London

Lang, T., Barling, D. and Caraher, M. (2009) *Food Policy: Integrating Health, Environment and Society*, Oxford University Press, Oxford

Lee, R. (2009) 'Agri-food governance and expertise: The production of international food standards', *Sociologia Ruralis*, vol 49, no 4, pp415-431

Lemos, M. and Agrawal, A. (2006) 'Environmental governance', *Annual Review of Environment and Resources*, vol 31, pp297-325

Lipschutz, R. and Fogel, C. (2002) '"Regulation for the rest of us?" Global civil society and the privatization of transnational regulation', in R. Hall and T. Biersteker (eds) *The Emergence of Private Authority in Global Governance*, Cambridge University Press, Cambridge, pp115-140

Litfin, K. (2000) 'Environment, wealth, and authority: Global climate change and emerging modes of legitimation', *International Studies Review*, vol 2, no 2, pp119-148

Marsden, T., Lee, R., Flynn, A. and Thankappan, S. (2010) *The New Regulation and Governance of Food: Beyond the Food Crisis?*, Routledge, New York and London

Mol, A. (2001) *Globalization and Environmental Reform: The Ecological Modernization of the Global Economy*, The MIT Press, Cambridge, MA

Mol, A. (2010) 'Environmental authorities and biofuel controversies', *Environmental Politics*, vol 19, no 1, pp61-79

Motaal, D. (1999) 'The agreement on technical barriers to trade, the Committee on Trade and the Environment and ecolabelling', in G. Simpson and W. Chambers (eds) *Trade, Environment and the Millennium*, United Nations University Press, Tokyo, pp223-238

Narlikar, A. (2005) *The World Trade Organization: A Very Short Introduction*, Oxford University Press, Oxford

Oosterveer, P. (2006) 'Environmental governance of global flows: The case of labeling stategies', in G. Spaargaren, A. Mol and F. Buttel (eds) *Governing Environmental Flows: Global Challenges to Social Theory*, The MIT Press, Cambridge, MA, pp267-301

Oosterveer, P. (2007) *Global Governance of Food Production and Consumption: Issues and Challenges,* Edward Elgar, Cheltenham and Northampton

Oosterveer, P. (2008) 'Governing global fish provisioning: Ownership and management of marine resources', *Ocean & Coastal Management,* vol 51, pp797-805

Oosterveer, P. and Spaargaren, G. (2011) 'Organising consumer involvement in the greening of global food flows: The role of environmental NGOs in the case of marine fish', *Environmental Politics,* vol 20, no 1, pp97-114

Oosterveer, P., Guivant, J. and Spaargaren, G. (2007) 'Shopping for green food in globalizing supermarkets: Sustainability at the consumption junction', in J. Pretty, A. Ball, T. Benton, J. Guivant, D. Lee, D. Orr, M. Pfeffer and H. Ward (eds) *The Handbook of Environment and Society,* Sage Publications, London, pp411-428

Otsuki, T., Wilson, J. and Sewadeh, M. (2001) 'Saving two in a billion: Quantifying the trade effect of European food safety standards on African exports', *Food Policy,* vol 26,pp495-514

Paterson, M. (1999) 'Overview: Interpreting trends in global environmental governance', *International Affairs,* vol 75, no 4, pp793-802

Polanyi, K. (1944) *The Great Transformation,* Beacon Press, Boston

Potter, C. and Burney, J. (2002) 'Agricultural multifunctionality in the WTO: Legitimate non-trade concern or disguised protectionism', *Journal of Rural Studies,* vol 18, pp35-47

Raynolds, L. (2000) 'Re-embedding global agriculture: The international organic and fair trade movement', *Agriculture and Human Values,* vol 17, pp297-309

Rosenau, J. (2007) 'Governing the ungovernable: The challenge of a global disaggregation of authority', *Regulation & Governance,* vol 1, pp88-97

Sassen, S. (2006) *Territory, Authority, Rights: From Medieval to Global Assemblages,* Princeton University Press, Princeton and Oxford

Schaeffer, R. (1995) 'Free trade agreements: Their impact on agriculture and the environment', in P. McMichael (ed) *Food and Agrarian Orders in the WorldEconomy,* Praeger Publishers, Westport, pp255-275

Skelcher, C. (2009) 'Fishing in muddy waters: Principals, agents, and democratic governance in Europe', *Journal of Public Administration Research and Theory,* vol 20, pp1161-1175

Spaargaren, G. and Mol, A. (2008) 'Greening global consumption: Redefining politics and authority', *Global Environmental Change,* vol 18, no 3, pp350-359

Speth, J. (2002) 'The global environmental agenda: Origins and prospects', in D. Esty and M. Ivanova (eds) *Global Environmental Governance: Opinions & Opportunities,* Yale School of Forestry and Environmental Studies, New Haven, pp11-30

Stripple, J. (2006) 'Editorial. Rules for the environment: Reconsidering authority in global environmental governance', *European Environment,* vol 16, pp259-264

Tansey, G. and Worsley, T. (1995) The Food System. A Guide, Earthscan, London

Treib, O., Biihr, H. and Falkner, G. (2007) 'Modes of governance: Towards a conceptual clarification', *Journal of European Public Policy,* vol 14, no 1, pp 1-20

Unnevehr, L. and Jensen, H. (1999) 'The economic implications of using HACCP as a food regulatory standard', *Food Policy*, vol 24, pp625-635

Van der Grijp, N. and Hond, F. (1999) *Green Supply Chain Initiatives in the European Food and Retailing Sector*, IVM, Amsterdam

Van Kersbergen, K. and Van Waarden, F. (2004) '"Governance" as a bridge between disciplines: Cross-disciplinary inspiration regarding shifts in governance and problems of governability, accountability and legitimacy', *European Journal of Political Research*, vol 43, pp142-171

Van Tatenhove, J., Arts, B. and Leroy, P. (eds) (2000) *Political Modernisation and the Environment: The Renewal of Environmental Policy Arrangements*, Kluwer, Dordrecht

VWA (Verner Wheelock Associates) (2005) *Report of Nitrate Monitoring Results Concerning Regulation EU 46612001: The Netherlands 2004*, VWA, The Hague

Wapner, P. (1997) 'Governance in global civil society', in O. Young (ed) *Global Governance: Drawing Insights from the Environmental Experience*, The MIT Press, Cambridge, MA, pp65-84

Wapner, P. (1998) 'Reorienting state sovereignty: Rights and responsibilities in the environmental age', in K. Litfin (ed) *The Greening of Sovereignty in World Politics*, The MIT Press, Cambridge, MA, pp275-297

Young, O. (2000) *Global Governance: Drawing Insights from Environmental xperience*, The MIT Press, Cambridge, MA

Zaccal, E. (ed) (2007) *Sustainable Consumption, Ecology and Fair Trade*, Routledge, Abingdon

5장. 먹거리공급과 기후변화

Barrett, J., Cherrett, N., Hutchinson, N., Jones, A., Ravetz, J., Vallack, H. and Wiedmann, T. (2003) *A Material Flow Analysis and Ecological Footprint of the South East*, EEDA, EcoSys, SEI, Guildford

Beck, U. (1992) *Risk Society: Towards a New Modernity*, Sage, London

Blonk, Ho, Ponsioen, T. and Scholten, J. (2009) *CO2-voetafdruk: rekenmethode voor tuinbouwketens*, Blonk Milieuadvies, The Hague

Bolwig, S., Ponte, S., du Toit, A., Riisgaard, L. and Halberg, N. (2008) *Integrating Poverty, Gender and Environmental Concerns into Value Chain Analysis: A Conceptual Framework and Lessons for Action Research*, Danish Institute for International Studies, Copenhagen

Brenton, P., Edwards-Jones, G. and Jensen, M. (2009) 'Carbon labelling and low-income country exports: A review of the development issues', *Development Policy Review*, vol 27, no 3, pp243-267

Carlsson-Kanyama, A. (1998) 'Climate change and dietary choices: How can emissions of greenhouse gases from food consumption be reduced?', *Food Policy*, vol 23, no 3/4, pp277-293

Carlsson-Kanyama, A. and Gonzalez, A. (2009) 'Potential contributions of food consumption patterns to climate change', *American Journal of Clinical Nutrition*, vol 89, no 5, pp1704S-1709S

Early, J. (2009) 'Climate change, agriculture and international trade: Potential conflicts and opportunities', *Bridges Trade BioRes Review*, vol 3, no 3, pp8-10

Fawcett, T. and Parag, Y. (2010) 'An introduction to personal carbon trading', *Climate Policy*, vol 10, pp329-338

Foster, C., Green, K., Bieda, M., Dewick, P., Evans, B., Flynn, A. and Mylan J. (2006) *Environmental Impacts of Food Production and Consumption: A report to the Department for Environment, Food and Rural Affairs*, Manchester Business School and DEFRA, London

Garnett, T. (2009) 'Livestock-related greenhouse gas emissions: Impacts and options or policy makers', *Environmental Science & Policy*, vol 12, pp491-503

Giddens, A. (1991) *Modernity and Self-Identity: Self and Society in Late Modern Age*, Polity Press, Cambridge

Halweil, B. (2002) *Home Grown: The Case for Local Food in a Global market*, Worldwatch Institute, Washington, DC

ICTSD-IPC (International Centre for Trade and Sustainable Development-International Policy Council) (2009) *International Climate Change Negotiations and Agriculture*, ICTSD and IPC, Geneva

Iles, A. (2005) 'Learning in sustainable agriculture: Food miles and missing objects', *Environmental Values*, vol 14, pp163-183

IPCC (Intergovernmental Panel on Climate Change) (2007) *Climate Change 2007: Synthesis Report*, IPCC, Geneva

Irwin, A. (2001) 'Constructing the scientific citizen: Science and democracy in the biosciences', *Public Understanding of Science*, vol 10, pp 1-18

Kameyama, Yo, Sari, A., Soejachmoen, Mo and Kanie, N. (eds) (2010) *Climate Change in Asia: Perspectives on the Future Climate Regime*, United Nations University Press, Tokyo

Kramer, K., Moll, H., Nonhebel, S. and Wilting, H. (1999) 'Greenhouse gas emissions related to Dutch food consumption', *Energy Policy*, vol 27, no 4, pp203-216

MacGregor, J. and Vorley, B. (2006) 'Fair Miles? The concept of "food miles" through a sustainable development lens', *Sustainable Development Opinion*, IIED, London

McAlpine, c., Etter, A., Fearnside, P., Seabrook, L. and Laurance, W. (2009) 'Increasing world consumption of beef as a driver of regional and global change: A call for policy action based on evidence from Queensland (Australia), Colombia and Brazil', *Global nvironmental Change*, vol 19, pp21-33

Meinke, H. and Stone, R. (2005) 'Seasonal and inter-annual climate forecasting: The new tool for increasing preparedness to climate variability and change in agricultural planning and operations', *Climatic Change*, vol 70, no 1, pp221-253

Micheletti, M. (2003) *Political Virtue and Shopping: Individuals, Consumerism, and Collective Action,* Palgrave MacMillan, New York

Minx, J., Peters, G., Wiedmann, T. and Barrett, J. (2008) 'GHG emissions in the global supply chain of food products', paper presented at the International Input Output Meeting on Managing the Environment, Seville, 9–11 July

Muller, C. (2009) *Climate Change Impact on Sub-Saharan Africa? An Overview and Analysis of Scenarios and Models,* Deutsches Institut fur Entwicklungspolitik, Bonn

OECD (Organisation for Economic Co-operation and Development) (2000) *Environmental Indicators for Agriculture,* OECD, Paris

Oosterveer, P. and Spaargaren, G. (2011) 'Organising consumer involvement in the greening of global food flows: The role of environmental NGOs in the case of marine fish', *Environmental Politics,* vol 20, no 1, pp97–114

Pirog, R., Pelt, T., Enshayan, K. and Cook, E. (2001) *Food, Fuel, and Freeways: An Iowa Perspective on How Far Food Travels, Fuel Usage, and Greenhouse Gas Emissions,* Leopold Center for Sustainable Agriculture, Ames

Pretty, J., Ball, A., Lang, T. and Morison, J. (2005) 'Farm costs and food miles: An assessment of the full costs of the UK weekly food basket', *Food Policy,* vol 30, pp1–19

Röös, E., Sundberg, C. and Hansson, P. (2010) 'Uncertainties in the carbon footprint of food products: A case study on table potatoes', *The International journal of Life Cycle Assessment,* vol 15, no 5, pp478–488

Saunders, C. and Barber, A. (2007) *Comparative Energy and Greenhouse Gas Emissions of New Zealand's and the UK's Dairy Industry,* Agribusiness and Economics Research Unit, Lincoln

Soil Association (2007) 'Air freight consultation feedback statement', Soil Association, Bristol

Spaargaren, G. and Oosterveer, P. (2010) 'Citizen-consumers as agents of change in globalizing modernity: The case of sustainable consumption', *Sustainability: Science, Practice & Policy,* vol 2, no 7, pp1887–1908

Toulmin, C. (2009) *Climate Change in Africa,* Zed Books, London

Tukker, A. and Jansen, B. (2006) 'Environmental impacts of products: A detailed review of studies', *journal of Industrial Ecology,* vol 10, no 3, pp159–182

UNCTAD (United Nations Conference on Trade and Development) (2009) *Trade and Development Report, 2009,* UNCTAD, Geneva

Van Hauwermeiren, A., Coene, H., Engelen, G. and Mathijs, E. (2007) 'Energy lifecycle inputs in food systems: A comparison of local versus mainstream cases', *journal of Environmental Policy & Planning,* vol 9, no 1, pp31–51

Weber, C. and Matthews, H. (2008) 'Food-miles and the relative climate impacts of food choices in the US', *Environmental Science & Technology,* vol 42, no 10, pp3508–3513

Born, B. and Purcell, M. (2006) 'Avoiding the local trap: Scale and food systems in planning research', *Journal of Planning Education and Research,* vol 26, pp 195-207

Bybee, R. (2009) 'Growing power in an urban food desert', *Yes! Magazine,* 13 February

Evans, N., Morris, C. and Winter, M. (2002) 'Conceptualizing agriculture: A critique of post-productivism as the new orthodoxy', *Progress in Human Geography,* vol 26, no 3, pp313-332

FAO (Food and Agriculture Organization of the United Nations) (2010) *Fighting Poverty and Hunger: What Role for Urban Agriculture?,* Department of Economic and Social Development, FAO, Rome

Feenstra, G. (2002) 'Creating space for sustainable food systems: Lessons from the field', *Agriculture and Human Values,* vol 19, pp99-106

Fonte, M. (2008) 'Knowledge, food and place: A way of producing, a way of knowing', *Sociologia Ruralis,* vol 48, no 3, pp200-222

Goleman, D. (2009) *Ecological Intelligence: Knowing the Hidden Impacts of What We Buy,* Allen Lane, London

Goodman, D. (2004) 'Rural Europe redux? Reflections on alternative agro-food networks and paradigm change', *Sociologia Ruralis,* vol 44, no 1, pp3-16

Green, K., Harvey, M. and Mcmeekin, A. (2003) 'Transformations in food consumption and production systems', *Journal of Environmental Policy & Planning,* vol 5, no 2, pp145-163

Halweil, B. (2002) *Home Grown: The Case for Local Food in a Global market,* Worldwatch Institute, Washington, DC

Halweil, B. (2006) *Good Stuff? Local Food,* www.worldwatch.org/node/4132, accessed 28 June 2006

Harris, P. (2010) 'Detroit gets growing', *Guardian,* www.guardian.co.uk/environment/2010/jul/11/detroit-urban-renewal-city-farms-paul-harris, accessed 18 March 2011

Hines, C. (2003) 'Time to replace globalization with localization', *Global Environmental Politics,* vol 3, no 3, pp1-7

Hinrichs, C. (2000) 'Embeddedness and local food systems: Notes on two types of direct agricultural market', *Journal of Rural Studies,* vol 16, pp195-303

ICFFA (International Commission on the Future of Food and Agriculture) (2003) *Manifesto on the Future of Food,* ICFFA, San Rossore

Interfaith Network (2003) *Portland's Bounty: A Guide to Eating Locally and Seasonally in the Greater Portland and Vancouver Areas,* www.emoregon.org/inec_food.htm, accessed 15 December 2003

Keeley, J. and Scoones, I. (2003) *Understanding Environmental Policy Processes: Cases from Africa,* Earthscan, London

Kingsolver, B., Hopp, S. and Kingsolver, C. (2008) *Animal, Vegetable, Mineral: A Year of*

Food Life, Harper, New York

Kirwan, J. (2004) 'Alternative strategies in the UK. Agro-food system: Interrogating the alternity of farmers' markets', *Sociologia Ruralis,* vol 44, no 4, pp395-415

Lyson, T. (2005) 'Civic agriculture and community problem solving', *Culture and Agriculture,* vol 27, no 2, pp92-98

Marsden, T. (2004) 'The quest for ecological modernisation: Re-spacing rural evelopment and agri-food studies', *Sociologia Ruralis,* vol 44, no 2, pp129-146

Melucci, A. (1996) *Challenging Codes: Collective Action in the Information Age,* Cambridge University Press, Cambridge

Morgan, K., Marsden, T. and Murdoch, J. (2006) *Worlds of Food: Place, Power, and Provenance in the Food Chain,* Oxford University Press, Oxford

Morgan, K. and Sonnino, R. (2008) *The School Food Revolution: Public Food and the Challenge of Sustainable Development,* Earthscan, London

O'Hara, S. and Stagl, S. (2001) 'Global food markets and their local alternatives: A socio-ecological economic perspective', *Population and Environment,* vol 22, no 6, pp533-554

Petit-Perrot, C. (2009) 'Organic vegetables from the slums', *Afrika Nieuws,* vol 15, October

Princen, T. (1997) 'The shading and distancing of commerce: When internationalization is not enough', *Ecological Economics,* vol 20, pp235-253

Renting, H., Marsden, T. and Banks, J. (2003) 'Understanding alternative food networks: Exploring the role of short food supply chains in rural development', *Environment and Planning A,* vol 35, no 3, pp393-411

Rocha, C. and Lessa, I. (2009) 'Urban governance for food security: The alternative food system in Belo Horizonte, Brazil', *International Planning Studies,* vol 14, no 4, pp389-400

Scoones, I. and Toulmin, C. (1999) *Policies for Soil Fertility Management in Africa,* IIED, IDS and DFID, Edinburgh, Brighton and London

Selfa, T. and Qazi, J. (2005) 'Place, taste, or face-to-face? Understanding producerconsumer networks in "local" food systems in Washington State', *Agriculture and Human Values,* vol 22, no 4, pp451-464

Seyfang, G. (2006) 'Ecological citizenship and sustainable consumption: Examining local organic food networks', *Journal of Rural Studies,* vol 22, pp383-395

Seyfang, G. (2007) 'Cultivating carrots and community: Local organic food and sustainable consumption', *Environmental Values,* vol 16, pp105-123

Smit, J., Ratta, A. and Nasr, J. (1996) *Urban Agriculture: Food, Jobs and Sustainable Cities,* UNDP, Geneva and New York

Smith, A. and MacKinnon, J. (2008) *Plenty: Eatig Locally on the 100-Mile Diet,* Three Rivers Press, New York

Sonnino, R. (2009) 'Feeding the city: Towards a new research and planning agenda', *International Planning Studies,* vol 14, no 4, pp425-435

Sonnino, R. (2010) 'Escaping the local trap: Insights on re-localization from school food reform', *Journal of Environmental Policy & Planning*, vol 12, no 1, pp23-40

Sukkel, w., Stilma, E. and Jansma, J. (2010) *Verkenning van de milieueffecten van lokale productie en distributie van voedsel in Almere*, Praktijkonderzoek Plant & Omgeving, Lelystad

Terragni, L., Torjusen, H. and Vitterso, G. (2009) 'The dynamics of alternative food consumption: Contexts, opportunities and transformations', *Anthropology of Food (Online)*, vol S5, http://aof.revues.org/index6400.html (accessed 28 June 2006)

Thompson, C. and Coskuner-Balli, G. (2007) 'Enchanting ethical consumerism', *Journal of Consumer Culture*, vol 7, no 3, pp275-303

USDA (United States Department of Agriculture) (2009) *2007 Census of Agriculture*, USDA, Washington, DC

Van der Ploeg, J. D., Renting, H., Brunori, G., Knickel, K., Mannion, J., Marsden, T., De Roest, K., Sevilla-Guzman, E. and Ventura E. (2000) 'Rural development: From practices and policies towards theory', *Sociologia Ruralis*, vol 40, no 4, pp391-408

Watkins, K. (2002) 'Is Oxfam right to insist that increased access to Northern markets is a solution to the Third World's problems?', *The Ecologist*, vol 32, no 6, p34

Watts, D., Ilbery, B. and Maye, D. (2005) 'Making reconnections in agro-food eography: Alternative systems of food provision', *Progress in Human Geography*, vol 29, no 1, pp22-40

Winter, M. (2003) 'Embeddedness, the new food economy and defensive localism', *Journal of Rural Studies*, vol 19, no 1, pp23-32

Wiskerke, J. (2009) 'On places lost and places regained: Reflections on the alternative food geography and sustainable regional development', ⟨International Planning Studies, vol 14, no 4, pp369-387

Zezza, A. and Tasciotti, L. (2010) 'Urban agriculture, poverty, and food security: Empirical evidence from a sample of developing countries', *Food Policy*, vol 35, no 4, pp265-273

7장. 공정무역: 시장에서 소비자신뢰를 주고받기

Abbott, J., Roberts, S. and Robins, N. (1999) *Who Benefits?*, IIED, London

Barrientos, S. and Dolan, C. (eds) (2006) *Ethical Sourcing in the Global Food System*, Earthscan, London

Biofach (2010) 'Fairtrade raises cocoa prices', *Biofach Newsletter*, no 235, 29 October

Browne, A., Harris, P., Hofny-Collins, A., Pasiecznik, N. and Wallace, R. (2000) 'Organic production and ethical trade: Definition, practice and links', *Food Policy*, vol 25, pp69-89

Bryant, R. and Goodman, M. (2004) 'Consuming narratives: The political ecology of "alternative" consumption', *Transactions of the Institute of British Geographers*, vol 29, pp344-366

Clarke, N., Barnett, c., Cloke, P. and Malpass, A. (2007) 'The political rationalities of fair-trade consumption in the United Kingdom', *Politics & Society*, vol 35, no 4, pp583-607

De Pel smacker, P. and Janssens, W. (2007) 'A model for fair trade buying behaviour: The role of perceived quantity and quality of information and of product-specific attitudes', *Journal of Business Ethics*, vol 75, pp361-380

Economist (2006) 'Voting with your trolley: Can you really change the world just by buying certain foods?', *The Economist*, 7 December

Fitter, R. and Kaplinsky, R. (2001) 'Who gains from product rents as the coffee market becomes more differentiated? A value-chain analysis', *IDS Bulletin*, vol 32, no 3, pp69-82

FLO (Fairtrade Labelling Organizations International) (2006) *Building Trust: Annual Report 2005-2006*, FLO, Bonn

FLO (2008) *An Inspiration for Change: Annual report 2007*, FLO, Bonn

FLO (2009) *Fairtrade's Labelling's Strategic Review*, FLO, Bonn

FLO (2010) *Growing Stronger Together: Annual Report 2009-10*, FLO, Bonn

Freidberg, S. (2003) *The Contradictions of Clean: Supermarkets Ethical Trade and African Horticulture*, IIED, London

Getz, C. and Shreck, A. (2006) 'What organic and Fair Trade labels do not tell us: Towards a place-based understanding of certification', *International Journal of Consumer Studies*, vol 30, no 5, pp490-501

Gibbon, P. (2001) 'Agro-commodity chains: An introduction', *IDS Bulletin*, vol 32, no 3, pp60-68

Goodman, M. (2004) 'Reading fair trade: Political ecological imaginary and the moral economy of fair trade foods', *Political Geography*, vol 23, no 7, pp891-915

Guardian (2002) 'Co-op to "double" fair trade chocolate sales', *The Guardian*, 27 November

Hudson, I. and Hudson, M. (2003) 'Removing the veil? Commodity fetishism, fair trade, and the environment', *Organization & Environment*, vol 16, no 4, pp413-430

Hughes, A. (2004) 'Accounting for ethical trade: Global commodity networks, virtualism and the audit economy', in A. Hughes and S. Reimer (eds) *Geographies of Commodity Chains*, Routledge, London and New York, pp215-232

ICO (International Coffee Organization) (2011) *Monthly Coffee Market Report; January 2011*, ICO, London

Jaffee, D. (2010) 'Fair trade standards, corporate participation, and social movement responses in the United States', *Journal of Business Ethics*, vol 92, pp267-285

Jaffee, D., Kloppenburg, J. and Monroy, M. (2004) 'Bringing the "moral charge" home: Fair trade within the North and within the South', *Rural Sociology*, vol 69, no 2, pp169-196

Levi, M. and Linton, A. (2003) 'Fair trade: A cup at a time?', *Politics & Society*, vol 31, no 3, pp407-432

Low, W. and Davenport, E. (2005) 'Postcards from the edge: Maintaining the "alternative" character of fair trade', *Sustainable Development,* vol 13, pp143-153

Lyon, S. (2006) 'Evaluating fair trade consumption: Politics, defetishization and producer participation', *International Journal of Consumer Studies,* vol 30, no 5, pp452-464

Muradian, R. and Pelupessy, W. (2005) 'Governing the coffee chain: The role of oluntary regulatory systems', *World Development,* vol 33, no 12, pp2029-2044

Neilson, J. and Pritchard, B. (2010) 'Fairness and ethicality in their place: The regional dynamics of fair trade and ethical sourcing agendas in the plantation districts of South India', *Environment and Planning A,* vol 42, pp1833-1851

Nelson, V. and Pound, B. (2009) *The Last Ten Years: A Comprehensive Review of the Literature on the Impact of Fairtrade,* Natural Resources Institute, London

Osorio, N. (2002) 'The global coffee crisis: A threat to sustainable development', paper presented at the WSSD, Johannesburg

Oxfam-Novib (2010) *Zuivere koffie. De Nederlandse supermarkten doorgelicht,* Oxfam-Novib, The Hague

Parrish, B., Luzadis, V. and Bentley, W. (2005) 'What Tanzania's coffee farmers can teach the world: A performance-based look at the fair trade-free trade debate', *Sustainable Development,* vol 13, pp177-189

Ponte, S. (2002) 'Standards, trade and equity: Lessons from the specialty coffee industry', CDR *Working Paper,* Centre for Development Research, Copenhagen

Raynolds, L. (2000) 'Re-embedding global agriculture: The international organic and fair trade movement', *Agriculture and Human Values,* vol 17, pp297-309

Raynolds, L. (2002) 'Consumer/producer links in Fair Trade coffee networks', *Sociologia Ruralis,* vol 42, no 4, pp404-424

Raynolds, L. and Ngcwangu, S. (2010) 'Fair Trade rooibos tea: Connecting South African producers and American consumer markets', *Geoforum,* vol 41, no 1, pp74-83

Renard, M. (2003) 'Fair trade: Quality, market and conventions', *Journal of Rural Studies,* vol 19, no 1, pp87-96

Renard, M. (2005) 'Quality certification, regulation and power in fair trade', *Journal of Rural Studies,* vol 21, no 4, pp419-431

Roozen, N. and Van der Hoff, F. (2001) *Fair Trade. Het verhaal achter Max Havelaarkoffie, Oke-bananen en Kuyichi-jeans,* Van Gennep, Amsterdam

Ruben, R. (ed) (2008) *The Impact of Fair Trade,* Wageningen Academic Publishers, Wageningen

Shreck, A. (2008) 'Resistance, redistribution, and power in the fair trade banana initiative', in W. Wright and G. Middendorf (eds) *The Fight over Food. Producers, Consumers, and Activists Challenge the Global Food System,* The Pennsylvania State University Press, University Park, pp 121-144

Smith, S. and Barrientos, S. (2005) 'Fair trade and ethical trade: Are there moves towards convergence?', *Sustainable Development,* vol 13, pp190-198

Tallontire, A. (2000) 'Partnerships in fair trade: Reflections from a case study of Cafe direct', *Development in Practice,* vol 10, no 2, pp166-177

Taylor, E. (2001) 'HACCP in small companies: Benefit or burden', *Food Control,* vol 12, pp217-222

Taylor, P. (2005) 'In the market but not of it: Fair trade coffee and Forest Stewardship Council certification as market-based social change', *World Development,* vol 33, no 1, pp129-147

Taylor, P., Murray, D. and Raynolds, L. (2005) 'Keeping trade fair: Governance challenges in the fair trade coffee initiative', *Sustainable Development,* vol 13, pp109-208

Utting-Chamorro, K. (2005) 'Does fair trade make a difference? The case of small coffee producers in Nicaragua', *Development in Practice,* vol 15, no 3/4, pp584-599

WFTO and FLO (World Fair Trade Organization and Fairtrade Labelling Organizations International) (2009) *A Charter of Fair Trade Principles,* WFTO and FLO, Culemborg and Bonn

Whatmore, S. and Thorne, L. (1997) 'Nourishing networks: Alternative geographies of food', in D. Goodman and M. Watts (eds) *Globalizing Food: Agrarian Questions and Global Restructuring,* Routledge, London, pp287-304

Wright, C. (2009) 'Fairtrade food: Connecting producers and consumers', in D. Inglis and D. Gimlin (eds) *The Globalization of Food,* Berg, Oxford and New York, pp139-157

8장. 지속가능한 수산물공급

Accenture (2009) *Assessment of On-pack, Wild-capture Seafood Sustainability Certification Programmes and Seafood Labels,* Accenture and WWF International, Zurich

Ahmed, M. (2006) *Market Access and Trade Liberalisation in Fisheries,* ICTSD, Geneva
Allison, E. (2001) 'Big laws, small catches: Global ocean governance and the fisheries crisis', *Journal of International Development,* vol 13, pp933-950

ASC (Aquaculture Stewardship Council) (2010) 'Press statement', 22 October, www. ascworldwide.org

Belton, B., Murray, F., Young, J., Telfer, T. and Little, D. (2010) 'Passing the Panda standard: A TAD off the mark?', *AMBIa,* vol 39, no 1, pp2-13

Bostrom, M. and Klintman, M. (2008) *Eco-Standards, Product Labelling and Green Consumerism,* Palgrave MacMillan, Houndmills

Bridges Weekly (2007) 'Members clash over how to discipline fisheries subsidies', *Bridges Weekly,* vol 11, no 22, ICTSD, Geneva

Bridges Weekly (2008) 'Rough sailing for fisheries subsidy talks', *Bridges Weekly,* vol 12, no 4, ICTSD, Geneva

Bush, S. (2010) 'Governing "spaces of interaction" for sustainable fisheries', *Tijdschriftvoor economische en sociale geografie,* vol 101, no 3, pp305-319

Bush, S. and Minh, L. (2005) *Fish Trade, Food and Income Security: An Overview of the Constraints and Barriers Faced by Small-scale Fishers, Farmers and Traders in the*

Lower Mekong Basin, Oxfam America, Phnom Penh

Bush, S. and Oosterveer, P. (2007) 'The missing link: Intersecting governance and trade in the space of place and the space of flows', *Sociologia Ruralis,* vol 4 7, no 4, pp384–399

Constance, D. and Bonanno, A. (2000) 'Regulating the global fisheries: The World Wildlife Fund, Unilever and the Marine Stewardship Council', *Agriculture and Human Values,* vol 17, pp171–187

FAO (Food and Agriculture Organization of the United Nations) (2000) *International Trade in Fishery Products and the New Global Trading Environment,* FAO, Rome

FAO (2005) *Guidelines for the Ecolabeling of Fish and Fishery Products from Marine Capture Fisheries,* FAO, Rome

FAO (2006) *The International Fish Trade and World Fisheries,* FAO, Rome

FAO (2009) *The State of World Fisheries and Aquaculture 2008,* FAO, Rome

FoEI (Friends of the Earth International) (2001) *Sale of the Century? The World Trade System: Winners and Losers,* Friends of the Earth International, Amsterdam

Garcia, S., Cochrane, K., Santen, G. and Christy, F. (1999) 'Towards sustainable fisheries: A strategy for FAO and the World Bank', *Ocean & Coastal Management,* vol 42, no 5, pp369–398

Gulbrandsen, L. (2009) 'The emergence and effectiveness of the Marine Stewardship Council', *Marine Policy,* vol 33, no 4, pp654–660

Hoof, L. (2010) *Who Rules the Waves?,* WUR, Wageningen

ICTSD (International Centre for Trade and Sustainable Development) (2007) 'WTO: Members discuss details of US proposal on fisheries subsidies', *Bridges Trade BioRes News, Events and Resources at the Intersection of Trade and Biodiversity,* vol 7, no 9, pp4–6

Iles, A. (2007) 'Making the seafood industry more sustainable: Creating production chain transparency and accountability', *Journal of Cleaner Production,* vol 15, pp577–589

Juda, L. (2002) 'Rio plus ten: The evolution of international marine fisheries governance', *Ocean Development & International Law,* vol 33, pp109–144

Love, P. (2010) *Fisheries: Will Stocks Last?,* OECD, Paris

Mansfield, B. (2006) 'Assessing market-based environmental policy using a case study of North Pacific fisheries', *Global Environmental Change,* vol 16, no 1, pp29–39

MSC (Marine Stewardship Council) (2002) *Fish 4 Thought; The MSC Quarterly Newsletter,* vol 2, MSC, London

MSC (2009) *Risk-Based Framework and Guidance to Certification Bodies (Version 1),* MSC, London

MSC (2010) *Annual Report 2009110,* MSC, London

OECD (Organisation of Economic Co-operation and Development) (2010) *Globalisation in Fisheries and Aquaculture: Opportunities and Challenges,* OECD, Paris

Oosterveer, P. and Spaargaren, G. (2011) 'Organising consumer involvement in the greening of global food flows: The role of environmental NGOs in the case of marine fish', *Environmental Politics,* vol 20, no 1, pp97-114

Parkes, G., Walmsley, S., Cambridge, T., Trumble, R. , Clarke, S., Lamberts, D., Souter, D. and White, C. (2009) *Review of Fish Sustainability Information Schemes: Final Report,* MRAG and Stirling University, Edinburgh

Peterson, M. (1993) 'International fisheries management', in P. Haas, R. Keohane and M. Levy (eds) *Institutions for the Earth: Sources of Effective International Environmental Protection,* The MIT Press, Cambridge, MA, pp249-305

Ponte, S., Raakjaer, J. and Campling, L. (2007) 'Swimming upstream: Market access for African fish exports in the context of WTO and EU negotiations and regulation', *Development Policy Review,* vol 25, no 1, pp113-138

Potts, T. and Haward, M. (2007) 'International trade, eco-labelling, and sustainable fisheries: Recent issues, concepts and practices', *Environment, Development and Sustainability,* vol 9, no 1, pp91-106

Roheim, C. and Sutinen, J. (2006) *Trade and Marketplace Measures to Promote Sustainable Fishing Practices,* ICTSD, Geneva

Rubik, F. and Frankl, P. (eds) (2005) *The Future of Eco-labelling: Making Environmental Product Information Systems Effective,* Greenleaf, Sheffield

Sriwichailamphan, T. (2007) *Global Food Chains and Environment: Agro-food Production and Processing in Thailand,* WUR, Wageningen

Tacon, A. (2010) 'Climate change, food security and aquaculture', in OECD (ed) *Advancing the Aquaculture Agenda: Workshop Proceedings,* OECD, Paris, pp109-119

Thrane, M., Ziegler, F. and Sonesson, U. (2009) 'Eco-labelling of wild-caught seafood products', *Journal of Cleaner Production,* vol 17, pp416-423

UNEP (United Nations Environment Programme) (2009) *Certification and Sustainable Fisheries,* UNEP, Paris

Vandergeest, P. (2007) 'Certification and communities: Alternatives for regulating the environmental and social impacts of shrimp farming', *World Development,* vol 35,no 7, pp1152-1171

9장. 지속가능한 먹거리공급을 위한 생산자의 역할

Albersmeier, E, Schulze, H. and Spiller, A. (2009) 'Evaluation and reliability of the organic certification system: Perceptions by farmers in Latin America', *Sustainable Development,* vol 17, pp311-324

Allen, P. and Kovach, M. (2000) 'The capitalist composition of organic: The potential of markets in fulfilling the promise of organic agriculture', *Agriculture and Human Values,* vol 17, no 3, pp221-232

Badgley, c., Moghtader, J., Quintero, E., Zakem, E., Chappell, M., Aviles-Vasquez, K., Samulon, A. and Perfecto, 1 (2007) 'Organic agriculture and the global food supply', *Renewable Agriculture and Food Systems,* vol 22, no 2, pp86-108

Bakewell-Stone, P., Lieblein, G. and Francis, C. (2008) 'Potentials for organic griculture to sustain livelihoods in Tanzania', *International Journal of Agricultural Sustainability,* vol 6, no 1, pp22-36

Banks, J. and Marsden, T. (2001) 'The nature of rural development: The organic potential', *Journal of Environmental Policy & Planning,* vol 3, pp 103-121

Bolwig, S., Gibbon, P. and Jones, S. (2009) 'The economics of smallholder organic contract farming in tropical Africa', *World Development,* vol 37, no 6, pp1094-1104

Borlaug, N. (2000) 'Ending world hunger: The promise of biotechnology and the threat of antiscience zealotry', *Plant Physiology,* vol 124, no 2, pp487-490

Boyer, J. (2010) 'Food security, food sovereignty, and local challenges for transnational agrarian movements: The Honduras case', *Journal of Peasant Studies,* vol 37, no 2, pp319-351

Bray, D., Sanchez, J. and Murphy, E. (2002) 'Social dimensions of organic coffee production in Mexico: Lessons for eco-labeling initiatives', *Society and Natural Resources,* vol 15, pp429-446

Daily Monitor (2008) 'National Organic Agricultural Movement of Uganda (NOGAMU). Celebrating the Organic Day in Uganda', *Daily Monitor,* 14 June

Dawe, D. (2002) 'The changing structure of the world rice market, 1950-2000', *Food Policy,* vol 27, no 4, pp355-370

DeSoucey, M. and Techoueyres, I. (2009) 'Virtue and valorization: "Local food" in the United States and France', in D. Inglis and D. Gimlin (eds) *The Globalization of Food,* Berg, Oxford and New York, pp81-95

Eicher, c., Maredia, K. and Sithole-Niang, I. (2006) 'Crop biotechnology and the African farmer', *Food Policy,* vol 31, pp504-527

ETC (2008) *Who Owns Nature? Corporate Power and the Final Frontier in the Commodification of Life,* ETC Group, Ottawa

FAO (Food and Agriculture Organization of the United Nations) (2010) *The State of Food Insecurity in the World: Addressing Food Insecurity in Protracted Crises,* FAO,Rome

FoEI (Friends of the Earth International) (2010) *Who Benefits from GM Crops?,* FOEi, Amsterdam

Friedmann, H. and McNair, A. (2008) 'Whose rules rule? Contested projects to certify "local" production for distant consumers', *Journal of Agrarian Change,* vol 8, no 2/3, pp408-434

Gioe, M. (2006) 'Can horticultural production help African smallholders to escape dependence on export of tropical agricultural commodities?', *Crossroads,* vol 6, no 2, pp16-65

GMO Compass (2008) 'Field area for Bt maize decreases', www.gmo-compass.org/eng/agri_biotechnology/gmo_planting/392.gm_maize_cultivation_europe_2009.html accessed 4 March

Goodman, D. (2000) 'Organic and conventional agriculture: Materializing discourse and agro-ecological managerialism', *Agriculture and Human Values,* vol 17, pp215-219

Green, K., Harvey, M. and Mcmeekin, A. (2003) 'Transformations in food consumption and production systems', *Journal of Environmental Policy & Planning,* vol 5, no 2, pp145-163

Guthman, J. (2004) 'The trouble with "organic lite" in California: A rejoinder to the "conventionalisation" debate', *Sociologia Ruralis,* vol 44, no 3, pp301-316

Hatanaka, M. (2010) 'Governing sustainability: Examining audits and compliance in a third-party-certified organic shrimp farming project in rural Indonesia', *Local Environment,* vol 15, no 3, pp233-244

Hoi, P., Mol, A. and Oosterveer, P. (2009) 'Market governance for safe food in eveloping countries: The case of low-pesticide vegetables in Vietnam', *Journal of Environmental Management,* vol 91, pp380-388

Howard, P. (2009) 'Consolidation in the North American organic food processing sector, 1997 to 2007', *International Journal of Sociology of Agriculture and Food,* vol 16, no 1, pp13-30

Indian Express (2010) 'System to tackle organic farming expenses on cards', *India Express,* 22 September

ISAAA (International Service for the Acquisition of Agri-Biotech Applications) (2009) *Global Status of Commercialized Biotech/G M Crops,* ISAAA, Ithaca

ISAAA (2010) *Brief 42: Global Status of Commercialized Biotech/GM Crops,* ISAAA, Ithaca

Kamau, E. and Winter, G. (eds) (2009) *Genetic Resources, Traditional Knowledge and the Law: Solutions for Access and Benefit Sharing,* Earthscan, London and Sterling

Klintman, M. and Bostrom, M. (2004) 'Framings of science and ideology: Organic food labelling in the US and Sweden', *Environmental Politics,* vol 13, no 3, pp612-634

La Via Campesina (2008) *Food Sovereignty for Africa: A Challenge at Fingertips,* La Via Campesina, Nyeleni

Lyons, K. and Burch, D. (2008) 'Socio-economic effects of organic agriculture in Africa', paper presented at the 16th Organic World Congress, 16-20 June, Modena

McIntyre, B., Herren, H., Wakhungu, J. and Watson, R. (2009) *International Assessment of Agricultural Knowledge, Science and Technology for Development (IAASTD): Global Report,* Island Press, Washington, DC

Mikkelsen, C. and Schliiter, M. (2009) *The New EU Regulation for Organic Food and farming: (EC) No 834/2007,* IFOAM EU Group, Brussels

Morgan, K. and Murdoch, J. (2000) 'Organic vs conventional agriculture: Knowledge, power and innovation in the food chain', *Geoforum,* vol 31, pp159-173

Naturland (2009) *Naturland Fair Richtlinien,* Naturland, Griifelfing

Okello, J. and Okello, R. (2010) 'Do EU pesticide standards promote nvironmentallyfriendly production of fresh export vegetables in developing countries? The evidence from Kenyan green bean industry', *Environment, Development and Sustainability,* vol 12, no 3, pp341-355

Oosterveer, P., Hoi, P. and Glin, L. (2011) 'Governance and greening agro-food chains: Cases from Vietnam, Thailand and Benin', in A. Helmsing and S. Vellema (eds) *Value*

Chains, Social Inclusion and Economic Development: Contrasting Theories and Realities, Routledge, Abingdon

Raney, T. (2006) 'Economic impact of transgenic crops in developing countries', *Current Opinions in Biotechnology,* vol 17, pp1-5

Raybould, A. and Quemada, H. (2010) 'Bt crops and food security in developing countries: Realised benefits, sustainable use and lowering barriers to adoption', *Food Security,* vol 2, no 3, pp247-259

Renting, H., Marsden, T. and Banks, J. (2003) 'Understanding alternative food networks: Exploring the role of short food supply chains in rural development', *Environment and Planning A,* vol 35, no 3, pp393-411

Rosset, P. (2003) 'Food sovereignty: Global rallying cry of farmer movements', *Food First Backgrounder,* vol 9, no 4, pp1-4

Sachs, W. and Santarius, T. (2007) *Slow Trade - Sound Farming: A Multilateral Framework for Sustainable Markets in Agriculture,* Heinrich Boll Foundation and MISEREOR, Aachen and Berlin

Total fruit (2010) 'Agreement and terms of contract proposal of Indian white seedless grapes', 8 January, Barendrecht

UNCTAD and UNEP (United Nations Conference on Trade and Development and United Nations Environment Programme)(2008) *Organic Agriculture and Food Security in Africa,* UNEP-UNCTAD, New York and Geneva

USDA (United States Department of Agriculture) (2009) 'News Release No. 0036.09', USDA, 4 February

Vaarst, M., Ssekyewa, C., Halberg, N., Juma, M., Walaga, c., Muwanga, M., Andreasen, L. and Dissing, A. (2009) *Organic Agriculture for Improved Food Security in Africa,* First African Organic Conference, Kampala

Willer, H. and Kilcher, L. (eds) (2010) *The World of Organic Agriculture, Statistics and Emerging Trends, 2010,* IFOAM and FiBL, Bonn and Frick

10장 먹거리공급의 구조조정: 슈퍼마켓과 지속가능성

Aberdeen Group (2008) *Sustaining the Global Food Supply Chain,* Aberdeen Group, Boston

Boselie, D., Henson, S. and Weatherspoon, D. (2003) 'Supermarket procurement practices in developing countries: Redefining the roles of the public and private sectors', *American Journal of Agricultural Economics,* vol 85, no 5, pp1155-1161

Bunte, F. (2009) *Prijsvorming glastuinbouw,* LEI, The Hague

Cadilhon, J., Moustier, P., Poole, N., Tam, P. and Fearne, A. (2006) 'Traditional vs. modern food systems? Insights from vegetable supply chains to Ho CHi Minh City (Vietnam)', *Development Policy Review,* vol 24, no 1, pp31-49

Clapp, J. and Fuchs, D. (eds) (2009) *Corporate Power in Global Agrifood Governance,* The MIT Press, Cambridge, MA

Coe, N. and Hess, M. (2005) 'The internationalization of retailing: Implications for supply network restructuring in East Asia and Eastern Europe', *Journal of Economic Geography*, vol 5, pp449-473

Deloitte (2009) *Emerging from the Downturn: Global Powers of Retailing 2010*, Deloitte Touche Tohmatsu, London

D'Haese, M. and Van Huylenbroeck, G. (2005) 'The rise of supermarkets and changing expenditure patterns of poor rural households: Case study in the Transkei area, South Africa', *Food Policy*, vol 30, pp97-113

Dixon, J. (2007) 'Supermarkets as new food authorities', in D. Burch and G. Lawrence (eds) *Supermarkets and Agri-food Supply Chains: Transformations in the Production and Consumption of Foods*, Edward Elgar, Cheltenham and Northampton, pp29-50

Dolan, C. and Humphrey, J. (2000) 'Governance and trade in fresh vegetables: The impact of UK supermarkets on the African horticulture industry', *Journal of Development Studies*, vol 37, no 2, pp147-176

ETC (2005) *Oligopoly, Inc. 2005: Concentration in Corporate Power*, ETC Group, Ottawa

ETC (2008) *Who Owns Nature? Corporate Power and the Final Frontier in the Commodification of Life*, ETC Group, Ottawa

EuroCommerce and European Retail Round Table (2010) *Retail Environmental Sustainability Code*, Eurocommerce and ERRT, Brussels

Fox, J. and Peterson, H. (2004) 'Risks and implications of bovine spongiform encephalopathy for the US: Insights from other countries', *Food Policy*, vol 29, pp45-60

Fox, T. and Vorley, B. (2004) *Stakeholder Accountability in the UK Supermarket Sector: Final Report of the "Race to the Top" Project*, IIED, London

Fuchs, D., Kalfagianni, A. and Arentsen, M. (2009) 'Retail power, private standards, and sustainability in the global food system', in J. Clapp and D. Fuchs (eds) *Corporate Power in Global Agrifood Governance*, The MIT Press, Cambridge, MA and London, pp29-60

Fulponi, L. (2006) 'Private voluntary standards in the food system: The perspective of major food retailers in OECD countries', *Food Policy*, vol 31, pp1-13

Gerlach, S., Kropp, c., Spiller, A. and Ulmer, H. (2006) 'Die grarwendeNeustrukturierung eines Politikfelds', in K. Brand (ed) *Von der Agrarwende zur Konsumwende? Die Kettenperspektive; Ergebnisband 2*, Oekom Verlag, Munchen, pp37-61

Harvey, M. (2007) 'The rise of supermarkets and asymmetries of economic power', in B. David and G. Lawrence (eds) *Supermarkets and Agri-food Supply Chains; Transformations in the Production and Consumption of Foods*, Edward Elgar, Cheltenham and Northampton, pp51-73

Hawkes, C. (2008) 'Dietary implications of supermarket development: A global perspective', *Development Policy Review*, vol 26, no 6, pp657-692

Hoi, P. (2010) *Governing Pesticide Use in Vegetable Production in Vietnam*, WUR, Wageningen

Hughes, A., Wrigley, N. and Buttle, M. (2008) 'Global production networks, ethical campaigning, and the embeddedness of responsible governance', *Journal of Economic Geography,* vol 8, pp345-367

Humphrey, J. (2007) 'The supermarket revolution in developing countries: Tidal wave or tough competitive struggle?', *Journal of Economic Geography,* vol 7, pp433-450

Iles, A. (2007) 'Seeing sustainability in business operations: US and British food retailer experiments with accountability', *Business Strategy and the Environment,* vol 16, pp290-301

Jaffee, S. and Masakure, O. (2005) 'Strategic use of private standards to enhance international competitiveness: Vegetable exports from Kenya and elsewhere', *Food Policy,* vol 30, pp316-333

Johnston, J. (2008) 'The citizen-consumer hybrid: Ideological tensions and the case of Whole Foods Market', *Theory and Society,* vol 37, pp229-270

Jones, P., Comfort, D., Hillier, D. and Eastwood, I. (2006) 'Corporate social responsibility: A case study of the UK's leading food retailers', *British Food Journal,* vol 107, no 6, pp423-435

Kaufman, P. (2002) *Food Retailing,* USDA, Washington, DC

Konefal, J., Bain, c., Mascarenhas, M. and Busch, L. (2007) 'Supermarkets and supply chains in North America', in D. Burch and G. Lawrence (eds) *Supermarkets and Agri-food Supply Chains: Transformations in the Production and Consumption of Foods,* Edward Elgar, Cheltenham and Northampton, pp268-288

Lang, T. and Barling, D. (2007) 'The environmental impact of supermarkets: Mapping the terrain and the policy problems in the UK', in D. Burch and G. Lawrence (eds) *Supermarkets and Agri-food Supply Chains: Transformations in the Production and Consumption of Foods,* Edward Elgar, Cheltenham and Northampton, pp192-215

Lawrence, G. and Burch, D. (2007) 'Understanding supermarkets and agri-food supply chains', in D. Burch and G. Lawrence (eds) *Supermarkets and Agri-food Supply Chains: Transformations in the Production and Consumption of Foods,* Edward Elgar, Cheltenham and Northampton, pp1-26

Lyons, K. (2007) 'Supermarkets as organic retailers: Impacts for the Australian organic sector', in D. Burch and G. Lawrence (eds) *Supermarkets and Agrifood Supply Chains: Transformations in the Production and Consumption of Foods,* Edward Elgar, Cheltenham and Northampton, pp154-172

Marsden, T., Lee, R., Flynn, A. and Thankappan, S. (2010) *The New Regulation and Governance of Food: Beyond the Food Crisis?,* Routledge, New York and London

Minten, B. (2008) 'The food retail revolution in poor countries: Is it coming or is it over?', *Economic Development and Cultural Change,* vol 56, no 4, pp767-789

Moustier, P. (2006) 'Summary of main findings from literature and study on supermarket development', in P. Moustier, T. Phan, H. An, V. Binh, M. Figuie, N. Loc and P. Tam (eds) *Supermarkets and the Poor in Vietnam,* M4P and CIRAD, Hanoi, pp30-41

Oosterveer, P. (2007) 〈Global Governance of Food Production and Consumption: Issues and Challenges, Edward Elgar, Cheltenham and Northampton

Patel, R. (2007) *Stuffed and Starved: Markets, Power and the Hidden Battle for the World Food System,* Porto bello Books, London

Reardon, T. and Hopkins, R. (2006) 'The supermarket revolution in developing countries: Policies to address emerging tensions among supermarkets, suppliers and traditional retailers', *The European Journal of Development Research,* vol 18, no 4, pp522-545

Reardon, T., Timmer, P., Barrett, C. and Berdegue, J. (2003) 'The rise of supermarkets in Africa, Asia, and Latin America', *American Journal of Agricultural Economics,* vol 85, no 5, pp1140-1146

Retail Planet (2010) 'Top 20: Tesco poised for rapid growth', press release 29 June, www. planetretaiLnet

Spiller, A. and Gerlach, S. (2006) 'Wertschopfungsketten fiir Bio-Produkte: Getrennte Welten', in K. Brand (ed) *Von der Agrarwende zur Agarwende zur Konsumwende? Die Kettenperspektive,* Oekom Verlag, Miinchen, pp83-106

Torjusen, H., Sangstad, L., Jensen, K. and Kjaerness, U. (2004) *European Consumers' Conceptions of Organic Food: A Review of Available Research,* SIFO, Oslo

Traill, W. (2006) 'The rapid rise of supermarkets?', *Development Policy Review,* vol 24, no 2, pp163-174

USDA (United States Department of Agriculture) (2009) *Access to Affordable and Nutritious Food: Measuring and Understanding Food Deserts and Their Consequences,* USDA, Washington, DC

USDA (2010) *Kenya, 2010 Retail Food Sector Report,* USDA, Washington, DC

Viteri, L. (2010) *Fresh Fruit and Vegetables: A World of Multiple Interactions,* WUR, Wageningen

Vorley, B. (2003) *Food Inc.: Corporate Concentration from Farm to Consumer,* UK Food Group, London

Wailes, E. (2004) 'Rice: Global trade, protectionist policies, and the impact of trade liberalization', in M. Aksoy and J. Beghin (eds) *Global Agricultural Trade and Developing Countries,* World Bank, Washington, DC, pp177-193

Young, W. (2004) *Sold Out: The True Cost of Supermarket Shopping,* Vision, London

11장. 지속가능한 먹거리공급에서 소비자의 참여

Aarset, B., Beckmann, S., Bigne, E., Beveridge, M., Bjorndal, T., Bunting, J., McDonagh, P., Mariojouls, c., Muir, J., Prothero, A., Reisch, L., Smith, A., Tveteras, R. and Young, J. (2004) 'The European consumers' understanding and perceptions of the "organic" food regime: The case of aquaculture', *British Food Journal,* vol 106, no 2, pp93-105

Abrahamse, W., Gatersleben, B. and Uzzell, D. (2009) *Encouraging Sustainable Food Consumption: The Role of (Threatened) Indentity,* University of Surrey, Guildford

AFGC (Australian Food and Grocery Council) (2010) *Green Shopper Summary Report 2010,* Net Balance, Melbourne

Ajzen, I. (1991) 'The theory of planned behavior', *Organizational Behavior and Human Decision Processes,* vol 50, no 2, pp179-211

Atkins, P. and Bowler, I. (2001) *Food in Society: Economy, Culture, Geography,* Arnold, London

Bakker, J. and Bunte, E (2009) *Biologische internationale handel,* LEI, The Hague

Baltussen, W., Wertheim-Heck, S., Bunte, E, Tacken, G., Van Galen, M., Bakker, J. and Winter, M. (2006) *Een Biologisch Prijsexperiment; Grenzen in zicht?,* LEI, The Hague

Banks, J. and Marsden, T. (2001) 'The nature of rural development: The organic otential', *Journal of Environmental Policy & Planning,* vol 3, pp103-121

Barnett, C., Cloke, P., Clarke, N. and Malpass, A. (2011) *Globalizing Responsibility: The Political Rationalities of Ethical Consumption,* Wiley-Blackwell, Chichester

Beardsworth, A. and Keil, T. (1997) *Sociology on the Menu: An Invitation to the Study of Food and Society,* Routledge, London and New York

Beck, U. (1992) *Risk Society: Towards a New Modernity,* Sage, London

Biologica (2008) *Bio-Monitor: Jaarrapport '08,* Biologica, Utrecht

Bio Verlag (2006) *BioHandel,* Bio Verlag, Aschaffenburg

Bostrom, M. and Klintman, M. (2008) *Eco-standards, Product Labelling and Green Consumerism,* Palgrave MacMillan, Houndmills

Caraher, M., Dixon, P., Lang, T. and Car-Hill, R. (1999) 'The state of cooking in England: The relationship of cooking skills to food choice', *British Food Journal,* vol 101, no 8, pp590-609

Center for Sustainable Systems (2009) *US Food System Factsheets,* University of Michigan, Ann Arbor

Cheng, S., Olsen, W., Southerton, D. and Warde, A. (2007) 'The changing practice of eating: Evidence from UK time diaries, 1975 and 2000', *The British Journal of Sociology,* vol 58, no 1, pp39-61

Cook, I., Crang, P. and Thorpe, M. (1998) 'Biographies and geographies: Consumer understandings of the origins of foods', *British Food Journal,* vol 100, no 3, pp162-167

Counihan, C. and Esterik, P. (eds) (1997) *Food and Culture: A Reader,* Routledge, New York and London

DeMuth, S. (1993) *Community Supported Agriculture (CSA): An Annotated Bibliography and Resource Guide,* USDA, Washington, DC

Dimitri, C. and Oberholtzer, L. (2006) 'A brief retrospective on the US organic sector: 1997 and 2003', *Crop Management,* www.plantmanagementnetwork.org/pub/cm/symposium/organics/Dimitri (accessed 22 March 2011)

Dobson, A. and Bell, D. (eds) (2006) *Environmental Citizenship,* The MIT Press, Cambridge, MA

Duchin, F. (2005) 'Sustainable consumption of food: A framework for analyzing scenarios about changes in diets', *Journal of Industrial Ecology,* vol 9, no 112, p99-114

Duffey, K., Gordon-Larsen, P., Shikany, J., Guilkey, D., Jacobs, D. and Popkin, B. (2010) 'Food price and diet and health outcomes', *Archives of Internal Medicine,* vol 170, no 5, pp420-426

Eden, S., Bear, C. and Walker, G. (2008) 'Mucky carrots and other proxies: roblematising the knowledge-fix for sustainable and ethical consumption', *Geoforum,* vol 39, pp1044-1057

Eshel, G. and Martin, P. (2006) 'Diet, energy, and global warming', *Earth Interactions,* vol 10, no 9, pp1-17

FAO (Food and Agriculture Organization of the United Nations) (2006) *Livestock's Long Shadow: Environmental Issues and Options,* FAO, Rome

Fine, B., Heasman, M. and Wright, J. (1996) *Consumption in the Age of Affluence: The World of Food,* Routledge, London and New York

Gabriel, Y. and Lang, T. (1995) *The Unmanageable Consumer: Contemporary Consumption and its Fragmentation,* Sage, London

Giddens, A. (1990) *The Consequences of Modernity,* Stanford University Press, Stanford

Goodland, R. (1997) 'Environmental sustainability in agriculture: Diet matters', *Ecological Economics,* vol 23, pp189-200

Goodman, D. and Goodman, M. (2001) 'Sustaining foods: Organic consumption and the socio-ecological imaginary', in M. Cohen and J. Murphy (eds) *Exploring Sustainable Consumption: Environmental Policy and the Social Sciences,* Pergamon Elsevier, Amsterdam, pp97-119

Halkier, B. (2001) 'Risk and food: Environmental concerns and consumer practices', *International Journal of Food Science and Technology,* vol 36, pp801-812

Hinrichs, C. (2000) 'Embeddedness and local food systems: Notes on two types of direct agricultural market', *Journal of Rural Studies,* vol 16, pp195-303

Hobson, K. (2002) 'Competing discourses of sustainable consumption: Does the "rationalisation of lifestyles" make sense?', Environmental Politics, vol 11, no 2, pp95-120

Howes, D. (ed) (1996) *Cross-Cultural Consumption: Global Markets, Local Realities,* Routledge, London and New York

Hughes, A., Wrigley, N. and Buttle, M. (2008) 'Global production networks, ethical campaigning, and the embeddedness of responsible governance', *Journal of Economic Geography,* vol 8, pp345-367

Ipsos Mori (2010) *Qualitative Research to Explore Peoples' Use of Food Labelling Information,* Food Standards Agency, London

Jackson, T. (2005) *Motivating Sustainable Consumption: A Review of Evidence on Consumer Behaviour and Behavioural Change,* Centre for Environmental Strategy, Surrey

Jackson, T. (ed) (2006) *The Earthscan Reader in Sustainable Consumption,* Earthscan, London

James, A. (1996) 'Cooking the books: Global or local identities in contemporary British food cultures?', in D. Howes (ed) *Cross-cultural Consumption: Global Markets, Local Realities,* Routledge, London and New York, pp77-92

Kjaernes, U., Harvey, M. and Warde, A. (2007) *Trust in Food: A Comparative and Institutional Analysis,* Palgrave MacMillan, Houndmills

Lebel, L. and Lorek, S. (2008) 'Enabling sustainable production-consumption systems', *Annual Review of Environment and Resources,* vol 33, pp241-275

Lohr, L. (2001) 'Factors affecting international demand and trade in organic food products', in A. Regmi (ed) *Changing Structure of Global Food Consumption and Trade,* ERSIUSDA, Washington, pp67-79

Lunt, P. (1995) 'Psychological approaches to consumption: Varieties of research - past, present and future', in D. Miller (ed) *Acknowledging Consumption: A Review of New Studies,* Routledge, London and New York, pp238-263

Marcuse, H. (1964) *One-dimensional Man: Studies in Ideology of Advanced Industrial Society,* Routledge, London

Marlow, H., Hayes, W., Soret, S., Carter, R., Schwab, E. and Sabate, J. (2009) 'Diet and the environment: Does what you eat matter?', *American Journal of Clinical Nutrition,* vol 89, pp1699S-1703S

Mestdag, I. (2005) 'Disappearance of the traditional meal: Temporal, social and spatial destructuration', *Appetite,* vol 45, pp62-74

Micheletti, M. (2003) *Political Virtue and Shopping: Individuals, Consumerism, and Collective Action,* Palgrave MacMillan, New York

Miller, D. (ed) (1995) *Acknowledging Consumption: A Review of New Studies,* Routledge, London and New York

Millstone, E. and Lang, T. (2003) *The Atlas of Food: Who Eats What, Where and Why,* Earthscan, London

Moore Lappe, F. (1971) *Diet for a Small Planet,* Ballantine Books, New York

Oosterveer, P. and Spaargaren, G. (2011) 'Organising consumer involvement in the greening of global food flows: The role of environmental NGOs in the case of marine fish', *Environmental Politics,* vol 20, no 1, pp97-114

Oosterveer, P., Guivant, J. and Spaargaren, G. (2007) 'Shopping for green food in globalizing supermarkets: Sustainability at the consumption junction', in J. Pretty, A. Ball, T. Benton, J. Guivant, D. Lee, D. Orr, M. Pfeffer and H. Ward (eds) *The Handbook of Environment and Society,* Sage, London, pp411-428

Oxfam GB (2009) *4-a-Week: Changing Food Consumption in the UK to Benefit People and Planet,* Oxfam GB, Oxford

Padel, S. and Foster, C. (2005) 'Exploring the gap between attitudes and behaviour: Understanding why consumers buy or do not buy organic food', *British Food Journal,* vol 107, no 8, pp606-625

Pollan, M. (2008) *In Defence of Food: The Myth of Nutrition and the Pleasures of Eating,* Allen LanelPenguin, LondonlNew York

Raynolds, L. (2004) 'The globalization of organic agro-food networks', *World evelopment,* vol 32, no 5, pp725-743

Roberts, P. (2009) *The End of Food: The Coming Crisis in the World Food Industry,* Bloomsbury, London

Richter, T. (2009) 'Trends in organic retailing 2008', presentation at BioFach Kongress 2009, Niirnberg Messe Convention Centre, Nuremberg, Germany, 19-22 February, http://orgprints.org/15482/2/richter-2009-trends.pdf (accessed 3 February 2011)

Sassatelli, R. (2007) *Consumer Culture: History, Theory and Politics,* Sage, London
Schwartz-Cowan, R. (1987) 'The consumption junction: A proposal for research strategies on the sociology of technology', in W. Bijker, T. Hughes and T. Pinch (eds) *The Social Construction of Technological Systems: New Directions in the Sociology and History of Technology,* The Guilford Press, London, pp261-280

Seyfang, G. (2006) 'Ecological citizenship and sustainable consumption: Examining local organic food networks', *Journal of Rural Studies,* vol 22, pp3 83-395

Shepherd, R., Magnusson, M. and Sjoden, P. (2005) 'Determinants of consumer ehaviour related to organic foods', *AMBIO,* vol 34, no 4/5, pp352-359

Shove, E. (2003) *Comfort, Cleanliness and Convenience: The Social Organization of Normality,* Berg, Oxford

Shove, E., Trentmann, F. and Wilk, R. (eds) (2009) *Time, Consumption and Everyday Life: Practice, Materiality and Culture,* Berg, Oxford and New York

Smith, A. (2006) 'Green niches in sustainable development: The case of organic food in the United Kingdom', *Environment and Planning C,* vol 24, pp439-458

Spaargaren, G. (2003) 'Sustainable consumption: A theoretical and environmental policy perspective', *Society and Natural Resources,* vol 16, pp687-701

Spaargaren, G. and Mol, A. (2008) 'Greening global consumption: Redefining politics and authority', *Global Environmental Change,* vol 18, no 3, pp350-359

Spaargaren, G. and Van Koppen, C. (2009) 'Provider strategies and the greening of consumption practices: Exploring the role of companies in sustainable consumption', in H. Lange and L. Meier (eds) *The New Middle Classes: Globalizing Lifestyles, Consumerism and Environmental* Concern, Springer, Dordrecht, pp81-100

Tansey, G. and Worsley, T. (1995) *The Food System: A Guide,* Earthscan, London

Van Otterloo, A. (2000) 'Voeding in verandering', in J. Schot, H. Lintsen, A. Rip and A. Albert de la Bruheze (eds) *Techniek in Nederland in de Twintigste eeuw; landbouw, voeding,* Stichting Historie der Techniek and Walburg Pers, Zutphen, pp237-247

Vermeir, I. and Verbeke, W. (2006) 'Sustainable food consumption: Exploring the consumer "attitude-behavioral intention" gap', *Journal of Agricultural and Environmental Ethics,* vol 19, pp169-194

Warde, A. and Martens, L. (2000) *Eating Out: Social Differentiation, Consumption and Pleasure,* Cambridge University Press, Cambridge

Wilk, R. (2010) 'Consumption embedded in culture and language: Implications for finding sustainability', *Sustainability: Science, Practice & Policy,* vol 6, no 2, pp38-48

Willer, H. and Kilcher, L. (eds) (2010) *The World of Organic Agriculture, Statistics and*

Emerging Trends, 2010, IFOAM and FiBL, Bonn and Frick

Willer, H. and Yussefi, M. (eds) (2004) *The World of Organic Agriculture: Statistics and Emerging Trends, 2004,* IFOAM, Bonn

Willer, H., Yussefi-Menzler, M. and Sorensen, N. (eds) (2008) *The World of Organic Agriculture: Statistics and Emerging Trends, 2008,* IFOAM, Bonn

York, R., Rosa, E. and Dietz, T. (2003) 'Footprints on the earth: The environmental consequences of modernity', *American Sociological Review,* vol 68, no 2, pp279-300

Young, W., Hwang, K., McDonald, S. and Oates, C. (2009) 'Sustainable Consumption: Green consumer behaviour when purchasing products', *Sustainable Development,* vol 18, no 1, pp20-31

12장. 결론

Andriesse, W., Giller, K., Jiggins, J., Löffler, H., Oosterveer, P. and Woodhill, J. (2007) *The Role of Agriculture in Achieving MDG1: A Review of the Leading Reports,* WUR, Wageningen

ARC (Agricultural and Rural Convention) (2010) *A Communication from Civil Society to the European Union Institutions on the Future Agricultural and Rural Policy,* ARC, Brussels

Beck, U. (1999) *World Risk Society,* Polity Press, Cambridge

Bieckmann, F. (2011) 'Reshuffling power', *The Broker,* vol 24, p2

Borlaug, N. (2000) 'Ending world hunger: The promise of biotechnology and the threat of antiscience zealotry', *Plant Physiology,* vol 124, no 2, pp487-490

Bridges Weekly (2010) 'European Union publishes long-awaited farm policy proposal', *Bridges Weekly Trade News Digest,* vol 14, no 41, 24 November, pp3-5, http://ictsd. org/downloads/bridgesweekly/bridgesweekly14-41.pdf (accessed 10 March 2011)

De Schutter, O. (2010) *Report Submitted by the Special Rapporteur on the Right to Food,* United Nations General Assembly, Geneva

EC (European Commission) (2010) *The Common Agricultural Policy after 2013: Public Debate,* European Commission, Brussels

European Civil Society (2010) *European Food Declaration,* European Civil Society, Brussels

Evans, A. (2009) *The Feeding of the Nine Billion: Global Food Security for the 21st Century,* The Royal Institute of International Affairs Chatham House, London

Foresight (2011) *The Future of Food and Farming: Challenges and Choices for Global Sustainability. Final Project Report,* The Government Office for Science, London

Freidberg, S. (2004) 'The ethical complex of corporate food power', *Environment and Planning A,* vol 22, pp513-531

Ghosh, J. (2010) 'The unnatural coupling: Food and global finance', *Journal of Agrarian Change,* vol 10, no 1, pp72-86

Hunt, D. and Lipton, M. (2011) *Green Revolutions for Sub-Saharan Africa?*, Chatham House, London

Lang, T. (2010) 'Crisis? What crisis? The normality of the current food crisis', *Journal of Agrarian Change*, vol 10, no 1, pp87-97

Lang, T., Barling, D. and Caraher, M. (2009) *Food Policy: Integrating Health, Environment and Society*, Oxford University Press, Oxford

Langeveld, H., Sanders, J. and Meeusen, M. (eds) (2010) *The Biobased Economy: Biofuels, Materials and Chemicals in the Post-oil Era*, Earthscan, London and Washington, DC

Matthews, A. (2010) *How Might the EU's Common Agricultural Policy Affect Trade and Development After 2013? An Analysis of the European Commission's November 2010 Communication*, ICTSD, Geneva

Ministere de l'Ecologie, de l'Énergie, du Développement Durable et de la Mer (2010) *Pour une politique agricole durable en 2013. Principes, architecture et éléments financiers*, Ministére de l'Ecologie, de l'Energie, du Développement Durable et de la Mer, Paris

Murphy, S. (2006) *Concentrated Market Power and Agricultural Trade*, Heinrich Boll Foundation, MISEROR and the Wuppertal Institute for Climate, Environment and Energy, Berlin, Aachen and Wuppertal

Nelson, G., Rosegrant, M., Palazzo, A., Gray, I., Ingersoll, c., Robertson, R., Tokgoz, S., Zhu, T., Sulser, T., Ringler, c., Msangi, S. and You, L. (2010) *Food Security, Farming, and Climate Change to 2050: Scenarios, Results, Policy Options*, IFPRI, Washington, DC

New York Times (2009) 'Experts worry as population and hunger grow', *New York Times*, 22 October

Timmer, P. (2008) 'Food policy in the era of supermarkets: What's different?', in E. McCullough, P. Pingali and K. Stamoulis (eds) *The Transformation of Agri-Food Systems: Globalization, Supply Chains and Smallholder Farmers*, Earthscan, London and Sterling, pp67-86

Van der Ploeg, J. (2010) 'The food crisis, industrialized farming and the imperial regime', *journal of Agrarian Change*, vol 10, no 1, pp98-106

Vellema, S. and Danse, M. (2007) *Innovation and Development: Institutional Perspectives on Technological Change in Agri-food Chains*, DLO, Wageningen

옮긴이 소개

SSK 먹거리 지속가능성 연구단

SSK(Social Science Korea)는 한국 사회과학의 국가사회 발전에 대한 기여를 확대하기 위해 한국연구재단에서 지원하는 학술연구지원사업이다. SSK 먹거리 지속가능성 연구단(단장 김흥주 원광대 교수)은 먹거리를 둘러싼 문제들을 분석하고, 지속가능한 먹거리 체계를 모색하기 위한 연구들을 수행하고 있다. 현재 국내 교수 5명, 외국인 교수 3명, 전임연구교수 2명, 연구보조원 5명, 행정인력 1명 등 총 16명의 전문인력이 연구단을 구성하고 있다(www.susfood.kr).

김철규(1, 2장)

고려대학교 사회학과 교수(농식품사회학)이다. 세계 농식품체계의 변화, 먹거리정치, 음식소비의 역사적 형성 등에 관심이 있다. 주요 저서로《한국의 자본주의 발전과 사회변동》, 역서로《생태논의의 최전선》(공역),《자연과 타협하기》(공역), 그리고 최근 논문으로는 〈한국 농식품체계의 구조와 변화〉 등이 있다.

김흥주(3, 6장)

원광대학교 복지보건학부 교수(지역사회복지)이다. 먹거리복지와 공공급식, 지역사회 먹거리보장에 관심이 있으며, 저서 《새로운 농촌사회학》(공저) 등과 역서 《먹거리와 농업의 사회학》(공역), 그리고 논문 〈학교급식과 로컬푸드 - 한일 비교연구〉, 〈먹거리 대안 체계와 공공급식 - 서울시 사례분석〉 등이 있다.

박민수(4, 9장)

고려대학교 대학원 사회학과 박사과정에 재학 중이다. 또한 강원도 홍천에 있는 밝은
누리움터 교사로 활동하고 있다. 밝은누리움터에는 대안중학교인 생동중학교와 고등대
학통합과정인 삼일학림이 있다. 국가, 자본의 힘을 벗어난 삶을 구성한 자치운동과 마
을공동체 운동에 관심이 있다.

송인주(5, 10, 11, 12장)

사회학박사로 원광대학교 지역발전연구소에 있으며, 시간강사를 겸하고 있다. 현대 농
업/생태/기술체계의 역사적 변화를 이론적으로 설명하는 데 관심이 있으며, 논문으로
〈농업의 산업화와 한국의 '축산혁명'〉, 〈한국의 쇠고기 등급제: 쟁점과 성격〉, 〈소비주의
식생활양식의 형성: 미국의 대량육식 문화를 중심으로〉 등이 있다.

정혜경(7, 8장)

호서대학교 바이오산업학부 식품영양전공 교수이다. 한국의 식생활교육과 음식문화에
관심이 있으며, 저서로《밥의 인문학》,《천년한식견문록》,《한국음식오디세이》,《지역사
회영양학》(공저) 등이 있다.

먹거리, 지구화 그리고 지속가능성

지은이 | 피터 오스터비르·데이비드 A. 소넨펠드
옮긴이 | 김철규 외
초판 1쇄 발행 | 2015년 6월 20일

펴낸곳 | 도서출판 따비
펴낸이 | 박성경
편 집 | 신수진
디자인 | 이수정

출판등록 | 2009년 5월 4일 제313-2010-000256호
주소 | 서울시 마포구 월드컵로28길 6(성산동, 3층)
전화 | 02-326-3897
팩스 | 02-337-3897
메일 | tabibooks@hotmail.com
인쇄·제본 | 영신사

값 25,000원
ISBN 978-89-98439-17-0 93330